«En la escuela de posgrado, cuando otros vendían sus libros de texto para obtener dinero para la siguiente ronda de lecturas obligatorias, había algunos de los que yo no podía desprenderme. Había aprendido tanto de ellos que sabía que querría referirme a estos mucho después de completar mi trabajo de curso. Robert Jones, Kristin Kellen y Rob Green han proporcionado un recurso como ese: una guía que no solo equipará a los estudiantes como una introducción a la consejería bíblica, sino que también les servirá después de años de consejería. Aunque he estado aconsejando durante más de tres décadas, mientras leía este gran libro, me encontré pensando: "Ah, necesito recordar eso cuando me reúna con Jane" o "Esto sería útil cuando hable con Lila". Principiante o veterano, seguramente apreciará este recurso».

—**Amy Baker**, profesora adjunta del Faith Bible Seminary y directora de recursos ministeriales de Faith Church

«El mundo de la consejería bíblica se ha beneficiado mucho de los ricos recursos producidos en la década pasada. En mi opinión, sin embargo, ¡ninguno es tan completo ni prácticamente útil como esta introducción a la consejería bíblica de Jones, Kellen y Green! La obra testifica de los años de estudio bíblico personal de los autores, de su amplia sabiduría y de su amor por Cristo y Su evangelio. Mientras leía cada capítulo, a menudo le comentaba a mi esposa: "¡Esto es increíble!". El enfoque bíblico y la utilidad inmediata de cada capítulo hacen que esta sea una lectura y relectura obligada para los consejeros bíblicos y los profesores de consejería bíblica».

—**Jim Berg**, profesor de consejería bíblica de Bob Jones University Seminary y fundador de Freedom That Lasts®

«Si usted está buscando una introducción completa a la consejería bíblica, es esta. Si está buscando una herramienta de referencia rápida para tener una visión general de un asunto de consejería particular junto con una fuente prolífica y confiable de recursos para explorar ese tema con mayor profundidad, este es el libro. *El evangelio para vidas desordenadas* indudablemente debería aparecer en el listado de libros de texto de las instituciones evangélicas de educación superior, así como en los centros de capacitación en consejería bíblica».

—**Howard Eyrich**, director de Doctorado en Ministerio en consejería bíblica del Birmingham Theological Seminary

«A pesar de que no todos los consejeros bíblicos estarán de acuerdo con todos los aspectos de este libro, provee al lector un estudio exhaustivo de los temas de consejería bíblica. Un asunto crítico que aprendemos de estos practicantes experimentados es que la práctica de la consejería no debe basarse en un razonamiento pragmático, sino que debe fluir de fundamentos teológicos. Jones, Kellen y Green han volcado sus años de ministerio de consejería en un libro que es a la vez completo y accesible. Esta es una maravillosa introducción al tema del conocimiento bíblico, pero va más allá del material básico, ayudando al lector a hacer las preguntas adecuadas y a ver la amplitud de la aplicación bíblica para los diversos problemas que enfrentamos en la vida».

—**T. Dale Johnson Jr.**, profesor asociado de consejería bíblica del Midwestern Baptist Theological Seminary y director ejecutivo de la Asociación de Consejeros Bíblicos Certificados

«Este libro satisface una largamente reconocida necesidad de un libro de texto completo de introducción a la consejería bíblica. Los autores abordan la teoría y la metodología y luego aplican los principios bíblicos a una amplia variedad de temas importantes. Ellos aspiran a ser bíblicos, cuidadosos y equilibrados. Cuando el espacio no les permite tratar exhaustivamente muchos de los temas que plantean, dirigen al lector a recursos especializados que abordan dichos temas con mayor profundidad. Este es un libro importante que será valioso tanto en los salones de clase como un libro de texto, y en la oficina del consejero como un libro de referencia».

—**James R. Newheiser Jr.**, director del programa de consejería y profesor asociado de Consejería cristiana y teología pastoral del Reformed Theological Seminary en Charlotte

«Este libro es una valiosa adición para la consejería bíblica. Puede servir como manual para aquellos que son nuevos en la consejería bíblica, así como una obra de referencia para proporcionar una guía inicial para los problemas comunes, tales como la ansiedad y la depresión. Los autores nos recuerdan la importancia del evangelio cuando discuten temas difíciles basados en principios bíblicos con aplicaciones prácticas».

—**Lilly Park**, profesora asociada de consejería bíblica del Southwestern Baptist Theological Seminary

«Hay mucho material confiable aquí. Puede leerlo *y* usarlo como referencia. De cualquier manera, será guiado en humildad y confianza. En humildad porque somos "necesitados" y tenemos abundantes faltas; y en confianza porque "Engrandecido sea el Señor", que se complace en venir en ayuda de los que lo necesitan (Salmo 40:16-17)».

—**Edward T. Welch**, consejero y profesor sénior de Christian Counseling and Educational Foundation

EL EVANGELIO *PARA VIDAS* DESORDENADAS

ROBERT D. JONES, KRISTIN L. KELLEN, ROB GREEN

EL EVANGELIO PARA VIDAS DESORDENADAS

UNA INTRODUCCIÓN A LA CONSEJERÍA BÍBLICA CRISTOCÉNTRICA

El evangelio para vidas desordenadas:
Una introducción a la consejería bíblica cristocéntrica

B&H Publishing Group
Brentwood TN, 37027

Diseño de portada (basado en la versión en inglés): Brian Bobel.

Clasificación decimal Dewey: 253.5
Clasifíquese: CONSEJERÍA \ PERSONAS—
CONSEJERÍA PARA\ EVANGELIO

Las direcciones web a las que se hace referencia en este libro son
correctas y están activas al momento de la publicación de este libro,
pero pueden estar sujetas a cambio.

Los nombres de los aconsejados en este libro han sido
cambiados para proteger la privacidad de los individuos.

ISBN: 979-8-3845-1241-7

Impreso en EE. UU.
1 2 3 4 5 * 28 27 26 25

CONTENIDO

INTRODUCCIÓN

Escribimos este libro porque *nosotros* necesitamos este libro. Como consejeros profesionales que trabajan como un equipo de redacción, encontramos que desarrollar cuarenta capítulos nos empujaron a reconsiderar nuestras creencias y a pensar más profunda y cuidadosamente sobre una amplia variedad de temas relacionados con nuestros ministerios. ¿Qué dice Dios sobre x, y, z? ¿Cómo podemos entregar la Palabra de Dios de manera sabia, compasiva y hábil a la gente necesitada? Estamos encantados de compartir el fruto de nuestro trabajo con ustedes.

Sobre todo, como profesores de consejería que capacitan activamente a hombres y mujeres, queríamos un libro de texto que pudiéramos usar en nuestros salones de clase para dar un panorama general de los principios y metodología de la consejería bíblica cristocéntrica y proveer una guía básica de veinte problemas o situaciones comunes a los que se enfrentan las personas a las que aconsejamos.

Nuestro título y audiencia objetiva

Nuestro título, *El evangelio para vidas desordenadas*, nos recuerda que el evangelio de Jesucristo —el latido del corazón de la Biblia— ofrece esperanza y poder para cambiar la vida a la gente real con problemas reales. La referencia a vidas «desordenadas» alude al lenguaje de nuestra cultura terapéutica secular, como se presenta en el *Manual diagnóstico y estadístico de los trastornos mentales* de la Asociación Americana de Psiquiatría, el recurso de referencia estándar en el mundo de la salud mental. Sin embargo, intentamos decir algo más. Nuestro Dios es un Dios de orden, y Su plan para las personas es que vivan conforme a Su diseño glorioso. Nuestro subtítulo, *Una introducción a la consejería bíblica cristocéntrica,* nos recuerda que Jesús y Su Palabra traen el orden de Dios transformador de vidas a hombres y mujeres que luchan en este mundo caído y desordenado. Creemos que en Su Palabra, Dios habla más profunda y poderosamente que cualquier profesional de la salud mental u otro recurso escrito.

Este volumen provee una guía introductoria a la teoría y la práctica de la consejería bíblica cristocéntrica. Nuestra intención es que este escrito sirva como un libro de texto fundamental para los estudiantes de licenciatura y maestría en los colegios, universidades, seminarios y escuelas de posgrado, pero los estudiantes de doctorado también lo encontrarán útil en el campo. Aunque no está dirigido a aquellos que desean obtener licencias estatales, este libro provee una perspectiva basada en la Biblia que estos estudiantes pueden adaptar en sus contextos ministeriales más amplios. A lo largo del libro proveemos una presentación positiva de la consejería bíblica y rara vez involucramos puntos de vista opuestos.

Nuestra audiencia secundaria incluye todo tipo de profesionales de la consejería: consejeros bíblicos, consejeros cristianos, pastores, ancianos, capellanes, directores de ministerios masculinos y femeninos, y líderes de grupos pequeños, todos aquellos creyentes que participan activamente en ayudar a otros a manejar sus problemas personales y relacionales. Si bien este libro asume la consejería formal, los principios y pasos se aplican directamente a las personas que ayudan, la consejería informal, el discipulado y la tutoría.

Pretendemos que este sea un volumen introductorio, y por tanto tiene todas las fortalezas y debilidades que conlleva tratar de ser breve y completo. Entendemos que se podría decir más en cada capítulo, pero resistimos la tentación de mencionarlo repetidamente.

Resumen de capítulos

Comenzamos la parte 1 (capítulos 1–2) con un par de capítulos introductorios que definen qué queremos decir con consejería cristiana cristocéntrica, y describen quién la realiza y en qué escenarios la llevan a cabo. Es un ministerio de la Palabra de Dios centrado en Jesucristo y extendido a la gente con varios problemas personales y relacionales. Se realiza por una amplia gama de creyentes con varios roles en diversos escenarios.

La parte 2 (capítulos 3–9) fundamenta la consejería bíblica cristocéntrica en cuatro doctrinas fundamentales: las Escrituras, la Trinidad, la antropología y el pecado, y muestra sus implicaciones para la construcción de nuestro modelo. Creemos que nuestro acercamiento distintivo a la consejería emerge de la ortodoxia evangélica histórica y la refleja de maneras que otros enfoques no lo hacen. La parte 2 también aborda cuatro temas de teología aplicada que frecuentemente están involucrados en la consejería de personas: culpa, arrepentimiento, perdón y la lucha contra Satanás. Concluimos esta sección con un capítulo sobre cómo pensar bíblicamente acerca de acercamientos alternativos de consejería.

La parte 3 (capítulos 10–20) se adentra en asuntos metodológicos, la práctica real de la consejería bíblica. Comenzamos con una visión general de cómo cambian las personas, visto desde la perspectiva de lo que Dios llama al aconsejado a hacer (capítulo 10). Luego consideramos el rol que juega un consejero en el ministerio (capítulo 11). Después de dar una guía práctica sobre cómo prepararse y comenzar un caso de consejería (capítulo 12), los capítulos 13–15 describen nuestro movimiento de tres pasos en el proceso de la consejería: ingresamos al mundo del aconsejado y creamos una relación acogedora, entendemos las necesidades sentidas de la persona y las necesidades reales definidas bíblicamente, para luego ofrecer a Jesucristo y Sus provisiones para esas necesidades.

Los siguientes tres capítulos enfatizan tres habilidades específicas que han sido el sello distintivo de la consejería bíblica: cómo darles a los aconsejados esperanza centrada en Dios (capítulo 16), cómo usar las tareas de crecimiento para seguir la presente sesión y preparar a la persona para la siguiente (capítulo 17), y cómo concluir sabiamente el caso de consejería (capítulo 18). Los restantes capítulos de la parte 3 abordan la consejería a los no cristianos (capítulo 19) y la confidencialidad (capítulo 20).

La parte 4 (capítulos 21–36), la sección más extensa del libro, consta de dieciséis asuntos comunes de consejería que todos los consejeros seguramente encontrarán en algún momento. El desarrollo de estos capítulos conlleva una frustración inherente de no contar con el espacio para decir mucho más sobre cada tema, pero nuestro gozo proviene de proporcionar un manual bíblico básico para ayudar a aconsejar sabia y compasivamente a las personas que pecan y sufren. Cada capítulo provee recursos sugeridos para estudiar más y tareas de consejería. Y ya que muchos de nuestros capítulos abordan varias formas de sufrimiento, incluimos un apéndice con más recursos recomendados.

En la parte 5 (capítulos 37–40) ofrecemos cuatro capítulos introductorios sobre consejería para cuatro grupos etarios: niños, adolescentes, adultos de mediana edad y adultos mayores. Describimos las características comunes de desarrollo o experiencia de cada grupo y las presiones típicas de la vida y los problemas de consejería específicos para cada grupo demográfico. Finalizamos el libro con una conclusión que recomienda seis maneras de crecer más como consejero bíblico.

Nuestro proceso

Cada uno de nosotros es un cristiano evangélico, creyente en la Biblia, que escribe desde la perspectiva del cristianismo ortodoxo histórico. Creemos que la teología bíblica sólida debe impulsar todo lo que escribimos y hacemos en nuestros ministerios. Cada uno de nosotros también ama a su iglesia local y participa activamente en la consejería de sus miembros.

Robert Jones, doctor en teología y doctor en ministerio en consejería pastoral, sirve como profesor en consejería bíblica en el Southern Baptist Theological Seminary, en Louisville, Kentucky. Antes de eso, Bob desempeñó el mismo cargo en el Southeastern Baptist Theological Seminary, en Wake Forest, Carolina del Norte, por doce años y como pastor principal durante diecinueve años anteriormente. Kristin Kellen, doctora en filosofía y en educación, sirve como profesora de consejería bíblica en Southeastern

Baptist Theological Seminary. Como parte de esa función, regularmente aconseja a aquellos que están dentro del entorno del seminario como a los que están fuera del mismo, atendiendo principalmente a los jóvenes y a sus familias. Rob Green, doctor en filosofía, se desempeña como pastor de ministerios de consejería y seminario en Faith Church en Lafayette, Indiana, y como presidente de la Maestría en consejería bíblica en el Faith Bible Seminary. Aunque los tres enseñamos cursos de consejería bíblica, Kristin también da clases a estudiantes que buscan la licencia estatal.

Bob convocó a nuestro equipo y proveyó orientación general y supervisión final a nuestros manuscritos presentados. Para propósitos de citar el material, Bob escribió los capítulos 1–2, 6–8, 10, 12–17, 19, 21, 23, 27, 34–35 y 39–40; Kristin escribió los capítulos 5, 24–26, 28–30, 32–33 y 36–38; y Rob escribió los capítulos 3–4, 9, 11, 18, 20, 22 y 31. Luego cada uno leyó cuidadosamente los borradores de los otros y proporcionó comentarios, frecuentemente en múltiples rondas de ediciones, para permitirnos a todos hacer revisiones sabias. Este proceso de ida y vuelta nos desafió, estimuló y, a veces, nos frustró, pero trajo un mayor aprecio por las ideas y pasiones de los demás y produjo un producto final superior. A pesar de que las diferencias individuales en el estilo, los matices y el énfasis aparecen en todas partes, que es la naturaleza misma de la colaboración, nuestra interacción de «hierro aguzado con hierro» nos llevó a un libro más cuidadoso, equilibrado y unificado.

Por recomendación de nuestro editor, acordamos usar la versión Reina-Valera 1960 al citar pasajes de la Palabra de Dios.

Con gratitud a nuestro pastor, Jesucristo, y Su obra en sus vidas y las nuestras,

Robert Jones, Louisville, KY
Kristin Kellen, Wake Forest, NC
Rob Green, Lafayette, IN

PARTE UNO

UNA VISIÓN GENERAL DE LA CONSEJERÍA BÍBLICA

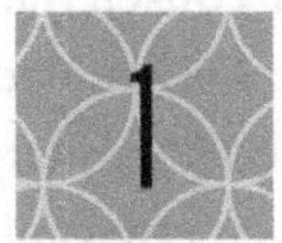

¿Qué es la consejería bíblica cristocéntrica?

Es un tiempo emocionante para ser consejero bíblico o capacitarse para convertirse en ello. Iniciado hace más de cincuenta años,[1] el movimiento de consejería bíblica continúa creciendo tanto en cifras como en madurez. Jesucristo, por medio de Su Espíritu, Su Palabra y Su Iglesia, está cambiando vidas.

Varios consejeros cristianos usan términos diferentes para describir sus formas particulares de consejería, incluyendo el adjetivo *bíblico*. En este libro presentamos un acercamiento a la consejería explícitamente cristocéntrico, basado en la Biblia. Nuestro enfoque se sincroniza con el de grupos como Coalición de Consejería Bíblica,[2] colaboradores de consejería bíblica en varios libros de múltiples puntos de vista sobre

[1] Para un estudio inicial sobre la historia de la consejería bíblica, véase David Powlison, *The Biblical Counseling Movement: History and Context* (Greensboro, NC: New Growth Press, 2010), y la subsecuente obra de Heath Lambert, *The Biblical Counseling Movement After Adams* (Wheaton, IL: Crossway, 2012).

[2] Véase la Declaración confesional de la Biblical Counseling Coalition, https://www.biblicalcounselingcoalition.org/confessional-statement/, junto con sus tres volúmenes de varios autores: Bob Kellemen y Steve Viars, eds., *Consejería Bíblica Cristo-Céntrica, Cambiando vidas con la verdad inmutable,* 2.ª ed. (Eugene, OR: Harvest House, 2021); Bob Kellemen y Jeff Forrey, eds., *Scripture and Counseling* (Grand Rapids: Zondervan, 2014); y Bob Kellemen y Kevin Carson, eds., *Biblical Counseling and the Church: God's Care through God's People,* (Grand Rapids: Zondervan, 2015).

psicología[3] y la práctica de la consejería,[4] y nuestros colegas de ideas afines que usan sinónimos como el «cuidado y cura de las almas» bíblico. Si bien preferimos una descripción más larga en el título de nuestro libro *Consejería bíblica cristocéntrica*, en este capítulo y a lo largo del libro simplemente lo llamaremos *consejería bíblica*.

Sinteticemos lo que queremos decir desentrañando cada término.

La consejería bíblica es *consejería*

Primero, la consejería bíblica es *consejería*, un ministerio personal para ayudar a aquellos que luchan con problemas personales y de relación. Esto ayuda a individuos específicos, parejas y familias a conocer a Cristo mejor y a manejar sus vidas de manera que agraden a Dios cualquiera que sean sus circunstancias. La consejería bíblica es conversacional, interactiva y específica para cada persona, de modo que va más allá de la prédica pública o la enseñanza. Es personal, la ministración de una persona a otra. Podríamos también llamarlo discipulado intensivo, reparador u orientado al problema. En términos más generales, es la verdadera amistad bíblica, el sabio cuidado recíproco, o conversación intencional y útil.

¿Qué hacen los consejeros bíblicos? Escuchan (Prov. 18:13). Extraen perspicazmente los propósitos del corazón de una persona (Prov. 20:5). Hablan amorosamente las verdades del evangelio para ayudar a las personas a crecer en Cristo (Ef. 4:15-16). Instruyen y enseñan sabiamente (Rom. 15:14; Col. 3:16). Consuelan a los que sufren (2 Cor. 1:3-4). Restauran de manera amable y humilde a los que han sido sorprendidos en pecado (Gál. 6:1-2) y hacen retroceder a los que se están alejando de Cristo (Sant. 5:19-20).

---

[3] Véase David Powlison, «A Biblical Counseling View», en *Psychology and Christianity: Five Views*, 2.ª ed., ed. Eric L. Johnson (Downers Grove, IL: InterVarsity Press, 2010), 245-73, junto con sus respuestas a los cuatro puntos de vista contrapuestos.

[4] Véase Stuart W. Scott, «A Biblical Counseling Approach», en *Counseling and Christianity: Five Approaches*, 2.ª ed., ed. Stephen P. Greggo y Timothy Sisemore (Downers Grove, IL: InterVarsity Press, 2012), 157-83, y sus respuestas a los cuatro puntos de vista contrapuestos.

Como proceso de ministración personal, la consejería bíblica comparte con los enfoques seculares preocupaciones básicas sobre dinámicas relacionales, entrevistas, habilidades de escucha, calidez y cuidado personal, empatía y confidencialidad. Pero no comparte las limitaciones del distanciamiento clínico, el evadir las relaciones duales, la licencia estatal, los diagnósticos no bíblicos y otras trampas profesionales (incluso cuando la consejería bíblica es realizada por profesionales especialmente capacitados).[5] Tampoco la consejería bíblica es de dominio exclusivo de los terapeutas profesionales. Es del dominio de todos los creyentes: pastores, padres sabios, cónyuges, compañeros de cuarto, vecinos y hermanos y hermanas espirituales de nuestras congregaciones. Reconoce variables como la capacitación, las pasiones, la experiencia, la oportunidad, la certificación y la vocación.

Los consejeros bíblicos tratan los mismos problemas personales que otros consejeros, como miedo, preocupación, ansiedad, rechazo, adicciones, luto, pornografía, tristeza, depresión, ira, amargura, trauma, enfermedad y discapacidad, y desórdenes alimenticios. Manejamos el típico espectro de problemas relacionales, incluyendo el matrimonio, la paternidad, la soltería, y todo tipo de asuntos de comunicación y conflictos en el ámbito laboral, la iglesia y la escuela. Aconsejamos a individuos, parejas y familias. Los consejeros bíblicos ayudan a personas de todas las edades: niños, adolescentes, adultos jóvenes, adultos de mediana edad y adultos mayores. Tratamos temas complejos como el trauma, las alucinaciones y los desórdenes psicóticos, y trabajamos con profesionales médicos cuando es necesario. Al mismo tiempo, reconocemos la constante necesidad de desarrollar nuestras habilidades personales y conocimiento de consejería, y la capacidad de aplicar la Palabra de Dios a varias situaciones de crisis.

[5] Para un breve resumen de lo que suele implicar la consejería en el sistema moderno de salud mental, véase David Powlison, *Speaking Truth in Love: Gospel in Community* (Greensboro, NC: New Growth Press, 2005), 176.

La consejería bíblica es *bíblica*

Segundo, la consejería bíblica es *bíblica.* Su fuente de verdad es la Palabra inspirada e inerrante de Dios. En este sentido, lo que la consejería bíblica procura hacer es nada más ni nada menos que aplicar intencional y consistentemente la verdad cristiana evangélica, ortodoxa e histórica al terreno del ministerio personal y los problemas humanos. Consideremos cinco categorías de convicciones bíblico-teológicas que sustentan la consejería bíblica.

1. El Señor Jesucristo

Los consejeros bíblicos se enfocan en el tema central de la Biblia: el Señor Jesucristo y Su obra redentora y transformadora de vidas para la humanidad. En ese sentido, la consejería bíblica es *cristocéntrica.*[6] Presentamos al Redentor encarnado, crucificado, resucitado, que reina y volverá, quien a través de Su Palabra y de Su Espíritu ayuda a la gente a manejar sus problemas personales y de relación. Si los receptores son no creyentes que necesitan conocer a Cristo como primer paso o creyentes que necesitan conocer a Cristo más profundamente, los consejeros bíblicos presentan a Cristo a los aconsejados de maneras sabias, específicas y cuidadosas.

Solo Jesús provee la misericordia perdonadora (por medio de Su muerte salvífica y Su resurrección), la sabiduría práctica (en las Escrituras) y el poder habilitador (a través de Su Espíritu) que necesitamos para conocer y agradar a Dios en nuestras vidas cotidianas. Los consejeros bíblicos extienden a las personas desesperadas las palabras acogedoras de nuestro Salvador: «Venid a mí todos los que estáis trabajados y cargados, y yo os haré descansar» (Mat. 11:28). Con el apóstol Pablo «anunciamos [a Cristo], amonestando a todo hombre, y enseñando a todo hombre en toda sabiduría, a fin de presentar perfecto en Cristo Jesús a todo hombre» (Col. 1:28), reconociendo que en Él «están escondidos todos los tesoros de la sabiduría y del conocimiento» (2:3).

---

[6] Desafortunadamente, hoy el adjetivo *cristiano* a veces connota perspectivas de consejería no consistentemente bíblicas en su entendimiento de Cristo y Su Palabra.

Como Hebreos 4:14-16 nos asegura, Jesús es nuestro Sumo Sacerdote; Él fue tentado como nosotros, y empatiza con nosotros en nuestras debilidades. Aunque es completamente divino, Él nos comprende porque también es completamente humano. Más aún, como Jesús nunca sucumbió al pecado, puede empoderarnos para perseverar cuando enfrentamos nuestras presiones diarias. El pasaje termina con la emocionante invitación a acercarnos «confiadamente al trono de la gracia, para alcanzar misericordia y hallar gracia para el oportuno socorro». Esta es la gracia perdonadora («misericordia») y la gracia que habilita («gracia para ayudarnos») que todo consejero y aconsejado necesitan profundamente.

Dos implicaciones de consejería cruciales fluyen de estas garantías del evangelio. Primero, la identidad central de aquellos que han confiado en Jesús como su Salvador es que son hijas e hijos del Dios vivo (Gál. 3:26-29), sentados con Cristo eternamente (Col. 3:1-4), y receptores de una cascada de bendiciones espirituales por las cuales Él murió y resucitó para asegurárnoslas (Ef. 1:3-14). Segundo, lo que Cristo ha hecho, está haciendo, y hará, lo que los teólogos llaman los indicadores de fe, mueve a los creyentes a ser y a hacer lo que Él quiere que seamos y hagamos, lo que los teólogos llaman los imperativos de la fe. La gratitud por la gracia de Dios alimenta nuestra obediencia. Como consejeros ayudamos a que los aconsejados «ya no vivan para sí, sino para aquel que murió y resucitó por ellos» (2 Cor. 5:15) y a vestirse «de entrañable misericordia, de benignidad, de humildad, de mansedumbre, de paciencia» como «escogidos de Dios, santos y amados» (Col. 3:12), por causa de Cristo.

2. *La Biblia*

Los consejeros bíblicos usamos la Biblia como nuestra herramienta dada por Dios e inspirada por el Espíritu para diagnosticar, explicar y resolver problemas. Solo la Biblia provee la sabiduría verdadera, autoritativa y suficiente de Dios para cada persona en cada situación de la vida. Por lo tanto, nuestra primera tarea no es ofrecer un resumen teológico sino dejar que la Escritura hable por sí misma. ¿Qué dice la Biblia acerca de lo que hace la Biblia?

El Salmo 1 compara a la persona que se deleita y medita en la Palabra de Dios con un «árbol plantado junto a corrientes de aguas, que da su fruto en su tiempo, y su hoja no cae; y todo lo que hace, prosperará» (v. 3). Las Escrituras nos hacen constantes y fructíferos en esta vida y nos protegen en el juicio final (vv. 5-6).

El Salmo 19:7-8 nos garantiza cuatro beneficios de la Biblia. Renueva las vidas de las personas, las hace sabias, contenta sus corazones, e ilumina sus ojos. Estos versículos resumen precisamente lo que todos los aconsejados anhelan y lo que todo consejero cuidadoso desea impartir. Los consejeros bíblicos creen que solo la Biblia da la renovación, la sabiduría, la alegría y la luz que la gente busca.

El Salmo 119 celebra el impacto de las Escrituras en el alma humana; este impacto abarca la amplia gama de emociones humanas: tristeza, dolor, desesperación, vergüenza, aflicción, enojo, indignación, ansiedad y angustia, tanto como consuelo, alegría, alivio y paz. En estos 176 versículos Dios provee perspectivas formativas sobre los trastornos comunes que llevan a las personas a buscar consejo. En realidad, el salmista le dice a Dios:

- «Tus testimonios son mis delicias y mis consejeros». (v. 24)
- «Si tu ley no hubiese sido mi delicia, ya en mi aflicción hubiera perecido». (v. 92)
- «Aflicción y angustia se han apoderado de mí, mas tus mandamientos fueron mi delicia». (v. 143)
- «Mucha paz tienen los que aman tu ley, y no hay para ellos tropiezo». (v. 165)

Las implicaciones de consejería brotan de estas páginas.

En 2 Timoteo 3:14-17, Pablo declara que toda la Biblia es inspirada por Dios y nuestra única y explícita herramienta ministerial dada por Él para hacer a la gente sabia «para la salvación», y es «útil para enseñar, para redargüir, para corregir, para instruir en justicia». Ella nos hace estar «enteramente preparado[s] para toda buena obra», el ministerio de la Palabra que Dios le dio a Timoteo y, por extensión, nos da a nosotros.

Por lo tanto, nuestro consejo depende de la Palabra de Dios, no de la «filosofía y huecas sutilezas, según las tradiciones de los hombres» (Col. 2:8), es decir, el conjunto de «-ologías, -osofías e -ismos» del mundo terapéutico. Las Escrituras siguen siendo ricamente superiores a toda la sabiduría humana y a los sistemas competitivos de consejería integracionista secular y cristiana, al mismo tiempo que nos permiten replantear y utilizar con discernimiento observaciones válidas de otras fuentes. La declaración confesional de la Coalición de Consejería Bíblica lo resume:

> Afirmamos que numerosas fuentes (como la investigación científica, las observaciones organizadas sobre el comportamiento humano, las personas a las que aconsejamos, la reflexión sobre nuestra propia experiencia de vida, la literatura, el cine y la historia) pueden contribuir a nuestro conocimiento de las personas, y muchas fuentes pueden ofrecer algún alivio a los problemas de la vida. Sin embargo, ninguno puede constituir un sistema integral de principios y prácticas de consejería. Cuando los sistemas de pensamiento y práctica pretender prescribir una cura para la condición humana, compiten con Cristo (Col. 2:1-15).[7]

Contrario a aquellos que practican otras versiones de la consejería cristiana que simplemente mencionan versículos o temas bíblicos, los consejeros bíblicos creemos que la Biblia *impulsa* activamente nuestra teoría y práctica. No es meramente nuestro fundamento estándar. Es más que una corte judicial que no hace ninguna regla, no aprueba ninguna legislación y no ejecuta ningún evento. Es más que un árbitro que simplemente reacciona a las violaciones de las reglas haciendo sonar un silbato, la Biblia es un jugador activo que domina el campo y no necesita árbitro. La Biblia es más que un filtro que atrapa inertes los contaminantes no deseados a medida que el aire o el agua fluyen activamente a través de él. Mientras que los tribunales, los árbitros y los filtros cumplen una función, tales metáforas reducen las Escrituras a tener un rol pasivo en la producción de nuestros principios y prácticas de consejería.

[7] Declaración confesional de la Biblical Counseling Coalition, https://www.biblicalcounselingcoalition.org/confessional-statement/

En cambio, confiamos en la Biblia como viva y activa en nuestra consejería: «Porque la palabra de Dios es viva y eficaz, y más cortante que toda espada de dos filos; y penetra hasta partir el alma y el espíritu, las coyunturas y los tuétanos, y discierne los pensamientos y las intenciones del corazón» (Heb. 4:12). David Powlison explica:

> El Cristo viviente que obra en Su pueblo a través de Su Palabra es el motor que produce profundidad de perspicacia, teoría precisa y práctica efectiva. La consejería que reciben los cristianos debe orientarse y seguir las indicaciones de nuestra propia fuente [...]. El mensaje positivo de la Biblia *es* consejería y *se trata* de consejería. En cuanto a contenido, método y lugar institucional, la Biblia rebosa de instrucciones e implicaciones de consejería.[8]

Cuando se hace adecuadamente, nuestros conceptos y métodos centrales no se alinean simplemente con las Escrituras o no las contradicen; ellos *emergen de* las Escrituras tal como las interpretamos exactamente y las aplicamos sabiamente.[9] La Biblia hace más que guiar, informar o controlar nuestro modelo de consejería; lo forma proactivamente. La Escritura *genera* nuestro entendimiento de Dios, de la gente y de sus situaciones. La consejería bíblica es consejería impulsada por la Biblia. Para parafrasear a Charles Haddon Spurgeon: debemos liberar al león de la Escritura de su jaula.[10]

3. Amor, preocupación y compasión

Los consejeros bíblicos reflejan el corazón de Jesús nuestro Pastor y Su Espíritu Santo nuestro consejero. La consejería bíblica es un proceso de extender el amor en semejanza a Cristo hacia las ovejas que luchan.

---

[8] David Powlison, «Cure of Souls (and the Modern Psychotherapies)», *Journal of Biblical Counseling* 25, n. 2 (primavera de 2007): 11, 14.

[9] Esto, a su vez, demanda que perfeccionemos nuestras habilidades exegéticas, ampliemos nuestro conocimiento de los libros de la Biblia y profundicemos nuestra comprensión de la teología bíblica y sistemática.

[10] Elliot Ritzema, «Spurgeon's "Let the Lion out of the Cage" Quote»: https://elliotritzema.com/2012/07/31/spurgeons-let-the-lion-out-of-the-cage-quote/

Cualidades como la compasión, la bondad, la humildad, la mansedumbre y la paciencia distinguen nuestro ministerio (Col. 3:12). Buscamos seguir a nuestro Maestro quien, «al ver las multitudes, tuvo compasión de ellas; porque estaban desamparadas y dispersas como ovejas que no tiene pastor» (Mat. 9:36).

En los años recientes, los consejeros bíblicos han prestado mayor atención al sufrimiento humano al reconocer más cuidadosamente la poderosa influencia de las dificultades pasadas y presentes en las personas, y tratando de proporcionar el mismo consuelo a los que sufren que hemos recibido del «Padre de misericordias y Dios de toda consolación» (2 Cor. 1:3). Los consejeros bíblicos reconocemos que aquellos a quienes aconsejamos han experimentado las difíciles consecuencias del pecado: el pecado de Adán y los efectos de la caída, su propio pecado y las dificultades cosechadas, y los pecados de otros que van desde la negligencia y el rechazo hasta el maltrato y la agresión. Vivimos en una creación que gime, anhelando nuestra redención final (Rom. 8:17-39; 2 Cor. 4:7-18). Aguardamos los cielos nuevos y la tierra nueva que Dios garantiza (2 Ped. 3:13), señalando a nuestros aconsejados que sufren que un día «enjugará Dios toda lágrima de los ojos de ellos; y ya no habrá muerte, ni habrá más llanto, ni clamor, ni dolor; porque las primeras cosas pasaron» (Apoc. 21:4).

Mientras, como veremos en los capítulos 13 y 14 y a lo largo de este libro, nosotros lloramos con los que lloran, escuchamos con empatía en semejanza a Cristo y aconsejamos con compasión dada por el Espíritu.

4. *El corazón*

Los consejeros bíblicos tratan no solo los aspectos externos del comportamiento sino también los aspectos internos del corazón de nuestros casos de consejería para lograr un cambio completo y duradero centrado en Cristo.

La consejería no es frívola, superficial o simplista. Solo las Escrituras descubren y resuelven las luchas de nuestro corazón (creencias y motivos) y de nuestro comportamiento (palabras y acciones). Reconocemos por las Escrituras que todo comportamiento fluye del corazón: nuestras creencias y motivaciones; nuestras funciones cognitivas, afectivas y volitivas; aquello que amamos, atesoramos, por lo que vivimos, en lo que esperamos y de lo que dependemos.[11] El escritor sabio prioriza el corazón del lector:

> Hijo mío, está atento a mis palabras;
> Inclina tu oído a mis razones.
> No se aparten de tus ojos;
> Guárdalas en medio de tu corazón;
> Porque son vida a los que las hallan,
> Y medicina a todo su cuerpo.
> Sobre toda cosa guardada, guarda tu corazón;
> Porque de él mana la vida.
> (Prov. 4:20-23)

Si bien los versículos siguientes hacen referencia a nuestra boca y labios (habla), nuestros ojos y mirada (enfoque, meta) y nuestros pies (acciones, instrucciones), lo que es más importante que cualquier otra cosa, «sobre toda cosa», es la condición de nuestros corazones. ¿Por qué? Porque «de él mana la vida», es la fuente de la que fluyen todas nuestras actividades. Lo que da vida al corazón son las palabras de Dios.

Jesús subraya la centralidad del corazón en Mateo 12:33-34, usando una metáfora sobre un árbol bueno y uno malo y sus frutos y aplicándola a nuestro discurso: «¿Cómo podéis hablar lo bueno, siendo malos? Porque de la abundancia del corazón habla la boca». Nuestras palabras vienen de nuestros corazones. Jesús se refiere a lo mismo cuando habla de nuestro comportamiento en Mateo 15:18-19: «Pero lo que sale de la boca, del corazón sale; y eso contamina al hombre. Porque del corazón salen los malos pensamientos, los homicidios, los adulterios, las fornicaciones, los hurtos, los falsos testimonios, las blasfemias».

En Gálatas 5:13-26, el apóstol Pablo desentraña esta dinámica del corazón al describir la furiosa guerra civil dentro de los corazones de los

[11] Para un estudio del corazón exegético-teológico completo véase A. Craig Troxel, *With All Your Heart: Orienting Your Mind, Desires, and Will toward Christ* (Wheaton, IL: Crossway, 2020). Para la misma perspectiva aplicada a la consejería véase Jeremy Pierre, *The Dynamic Heart in Daily Life: Connecting Christ to Human Experience* (Greensboro, NC: New Growth Press, 2016).

creyentes. Nuestra carne (nuestro pecado restante) y el Espíritu Santo luchan dentro de nosotros el uno contra el otro. Ninguno de los dos es pasivo; ambos son combatientes activos (v. 17). Y cada uno da su respectivo fruto: «Y manifiestas son las obras de la carne, que son: adulterio, fornicación, inmundicia, lascivia, idolatría, hechicerías, enemistades, pleitos, celos, iras, contiendas, disensiones, herejías, envidias, homicidios, borracheras, orgías, y cosas semejantes a estas [...]. Mas el fruto del Espíritu es amor, gozo, paz, paciencia, benignidad, bondad, fe, mansedumbre, templanza» (vv. 19-23). Tanto la piedad como la impiedad vienen del corazón.

Por tanto, aunque como seguidores de Cristo hemos sido liberados de nuestra vieja vida y hemos «crucificado la carne con sus pasiones y deseos» (v. 24), el remanente de nuestra naturaleza pecaminosa no ha sido erradicado todavía. Continúa acosándonos. Por esta razón, Pablo nos exhorta: «andad», ser «guiados», y «[vivir] por el Espíritu» (vv. 16, 18, 25). Los consejeros bíblicos dependen del Espíritu de Dios para empoderar sus ministerios y traer cambios a sus aconsejados. La consejería bíblica es un esfuerzo espiritual.

El apóstol Pedro describe la lucha interna en 1 Pedro 2:11: «Amados, yo os ruego como a extranjeros y peregrinos, que os abstengáis de los deseos carnales que batallan contra el alma». Los consejeros bíblicos reconocen la presencia activa de la batalla de la carne contra el Espíritu dentro de cada cristiano al que aconsejamos.

Podríamos explorar muchos más pasajes que muestran la centralidad del corazón en el cambio bíblico, incluyendo Salmos 51:10; Proverbios 4:4; 23:26; Jeremías 17:5,7; Ezequiel 14:5 y Hebreos 3:12. Juntos, señalan el mismo punto: la Biblia aborda poderosamente la motivación humana. En última instancia, todos son gobernados por Dios o por alguien o algo que no es Dios. La consejería bíblica apunta al corazón; Dios quiere nuestros corazones.

Consideremos a Ana, Beatriz, Cristina y Daniela, cuatro cristianas que habitualmente evitan a las personas. Pueden ser descritas por quienes las conocen como introvertidas, temerosas de la gente, tímidas o solitarias; algunos podrían teorizar que tienen un trastorno de ansiedad social. Cualquiera que sea la etiqueta, en el fondo estas cuatro mujeres saben que su comportamiento está mal, como les recuerdan las personas más cercanas a ellas. Cada una busca seguir al Señor, y cada una lucha con su culpa. Su comportamiento evasivo toma varias formas: rechazan las invitaciones sociales, llegan tarde y se van temprano del culto dominical para escapar de la conversación, no se ofrecen como voluntarias en las oportunidades ministeriales con personas, ignoran las llamadas telefónicas incluso de aquellos cuyos nombres reconocen, y hasta eligen o rechazan trabajos si son en entornos de oficina.

Aunque su comportamiento antisocial general es el mismo, sus cuatro corazones individuales no lo son. ¿Qué deseos particulares del corazón impulsan a cada una de estas evasoras de personas?

- Ana teme ser juzgada por los demás y al rechazo que cree que inevitablemente seguirá. Como no está a la altura de los estándares de los demás (al menos en su mente), los evita. Recordar los años de palabras críticas de su madre y un comentario mordaz hecho por su compañera de cuarto de la universidad no ayuda.
- Beatriz no tiene tiempo para los demás. Alcanzar sus metas de rendimiento autoimpuestas consume sus horas y sus días. A ella no le disgusta la gente; simplemente no la necesita. Las personas son interrupciones.
- Cristina se obsesiona con los gérmenes. Para ella, el contacto con las personas es igual al contacto con los virus. La forma más segura de evitar enfermedades es mantenerse alejada de los demás, por lo que ella misma se receta el distanciamiento social.
- Daniela sabe que su lengua puede ser afilada. Su actitud crítica, combinada con habilidades sociales inestables y baja inteligencia emocional, la han metido en problemas muchas veces. Ha perdido amistades y trabajos. Para ella, es mejor evitar a las personas que molestarlas.

Cada persona de la lista necesita ayuda específica y personalizada para su problema específico de corazón. No hay un solo pasaje de la Biblia que se adapte a todas las personas que evitan a los demás. Los pecados del corazón son idiosincrásicos. Quienes los cometen no solo necesitan cambiar su comportamiento; necesitan cambiar sus corazones. Los consejeros bíblicos entienden esto.

5. La meta de ser semejante a Cristo

A diferencia de los enfoques seculares que ayudan a los aconsejados a autorrealizarse o utilizan términos genéricos como integridad personal, salud mental o sanidad interior, la consejería bíblica utiliza categorías bíblicas para buscar los mismos objetivos de resultado que Dios busca explícitamente. Nosotros, como consejeros bíblicos, nos esforzamos por ayudar a los aconsejados a:

- amar al Señor y a su prójimo (Mat. 22:37-40; 1 Tim. 1:5; 1 Ped. 1:22);
- ser llenos del gozo, la paz y la esperanza de Cristo, y de toda la plenitud de Dios (Juan 17:13; Rom. 15:13; Ef. 3:19; Sant. 1:2);
- ser santificados y edificados en la Palabra de Dios (Juan 17:17; Hech. 20:32);
- ser fortalecidos por el Espíritu de Dios, mostrando fruto (Rom. 15:13; Gál. 5:22-23; Ef. 3:16);
- agradar a Dios y vivir para Cristo (2 Cor. 5:9, 14);
- obedecer a Dios, vivir santamente; resistir y hacer morir el pecado y reemplazarlo con una vida piadosa (Rom. 6:16; Ef. 4:22-24; Tito 2:11-12; Heb. 12:15; 1 Pedro);
- ser amable y amoroso (1 Cor. 13:4-7; Col. 3:12-14; 4:5-6);
- servir activamente a otros, siendo hacedor de buenas obras (Ef. 2:10; Tito 2:14; 3:1, 8, 14); y
- ser maduro y completo, rebosante de agradecimiento (Col. 1:28; 2:7; Heb. 5:14–6:1; Sant. 1:2-4).

Tal vez podamos resumir mejor todos estos objetivos con una meta suprema: que nuestros aconsejados se parezcan cada vez más a Jesucristo, el humano perfecto (aunque divino) que encarna completamente cada ideal bíblico. En medio de las dificultades que enfrentan nuestros creyentes aconsejados en este mundo caído, Dios está trabajando todas las cosas, incluidas esas dificultades, para hacerlos como Jesús (Rom. 8:28-29). A su tiempo, Dios nos llama a trabajar y orar por este resultado específico en aquellos a quienes aconsejamos (Gál. 4:19; Ef. 3:17).

Conclusión

¿Qué es la consejería bíblica? Cerramos con esta sencilla definición: Es un ministerio de la Palabra de Dios, de persona a persona en el que practicamos ser semejantes al carácter de Cristo cuidando a personas que luchan con problemas personales e interpersonales, a fin de ayudarles a conocer y seguir a Jesucristo en corazón y comportamiento, en medio de sus luchas.

¿Quién puede y debe hacer consejería bíblica?

En cierto sentido, todo ser humano aconseja a la gente. Todos tenemos opiniones y damos consejos a los demás, ya sea que esos consejos sean piadosos o malvados, solicitados o no solicitados, reflexivos o irreflexivos. Aconsejar a otros es endémico de nuestra humanidad.

Pero son relativamente pocos los que aconsejan *bíblicamente*. Entonces, ¿qué dice Dios acerca de quién puede y debe aconsejar? ¿En qué entornos? ¿Debe una persona estar formalmente capacitada? Y si es así, ¿en qué grado? ¿Se necesita alguna licencia, certificación o título? ¿La consejería debe llevarse a cabo en una oficina, o puede suceder en una cafetería o sentados a la mesa de la cocina? Consideremos cinco principios que abordan estas preguntas.

Principios de apoyo a la consejería dentro de la familia de la iglesia

1. Dios llama a todos los creyentes en Cristo a aconsejar bíblicamente a las personas

Como dijimos en nuestro último capítulo, la consejería bíblica involucra ministrar cuidadosamente la Palabra de Dios para ayudar a la gente a manejar sus luchas de vida. Considere estos pasajes que hablan de este ministerio general de todos los cristianos unos con otros.

- Romanos 15:14. Los creyentes son capaces de «[amonestarse] los unos a los otros». El verbo original utilizado en estos versículos involucra dar instrucción, a menudo con un cariz de amonestación.
- 2 Corintios 1:3-4. El consuelo de Dios en nuestras luchas nos capacita «para que podamos también nosotros consolar a los que están en cualquier tribulación, por medio de la consolación con que nosotros somos consolados por Dios». El «Padre de misericordias y Dios de toda consolación» nos llama a ofrecer a otros la misma gracia y esperanza que Él nos da a nosotros.
- Gálatas 6:1-2. Los creyentes que viven por el Espíritu de Dios (5:16-26) deben «restaurar» a aquellos «sorprendidos» en algún pecado, quienes necesitan ayuda. El verbo traducido *restaurar,* en los días de Pablo, era usado para reparar un hueso roto o remendar una red de pesca. Ayudamos a los hermanos y hermanas que luchan en la familia de Dios a encarrilarse en su caminar con Cristo y a volver a ser útiles dentro de la iglesia.
- Colosenses 3:16. Los cristianos llenos de la Palabra de Cristo deben *enseñarse* y *exhortarse* unos a otros. En el idioma original en que se escribió el texto, ¡estos son los mismos dos verbos que Pablo usa en 1:28 para describir su propio ministerio bíblico!
- 1 Tesalonicenses 5:14. Los creyentes deben prestar atención a las condiciones espirituales específicas de cada uno y ministrar apropiadamente. Debemos «[amonestar] a los ociosos, [alentar] a los de poco ánimo, [sostener] a los débiles», adaptando nuestras acciones de ministración específicas a la necesidad específica de cada beneficiario.
- Hebreos 3:12-13. Para combatir el peligro real de la apostasía, los creyentes deben «[exhortarse] los unos a los otros cada día [...] para que ninguno de vosotros se endurezca por el engaño del pecado».

- Hebreos 10:24-25. La iglesia debe reunirse regularmente para animarse e incluso «estimularse» unos a otros «al amor y a las buenas obras». Los consejeros bíblicos reconocen tanto los peligros de un corazón endurecido como la necesidad de hechos prácticos de amor.
- Santiago 5:19-20. Cuando un hermano o hermana en Cristo «se ha extraviado de la verdad», debemos procurar hacerlo «volver» para «[salvar] de muerte un alma y [cubrir] multitud de pecados».
- Judas 22-23. Judas emite una directiva similar: «A algunos que dudan, convencedlos. A otros salvad, arrebatándolos del fuego; y de otros tened misericordia con temor». Para Santiago y para Judas hay mucho en juego, pero las recompensas son mayores.

Podemos extraer varias observaciones de estos pasajes. Primero, asignan estos ministerios a todos los cristianos. Cada versículo pertenece a todos los creyentes; ninguno se asigna a pastores, ancianos o personal de la iglesia remunerado en particular. Dios llama a Su pueblo a ministrarse unos a otros. En segundo lugar, estos ministerios implican la aplicación personal de la verdad de Dios, explícita o implícitamente. Ministramos la Palabra de Dios para ayudar a las personas de diversas maneras. Tercero, estos ministerios están integrados en la naturaleza del cuerpo de Cristo. Cada pasaje habla del cuidado mutuo de miembro a miembro en el contexto de la familia de la iglesia. Todos los creyentes pueden y deben vivir estos pasajes en sus conversaciones informales durante la semana, antes o después de las reuniones de la iglesia, en sus reuniones de grupos pequeños y en la educación de sus hijos. Cuarto, Cristo nos manda y nos autoriza a aconsejarnos unos a otros. No debemos ni tenemos que dejar el cuidado mutuo solo a los pastores o los profesionales de consejería. Dios visualiza a los creyentes dándose consejos bíblicos unos a otros.

2. Algunos creyentes tienen roles específicos de consejería y capacitación dentro de la iglesia

Al mismo tiempo, mientras que los pasajes de arriba hablan sobre todos los creyentes que se ministran unos a otros de alguna manera, cada miembro del cuerpo de Cristo tiene dones y funciones ministeriales específicos destinados a usarse para la edificación de la iglesia (Rom. 12:3-8; 1 Cor. 12:4-31; Ef. 4:7-11; 1 Ped. 4:8-11). En términos de consejería, el rol específico de una persona depende de muchas variables: sus dones, su llamado, sus habilidades, el tiempo del que dispone, las oportunidades, el entrenamiento, la experiencia, sus pasiones y la evaluación y reconocimiento de sus ancianos de la iglesia local.

¿Cómo debería verse esto en una iglesia local comprometida con la consejería bíblica? Las iglesias generalmente usan un modelo como el siguiente, aunque con muchas variaciones,[1] que organiza los ministerios de consejería en diferentes categorías basadas en las variables mencionadas antes.

- Categoría 1: los miembros se proveen unos a otros cuidado personal y consejería bíblica básica según el primer principio mencionado al comienzo.
- Categoría 2: los líderes de grupos y mentores proveen discipulado de capacitación y dirección espiritual y manejan situaciones sencillas de consejería con los miembros de su grupo o con los aprendices que se les han asignado.
- Categoría 3: los consejeros y capacitadores designados brindan consejería formal a los miembros que necesitan un mayor grado de atención. Algunos también pueden ayudar a entrenar a otros.
- Categoría 4: los pastores o ancianos brindan consejería formal, capacitan a los miembros y supervisan todo el ministerio.

Con respecto a este modelo, se necesitan varias aclaraciones. (1) Aparte del rol específico de los pastores, todas estas categorías están abiertas tanto a hombres como a mujeres.[2] (2) Dentro de cada categoría, pueden existir

---

[1] Por ejemplo, véase Garrett Higbee, «The Practicality of the Bible for Becoming a Church of Biblical Counseling», en Kellemen y Forrey, *Scripture and Counseling*, 226-44 (ver cap. 1, n. 2)

[2] Basado en varias interpretaciones y aplicaciones de 1 Timoteo 2:12, existen perspectivas diferentes entre los consejeros bíblicos sobre si Dios permite a las mujeres aconsejar a hombres o a parejas. Pero sí, todos los consejeros bíblicos animan a las mujeres a ministrar activamente al menos a otras mujeres (Tito 2:3-4).

las mismas variables discutidas anteriormente. Algunos miembros y algunos líderes de grupos pequeños tendrán más experiencia o habilidad que otros en esa categoría. Algunos consejeros designados de categoría 3 pueden ser remunerados parcial o totalmente. Una iglesia puede llamar a alguien para que sea su pastor o administrador de consejería dedicado. Se pueden insertar nuevos roles a medida que una iglesia crece. (3) Cada categoría requiere cualificaciones específicas. Algunas iglesias pueden requerir que sus consejeros de categoría 3 o 4 obtengan la certificación o hacer que la capacitación en consejería bíblica sea un requisito cuando se trata de contratar pastores. (4) Los hombres y mujeres con dones, entrenamiento y pasión por la consejería bíblica deben considerar si Dios quiere que sirvan en un equipo misionero o de plantación de iglesias. Los hombres deben considerar lo mismo con relación al ministerio pastoral.[3]

3. *Dios llama a pastores y ancianos a aconsejar, capacitar y supervisar*

¿Dónde caben los pastores en esta visión bíblica de la consejería?[4] Además de supervisar todo el ministerio de consejería completo, las Escrituras asignan a los pastores dos obligaciones: aconsejar a sus miembros y entrenarlos para aconsejar.

Los pastores aconsejan a sus miembros

Aunque los nueve pasajes sobre los creyentes mencionados anteriormente en el punto uno incluye a los pastores, su llamado específico como líderes del rebaño involucra la ministración personal de la Palabra de Dios a miembros individuales de sus congregaciones.[5]

---

[3] Véase Robert D. Jones, «Avoiding Infinite Mischief: Assessing Your Calling to Pastoral Ministry», *Journal of Modern Ministry* 6, n. 3 (otoño de 2009): 9-23.

[4] Usamos *pastores* para incluir los términos sinónimos de pastores, ancianos y supervisores, ya sean remunerados o no, basados en textos como Hech. 20:17, 28; 1 Tim. 3:1; 5:17; y Tito 1:5.

[5] Véase Jay E. Adams, *Shepherding God's Flock: A Handbook on Pastoral Ministry, Counseling, and Leadership* (Grand Rapids: Zondervan, 1975); Jeremy Pierre y Deepak

Podríamos explorar varios ejemplos del Antiguo Testamento en los que los líderes de Israel —jueces, profetas, sacerdotes y reyes— fueron llamados a pastorear a israelitas individuales. Algunos de estos líderes fueron piadosos (Ex. 18:13-26; Núm. 27:15-23; Jue. 4:4-5; 1 Sam. 9:6; Sal. 78:70-72); pero otros no lo fueron (Jer. 23:1-6; Ezeq. 34:1-6).

Yendo al Nuevo Testamento, vemos a Jesús mostrar cuidado personal a individuos a lo largo de Su ministerio. Basado en el relato de los Evangelios, nuestro Señor aparentemente pasó más tiempo ministrando a individuos que a multitudes; empleó más tiempo enseñando y aconsejando en privado a grupos pequeños que en la predicación pública.[6] También vemos esto en Su cuidado personal por Sus discípulos y los muchos individuos que aconsejaba. A su tiempo, llamó a Pedro a alimentar y cuidar el rebaño de Dios (Juan 21:15-17). En Mateo 28:18-20, dirigió a Sus apóstoles a ganar personas para Él, bautizándolas y «enseñándoles que guarden todas las cosas» que Él había mandado. Hacer eso requiere dar consejo bíblico.[7]

Jesús no solo aconsejó a la gente, sino que llamó a Sus seguidores a hacer lo mismo. Afortunadamente, Sus discípulos escucharon. En Hechos 20:20, Pablo recuerda su ministerio de tres años enseñando a los efesios «públicamente y por las casas». Como Jesús, Pablo demostró la primacía no solo de predicar sino de ministrar la Palabra de Dios en este sistema de entrega doble, corporativa y privadamente. En Colosenses 1:28 resume su ministerio de «[amonestar] a todo hombre, y [enseñar] a todo

---

Reju, *The Pastor and Counseling: The Basics of Shepherding Members in Need* (Wheaton, IL: Crossway, 2015); y Timothy Z. Witmer, *The Shepherd Leader: Achieving Effective Shepherding in Your Church* (Phillipsburg, NJ: P&R, 2010).

[6] Véase Powlison, *Speaking Truth in Love*, 105–6 (cap. 1, n. 5); y Peter Adam, *Speaking God's Words: A Practical Theology of Expository Preaching* (Downers Grove, IL: InterVarsity Press, 1996), 59-70.

[7] Respecto de este pasaje de la Gran Comisión, no es suficiente enseñar *lo que* Jesús ordena. Debemos enseñar a la gente *cómo* seguir Sus mandamientos. Simplemente con decir a un marido en un matrimonio problemático lo que dice Efesios 5:25 y que debe amar a su esposa basado en eso es insuficiente; debemos ayudar a este marido específico a amar a su esposa específica en su situación matrimonial específica. Los consejeros bíblicos traen aplicación tangible a los textos bíblicos. Véase Robert Jones, «Does the Great Commission Require Biblical Counseling?», Biblical Counseling Coalition, 17 de julio de 2019, https://www.biblicalcounselingcoalition.org/2019/07/17/does-the-great-commission-require-biblical-counseling/

hombre en toda sabiduría, a fin de presentar perfecto en Cristo Jesús a todo hombre». La repetición de «a todo hombre» señala el cuidado pastoral de Pablo hacia los individuos, una preocupación que también muestra en 1 Tesalonicenses 2:11-12, Hechos 20:31 y 1 Corintios 12:25. Sus palabras no pueden reducirse a la ministración pública solamente.

Los apóstoles instaban constantemente a los ancianos de la iglesia a pastorear a sus miembros. Pedro entendió su papel de pastor y exhortó a los ancianos a hacer lo mismo (1 Ped. 5:2-4). Pablo dirigió a los ancianos de Éfeso a pastorear la iglesia, recordándoles su ministerio personal, sacrificado y lleno de lágrimas entre ellos (Hech. 20:17-38). Usando una variedad de verbos de enseñanza, palabras ciertamente no restringidas a la predicación pública, Pablo instó a Timoteo a ministrar fielmente las Escrituras inspiradas por Dios (2 Tim. 3:10–4:5). Instruyó a Tito para que nombrara ancianos piadosos que pudieran traer la verdad sólida y refutar la enseñanza errónea que estaba destruyendo hogares enteros, otra marca del cuidado de la consejería pastoral de Pablo (Tito 1:5-13). Hebreos 13:7 y 13:17 enfatizan más aún la importancia del cuidado pastoral y la supervisión de los miembros, ya que los líderes de la iglesia enseñan la Palabra de Dios, modelan la piedad (v. 7) y velan por los miembros y los guían (v. 17).

Con base en estos pasajes, los pastores que toman en serio su papel deben verse a sí mismos y ser vistos por otros como consejeros, llamados por Dios a sobresalir en la consejería bíblica. En el centro de su tarea pastoral está el ministerio personal de la Palabra de Dios para ayudar a aquellos que luchan con problemas personales y de relación.

Los pastores equipan a sus miembros para aconsejar

En Efesios 4:11-16, Pablo escribió cómo el Señor Jesús victorioso, luego de ascender a los cielos, constituyó a pastores y maestros para equipar a los miembros para el ministerio mutuo, de manera que la iglesia creciera en unidad, madurez y amor. ¿Qué deben hacer los creyentes unos por otros de manera específica para alcanzar esa meta? Hablar «la verdad en amor» (4:15, comp. Gál. 4:16). La «verdad» en Efesios se refiere al mensaje del evangelio (1:13; 4:21; 6:14); el reino o contexto es «en amor». Más que ser una guía proverbial de cómo decir sinceramente cosas difíciles de manera amable, esto se refiere a que toda la iglesia debe hablar las verdades y las aplicaciones del evangelio unos a otros. El ministerio de todos los miembros previsto en Efesios 4 no se trata de que todos sirvan en un equipo ministerial sino de que todos se hablen unos a otros sobre Jesús y Su Palabra.

¿Cómo se desarrolla esta visión? El versículo 12 llama a pastores y maestros a preparar a los santos para este tipo de ministerio. Consideremos seis maneras en las que los pastores pueden equipar a sus miembros para aconsejar bíblicamente:

1. A través de la predicación y la enseñanza públicas, muestran a los miembros cómo interpretar y aplicar las Escrituras a sus luchas personales.
2. A través de sus oraciones pastorales y su sabia selección de canciones para la adoración colectiva, guían al pueblo de Dios en cómo pensar en Dios y acercarse a Él.
3. A través de los miembros de la consejería, especialmente en presencia de un líder de grupo pequeño o de un amigo piadoso del aconsejado, muestran a otros cómo reproducir las medidas de su ministerio.
4. Al testificar cómo las verdades de la consejería bíblica están transformando sus vidas, ayudan a los miembros a hacer lo mismo.
5. Al recomendar y mostrar recursos sólidos de consejería bíblica, proporcionan a los miembros recursos oportunos y transformadores de vida para su uso y para ayudarse mutuamente.
6. A través de proporcionar capacitación formal de consejería bíblica dentro de sus iglesias según sea posible. Hombres y mujeres calificados pueden ayudar o dirigir esta capacitación, especialmente aquellos con entrenamiento avanzado en consejería bíblica (por ejemplo, una maestría en consejería bíblica). Los pastores también pueden animar a los miembros a buscar otras vías confiables de capacitación en consejería bíblica en seminarios, colegios bíblicos,

centros de capacitación cristiana, conferencias, eventos itinerantes y viendo programas de estudio en videos.

4. Dios diseñó a la iglesia local para ser Su base primaria de consejería bíblica

Según 1 Timoteo, una iglesia local formada por el evangelio (1:1-20; 3:16) y organizada apropiadamente (2:1–3:13) es «columna y baluarte» para la ministración de ese evangelio (3:14-15). Cuando se combina con los muchos pasajes de «unos a otros» que se mencionan en el punto uno y los pasajes que resumen el ministerio de la iglesia (por ej. Hech. 2:42-47), la consejería bíblica pertenece claramente a la iglesia.

La consejería basada en la iglesia significa la consejería realizada por líderes y miembros de la iglesia para ayudar a otros miembros, a los que asisten regularmente y a los integrantes de la comunidad.[8] Por ejemplo, los consejeros bíblicos pueden dirigir ministerios de grupos de apoyo para aquellos que luchan contra el divorcio, las adicciones, la crianza en soltería y el duelo. Dependiendo del tamaño, la visión y la madurez general de la congregación, una iglesia puede ubicar dichos ministerios en varios lugares de la comunidad, incluido un centro de atención residencial, no solo en la propiedad de la iglesia. En cualquier caso, la iglesia local debe ser un lugar donde la gente pueda encontrar todo tipo de ayuda para todo tipo de problemas personales y relacionales. En ese sentido, una iglesia debe *ser* un centro de consejería, no solo tener un centro de consejería.

¿Qué beneficios trae la consejería bíblica con base en la iglesia que la consejería hecha en otros lugares no puede replicar? Consideremos una docena de ventajas:

1. *La supervisión de los pastores ordenados por Dios.* Cristo le ha dado a la iglesia pastores y ancianos que conocen a sus miembros y pueden

---

[8] Sobre aconsejar a no creyentes, véase el cap. 19. Para una visión práctica de una iglesia local que incorpora la consejería bíblica basada en la iglesia en su alcance más amplio, véase Stephen Viars, *Loving Your Community: Proven Practices for Community-Based Outreach Ministry* (Grand Rapids: Baker Books, 2020).

pastorearlos de manera práctica e inmediata.[9] Su posición les permite entrar en el mundo de un aconsejado, ganar confianza, aconsejar (o conectar a la persona con consejeros aprobados) y traer la autoridad de ancianos dada por Dios a la situación si es necesario.[10]

2. Consistencia entre la consejería privada y la predicación pública. El consejero y el aconsejado saben que el consejo dado en una sesión del martes se alineará con la enseñanza dominical.
3. Adoración centrada en Dios y que exalta a Cristo. Dios usa las canciones, las oraciones y las lecturas de la Biblia en la adoración corporativa para cambiar el enfoque de un aconsejado de sí mismo a Dios y a la gloria, las promesas y las provisiones de Dios.
4. Las ordenanzas (o sacramentos) de Cristo. A medida que los miembros bautizados presencian los bautismos de otros y participan de la Cena del Señor, comulgan de nuevo con Jesús y sus compañeros creyentes. Para los aconsejados cargados de culpa o miedo, el pan y la copa del nuevo pacto les recuerdan tangiblemente el amor perdonador y la presencia de su Redentor crucificado.
5. El compañerismo, el aliento y el ejemplo de compañeros creyentes maduros. Podemos conectar a los aconsejados con cristianos maduros para que sean su mentor y les brinden apoyo; miembros que han superado con éxito problemas similares pueden ser excelentes mentores.
6. Disciplina eclesiástica restauradora/redentora. La consejería basada en la iglesia proporciona el cuidado disciplinario de la familia de la iglesia en caso de que un miembro se aleje del Señor.[11]
7. Oportunidades de servir a otros. Podemos dirigir a los aconsejados a los líderes ministeriales que pueden emplearlos en formas de servicio centradas en los demás.

---

[9] Para percibir las ventajas que los pastores tienen al aconsejar a sus miembros de la iglesia, véase David Powlison, «The Pastor as Counselor» en *For the Fame of God's Name: Essays in Honor of John Piper*, ed. Sam Storms y Justin Taylor (Wheaton, IL: Crossway, 2010), 419–42.

[10] Sobre la autoridad de los ancianos, véase Hech. 20:28; 1 Tes. 5:12-13; Tito 2:15; Heb. 13:7, 17, 24; y 1 Ped. 5:3, 5a.

[11] Véase Robert Cheong y Robert D. Jones, «Biblical Counseling, the Church, and Church Discipline», en Kellemen y Carson, *Biblical Counseling and the Church (cap. 1, n. 2)*.

8. Personas con recursos. Podemos vincular a los aconsejados con otros miembros que pueden proporcionar asesoramiento de presupuesto, médico, legal o de búsqueda de empleo para complementar nuestro enfoque. Esto también permite que esos miembros usen sus dones para servir a su iglesia y experimenten así el gozo del ministerio.
9. Asistencia de benevolencia. Para los aconsejados que necesitan ayuda financiera (por ejemplo, ayuda con las facturas de servicios públicos y el alquiler) o ayuda física para mudarse de un sitio problemático, sabemos con quién hablar y cómo encontrar ayuda.
10. Acceso a los hogares de los miembros para recibir consejería informal, mentoría, discipulado y vida en grupos pequeños. Podemos fomentar la participación con otros compañeros maduros. Nuestro Señor y Sus apóstoles practicaron el ministerio «de la vida cotidiana».
11. Mayor protección jurídica. Disminuimos la probabilidad de demandas al estipular que nuestra consejería basada en la iglesia es parte de nuestros ministerios evangelísticos y de discipulado normales y no profesamos ser consejeros psicológicos profesionales con licencia estatal.
12. ¡Ofrecemos todo lo anterior de manera gratuita (sin pagos de ninguna especie ni límites de sesiones)!

Estos beneficios en conjunto hacen que la iglesia local sea el escenario ideal de Dios para ofrecer consejería bíblica centrada en Cristo. Como observa David Powlison: «El pueblo de Dios que funciona como el pueblo de Dios proporciona la institución ideal y deseable para arreglar lo que nos aflige. Esa institución puede adaptarse para asumir mil problemas diferentes. [...] La palabra "consejería" debe expresarse y estar bajo la autoridad y ortodoxia de la iglesia».[12]

---

[12] Powlison, *Speaking Truth in Love*, 110. Véase también Bill Goode, «Biblical Counseling and the Local Church» en *Counseling: How to Counsel Biblically*, ed. John MacArthur (Nashville: Thomas Nelson, 2005), 226.

5. *Los consejeros bíblicos sirven en funciones de consejería vocacional y capacitación más allá de la iglesia local*

Si bien la consejería basada en la iglesia sigue siendo el ideal, no es el único entorno que Dios usa para cambiar a las personas. Los consejeros bíblicos trabajan en varios ambientes vocacionales fuera de la iglesia local y de la plantación de iglesias y las misiones. Consideraremos tanto los entornos paraeclesiásticos como los que precisan licencia estatal.

Ministerios de consejería bíblica paraeclesiástica

Los consejeros bíblicos paraeclesiásticos cumplen una valiosa función del reino en varios entornos. Fortalecen la salud general de las iglesias dentro de una comunidad de varias maneras. (1) Cuando las iglesias locales no pueden o no quieren aconsejar bíblicamente a las personas, los consejeros bíblicos paraeclesiásticos brindan ayuda a los miembros de la iglesia que la necesitan. (2) Cuando una persona cree que Dios la está llamando a ocupar una posición de ministerio paraeclesiástico para aconsejar a aquellos que normalmente no buscarían consejería basada en la iglesia. (3) Cuando el ministerio paraeclesiástico existe para capacitar a los miembros y líderes de la iglesia, incluyendo la provisión de entrenamiento observacional basado en su propio ministerio de consejería, esa organización se ve a sí misma como un siervo de la iglesia y trabaja para el día en que las iglesias locales sean capacitadas y su trabajo termine. (4) Cuando el ministerio paraeclesiástico ofrece formas especializadas o intensivas de consejería bíblica (por ejemplo, tratamiento de adicciones, intervención en traumas, residencias grupales), puede ofrecer a las familias un nivel de apoyo que las iglesias locales normalmente no proporcionan. (5) Cuando las iglesias locales regionales (por ej., un presbiterio o una asociación bautista) cooperan para crear y apoyar un centro de consejería paraeclesiástica, los consejeros tienden a ver sus ministerios como extensiones de esas iglesias.

Surgen preguntas específicas sobre cómo los consejeros paraeclesiásticos se conectan y se comunican con las iglesias. Estas deben ser exploradas por los consejeros que contemplan una vocación ministerial en una organización paraeclesiástica y por las iglesias que consideran asociarse con otra institución afín.

Entornos que requieren una licencia estatal

Más allá de los entornos ministeriales de consejería basados en la iglesia o paraeclesiásticos, algunos consejeros bíblicos sirven en entornos que requieren licencia estatal.[13] ¿Qué ventajas podría traer una licencia estatal a un consejero bíblico? Los defensores mencionan varias categorías. En primer lugar, la licencia estatal puede abrir las puertas del ministerio que normalmente están cerradas a los consejeros sin licencia. La mayoría de las personas, especialmente los no cristianos, que necesitan consejería buscan consejeros profesionales con licencia. Por lo tanto, si tienen la libertad de hablar de Cristo en sus sesiones, los consejeros con licencia tienen oportunidades evangelísticas. Incluso pueden servir en entornos relacionados con el gobierno, como hospitales, centros de abuso de sustancias, universidades estatales e instalaciones militares, y pueden trabajar en casos designados por la corte que incluso podrían involucrar a niños.

En segundo lugar, los requisitos de capacitación y supervisión para obtener la licencia estatal exceden los requisitos para la certificación de consejería bíblica. Esto incluye capacitación explícita en habilidades de comunicación y técnicas de entrevista. El conocimiento adquirido sobre nuestra cultura psicologizada a través de toda esta capacitación les permite ayudar a la iglesia a comprender los diagnósticos clínicos, ofrecer críticas informadas del mundo de la salud mental y ganarse un lugar en la mesa, una especie de credencial del gremio, para influir potencialmente con sabiduría bíblica en otros terapeutas.

En tercer lugar, hay más puestos remunerados disponibles en el campo de la salud mental que en las iglesias y contextos paraeclesiásticos.

---

[13] Nos referimos a licencia «estatal» cuando una junta de gobierno estatal emite una licencia y ejerce autoridad sobre el consejero (por ej., consejero profesional licenciado, terapeuta matrimonial y familiar licenciado, o trabajador social clínico licenciado).

Al mismo tiempo, existen desventajas de tener una licencia estatal. Primero, los consejeros bíblicos que buscan una licencia estatal pueden enfrentar adversidades, restricciones o censura por parte de la comunidad psicoterapéutica cuyos valores se oponen a la Palabra de Dios. Además, otros consejeros bíblicos podrían cuestionar sus compromisos bíblicos y sus motivaciones para obtener la licencia.

Segundo, las restricciones seculares y los requisitos éticos pueden conducir a dilemas morales y tentaciones que podrían impulsar a un consejero a comprometer sus valores bíblicos. Colocarse bajo la autoridad de una junta secular de licencias mientras se trata de aconsejar bíblicamente puede crear conflictos de lealtad. Las áreas de preocupación incluyen:

- restricciones en compartir las perspectivas cristianas o recomendar estudios bíblicos o recursos basados en la Biblia;
- requerimiento de usar lenguaje terapéutico (categorías y códigos según el *Manual diagnóstico y estadístico de los trastornos mentales* [*DSM-5*, por sus siglas en inglés]) y planes de tratamiento;
- varios temas relacionados a visiones no bíblicas sobre género, matrimonios del mismo sexo y orientación sexual;
- grados de confidencialidad, por ej. no ser capaz de informar preocupaciones vitales al pastor de un aconsejado; y
- restricciones de relaciones duales, por ej. limitaciones para hacer *seguimiento de vida* con los aconsejados, disfrutar de la comunión en grupos pequeños y otras formas de comunidad cristiana.

En algunos casos, los acuerdos claros de consentimiento informado pueden dar a los consejeros bíblicos con licencia estatal en algunos estados un poco de flexibilidad en estas áreas. El lenguaje y la rigurosidad de los estándares de la junta de licencias profesionales de cada estado específico también son importantes.

Tercero, agregar una licencia estatal más allá de la capacitación en consejería bíblica implica un costo financiero y una energía significativos.

En cuarto lugar, el deseo de ganar y retener clientes que paguen podría tentar a los consejeros profesionales a pasar por alto la primacía de la iglesia local y competir de forma inadvertida con el ministerio de consejería que la iglesia de la persona debería proporcionar idealmente.

Entonces, dados estos pros y contras, ¿cómo debemos ver a los consejeros bíblicos que buscan una licencia estatal? Sugerimos tratar esto como un asunto de sabiduría, una cuestión de conciencia y vocación individual. En áreas que carecen de una dirección bíblica explícita, las Escrituras dan categorías que nos enseñan cómo ver a nuestros compañeros cristianos, particularmente con respecto a esas áreas grises a las que los escolásticos bíblicos se refieren como «cosas discutibles» o *adiáforas* (por ejemplo, Rom. 14:1–15:7; 1 Cor. 7:25-40; 8:1-13; 10:23–11:1). ¿Podría ser conscientemente incorrecto que algunas personas se sometieran a restricciones estatales, pero no incorrecto para otras? ¿Podría ser que Dios guiara a algunos a servirle con una licencia estatal y a otros a servirle sin ella? Parece que la respuesta a ambas preguntas es sí.

Conclusión

Con cualquier entrenamiento que hayamos recibido, con cualquier credencial o autorización que tengamos y en cualquier entorno y rol en el que sirvamos, todos los que nos comprometamos con la consejería bíblica (como se describe en el capítulo 1) traigamos sabia, audaz y compasivamente tanto del evangelio y sus implicaciones como nuestras situaciones lo permitan hacia nuestros aconsejados que luchan. Y como quiera que los consejeros paraeclesiásticos o con licencia estatal naveguen por las aguas anteriores, recordemos y reforcemos la prioridad de la iglesia local. Como alguien lo ha dicho inteligentemente con respecto a los apóstoles incultos de Hechos 4, valoremos por encima de todo un diploma «HECJ», es decir, de «haber estado con Jesús» (Hech. 4:13).

PARTE DOS

FUNDAMENTOS TEOLÓGICOS PARA LA CONSEJERÍA BÍBLICA

La Biblia y la epistemología

En el capítulo 1 explicamos que la Biblia provee de manera integral todas las verdades que necesitamos para construir activamente nuestro modelo de cuidado, un factor distintivo de nuestra consejería bíblica con relación a otras formas de consejería. Usamos verbos como *emerger* o *impulsar* para enfatizar el papel activo de la Biblia en la construcción del modelo de consejería bíblica. Este capítulo amplía esa idea y demuestra su importancia para la consistencia epistemológica. Veremos cómo es posible el conocimiento genuino y cómo la Biblia cumple con cuatro criterios de validez epistemológica y, por tanto la convierte en una base confiable para nuestro modelo de consejería bíblica.

Cada sistema de consejería tiene una fuente de conocimiento autorizado y una forma de agregar información a ese conocimiento.[1] Debe haber una fuente de verdad confiable para poder construir inicialmente y mejorar a lo largo del tiempo el modelo de cuidado. Como resultado, el conocimiento es un componente crucial para cada forma de consejería bíblica, cristiana y secular.[2]

[1] Este capítulo se enfoca en el sistema, no en la habilidad de un profesional específico para aconsejar adecuadamente dentro del sistema. Creemos que parte de la llamada consejería bíblica ha sido inconsistente con lo que se enseña en este libro. Nosotros mismos, de hecho, a veces no alcanzamos a nuestros propios estándares. Para continuar la discusión sobre la diferencia entre la suficiencia de las Escrituras y la competencia de un consejero, véase Bob Kellemen, «10 Common Mistakes Counselors Make, Part 10», sitio web de RPM Ministries, 10 de marzo de 2020, https://rpmministries.org/2020/03/10-common-mistakes-biblical-counselors-sometimes-make-part-10/.

[2] Por ejemplo, los autores de *Psychology and Christianity: Five Views*, ed. Eric Johnson, 2.ª ed. (Downers Grove: InterVarsity Press, 2010) establecen el conocimiento

Por ejemplo, consideremos un sistema que cree que la mejor manera de cuidado para la gente es ayudar a cada persona a vivir de acuerdo con sus valores. Esa creencia debe venir de algún lado, de un conjunto de conocimiento o fuente de verdad que *impulsa* ese sistema. El conocimiento puede venir de la experiencia, un estudio de investigación, un libro significativo o la imaginación de alguien. De cualquier manera, ese sistema de cuidado *emergió de* un conjunto de verdades autorizadas. Adicionalmente, algunos sistemas de consejería cristiana argumentan que toman el mejor conocimiento disponible de la Biblia y el mejor conocimiento disponible de la investigación científica y los integran para conformar su sistema de cuidado.[3] Los consejeros bíblicos argumentan que la Biblia es la fuente de conocimiento autorizado que impulsa y exhibe un control funcional activo sobre nuestro modelo. Esto significa que la consejería bíblica es un sistema de cuidado que emerge de la Biblia.

Ya que el conocimiento autorizado impulsa cada sistema, uno debe determinar cómo puede justificar o garantizar la validez del cuerpo de conocimiento autorizado usado para crear y modificar el sistema. Los consejeros seculares usan la investigación más reciente, los consejeros cristianos generalmente usamos alguna versión de «toda verdad es la verdad de Dios», y los consejeros bíblicos usan la Biblia. ¿Cómo puede alguien justificar el uso de *su* fuente de conocimiento autorizado? Proverbios 18:17 dice: «Justo parece el primero que aboga por su causa; pero viene su adversario, y le descubre». Entonces, si abogamos por un sistema de consejería, debemos ser capaces de defenderlo a la luz de varios enfoques que compiten entre sí.

Hemos argumentado que (1) todo sistema de consejería emerge de un cuerpo de conocimiento autorizado y (2) todo sistema debe justificar el uso de su cuerpo de conocimientos. Ahora es importante considerar cómo un

---

teológico usado para cada estilo de construcción de modelo de consejería bíblica. Los defensores de la terapia cognitiva-conductual también justifican su sistema explicando el conocimiento usado para construir y mejorar su modelo. Véase David D. Burns, *Feeling Good: The New Mood Therapy*, ed. rev. (Nueva York: HarperCollins, 1999), esp. 7-49.

[3] Podríamos dar muchos ejemplos, pero una buena ilustración es Stanton L. Jones, «An Integration View» en Johnson, *Psychology and Christianity*, 101-28.

consejero bíblico podría justificar el uso de la Biblia como fuente de verdad autorizada que impulsa, modifica y controla su modelo de cuidado. Sin esa justificación, la consejería bíblica no tiene razón de existir. De hecho, ningún sistema tiene derecho a existir si alguien primero no justifica su fuente de verdad. Consideremos cómo se podría desarrollar una garantía del conocimiento.

La garantía del conocimiento

Epistemología es el estudio del conocimiento. Intenta responder la pregunta: ¿Cómo puede uno saber algo? Esto es particularmente importante porque aquellos que se aferran a todos los sistemas de consejería utilizaron un cuerpo de conocimiento para desarrollar su modelo. Por lo tanto, debemos considerar cómo se puede justificar el conocimiento en sí mismo y luego defender el conocimiento usado para impulsar y desarrollar un sistema de cuidado.

La posibilidad del conocimiento genuino

Los escépticos del conocimiento sugieren que el conocimiento en sí mismo es escurridizo e inaccesible. Afirman, irónicamente, que la única verdad absoluta es ¡que no existe tal cosa como la verdad absoluta! En *Amordazando a Dios: El cristianismo frente al pluralismo*, D. A. Carson reflexivamente aborda esta idea. Él está de acuerdo con el pensamiento posmodernista que desafía el optimismo de la modernidad porque no sabemos de forma completa o perfecta, pero también critica el escepticismo de la posmodernidad argumentando que el conocimiento puede obtenerse de manera suficiente y significativa. Concluye recordándoles a sus lectores que tanto la certeza de la modernidad como el escepticismo de la posmodernidad son incorrectos; sigue existiendo un conocimiento verdadero y genuino disponible a través de una cosmovisión cristiana.[4]

[4] D. A. Carson, *Amordazando a Dios: El cristianismo frente al pluralismo* (Barcelona, España: Editorial Andamio, 2016).

Carson tiene razón. Así como pensamos que nosotros como consejeros bíblicos debemos ser cuidadosos, reflexivos y preocuparnos sobre qué conocimiento usamos para construir, impulsar o desarrollar nuestro sistema, también sinceramente afirmamos que el conocimiento es tanto accesible como suficiente. Consideremos cómo podemos justificar el conocimiento que usamos.

Criterios para la reivindicación del conocimiento

En su obra *Epistemology: The Justification of Belief* [Epistemología: La justificación de la creencia], David Wolfe concibió un sistema para determinar si el fundamento del conocimiento está justificado. Él argumenta que hay cuatro C que identifican la validez de un sistema de conocimiento: consistencia, coherencia, completitud y congruencia.[5] Cada una de ellas provee una manera de probar un sistema de conocimiento. Consistencia significa que el sistema no tiene contradicciones internas. Coherencia se refiere a cómo las afirmaciones del sistema se relacionan unas con otras. La completitud apunta a cuán práctico es el sistema para la experiencia de aquellos que están dentro del sistema. Finalmente, la congruencia se refiere a si el sistema de conocimiento responde a las preguntas de aquellos que experimentan desafíos.[6]

Es posible utilizar estas cuatro C para probar un sistema. Por ejemplo, en el libro *Counseling and Christianity* [Consejería y cristianismo], cinco autores explican cómo aconsejarían a un aconsejado ficticio llamado «Jake». Jake es un joven con muchos desafíos que involucran sufrimiento y pecado. El punto de vista de los Niveles de Explicación sugiere que Jake necesita atención en todos los niveles de su existencia. Cuando se trata del nivel espiritual, el escritor sugiere: «Los antiguos modelos religiosos como Jesús, Buda y Mahoma, así como muchos de los modelos religiosos y espirituales

---

[5] David L. Wolfe, *Epistemology: The Justification of Belief* (Downers Grove: InterVarsity Press, 1982), 50-56. En este útil recurso, Wolfe no solo provee un modo de evaluar una afirmación de la verdad, sino que también discute algunas de las maneras equivocadas en las que los individuos han justificado una creencia.

[6] Wolfe, 55.

más contemporáneos como Gandhi, la Madre Teresa, el Dalai Lama, Martin Luther King Jr., e incluso la familia y los amigos de uno, pueden actuar como un modelo sobre cómo vivir y actuar de una mejor manera».[7] Uno podría preguntarse si esta declaración es *consistente* con lo que Jesús dijo en Juan 14:6 o lo que Lucas escribió en Hechos 4:12, y cómo podría ser *coherente* esta frase dado que Jesús, Buda, Mahoma y otros no enseñaron las mismas cosas. Aparte de la posición de consejería bíblica, es difícil encontrar en los otros puntos de vista un compartir explícito y abierto del evangelio con Jake. Podemos preguntarnos genuinamente si estos diversos enfoques de la consejería cristiana están comprometidos, como una parte específica e intencional de su sistema, a tener el evangelio en su centro. De lo contrario, es difícil entender cómo estos modelos pasan las cuatro pruebas anteriores para la garantía. Si un enfoque afirma tomar lo mejor de todos los recursos disponibles para ayudar a la gente, pero no presenta el evangelio, entonces nos preguntamos si están tomando lo mejor de la Biblia.

El lugar único de la Biblia en el estudio del conocimiento

Hemos argumentado que el conocimiento es posible y que la garantía de ese conocimiento puede satisfacerse usando una serie de características.[8]

[7] Thomas Plante, «A Levels-of-Explanation Approach» en Greggo y Sisemore, *Counseling and Christianity*, pág. 79 (véase cap. 1, n. 4). Los otros acercamientos incluyen integración, consejería cristiana, transformación y consejería bíblica.

[8] Algunos pueden objetar que somos inconsistentes, pues usamos algo fuera de la Biblia para justificar nuestro sistema de conocimiento, que excluye todo lo que esté fuera de la Biblia. Respondemos de dos maneras: (1) la Biblia enseña cada una de estas cuatro C. Por ejemplo, Jesús acusó a los líderes religiosos de hipócritas, aunque eso tendría poco significado si no fuera por la consistencia. La afirmación bíblica de que el Señor provee todo lo que necesitamos para la vida y la piedad es un ejemplo de completitud. (2) Mientras nos adentramos más en un sistema, comprendemos que la fe es una parte de la ecuación. Todos ejercitan fe. Incluso aquellos que prefieren la apología basada en evidencias finalmente llegarán al lugar de la fe. Los que favorecen los argumentos presupuestos se beneficiarán de la obra de Greg L. Bahnsen, *Van Til's Apologetic* (Phillipsburg, NJ: P&R, 1998) o «Does God Exist?», un debate de 1985 entre el Dr. Gordon Stein, ateo, y el Dr. Greg Bahnsen, cristiano. Video de YouTube, 2:13:57, https://www.youtube

No es apropiado discutir el lugar único de la Biblia[9] en la construcción del fundamento del conocimiento que usamos para construir, impulsar y mejorar la consejería bíblica.[10]

Inspiración: la Biblia es inspirada por Dios

La inspiración, como se dice comúnmente, involucra tanto el producto (el texto mismo) como el proceso (los medios utilizados para producir el texto). A la luz de 2 Timoteo 3:16-17 creemos que Dios es el principal autor del texto que leemos en la Biblia. Esa es una de las razones por las que la Biblia dice que la Palabra del Señor permanece para siempre (Mat. 5:17-18; Isa. 40:8). Como Dios es el autor, la fuente es confiable. También creemos que Dios usó seres humanos para escribir y ensamblar Su obra (2 Ped. 1:20-21). La participación del Espíritu Santo garantiza que el involucramiento humano no fuera capaz de corromper la perfecta Palabra del Señor. Aunque este breve capítulo no puede presentar argumentos detallados, de corazón afirmamos que la autoría de Dios y Su intervención en la entrega de Su Palabra satisfacen los criterios para un sistema de conocimiento; o sea, consistencia, coherencia, completitud y congruencia. No existe otro escrito que garantice tal cosa o que pueda hacer una afirmación igual.

Inerrancia: la Biblia no tiene errores

Si la Biblia es la Palabra de Dios y si declara claramente que Dios no miente (Rom. 3:4), entonces podemos concluir que la Biblia no tiene errores. De

---

.com/watch?v=jzIgzRWPVAw. De cualquier manera que se argumente, siempre es una fe razonable.

[9] Rechazamos cualquier escrito fuera de los sesenta y seis libros del Antiguo y el Nuevo Testamentos llamados la Biblia. Véase Phillip Comfort, ed., *El origen de la Biblia* (Carol Stream, IL: Tyndale House, 1992); F. F. Bruce, *El Canon de la Escritura* (Wheaton: InterVarsity Press, 1988). Para más discusiones técnicas del Nuevo Testamento, véase Bruce M. Metzger, *The Canon of the New Testament: Its Origin, Development, and Significance* (Nueva York: Oxford University Press, 1987) y E. Earle Ellis, *The Making of the New Testament Documents* (Boston: Bill Academic, 2002).

[10] El capítulo 9 evaluará el rol de las afirmaciones de verdad fuera de la Biblia, tales como las que emergen de la medicina o las ciencias sociales.

todos modos, como creyentes en Cristo que procuramos determinar en qué sistema de conocimiento confiaremos, podemos evaluar razonablemente las afirmaciones de las Escrituras. Si bien no es posible probar inductivamente la inerrancia, las objeciones impuestas contra las Escrituras tienen respuestas claras, razonables y reflexivas. Por tanto, la inerrancia no es solo un resultado lógico de la inspiración de las Escrituras, sino que también es la conclusión razonada de aquellos que las han escudriñado a nivel de pasaje individual. El Creador y sustentador del universo, que es responsable del contenido de la Biblia, comunicó la verdad.

Suficiencia: la Biblia provee lo que necesitamos

La doctrina de la suficiencia de la Escritura, que depende de la inspiración e inerrancia de la misma, significa que la Biblia da todo lo que una persona necesita para comprender cómo agradar, glorificar y representar adecuadamente a Dios en esta vida presente, sin importar las circunstancias, incluyendo (1) cómo una persona puede tener una relación correcta con Dios por medio de Cristo; (2) las verdades a creer sobre el carácter de Dios, Su obra en la creación y en los corazones de la gente, y la manera en que el Señor ve a los creyentes; (3) los mandamientos que Dios espera que Su pueblo cumpla; y (4) cómo agradar a Dios en nuestra forma de actuar y reaccionar a nuestro pecado, el pecado de otros, los desafíos de vivir en un mundo maldito por el pecado, y cómo manejar el sufrimiento. Esto significa que la Biblia explica todo lo necesario para vivir y honrar al Señor.

La doctrina de la suficiencia tiene una larga historia. La Confesión de Fe de Westminster de 1647 declara: «Todo el consejo de Dios concerniente a todas las cosas necesarias para su propia gloria, la salvación, la fe y la vida del hombre, está expresamente establecido en las Escrituras, o por buenas y necesarias consecuencias puede ser deducido de las Escrituras».[11] La Confesión Bautista de Londres de 1689 declara de manera similar: «La Sagrada

[11] La Confesión de Fe, cap. 1, sec. 6, https://www.pcaac.org/wp-content/uploads /2019/11/WCFScriptureProofs.pdf.

Escritura es la única regla suficiente, cierta e infalible de todo conocimiento, fe y obediencia. Todo el consejo de Dios concerniente a todas las cosas necesarias para Su propia gloria, la salvación, la fe y la vida del hombre, está expresamente establecido o necesariamente contenido en las Sagradas Escrituras».[12] Resumiendo esta doctrina, Wayne Grudem escribe: «[Las Escrituras] ahora contienen todo lo que necesitamos que Dios nos diga para la salvación, para confiar en Él perfectamente, y para obedecerlo perfectamente. Dios considera que todo lo que nos dijo en la Biblia es suficiente para nosotros, y que deberíamos regocijarnos en la gran revelación que Él nos ha dado y estar contentos con ella».[13] Los consejeros bíblicos creen que la Palabra de Dios nos da todo lo que necesitamos para nuestra salvación, fe y vida, y para confiar en Dios y obedecerlo perfectamente.[14]

Autoridad de las Escrituras: la Biblia tiene el derecho de decirnos cómo pensar y actuar

Las características de completitud y congruencia nos alientan a cuestionar si la Biblia habla a cada aspecto de la experiencia humana. ¿Es cierto que la Biblia se relaciona con los asuntos del pecado y el sufrimiento que plagan la vida humana? ¿Se refiere a esas circunstancias de una manera integral? La respuesta de consejería bíblica es: «sí, la Biblia habla de toda la experiencia humana».[15] Esa es una de las razones por las que la consejería bíblica está

---

[12] La Confesión de Fe Bautista de 1689, cap. 1, párr. 1 y 6, https://www.the1689confession.com; la Confesión de Filadelfia de 1742 usa el mismo lenguaje.

[13] Wayne A. Grudem, *Systematic Theology: An Introduction to Biblical Doctrine* (Grand Rapids: Zondervan, 2004), 127.

[14] Véase también la Declaración confesional BCC, https://www.biblicalcounselingcoalition.org/confessional-statement/; Jeremy Pierre, «Scripture Is Sufficient, but to Do What?» en Kellemen y Forrey, *Scripture and Counseling*, 94-108 (cap. 1, n. 2); y Heath Lambert et al., *Sufficiency: Historic Essays on the Sufficiency of Scripture* (Association of Certified Biblical Counselors, 2016).

[15] Véase Paul Tautges y Steve Viars, «Sufficient for Life and Godliness», y Pierre, «Scripture Is Sufficient» en Kellemen y Forrey, *Scripture and Counseling*, 47-61, 94-108; Steve Viars y Rob Green, «The Sufficiency of Scripture» en Kellemen y Viars, *Consejería bíblica cristo-céntrica*, 89-105 (cap. 1, n. 2); Heath Lambert, *Teología de la Consejería Bíblica* (Grand Rapids: Zondervan, 2016), 37-52; y Heath Lambert et al., *Sufficiency: Historic Essays on the Sufficiency of Scripture* (Association of Certified Biblical Counselors, 2016).

comprometida con la autoridad de la Biblia. La Biblia no provee una serie de sugerencias para ser evaluadas por otro sistema de conocimiento. Por el contrario, la verdad bíblica sirve como decretos autorizados por Dios para vivir de la manera que Él diseñó.

Estas cuatro características de la Biblia la diferencian de todos los demás sistemas de conocimiento. El Creador del universo toma responsabilidad personal para revelarse a sí mismo ante nosotros y nos da la Biblia como el sistema de conocimiento por el cual puede entenderse, definirse, evaluarse y auxiliarse la experiencia humana. Como resultado, un adecuado entendimiento de la Biblia impulsa, construye y determina nuestro sistema de cuidado. Al mismo tiempo, debemos reconocer las limitaciones inherentes ofrecidas por afirmaciones de la verdad que no comparten las características de la Biblia. Los consejeros bíblicos argumentan que la Biblia sirve como la fuente de verdad autorizada utilizada para construir nuestro modelo, porque el conocimiento de la Biblia es confiable, fidedigno y seguro.

Construyendo nuestro modelo de consejería sobre el conocimiento revelado en la Palabra de Dios

Los consejeros bíblicos argumentan que la Biblia sirve como el sistema de conocimiento que es digno para construir nuestro modelo de cuidado. David Powlison explicó las filosofías que compiten entre sí utilizando dos acrónimos: VITEX y COMPIN.[16] El primero, VITEX, dice que la Biblia sirve como filtro para varias afirmaciones de verdad sobre cómo atender a las personas. «VITEX cree que las psicologías seculares deben hacer una *contribución VITal EXTerna* en la construcción de un modelo cristiano de personalidad, cambio y consejería».[17] Powlison agrega: «La premisa operativa de VITEX, tanto explícita como implícita, es que las verdades cristianas deben ser "integradas" con las observaciones, teorías de la

[16] David Powlison, «Cure of Souls (and the Modern Psychotherapies)», *Journal of Biblical Counseling* 25, n. 2 (2007): 5-36. Este es uno de los artículos más significativos en los últimos treinta años sobre asuntos epistemológicos entre la consejería bíblica, la consejería cristiana y la consejería secular.

[17] Powlison, 11.

personalidad, psicoterapias y roles profesionales del mundo de la salud mental».[18] Mientras que la Biblia no contradiga directamente tal afirmación de verdad, entonces puede convertirse en parte del modelo. En este enfoque, la Biblia es un filtro. El segundo acrónimo, COMPIN, enfatiza el hecho de que nuestro modelo de consejería emerge del estudio de las Escrituras. Powlison dice: «COMPIN cree que la fe cristiana contiene *recursos COMPendiosos INternos* que nos permiten construir un modelo cristiano de personalidad, cambio y consejería».[19] Y añade: «Si bien las psicologías modernas estimularán e informarán, no desempeñan un papel constitutivo en la construcción de un modelo robusto [...]. El Cristo viviente que obra en Su pueblo a través de Su Palabra es el motor que produce profundidad de perspicacia, teoría precisa y práctica efectiva».[20] En este acercamiento, la Biblia es la fuerza impulsora. Obsérvense las frases «papel constitutivo» y «motor que produce». Los consejeros bíblicos, como se describen en este libro, están comprometidos con el enfoque COMPIN porque la Biblia satisface las pruebas epistemológicas para el conocimiento, y porque la Biblia proporciona la información necesaria para construir nuestro sistema de atención.

Consideremos cómo funciona este concepto en la práctica. Durante la redacción de este trabajo, el COVID-19 se apoderó de nuestra nación. Las escuelas cerraron, las empresas se fundieron, las iglesias se reunían virtualmente y el gobierno repartió billones en fondos de ayuda. Los científicos buscaron opciones de tratamiento y desarrollaron vacunas. Un científico seguidor de Cristo y comprometido con un enfoque COMPIN oraría, leería su Biblia, adoraría y buscaría honrar al Señor a lo largo de su trabajo para combatir el virus. Esto lo llevaría a investigar cuidadosamente la creación caída de Dios en busca de patrones, apreciar y utilizar descubrimientos confiables y relevantes, y anhelar la sanidad física final que Dios promete en la resurrección. Sabría que su Biblia no explica cómo se reproduce el virus, qué podría matarlo o qué podría ayudar al cuerpo a combatirlo;

---

[18] Powlison, 11.
[19] *Ibid.*, 11.
[20] *Ibid.*, 11.

sin embargo, confiar en ella como verdad le enseñaría a hacer su trabajo con excelencia, a depender de Cristo, a usar las leyes científicas que Dios estableció y a dejarse guiar por motivos apropiados. En este caso, la forma en que haría su trabajo emerge de la verdad de las Escrituras, y las leyes de la lógica y la ciencia que aplicaría en el laboratorio serían consistentes con las Escrituras.

Cuando abordamos nuestro modelo de consejería bíblica, estamos hablando de cómo cuidar a las personas hechas a imagen de Dios, lo que es un asunto completamente diferente. Las Escrituras proclaman la gloria de Dios y magnifican a Cristo, pero también presentan un enfoque bíblico a las personas, o como dice Powlison: «Un modelo cristiano de personalidad, cambio y consejería». Los consejeros bíblicos no son virólogos. Son estudiantes de personas. Los siguientes capítulos de esta sección del libro explican cómo nuestra comprensión de Dios, de las personas, del pecado y del arrepentimiento emergen de las Escrituras. El cuidado de los demás no es meramente consistente con las Escrituras, sino que es impulsado por ellas. Este hecho tiene un tremendo impacto en la forma en que hacemos el ministerio. Dado que muchas personas usan el término «consejería bíblica», debemos recordar que las diferencias pueden ser superficiales, o pueden ocurrir en el nivel de la construcción del modelo.[21] La consejería bíblica desarrolla su modelo a partir de la Biblia. Cuidar de las personas no es una serie de afirmaciones de verdad que deben ser verificadas por el filtro de la Biblia. Más bien, una serie de verdades emergen del texto de las Escrituras y explican cómo debe funcionar el consejero y cómo el aconsejado debe sentirse, pensar, amar, actuar y responder a las diversas circunstancias de su existencia.

[21] A excepción de la posición de consejería bíblica, todas las demás posiciones en los libros de *Psychology and Christianity* y *Counseling and Christianity* anteriores usan un enfoque VITEX para la construcción de modelos. Es por eso que el evangelio no está en su centro, la Biblia no se presenta claramente a los aconsejados, y el enfoque se centra más en cómo la Biblia impacta a los consejeros que a los aconsejados. En el capítulo de consejería bíblica en *Counseling and Christianity*, Stuart Scott construye su modelo sobre COMPIN y los resultados son sorprendentes. Dónde pasaría la eternidad el aconsejado, cómo se vería a sí mismo y cómo lidiaría con su pecado y sufrimiento están basados en la Palabra de Dios.

Conclusión

Todo sistema que cuida de la gente debe justificar su existencia y autoridad. A pesar de que nuestro conocimiento como consejeros bíblicos no es perfecto, es significativo y suficiente, y puede ser justificado al mostrar cómo nuestra fuente de verdad satisface la consistencia, la coherencia, la completitud y la congruencia. Basado en la inspiración, inerrancia, suficiencia y autoridad bíblicas, satisface esos criterios. Como resultado, la consejería bíblica emerge del conocimiento bíblico. En lugar de ser un filtro para atrapar el error, la Biblia es la fuerza impulsora, el constructor, el motor de nuestro sistema de cuidado. Como dice Isaías 40:8: «Sécase la hierba, marchítase la flor; mas la palabra del Dios nuestro permanece para siempre».

La importancia de Dios, Cristo y el Espíritu

En el capítulo anterior comenzamos a construir una base teológica apropiada para la consejería bíblica. Argumentamos que el conocimiento es realmente posible, y que la Biblia sirvió como nuestro sistema de conocimiento para construir un modelo de atención. Sin embargo, algunos podrían concluir que el modelo de atención se basa únicamente en hechos, respuestas a preguntas o soluciones a problemas. La consejería bíblica seguramente buscará responder preguntas, proporcionar la verdad proposicional y discernir el bien del mal; sin embargo, no se detiene ahí porque la Biblia no se detiene allí. Como explica D. A. Carson: «El propósito de las Escrituras no es simplemente llenar nuestras cabezas con hechos, sino llevarnos al Dios vivo».[1] Puesto que el modelo de atención de la consejería bíblica surge de la Biblia y no es simplemente consistente con ella, la consejería exitosa resulta en un mayor amor, pasión y deseo por el Dios vivo. Esto nos lleva al tema de este capítulo: una excelente consejería bíblica depende de una comprensión apropiada del Dios trino y de ayudar al aconsejado a desarrollar una relación amorosa con él.[2] Este capítulo considerará breve-

---

[1] Carson, *Amordazando a Dios*, 167 (véase cap. 3, n. 4).

[2] Véase Millard J. Erickson, *Christian Theology* (Grand Rapids: Baker, 1983); y Grudem, *Teología sistemática* (cap. 3, n. 13). Para notar cómo estas doctrinas impactan situaciones de consejería específicas, véase Lambert, *Teología de la consejería bíblica* (cap. 3, n. 15).

mente cómo los consejeros bíblicos deberíamos pensar sobre Dios, Cristo y el Espíritu para construir apropiadamente nuestro modelo de cuidado.

Entender a Dios

Los consejeros bíblicos dirigimos los corazones y mentes de los aconsejados al Señor. Como consejeros bíblicos procuramos ayudar a nuestros aconsejados a adoptar la mente de Pablo, no a cambiar sus circunstancias. Aun estando preso, él escribió: «A fin de conocerle [a Cristo], y el poder de su resurrección, y la participación de sus padecimientos» (Fil. 3:10). Buscamos conectar la historia del aconsejado con los atributos y el plan de Dios.

Los atributos de Dios

Un atributo es una cualidad irreductible de Dios. Uno piensa, por ejemplo, en el amor de Dios o en la misericordia de Dios como uno de Sus atributos. ¿Cómo se relacionan estos temas con la consejería? Muchos de los aconsejados informan de un sufrimiento profundo y doloroso. Ellos explican que sus puntos de vista sobre Dios han sido formados en parte por las figuras de autoridad en sus vidas que los han herido y afligido injustamente. Por ejemplo, Karina sufrió abusos toda su vida. No podía nombrar una relación positiva que hubiera tenido con un hombre. Su padre la agredió físicamente; su hermano creaba juegos diseñados para aprovecharse de ella; su primer novio la violó; y la lista de abusadores creció a lo largo de su vida. Karina creía que Dios la odiaba, que no se preocupaba por ella y que quería que sufriera. En el lenguaje de Salmo 34:8, Karina nunca había probado ni visto que el Señor es bueno. Si bien no era difícil entender dónde se originaba su visión de Dios, la ministración para ella requirió una escucha cuidadosa, paciencia, cuidado de su dolor y, finalmente, una discusión sobre cómo cambiar su comprensión del Señor para alinearla con lo que es verdad acerca de Él. El consejero necesitó comunicar con paciencia y amor que Dios es amor (1 Jn. 4:16), que Dios es misericordioso y compasivo (Ex. 34:6), que Dios es un Dios justo que juzgará los pecados cometidos contra ella (Rom. 12:19), que Dios es sabio y puede ayudarla a manejar sus luchas continuas (Sant. 1:5) y que Dios fue misericordioso al proporcionar una manera para que Karina fuera salva y tuviera una relación vital con Él (Rom. 5:8).

Edu, otro de los aconsejados, se dedicaba activamente a ver pornografía y a masturbarse. En un enfoque bastante retorcido de la lógica, conjeturó que Dios elegía no mirar cuando él elegía pecar. También se dijo a sí mismo que a Dios no le importaban sus «pequeñas transgresiones» cuando tantas otras cosas en su vida eran buenas y correctas. A pesar de que Edu se sentía culpable por su pecado, había desarrollado una visión de Dios que permitía que el placer del pecado superara la culpa. Si bien algunas de las mismas verdades compartidas con Karina eran importantes para compartir con Edu, el consejero bíblico también discutió con él sobre la santidad de Dios y Su capacidad para perdonar (1 Jn. 1:5–2:2). A medida que Edu desarrollaba una comprensión más completa de Dios, esto magnificaba su condición de culpable y demostraba el poder de Dios para perdonar.

El plan de Dios

A menudo nos satisfacemos muy fácilmente. Todo lo que se necesita es disfrutar de unas pocas horas de inactividad o de una actividad placentera, y la vida parece buena. Esto a menudo lleva a la gente a concluir que este mundo satisface. Pero esta es una visión muy pequeña y potencialmente peligrosa de la existencia, especialmente cuando las vidas de los aconsejados están llenas de dolor. Solo las páginas de la Biblia exponen a la humanidad al plan, propósito y significado de la vida mucho más grandes.

Es difícil contar el número de aconsejados que buscan ayuda cuando se sienten desesperados, sin propósito y cuestionan el valor de su existencia. En casos extremos, incluso podrían considerar razones y métodos para poner fin a sus vidas. Algunos no ven ninguna razón válida para seguir viviendo. Si bien la preocupación sobre su seguridad debería ser nuestra primera prioridad al abordar tales casos de desesperación, el consejo bíblico debe finalmente mover a los aconsejados al plan y los propósitos del Todopoderoso. Dios tiene un plan maestro para cada uno de nosotros que es mucho más grande que nuestras vidas, sin embargo, nuestras vidas juegan solo partes en Su gran plan. A medida que nuestros aconsejados acepten los propósitos de Dios, encontrarán gozo y satisfacción en Él. A medida que teman apropiadamente al Señor, hallarán sabiduría (Prov. 1:7; Ecl. 12:13). Dios desea que nuestros aconsejados creyentes evangelicen a otros (Mat. 28:19-20), recuerden que los sufrimientos de hoy palidecen en comparación con la gloria del cielo (Rom. 8:18) y el hecho de que Dios quitará toda muerte y dolor (Apoc. 21:4), sirvan al Señor con pasión y dependencia (1 Cor. 12:12-27; Ef. 4:16; 1 Ped. 4:10), y vivan dignos de Su llamamiento espiritual (Ef. 4:1). Cuanto mejor entiendan nuestros aconsejados el plan de Dios y su lugar en él, más vivirán para Él con gozo y propósito.

La relación de nuestros aconsejados con Dios no se compone simplemente de entender a Dios a través de Sus atributos y Su plan. Comprender Sus atributos y Su plan no son fines en sí mismos. En cambio, sirven al propósito de ayudar a las personas a desarrollar un afecto por Dios. Como A. W. Tozer dijo con razón: «Quiero alentar deliberadamente este gran anhelo por Dios [...]. Que nuestras vidas religiosas se hayan endurecido es el resultado de nuestra falta de deseo santo [...]. El deseo agudo debe estar presente o de lo contrario no habrá manifestación de Cristo a Su pueblo. Él espera ser deseado».[3]

Enfatizar a Cristo

Como dice el subtítulo de este libro, muchos consejeros bíblicos se refieren al ministerio que ofrecen como consejería cristocéntrica, consejería centrada en el evangelio o consejería bíblica cristocéntrica. De hecho, creemos necesario declarar explícitamente la importancia de Cristo y Su evangelio, a veces en contraste con formas más amplias de consejería cristiana. La verdadera consejería bíblica enfatiza por lo menos los siguientes aspectos de Jesucristo.

---

[3] A. W. Tozer, *The Pursuit of God* (Camp Hill, PA: Christian Publications, 1982), 17.

Cristo como Salvador

No hay lugar para comprometer el papel de Cristo como Salvador en la sala de consejería. La Biblia dice: «Y en ningún otro hay salvación; porque no hay otro nombre bajo el cielo, dado a los hombres, en que podamos ser salvos» (Hech. 4:12). Los aconsejados que no conocen a Cristo pueden estar enfocados en los varios problemas que están enfrentando. Su mayor problema, sin embargo, es su falta de relación con Jesús: están «sin Cristo» en esta vida (Ef. 2:11-13) y, por lo tanto, enfrentan «pena de eterna perdición» en la vida venidera (2 Tes. 1:8-9). La consejería bíblica, entonces, es en parte un ministerio evangelístico. Estamos tratando de «ganar» a otros para Cristo (1 Cor. 9:24-27). Les estamos suplicando que confiesen que «Jesús es el Señor» y crean en sus corazones que Dios lo levantó de entre los muertos (Rom. 10:9). A medida que las iglesias y las personas ofrecen consejería en sus comunidades, las personas perdidas buscarán ayuda. Algunos tienen una conexión religiosa con la iglesia que está arraigada en su infancia; otros se sienten atraídos por la posibilidad de recibir ayuda gratuita; y otros intentaron algunas soluciones que no les satisficieron. Pero cualquiera que sea la razón por la que vinieron, nosotros, como consejeros bíblicos, proclamamos a Cristo y a Él crucificado, a aquellos a quienes aconsejamos (1 Cor. 2:2).

En términos prácticos, lo animamos como consejero bíblico a hablar de los desafíos que llevaron a los aconsejados al punto de buscar ayuda. Su rol requiere que usted los anime, los cuide y les proporcione orientación en sus áreas de pecado y sufrimiento. Pero el consejero siempre debe permitir que esas luchas lleven a los aconsejados a la cruz de Jesucristo.

Cristo como proveedor

Tanto si un aconsejado llega a Cristo en el proceso de consejería como si tiene una probada historia de fe en Él, la consejería bíblica utiliza esa relación con Jesús como el cimiento para el consejo y el cuidado que brinda. Muchas cosas maravillosas le suceden a una persona en su conversión: es puesta en unión con Cristo (Rom. 6:5-11; Col. 3:1-4), se le imputa la justicia de Cristo (2 Cor. 5:21), se le da seguridad en Jesús (Juan 10:27-29; Rom. 8:31-39), es adoptada como hija de Dios (Juan 1:12); es redimida de su pecado (Ef. 1:7) y es declarada «sin condenación» (Rom. 8:1).

De todas maneras, nos encontramos con que muchos aconsejados todavía luchan por experimentar esta nueva identidad, abrazarla como una realidad y responder en amor a Aquel que los amó primero. Necesitan crecimiento cristiano. Allí es donde encontramos seguridad en este mundo incierto.

Veamos cómo sería el caso de una pareja que intenta trabajar para dejar atrás una relación adúltera. Los esposos Esteban y Tania son genuinos creyentes en Jesús, miembros de una iglesia donde se predica el evangelio y están involucrados en el ministerio laico. De todas formas, Esteban cometió adulterio recientemente. Según nuestra experiencia, la primera consulta de consejería a la que asiste una pareja casada con problemas normalmente ocurre poco tiempo después de que se descubre el adulterio, cuando el ofensor sabe que ha sido descubierto. Esteban está avergonzado, un poco enojado (aunque solo sea consigo mismo por haber sido atrapado), aparentemente arrepentido y quiere que la terrible experiencia quede atrás lo antes posible. Tania está angustiada, avergonzada, abochornada, enojada e insegura de cómo seguir adelante.

Cada persona necesita desesperadamente la ayuda de Cristo, su Salvador, aunque sea por diferentes razones. Este hombre necesita abrazar, recordar y meditar en todo lo que Cristo provee a Sus seguidores porque el proceso de arrepentimiento será desafiante. Cavar en las profundidades de su corazón será doloroso y solo la obra de Cristo podrá cambiarlo. Dado que el acto físico del adulterio fluye de un río de lujuria pecaminosa, deseo, engaño y mentiras creídas, Esteban tiene un largo camino por delante. De manera similar, su esposa está casi fuera de sí. Tania se encuentra en una horrible pesadilla sin fin. Ella necesita las mismas cosas que su marido, pero las necesita con el propósito de que se le restaure la esperanza y encuentre aliento, estabilidad, amor, cuidado y gracia. Su camino hacia la sanación también es largo y está lleno de preguntas cruciales por responder. Para

Esteban y Tania, el solo hecho de acercarse a Jesús y saber que Él provee y cuida de ellos les dará a ambos una posición estable desde la cual lidiar con sus respectivas luchas.

Cristo como intercesor

La consejería bíblica enfatiza la oración durante la sesión y fuera de ella. Animamos a los consejeros a orar por sus aconsejados y viceversa porque creemos en la oración (Sant. 5:16). Sin embargo, a pesar de lo maravillosas que son nuestras oraciones, la Biblia nos recuerda que Cristo intercede por Sus hijos (Luc. 22:31-32; Juan 17; Rom. 8:34; Heb. 7:25). Así, los creyentes tienen un abogado ante el Padre, Jesucristo el justo. Estas verdades enfatizan el rol de Cristo en nuestras vidas. No solo nos ha dado una nueva identidad como creyentes sino que también intercede continuamente a nuestro favor. Saber esto es parte de la ayuda y el aliento en el que nuestros aconsejados pueden confiar mientras trabajan en cada una de sus luchas. Aquellos que conocen a Cristo pueden saber que Él intercede por ellos; los que no tienen una relación salvadora con Jesús notarán que esta es una razón convincente para confiar en Él.

Cristo es el centro de la consejería bíblica. Sin Cristo en la sala de consejería estamos funcionalmente reducidos a una cosmovisión humanista. Los consejeros bíblicos reconocen que nuestro pecado y nuestro sufrimiento pueden encontrar respuestas definitivas solo en Él. Jesús nos da una nueva manera de pensar acerca de vivir en un mundo caído. Pablo escribió: «Y ciertamente, aun estimo todas las cosas como pérdida por la excelencia del conocimiento de Cristo Jesús, mi Señor, por amor del cual lo he perdido todo, y lo tengo por basura, para ganar a Cristo» (Fil. 3:8).

La consejería bíblica no solo proporciona a los aconsejados datos sobre Cristo y lo que ha hecho. Enfatiza el afecto personal y el amor por el Señor que provienen de una relación cercana con él. El mandamiento más grande es amar al Señor con todo lo que somos (Mat. 22:37-40). De hecho, como dijo J. I. Packer: «Existe [...] un gran incentivo para adorar y amar a Dios en el pensamiento de que, por alguna razón insondable, Él [nos] quiere como Sus amigos, y desea ser [nuestro] amigo, y ha dado a Su Hijo para que muera por [nosotros] a fin de realizar este propósito».[4]

Confianza en la obra del Espíritu Santo

Si bien los consejeros bíblicos quieren madurar en todos los aspectos de la consejería, también sabemos que, «Si Jehová no edificare la casa, en vano trabajan los que la edifican» (Sal. 127:1). Es decir, reconocemos que el éxito de nuestro ministerio depende totalmente de Dios y de Su Espíritu. El tercer miembro de la Trinidad convence a los que están perdidos (Juan 16:7-8) y ministra a los creyentes de muchas maneras. Consideremos cuatro áreas de la obra del Espíritu y su relación con la consejería.[5]

1. La obra de la presencia del Espíritu

Nuestro mundo está lleno de sufrimiento, dolor, heridas emocionales y pecado. Cuanto más se sufre, más aislada puede llegar a ser la vida. Emocionalmente, es difícil ver a otros disfrutar de la vida cuando cada momento personal está lleno de dolor. Físicamente, es difícil participar en las reuniones que otros podrían disfrutar. Cuando se trata de cosas espirituales, puede ser humillante creer que estamos secos mientras otros beben de las aguas que fluyen con bendiciones espirituales. Por lo tanto, aunque los consejeros bíblicos animarán a reunirse, usar la fuerza que Dios proporciona y servir a los demás, debemos recordar a los que sufren sobre la constante presencia personal del Espíritu con ellos. Efesios 1:13-14 nos dice que los creyentes somos sellados en Cristo con el Espíritu Santo que sirve como promesa de nuestra redención. La presencia continua del Espíritu garantiza que un creyente nunca esté solo.

---

[4] J. I. Packer, *Knowing God* (Downers Grove: InterVarsity Press, 1973), 37. Este libro es aún mejor si se lee con conocimiento de la historia de vida de Packer. Por ejemplo, véase Justin Taylor, «J. I. Packer's 11th Birthday Present: The Tale of the Bicycle and the Typewriter», Gospel Coalition, 29 de mayo de 2012, https://www.thegospelcoalition.org/blogs/justin-taylor/j-i-packers-11th-birthday-present-the-tale-of-the-bicycle-and-the-typewriter/

[5] Para una discusión más exhaustiva de la obra del Espíritu Santo, véase Erickson, *Christian Theology*, 880–98; Lambert, *Theology of Biblical Counseling*, 158-79.

En un mundo de pecado, el conocimiento de la presencia de Dios sirve como un sistema continuo de control y responsabilidad. Si una persona no escogiera pecar de una manera particular en presencia de otros, entonces lo mismo debería ser cierto cuando esa persona considera la presencia continua del Señor. Supongamos, por ejemplo, que usted está aconsejando a una pareja creyente. El esposo es un hombre airado que expresa su enojo de manera pecaminosa. Si bien nunca ha habido un altercado físico entre él y su esposa, sus duras palabras, sus salidas apresuradas y su tratamiento a través del silencio son una parte normal de la vida en su hogar. El hombre trata esa casa como su castillo. Él está a cargo, y no tiene que rendirle cuentas a nadie allí. Sin embargo, al escuchar la historia de la pareja, descubrimos que él no responde de ninguna de estas furiosas maneras en la iglesia o con el pastor. ¿Por qué esta discrepancia entre el hogar y la iglesia? Hay algo malo en su teología. Su comportamiento revela que está más preocupado por lo que la gente piensa de él que por lo que piensa su Señor.

Parte del trabajo con este hombre será enfatizar la presencia constante del Señor que no solo lo consuela en el dolor, la pérdida y la prueba, sino que también lo constriñe (Prov. 15:3). La presencia de Dios es reconfortante en la pérdida y el temor cuando pecamos. Recordar a nuestros aconsejados la presencia de Dios por medio de Su Espíritu aborda ambas realidades.

2. *La obra del Espíritu de guiar*

Si bien vimos en el capítulo 3 que la consejería bíblica requiere una Biblia debido a preocupaciones epistemológicas, hay una segunda razón por la que abrimos nuestras Biblias con nuestros aconsejados: el Espíritu Santo guía a través de la Palabra de Dios. El Espíritu supervisó la escritura de la Biblia, ilumina los ojos y las mentes para entenderla, y fortalece la creencia y la obediencia a ella. Pedro escribió: «Ninguna profecía de la Escritura es de interpretación privada, porque nunca la profecía fue traída por voluntad humana, sino que los santos hombres de Dios hablaron siendo inspirados por el Espíritu Santo» (2 Ped. 1:20-21). Consistentemente a lo largo de las Escrituras, el Espíritu habla en nombre del Padre y del Hijo, no por

Su propia voluntad (Juan 14:26; 16:13). Hay Uno que puede cambiar el corazón y hacer que una conversación pase de las meras palabras al cambio de vida. Los consejeros bíblicos abren la Palabra, sabiendo que el Espíritu usa la Palabra para lograr el cambio necesario para que el aconsejado ame, aprecie, valore y sirva al Señor de manera más efectiva como resultado. Esto no disminuye la responsabilidad del consejero de ser sabio, reflexivo y bíblico en su cuidado, pero enfatiza que el consejero, en lugar de ser responsable del cambio, ayuda al aconsejado a enfocarse en el agente apropiado que produce el cambio (Rom. 8:13-14; Gál. 5:22-23; Ef. 4:23).

3. *La obra del Espíritu de asegurar*

Muchos consejeros cristianos luchan con preguntas sobre la seguridad de la salvación porque sienten el peso de sus decisiones pecaminosas. Si bien nunca querríamos dar a tales aconsejados falsas esperanzas con respecto a la certeza de que están en Cristo, tampoco queremos que crean una justicia propia funcional en un intento equivocado de permanecer allí. La mejor manera de abordar el tema de la justicia funcional propia es ayudando a las personas a recordar que la seguridad no se basa en ellos y en sus acciones. Es un regalo. Deben vivir vidas fieles y obedientes, cumpliendo todas las obras que Dios diseñó para ellos (Ef. 2:10), mientras reconocen que la salvación es solo a través de la fe en Cristo, solo por gracia. Además, las Escrituras enseñan que el Espíritu fue dado como sello para el día de la redención (Ef. 4:30). Esa es la garantía y el lugar de la fe y la esperanza.

Los creyentes que enfrentan dificultades severas suelen preguntarse si Dios está con ellos. Alabamos a Dios por la obra del Espíritu de agarrar a los creyentes cuando sienten que se están soltando del Señor.

4. *La obra del Espíritu de dar dones*

El Espíritu da dones espirituales a los creyentes (1 Cor. 12:11). Los aconsejados están diseñados para servir a Cristo para que cada persona haga su parte en el crecimiento de la iglesia (Ef. 4:16) con la fuerza que Dios le suministra (1 Ped. 4:11), y de tal manera que ningún rol sea minimizado o sobrevalorado (1 Cor. 12:12-27). Cuando nuestros aconsejados no sirven de esa manera, se pierden el gozo que proviene de servir a Jesús. De hecho, los dones del Espíritu ayudan a los aconsejados a comprender algunos de los detalles de su propósito y llamamiento individuales.

Conclusión

La consejería bíblica se fundamenta en una sólida base trinitaria. La Biblia sirve como nuestra fuente de autoridad y contiene noticias de lo que necesitamos para la vida y la piedad (2 Ped. 1:3). La mayor necesidad de la humanidad es una relación reconciliada con Dios a través de una relación salvadora con Jesucristo. La consejería bíblica busca construir su sistema de atención sobre una comprensión sólida de la Biblia, de Dios, de Jesucristo y del Espíritu.

No podemos imaginar cómo cualquier enfoque de consejería que no enfatice la presencia y el poder del Dios trino puede complacer a Dios, mostrar verdaderamente amor a los aconsejados y llevar a cabo Su obra transformadora en sus vidas. Nuestra visión de Dios, de Su Hijo y de Su Espíritu definitivamente influye en la forma en que desarrollamos un modelo de cuidado.

Antropología: ¿Cómo debemos ver a las personas?

La Biblia dice mucho sobre lo que somos como humanos, cómo fuimos creados, lo que se suponía que debíamos ser, qué salió mal, y nuestros estados eternos, incluyendo la restauración futura del creyente. Al comprender estas realidades nosotros mismos, podemos comprender mejor nuestros propósitos y estar mejor equipados para aconsejar a otros.

Las personas como seres creados

Como seres creados, dependemos de nuestro Creador y somos sostenidos por Él. Llevamos Su imagen; somos relacionales; sin embargo, seguimos siendo personas individuales y únicas. Cada una de estas cualidades tiene implicaciones significativas para una relación de consejería.

Dependientes de nuestro Creador

Debido a que Dios creó y sostiene a los seres humanos, dependemos de Él y Él ejerce autoridad sobre todas las partes de nuestro ser. Desde Génesis 1 hasta Apocalipsis 22, la Biblia deja en claro que las personas necesitan a Dios para todo: su comida, su trabajo, la propagación de la especie, la liberación del pecado y la muerte y, en última instancia, para la re-creación, de modo que nosotros y el planeta volvamos a funcionar bajo el tipo de bondad y orden que Dios estableció originalmente. Los humanos dependen completamente de Dios para la continuidad de sus vidas (1 Tim. 6:13). De hecho, esto era cierto en el jardín incluso antes de la caída. Los primeros cinco días de la semana de la creación demuestran que lo que los seres humanos necesitan para sobrevivir, Dios mismo lo proporcionó de antemano. En el jardín, Dios proveyó alimento, compañía, oportunidades para ejercer dominio y la capacidad de los seres humanos para tener hijos y continuar el crecimiento de la comunidad. Adán y Eva también necesitaron la dirección de Dios. La necesidad de la Palabra de Dios, entonces, es anterior a la caída. Vemos esto en Génesis 2:16-17, pero también en Génesis 3:8, lo que parece sugerir que Dios caminaba habitualmente en el jardín con la primera pareja y, aparentemente, hablaba con ellos también. Dios dio una clara dirección a Su pueblo porque eran, y siguen siendo, en definitiva, dependientes de Él para todo.

Portadores de la imagen de nuestro Creador

Génesis 1:26-27 describe el sexto día de la creación: «Entonces dijo Dios: Hagamos al hombre a nuestra imagen, conforme a nuestra semejanza [...]. Y creó Dios al hombre a su imagen, a imagen de Dios lo creó; varón y hembra los creó». Estos dos versículos declaran tres veces, para recalcar su importancia, que Dios creó a los seres humanos «a Su imagen».

A pesar de que hay miríadas de interpretaciones sobre lo que significa la «imagen de Dios», indica que los hombres y las mujeres fueron creados intencionalmente para ser como Dios y reflejarlo de alguna manera. Génesis 1–3 indica varias formas en las que Adán y Eva portan la imagen de Dios:

- Les fue dado dominio sobre la creación de Dios (1:26), como se evidencia en el hecho de que Adán nombrara a los animales (2:19).
- Cada uno de ellos tenía un espíritu (2:7).
- Tenían elecciones que hacer (2:15-17; 3:6).

- Fueron creados para estar en relación con Dios y el uno con el otro (2:18-23; 3:8).
- Al inicio, no tenían vergüenza porque eran santos y sin pecado antes de la caída (2:25).

Note que solo los seres humanos, no los animales, portan la imagen de Dios. Nos diferenciamos del resto de la creación de Dios (Gén. 2:20).

Cualquier comprensión de las personas es insuficiente si no se entiende a la luz de su Hacedor. Como afirma Anthony Hoekema: «Si, como enseña la Biblia, lo más importante del hombre es que está ineludiblemente relacionado con Dios, debemos juzgar como deficiente cualquier antropología que niegue esa relación».[1] No podemos separar nuestra comprensión de los seres humanos de la de Dios. Refiriéndose al teólogo G. C. Berkouwer, Hoekema continúa: «Para Berkouwer, el hombre siempre debe ser visto ante el rostro del Todopoderoso, ligado a Dios religiosamente en la totalidad de su existencia. Esta relación con Dios, además, no es algo añadido al hombre, sino que es constitutiva de su ser. Quien trate de ver a la persona humana al margen de esta relación con Dios, siempre dejará de verla como realmente es».[2] La mayor preocupación fundamental que los consejeros deben tener acerca de los aconsejados es la vitalidad de su relación con Dios.

Seres relacionales

Como portadores de la imagen de Dios, todas las personas también fueron creadas para estar en relación. Esta es principalmente una realidad vertical, en la que fuimos creados en relación con Dios, pero también existimos en relación horizontal con los demás. La creación de la humanidad en relación con él y con los demás refleja la relación que existe dentro de la Divinidad: el Dios trino ha existido desde siempre en relación consigo mismo como Padre, Hijo y Espíritu.

La relación Dios-humano fue creada desde el primer día de la humanidad y, por lo tanto, debe ser de suma importancia tanto para el consejero

---

[1] Anthony Hoekema, *Created in God's Image* (Grand Rapids: Eerdmans, 1986), 4.
[2] Hoekema, 58-59.

como para el aconsejado. Pero le siguieron de cerca las importantes relaciones del matrimonio, la familia y luego la comunidad. Fue la declaración de Dios en Génesis 2:18, no la de Adán, que no era bueno que Adán estuviera solo, a pesar de que en ese momento Adán ya existía en relación con Dios. Dios creó a Eva para que Adán tuviera una compañera en las tareas que se le presentaran y pudiera vivir en relación con alguien que fuera «ayuda idónea para él» (2:18, 20).

Únicos/individuales

No hay dos personas exactamente iguales. Dios es ciertamente creativo en Su confección de la humanidad, ya que hace «a mano» a cada individuo en el vientre materno (Sal. 139:13-16). Cada persona tiene un alma distinta, relaciones únicas, experiencias únicas y es individualmente responsable ante Dios. Aunque el Padre, el Hijo y el Espíritu existen como uno (Deut. 6:4) dentro de la Trinidad, cada persona es única y distinta de las otras dos. Si bien están unificados, también son diversos. Nuestra individualidad refleja la personalidad individual del Dios trino.

Tanto hombres como mujeres

Génesis 1 enseña además que Dios creó a los portadores de Su imagen como personas con género: «varón y hembra los creó» (v. 27). Dios inicialmente creó a Adán y luego a Eva, alguien como Adán (un ser humano y portador de la imagen) pero diferente a él (una mujer). La distinción entre hombre y mujer sigue siendo significativa a lo largo del Antiguo Testamento (Lev. 18:22; Deut. 22:5). Jesús afirmó esta realidad binaria en Mateo 19:4-5 al describir el matrimonio como una relación de por vida entre un hombre y una mujer. Pablo refuerza la misma complementariedad hombre-mujer en pasajes como Romanos 1; 1 Corintios 11 y Efesios 5. Aunque algunas partes de nuestra cultura revelan confusión sobre varios asuntos relacionados con el género, el matrimonio y la sexualidad, la Biblia describe claramente el diseño del Creador para dos géneros distintos pero complementarios: el hombre y la mujer, y ofrece consejos sobre cómo deben relacionarse entre sí.

Tanto físicos como espirituales

Finalmente, toda la Biblia nos dice que las personas fueron creadas como cuerpos y almas, como materiales e inmateriales. Extraordinariamente, somos seres físicos y espirituales (Gén. 2:7; Ecl. 12:7; Mat. 10:28; 2 Cor. 4:16). Los teólogos se refieren a esta visión antropológica con varios términos: dualismo, dicotomía y personas como una dualidad, un dúplex, bipartito o una unidad psicosomática. Desde este punto de vista, una persona consta de dos partes, una parte externa (el cuerpo) y una parte interna (diversamente llamada corazón, alma o espíritu). Si bien hay puntos de vista contrapuestos, la abrumadora mayoría de los consejeros bíblicos adoptan este punto de vista dualista basado en los pasajes anteriores.[3]

La naturaleza física de la vida humana

Pasajes como Génesis 2:7 y Salmos 139:13-16 (así como muchos otros) enseñan la naturaleza física de los seres humanos, al igual que nuestra experiencia personal como personas reales y físicas que viven en un mundo tangible y físico. Aparte de la muerte, somos inseparables de nuestros cuerpos. A través de ellos expresamos y experimentamos nuestro entorno. La muerte, de hecho, es vista por las Escrituras como antinatural, temporal y, en última instancia, inaceptable para Dios, ya que promete a los creyentes cuerpos gloriosos y resucitados (1 Cor. 15; 2 Cor. 5:1-5; Fil. 3:20-21).

---

[3] Para ver un meticuloso resumen teológico de estas dos grandes posiciones, dicotomía y tricotomía, consulte Grudem, *Systematic Theology*, 472–82 (cap. 3, n. 13); y Hoekema, *Created in God's Image*. Para implicaciones de consejería, véase Ed Welch, «The Psychological Does Not Exist», Christian Counseling & Educational Foundation, 29 de mayo de 2014, http://www.ccef.org/resources/blog/psychological-does-not-exist/; y Winston Smith, «Dichotomy or Trichotomy? How the Doctrine of Man Shapes the Treatment of Depression», *Journal of Biblical Counseling* 18, nro. 3 (primavera de 2000): 21-29.

Sin embargo, las Escrituras no nos dan una comprensión exhaustiva de nuestros cuerpos. Incluso los mejores investigadores médicos no pueden explicar muchas de las complejas funciones del cuerpo. Por ejemplo, aunque la ciencia ha hecho grandes avances, hay mucho que no entendemos sobre la forma en que funciona el cerebro. Todavía tenemos que comprender la manera en la que Dios da vida a cada feto en desarrollo, sin embargo, continúa ocurriendo. Eclesiastés 11:5 nos recuerda esta realidad continua: «Como tú no sabes cuál es el camino del viento, o cómo crecen los huesos en el vientre de la mujer encinta, así ignoras la obra de Dios, el cual hace todas las cosas». A fin de cuentas, si bien podemos afirmar la presencia del cuerpo, no podemos fingir que comprendemos todas sus complejidades. En verdad, hemos sido hechos «asombrosa y maravillosamente» (Sal. 139:14, NBLA).

La naturaleza espiritual de la vida humana

Si bien las personas son seres físicos, las Escrituras también enseñan que somos seres espirituales, no físicos. Mientras que la mayoría de los terapeutas seculares discuten los aspectos espirituales de la persona, la Biblia usa varias palabras para nuestra naturaleza no física: espíritu, alma, corazón y mente. En muchos sentidos, estas palabras se superponen, funcionando esencialmente como sinónimos de la persona interior, con matices ocasionales en el significado.[4] Como vimos en el capítulo 1, el término más común para la persona interior, el corazón, alude de manera integral a las creencias, motivos, pensamientos, deseos, elecciones, valores o ambiciones de una persona, incluyendo lo que adora: tal es una preocupación central en la consejería bíblica.[5] Debajo de todos estos se encuentran conceptos

[4] Para estos términos, véase John Hammett, «Human Nature» en *A Theology for the Church*, ed. rev., ed. Daniel L. Akin (Nashville: B&H Academic, 2014), 285–336. Para aplicaciones en la consejería, véase Jay E. Adams, *More Than Redemption: A Theology of Christian Counseling* (Grand Rapids: Baker, 1979), 113-17; Pierre, *Dynamic Heart in Daily Life*, 11-18, 241-242n4 (cap. 1, n. 11); y diccionarios básicos de español, tanto como léxicos griegos y hebreos.

[5] Sobre la naturaleza integral del corazón en la Escritura, véase Troxel, *With All Your Heart*, 15-22 (cap. 1, n. 11); y Pierre, *Dynamic Heart in Daily Life*, 11-18. Ambos escritores demuestran cómo el corazón describe el funcionamiento de la persona interior

como emociones o sentimientos, que son respuestas integrales de la persona que provienen de nuestros corazones (creencias, motivaciones, afectos) e incluyen efectos físicos.[6] Estos términos no implican «partes» separadas de una persona, sino varias facetas o funciones de nuestra naturaleza no física. Toda la persona interior (llámese corazón, espíritu, alma o mente) piensa, ama, adora, elige y desea.

La relación entre el cuerpo y el alma

Si bien lo anterior consideró los aspectos físicos y no físicos de una persona por separado, debemos tener en cuenta la relación entre ellos. El cuerpo y el alma están inextricablemente unidos. Se impactan mutuamente: el alma encuentra su expresión a través del cuerpo y lo impacta tremendamente; al mismo tiempo, los problemas corporales pueden afectar a la persona interior. Por ejemplo, la ansiedad se presenta en el corazón/mente (deseos/miedos/pensamientos) y en el cuerpo (respuestas físicas). Uno no está ansioso solo fisiológicamente o solo en lo espiritual.

Ed Welch resume cómo ambas partes de la dualidad corazón-cuerpo pueden influenciarse mutuamente en el ámbito de la consejería: (1) el corazón puede afectar al cuerpo (con consecuencias psicosomáticas), (2) el cuerpo puede afectar al corazón (limitando su expresión), (3) el corazón no afecta obviamente al cuerpo (las personas impías pueden disfrutar de buena salud; las personas piadosas pueden sufrir mala salud), y (4) el cuerpo no afecta obviamente al corazón (no puede privar al corazón de la responsabilidad moral o de la vitalidad espiritual).[7] En última instancia, las relaciones entre

---

de manera cognitiva, afectiva y volitiva, con todas estas actividades del corazón interrelacionándose y superponiéndose unas con otras.

[6] Para obtener un resumen bíblico sobre emociones y sentimientos, véase Brian S. Borgman, *Feelings and Faith: Cultivating Godly Emotions in the Christian Life* (Wheaton, IL: Crossway, 2009); Jeff Forrey, «The Biblical Understanding and Treatment of Emotions» en Kellemen y Viars, *Consejería bíblica Cristo-céntrica* (cap. 1, n. 2); J. Alasdair Groves y Winston T. Smith, *Untangling Emotions* (Wheaton, IL: Crossway, 2019); y Sam Williams, «Toward a Theology of Emotion» *Southern Baptist Journal of Theology* 7, nro. 4 (2003): 58–73.

[7] Edward T. Welch, *Una guía para el consejero sobre el cerebro y sus trastornos*, ed. rev. (Glenside, PA: Christian Counseling and Educational Foundation, 2015), 29-36; y su

la persona interior y la exterior son extremadamente complejas; no podemos simplificar demasiado la causalidad ni descuidar su interrelación.

Toda la persona impactada por el pecado, pero redimible en Cristo

Habiendo explorado las dimensiones duales de cada persona, nuestra persona exterior y nuestra persona interior, debemos recordar que la persona completa está caída e impactada por el pecado. Dios creó al hombre y a la mujer como cuerpos y almas; por tanto, los trágicos eventos de Génesis 3 los afectaron como seres completos. Más específicamente, gran parte de la maldición sobre el hombre y la mujer era explícitamente física: seguramente morirían y, mientras tanto, lucharían contra la creación caída de Dios (por ej.: trabajar la tierra maldita, sufrir dolores de parto). Sin embargo, su separación de Dios incluía un componente espiritual: fueron expulsados de la presencia física de Dios y, como recuerda Romanos 5:12, esa separación de Dios y la maldición de la muerte se extenderían a todas las personas a través de ellos. Romanos 5:16 continúa diciéndonos que el pecado de Adán trajo juicio y condenación a todos nosotros. Todos los seres humanos, casi desde nuestro comienzo, hemos estado bajo ese juicio y esa condenación por causa de nuestros primeros padres.

Además, los humanos son totalmente depravados. El pecado se involucra en todas las partes de nosotros, incluyendo las personas internas y externas, nuestras relaciones con Dios y con los demás, y nuestras capacidades para llevar a cabo lo que Dios nos ha diseñado para hacer. Nosotros, los seres humanos, ya no vivimos naturalmente en una relación correcta con Dios y con los demás, y nuestros cuerpos gimen bajo la maldición de la caída tanto como lo hace el resto de la creación (Rom. 8:18-39). Apartadas de Cristo, todas las personas están esclavizadas al pecado; incluso en Cristo, los creyentes todavía están en el proceso de ser redimidos de él. Pero esa

anterior obra a nivel laico, *Blame It on the Brain? Distinguishing Chemical Imbalances, Brain Disorders, and Disobedience* (Phillipsburg, NJ: P&R, 1998). Ambos libros abordan la relación corazón-cuerpo en el contexto de la consejería.

redención solo viene por el poder de Su Espíritu, no por ninguna habilidad nuestra. Solos, tenemos una completa incapacidad para conocer, amar, obedecer u honrar a Dios: la caída del alma humana y nuestra tendencia hacia el pecado permanecen. Exploraremos más a fondo este problema en el próximo capítulo.

Sin embargo, el ejemplo de Jesús, el ser humano perfecto, permanece. Jesucristo es el divino Hijo de Dios y la imagen gloriosa e impecable de Dios (Juan 1:1-18; 14:8-11; Col. 1:15; Heb. 1:3); llegar a ser como Él es la meta de Dios para nosotros y para aquellos a quienes aconsejamos (1 Jn. 2:6). En los próximos capítulos, discutiremos cómo actúa esto para varias luchas de la vida. Pero Jesús, como el último Adán, amó perfectamente a Dios Su Padre, amó a Sus semejantes y gobernó sobre la creación, representando perfectamente a Dios de la manera en que Dios quiso que lo hiciera el primer Adán y todos los humanos posteriores. A pesar de nuestro fracaso, Él ha redimido a aquellos que confían en la muerte y resurrección de Cristo a su favor, y está conformando progresivamente a los creyentes a Su imagen hasta el día en que lo veamos y seamos hechos como Él (1 Jn. 3:2). En aquel día, cada uno tendrá un corazón sin pecado encarnado en un cuerpo glorioso, eterno y resucitado.

La realidad más fundamental para los seres humanos es su necesidad de este Salvador. Necesitan una relación restaurada con su Creador. Dado que las personas son totalmente depravadas y completamente incapaces de presentarse ante Dios sin Su intervención directa, esta realidad eclipsa cualquier lucha de la vida que se presente a los consejeros. Donde los seres humanos están inmersos en el pecado, abunda la necesidad de gracia. Y esa gracia solo viene a través de la obra salvadora de Jesús y el poder de Su Espíritu. Esto es lo que produce un cambio y un crecimiento duraderos.

Implicaciones para los consejeros

Como vimos en la sección anterior, los seres humanos son complejos, por lo que los consejeros deben comprender sus luchas a la luz de esta complejidad. Deberíamos ver a las personas de manera integral, en lugar de reducirlas a una sola faceta (cuerpo versus alma o relacional versus funcional versus emocional). El desorden está inextricablemente ligado al pecado en todas sus presentaciones: el pecado volitivo, la condición pecaminosa (holística), el impacto del pecado de los demás y el contexto familiar y social de una persona. Simplificar los trastornos a uno solo de ellos fracasa al no comprender la complejidad de la lucha de un aconsejado y el camino hacia el crecimiento y el cambio. Hacerlo perjudica su crecimiento y no los ama bien.

Además, debido a que cada aspecto de los seres humanos está caído, los seres humanos en su totalidad necesitan redención. La mayor necesidad de un individuo no es un cuerpo físicamente sano, socialmente fuerte o emocionalmente estable. Lo que él o ella más necesita es al Salvador. Como consejeros bíblicos debemos compartir el evangelio con aquellos que acuden a nosotros en busca de ayuda, modelarles al Salvador y dirigirles a la Palabra de Dios. Debemos cuidar el alma de cada persona mientras se va relacionando con Dios, ya que toda su vida se vive ante Él y depende totalmente de Él.

Como consejeros, también debemos recordar el papel del cuerpo y ayudar a nuestros aconsejados a ver y cuidar sus propios cuerpos adecuadamente. En 1 Corintios 6:19-20 se les recuerda a los creyentes: «¿O no saben que su cuerpo es templo del Espíritu Santo que está en ustedes, el cual tienen de Dios, y que ustedes no se pertenecen a sí mismos? Porque han sido comprados por un precio. Por tanto, glorifiquen a Dios en su cuerpo» (NBLA). Nuestros cuerpos y lo que hacemos con ellos importa, por lo que debemos usar nuestros cuerpos para expresar deseos, pensamientos o emociones como instrumentos para la justicia, sometidos al Señor en todas las cosas (1 Cor. 9:27). Los consejeros bíblicos entienden que el tratamiento del cuerpo es la función principal de un profesional médico; no debemos salirnos de nuestro rol de cuidar principalmente el alma. Sin embargo, debemos mostrar preocupación por la salud integral de un aconsejado y ayudarlo a fomentar una conciencia y preocupación apropiadas sobre el cuerpo. En verdad, debemos preocuparnos por sus almas eternas (alentando la obediencia, la semejanza de Cristo, la relación con Dios y con los demás), pero también por sus cuerpos (fomentando una dieta adecuada, dormir bien, ejercicio, y evaluación y tratamiento médicos, cuando sea necesario).

Si bien el equilibrio entre el pecado y la enfermedad no siempre es claro, los consejeros no deben ignorar los posibles factores físicos que intervienen en la vida de un aconsejado.[8] Un consejero sabio busca comprender estas dinámicas complejas y cuidar al aconsejado en consecuencia.

Dada la singularidad de cada persona con la que nos encontramos, los consejeros deberían ver y tratar a cada individuo con dignidad, honor y respeto (Gén. 9:6; Sant. 3:9). Debemos resistir la tentación de pensar solamente en términos de luchas o situaciones de la vida común. Por ejemplo, después de ver a veinte consultantes deprimidos, algunos consejeros podrían suponer erróneamente que todos ellos son básicamente lo mismo. Aunque todos tienen cosas en común, cada persona y sus luchas son distintas. Nunca debemos suponer que conocemos a una persona basados simplemente en lo que están experimentando; más bien, deberíamos llegar a conocer intencionalmente a cada aconsejado como un portador de la imagen de Dios único e individual.

Dios nos creó como seres relacionales para expresar amor tanto en nuestras relaciones verticales como horizontales. Primeramente, debemos amarlo a Él, pero también debemos amar a nuestro prójimo; haciendo eso cumplimos los dos mandamientos más importantes (Mat. 22:35-40). No solo debemos existir en las relaciones, debemos actuar de maneras particulares dentro de esas relaciones. Los consejeros deben entender la importancia de las relaciones del aconsejado con los demás. Ningún hombre es una isla; las relaciones impactan a aquellos a quienes aconsejamos. Debemos comprender el contexto relacional de la persona, primordialmente en términos de dónde se sitúa con Dios, pero también cómo interactúa con otros (matrimonio, familia, comunidad, etc.).

Finalmente, debemos prestar atención a nuestras relaciones con nuestros consultantes dentro de la sala de consejería. La manera en la que nos relacionamos con ellos y cómo ellos se relacionan con nosotros es una dinámica vital en el proceso de consejería. De forma similar, para amar

---

[8] Para más información sobre discernir el rol del pecado versus la enfermedad en la compresión de trastornos, véase el capítulo 36, como también la obra de Ed Welch, *Blame It on the Brain?* y su guía mencionada arriba: *Una guía para el consejero sobre el cerebro y sus trastornos.*

bien al aconsejado debemos conocerlo de la manera más individual como completa posible. Debemos procurar conocer sus luchas únicas, ya que cada uno es un ser único y complejo creado por Dios. No conocer bien al aconsejado es no amarlo bien.

Conclusión

Las personas son complejas. Cada persona que aconsejamos es un portador de la imagen de Dios creado, eterno y único, pero también es una criatura caída. Afortunadamente, la Palabra de Dios habla extensamente sobre la condición humana y la solución a nuestra condición caída. Aunque caídos, como creyentes estamos siendo redimidos. Aunque somos pecadores, Dios ofrece sabiduría e instrucción. Y aunque el pecado reina en el mundo actual, un día el Salvador destruirá el pecado y la muerte, y los seguidores de Cristo vivirán eternamente en la presencia de Dios. Allí seremos restaurados completamente y, hasta aún más gloriosamente que si la caída nunca hubiese ocurrido. Es esta esperanza la que nos permite caminar junto a las personas quebrantadas, pecadoras y heridas y guiarlas hacia el cambio.

Desórdenes: el pecado como el problema supremo*

En cualquier campo de asistencia, el tratamiento preciso requiere un diagnóstico preciso, y un diagnóstico preciso requiere saber qué buscar y por qué. Los médicos saben qué pruebas ordenar para sus pacientes porque entienden cómo el cuerpo se deteriora y funciona mal. De la misma manera, los consejeros deben comprender la naturaleza y el origen de los problemas humanos si quieren saber qué preguntas hacer, qué respuestas escuchar y qué remedios aplicar. Este asunto radica en la base de todas las preguntas que un consejero debe responder.

Abundan las teorías que compiten entre sí. Algunos trastornos tienen sus raíces en la naturaleza de una persona, sus factores biológicos innatos, mientras que otros ven la crianza, su entorno social, como la causa. Y aun otros enfatizan una combinación compleja de ambos.

Los consejeros bíblicos proporcionan una explicación más profunda. Como vimos en el capítulo 5, las personas son almas encarnadas, creadas a la imagen de Dios e ineludiblemente relacionadas con Él. Sin embargo, también vimos cómo el pecado corrompió nuestra humanidad. Si bien tanto los factores biológicos como los sociales pueden influir en el comportamiento humano, asignar causalidad a la naturaleza o a la crianza excluye este factor esencial, más profundo, hacia Dios: el alma en relación con Dios. Nunca debemos mirar a las personas aparte de su conexión con Dios.

El pecado como el problema supremo

Entender con precisión a las personas y sus problemas comienza con evaluarlos a través de la lente de la Palabra de Dios. La respuesta de la Biblia a lo que causa los males de la humanidad es simple pero profunda: la raíz es el pecado. Fuimos creados a imagen de Dios; pero hemos caído en pecado (Gén. 6:5; Ecl. 7:20; Mat. 15:17-20; Rom. 3:23). La desobediencia de Adán y Eva en Génesis 3 puso en marcha una dinámica mortal que ha producido una devastación personal, social y natural inconmensurable. Aparte de la gracia salvadora de Dios, los seres humanos compartimos un mal historial, un mal corazón, un mal amo y un mal destino.

¿Qué queremos decir con *pecado*? Quizá el *Catecismo Menor de Westminster* proporciona la definición histórica más famosa: «El pecado es cualquier carencia [es decir, falta] de conformidad o transgresión de la ley de Dios».[1] Los teólogos evangélicos están de acuerdo. «El pecado», escribe Millard Erickson, «es cualquier falta de conformidad, activa o pasiva, a la ley moral de Dios. Esto puede ser una cuestión de acto, de pensamiento o de disposición o estado interno».[2] En todas sus variadas formas, el pecado es el fracaso en estar a la altura del carácter de Dios revelado en la ley de Dios.

Los consejeros bíblicos procuran aplicar esta comprensión histórica y bíblica del pecado a la consejería. David Powlison resume: «El pecado, en todas sus dimensiones (por ejemplo, tanto el motivo como la conducta; tanto los pecados que cometemos como los pecados cometidos contra nosotros; tanto las consecuencias del pecado personal y las consecuencias del pecado de Adán), es el problema primario con el que los consejeros tienen que lidiar».[3] Ed Welch coincide: «El problema con el pecado es más profundo que el problema con el sufrimiento… Un modelo de consejería que

---

[1] Pregunta 14 en el *Catecismo Menor de Westminster* de 1674, https://www.westminsterconfession.org/resources/confessional-standards/the-westminster-shorter-catechism/

[2] Millard J. Erickson, *Christian Theology*, 2.ª ed. (Grand Rapids: Baker, 1998), 596. Ver también Grudem, *Teología Sistemática*, 1254 (cap. 3, n. 13).

[3] David Powlison, «Consejería bíblica en el siglo XX» en MacArthur, *La Consejería: Cómo aconsejar bíblicamente*, 28 (cap. 2, n. 12).

surge de las Escrituras hace del pecado el problema crítico del ser humano».[4] Al mismo tiempo, Welch reconoce: «Sin embargo, cualquier cristiano puede recordar momentos en los que alguien habló sobre el pecado de una manera que trataba a la gente con dureza y sin amor. En respuesta, en lugar de rehuir el pecado, esto nos desafía a hablar del pecado con humildad, paciencia y bondad».[5] Lamentablemente, los consejeros bíblicos no siempre abordan el pecado sabia y amablemente.

Si el pecado contra Dios es el problema central del ser humano, ¿cómo deberíamos aplicar esta verdad a los incontables asuntos personales e interpersonales que enfrentan nuestros aconsejados? ¿Cómo nos ayuda, como consejeros, una sólida comprensión bíblica de la presencia, influencia y efectos corrosivos del pecado? ¿Y cómo nos señalan estas amplias descripciones del pecado a Cristo como nuestra fuente suprema de esperanza? Para comprender toda la amplitud de las luchas de la vida, necesitamos una visión profunda del pecado. Consideremos diez distinciones funcionales sobre el pecado que pueden ayudarnos a ministrar a las personas sabiamente.

Pensar cuidadosamente sobre el pecado: Diez distinciones funcionales

1. *El pecado personal que cometemos y el sufrimiento que experimentamos a causa del pecado*

No solo pecamos; sufrimos sus consecuencias. El pecado de Adán y Eva trajo el juicio de Dios sobre ellos, sus descendientes y toda la creación, lo que resultó en sufrimiento (Rom. 8:18-27). De hecho, es nuestra creación caída, gimiente y maldita la que provoca desastres naturales y problemas fisiológicos. Aunque esto no nos hace pecar, puede hacer que tener fe y vivir en obediencia sea más difícil. En los casos que involucran estos factores, los

[4] Edward T. Welch, «Are You Feeling Inadequate? A Letter to Biblical Counselors» en *On Redeeming Psychology*, Lecturas obligadas del *Journal of Biblical Counseling* (Glenside, PA: Christian Counseling and Educational Foundation, 2013), 86–87.

[5] Welch, 87.

consejeros bíblicos sabios trabajan con médicos sabios y otros profesionales con experiencia para aliviar el sufrimiento.

También se peca contra nosotros, los humanos. Gran parte de la consejería consiste en ayudar a las personas a manejar el maltrato pasado y presente. Esta categoría de sufrimiento incluye las consecuencias de confiar en falsas enseñanzas dentro de las psicologías seculares y los consejos no bíblicos de «sentido común», así como lo que resulta de la negligencia pastoral, varios tipos de abuso, influencias pecaminosas de la familia de origen y pecados sociales y comunales, que varían según la cultura y el período de tiempo.

Además, cosechamos las consecuencias de nuestro propio pecado. Por ejemplo, un hombre se enfrenta a una soltería no deseada después de divorciarse pecaminosamente de su esposa, el consumo de un alcohólico lo lleva a perder su trabajo, una mujer se siente sola porque su lengua abrasiva ha ahuyentado a sus amigos. Los efectos prolongados del pecado personal deben ser vistos como una forma de sufrimiento, incluso cuando son autogenerados.

Cuando categorizamos el sufrimiento bajo los efectos del pecado, confirmamos nuestra tesis: *el* problema central que enfrenta *todo* aconsejado es el pecado. Por lo tanto, la consejería implica llamar a las personas a arrepentirse de pecados específicos y ayudarlas a manejar su sufrimiento provocado por el pecado, especialmente cuando el sufrimiento es intenso. Al mismo tiempo, les ayudamos a aprender a anhelar el regreso de Cristo y la tierra renovada que traerá, donde no habrá más pecado, enfermedad, dolor ni lágrimas (2 Ped. 3:13; Apoc. 21–22). A diferencia de nuestras contrapartes seculares, los consejeros bíblicos ofrecemos respuestas profundas y eternas; sabemos y compartimos que, en última instancia, solo el regreso del Rey Jesús hará que todas las cosas estén bien.

2. *El pecado como nuestra condición innata; y el pecado como nuestro comportamiento*

Al ver el pecado como la raíz del problema humano, no debemos suponer que todo el pecado es el resultado de decisiones personales deliberadas. Una comprensión más completa de nuestra naturaleza caída reconoce el pecado como una disposición o estado interno, no solo como actos o pensamientos. El apóstol Juan parece hacer esta distinción entre la condición y la conducta: «Si decimos que *no tenemos pecado* [condición], nos engañamos a nosotros mismos, y la verdad no está en nosotros. [...] Si decimos que *no hemos pecado* [comportamiento], le hacemos a él mentiroso, y su palabra no está en nosotros» (1 Jn. 1:8, 10, énfasis agregado).[6] En el Salmo 51:3-5, David describe tanto su comportamiento pecaminoso real como su depravación congénita pecaminosa.

Los teólogos llaman a esta condición innata «pecado original», refiriéndose a la inclinación pecaminosa natural de cada ser humano. Esta verdad contradice las teorías de consejería basadas en la premisa de que las personas son inherentemente buenas y solo hacen cosas malas debido a influencias externas. Cuando las personas ven correctamente el pecado como algo más que malas conductas, «se dan cuenta del hecho de que simplemente han estado luchando contra los síntomas *de alguna enfermedad profundamente arraigada* [...], un mal *que es inherente a la naturaleza humana*».[7]

¿Cómo afectan el pecado como condición y el pecado como elección a nuestra consejería? Los consejeros que minimizan el pecado como elección corren el riesgo de ignorar los innumerables mandamientos bíblicos de aplazar el comportamiento pecaminoso y vestirse de palabras y acciones piadosas. Los consejeros que minimizan el pecado como condición pueden llegar a ser excesivamente duros o impacientes con los aconsejados que continúan en pecado. Debido a que la consejería bíblica entiende nuestra naturaleza caída, los que la practicamos ministramos con compasión y humildad mientras guiamos a las personas a elegir patrones bíblicos. Y

---

[6] Véase Phillip W. Comfort y Wendell C. Hawley, *1–3 John*, en Cornerstone Biblical Commentary, vol. 13, ed. Philip W. Comfort (Carol Stream, IL: Tyndale House, 2007), 333; y Tom Thatcher, «1 John» en *Hebrews–Revelation,* The Expositor's Bible Commentary, vol. 13, ed. rev., ed. Tremper Longman III y David E. Garland (Grand Rapids: Zondervan, 2006), 433.

[7] Louis Berkhof, *Systematic Theology* (Grand Rapids: Eerdmans, 1996), 227. Véase también Erickson, *Christian Theology*, 2.ª ed., 518.

reconocemos que nuestra esperanza final no está en una teoría y práctica superior de consejería, sino en Jesús el Redentor.

3. El pecado como incredulidad y el pecado como rebelión

Los teólogos han discutido largamente si el pecado de Adán y Eva fue principalmente la incredulidad o la rebelión: ¿comieron del fruto prohibido porque cuestionaron la bondad de Dios y dudaron de las promesas de Dios o porque rechazaron el gobierno de Dios sobre sus vidas y quisieron hacer lo suyo a pesar de las claras palabras de Dios?

Como consejeros, debemos tener cuidado de no clasificar los pecados, sino de llegar a conocer a los pecadores. Podríamos suponer genéricamente, por ejemplo, que la ansiedad y el miedo surgen de la incredulidad, mientras que el adulterio indica rebelión. Sin embargo, aunque un hombre ansioso puede preocuparse porque duda de la capacidad de Dios para protegerlo y proveerle lo que necesita, su ansiedad también puede surgir de un corazón rebelde que exige el control de las situaciones y se niega a confiar en la guía de Dios. De manera similar, una esposa adúltera puede buscar una relación inmoral porque se rebela y quiere hacer lo que desea, a pesar del mandato de Dios de pureza moral y fidelidad conyugal. Pero también podría creer erróneamente que su matrimonio debería haber proporcionado una especie de plenitud total, y como no lo ha hecho, está buscando otra relación, sin creer en la promesa del evangelio de que la verdadera plenitud solo viene de una relación con Dios.

Vemos el tipo de sabiduría entendida que los consejeros bíblicos necesitan en 1 Tesalonicenses 5:14: «También os rogamos, hermanos, que amonestéis a los ociosos, que alentéis a los de poco ánimo, que sostengáis a los débiles, que seáis pacientes para con todos». Pensemos en el padre que no dirige a su familia en la lectura de la Biblia y en la oración. ¿Por qué fracasa? Tal vez esté ocioso y necesite ser amonestado y llamado al arrepentimiento. Pero tal vez teme que su comprensión inexacta de la Biblia confunda a su familia, que su esposa lo corrija delante de sus hijos o que comience esa práctica solo para detenerla de nuevo (como el fumador que dice: «Es fácil dejar de fumar; lo he hecho treinta y siete veces»). Entonces, la pregunta es: ¿cómo debemos aconsejar a varias personas que luchan con el mismo pecado pero por diferentes motivos o actitudes? Los consejeros sabios llegan a conocer a cada uno de los aconsejados.

4. El pecado como desear objetos prohibidos; y el pecado como desear demasiado las cosas buenas

Hay cosas prohibidas en la ley de Dios. Dios no nos permite tomar la propiedad de otra persona, acostarnos con alguien con quien no estamos casados o robar un banco. Pero la mayoría de la consejería no implica abordar cosas prohibidas. Hay diferencia entre una esposa que quiere que su marido robe un banco y una esposa que quiere que su marido la escuche. El primer acto está prohibido; su deseo está equivocado porque está dirigido a una acción inmoral. El segundo acto, sin embargo, puede comenzar como un buen deseo, pero convertirse rápidamente en un deseo controlador que desplaza las cosas más importantes o reemplaza a Dios como la base de la seguridad. Debemos hacer morir ambos deseos de cosas prohibidas y someter a Dios nuestros deseos dominantes de cosas buenas.

Vemos esta segunda dinámica a la que se hace referencia en Santiago 4:1-2: «¿De dónde vienen las guerras y los pleitos entre vosotros? ¿No es de vuestras pasiones, las cuales combaten en vuestros miembros? Codiciáis, y no tenéis; matáis y ardéis de envidia, y no podéis alcanzar; combatís y lucháis, pero no tenéis lo que deseáis». Aunque Santiago no nos dice lo que sus lectores querían, insinúa, al ofrecer la posibilidad de que Dios les diera los artículos deseados, que no fueran inherentemente malos. Eran cosas buenas que se habían convertido en deseos desmesurados, controladores, deseos que se convertían en exigencias. En nuestra experiencia, la mayoría de los casos de consejería involucran deseos exagerados o esteroideos de cosas buenas. En estos casos, los pasajes más relevantes de las Escrituras para compartir pueden no ser aquellos que refutan manifestaciones particulares del pecado, sino aquellos que nos recuerdan amar a Dios con todo nuestro corazón. Nuestros deseos excesivos son sinónimos modernos de idolatría. Nuestro objetivo en la consejería es fomentar la adoración correcta más que solo eliminar el mal comportamiento.

5. *El pecado como interno (oculto); y el pecado como externo (revelado)*

El comportamiento externo de una persona puede parecer piadoso, pero internamente puede estar ardiendo de pecado. Jesús, después de todo, distingue entre los pecados externos de asesinato y adulterio y los pecados internos de ira y mirada lujuriosa (Mat. 5:22, 27-28). También recordamos las duras reprimendas de Jesús a los líderes religiosos de Su tiempo: «Limpiáis lo de fuera del vaso y del plato, pero por dentro estáis llenos de robo y de injusticia. [...] os mostráis justos a los hombres, pero por dentro estáis llenos de hipocresía e iniquidad» (Mat. 23:25-28).

Esto significa que los consejeros bíblicos no deben conformarse con un mero cambio de comportamiento externo de aquellos a quienes aconsejan. Evaluaremos actitudes e intenciones consistentes con los cambios de comportamiento. Por ejemplo, resistirse a la venganza debe ir acompañado de la voluntad de orar por el bien del enemigo. Además, distinguiremos los diferentes tipos de pasos de reemplazo necesarios para los pecados internos y externos. Despojarnos de los pecados internos nos llama a adoptar *actitudes centradas en Cristo*, arrepintiéndonos en oración privada. Despojarnos de los pecados externos nos llama a realizar *acciones centradas en Cristo*, confesando también a aquellos contra quienes pecamos.

6. *El pecado como comisión; y el pecado como omisión*

Los pecados de comisión involucran palabras o acciones que *no deberían* haber sido dichas o hechas. Los pecados de omisión implican palabras o acciones que *deberían* haberse dicho o hecho, pero no sucedió. En 1 Juan 3:4 se describe el primero: «Todo aquel que comete pecado, infringe también la ley; pues el pecado es infracción de la ley». Santiago 4:17 advierte contra el segundo: «Al que sabe hacer lo bueno y no lo hace, le es pecado». Ya sea que transgredamos la ley de Dios o no nos conformemos a la ley de Dios, pecamos. Como vimos anteriormente, el *Catecismo Menor de Westminster* capturó esta dinámica al definir el pecado como «cualquier necesidad [es decir, falta] de conformidad con [es decir, omisión], o transgresión de [es decir, comisión], la ley de Dios».[8] La trillada Oración de confesión del *Libro anglicano de oración común* sugiere esta misma idea:

> Padre todopoderoso y misericordioso, nos hemos extraviado y desviado de tus caminos como ovejas perdidas. Hemos seguido demasiado las artimañas y los deseos de nuestros propios corazones. Hemos ofendido tus santas leyes. Hemos dejado sin hacer las cosas que debíamos haber hecho; y hemos hecho cosas que no debíamos haber hecho; y no hay salud en nosotros.[9]

7. *El pecado como racional; y el pecado como irracional*

Es comprensible que los aconsejados quieran comprender el porqué de su comportamiento incorrecto. A veces las explicaciones racionales tienen sentido: las personas a menudo hacen lo que quieren por razones comprensibles para ellas y para nosotros que las aconsejamos. Sin embargo, en un nivel más profundo, una visión sólida del pecado nos recuerda: «Todo pecado es, en última instancia, irracional... En última instancia, el pecado simplemente no tiene sentido».[10] Los teólogos llaman a esto «el efecto noético del pecado», ese aspecto de la depravación total que involucra la corrupción moral de nuestro pensamiento. El pecado, en ese sentido, es una locura. Eclesiastés 9:3 observa: «El corazón de los hijos de los hombres está lleno de mal y de insensatez». Por lo tanto, no es de extrañar que Jesús describiera el arrepentimiento del hijo pródigo como si volviera en sí (Luc. 15:17).

Reconocer la naturaleza irracional del pecado protege al consejero de la obligación o tentación de explicar todo comportamiento. Explicar algunos pecados en términos racionales puede llevar fácilmente a la creación de excusas o al cambio de culpas. Las explicaciones racionales no siempre pueden captar las luchas humanas. Parafraseando al filósofo Blaise Pascal,

[8] Pregunta 14 en el *Catecismo Menor de Westminster* de 1674.

[9] «La oración de confesión» del *Libro de Oración Común de la Iglesia de Inglaterra*, https://www.churchofengland.org/prayer-and-worship/worship-texts-and-resources/common-worship/daily-prayer/forms-penitence

[10] Grudem, *Systematic Theology*, 493.

el corazón tiene razones que la razón no puede razonar. La gente quiere lo que quiere cuando lo quiere.

Ver el pecado como algo racional (hay razones para ello) e irracional (puede haber deseos más profundos e inescrutables que lo sustentan) nos recuerda que el cambio requiere más que tener información precisa, incluso información bíblica divinamente inspirada. Los problemas no provienen de cogniciones crudas; el cambio real no vendrá de la mera terapia cognitiva. Eso requiere la obra del Espíritu para transformar un corazón, no solo su pensamiento sino también sus deseos, motivaciones, afectos y actitudes (2 Cor. 3:18; Ef. 4:17-19; Heb. 4:12; 1 Ped. 2:11). Los aconsejados no solo necesitan la Palabra de Dios; necesitan comunicarse directamente con una persona (Jesús) en conversación (oración) acerca de esa Palabra. Además, necesitan que el Espíritu de Dios los vuelva interna y progresivamente del pecado hacia Dios.

8. *El pecado como degenerativo y el pecado como contenido en sí mismo*

Con demasiada frecuencia pensamos en el pecado como malas decisiones autónomas, puntuales, que carecen de interconexión o impulso. A veces esto es cierto. Una persona puede pecar de alguna manera única y no repetir ese pecado en particular. Pero el pecado es un depredador con una estrategia progresiva para la destrucción. Gálatas 5:13-26 nos recuerda que la guerra civil interna del cristiano es activa y bilateral: mientras el Espíritu Santo lucha contra nuestra carne, nuestra carne se defiende vigorosamente. Efesios 4:19 describe la dureza de corazón de los incrédulos que «se entregaron a la lascivia para cometer con avidez toda clase de impureza». El pecado es activo: «está a la puerta», deseando consumirnos (Gén. 4:7). Puede «endurecer» nuestros corazones de manera engañosa y gradual (Heb. 3:12-15).

Esta comprensión del pecado puede ayudar a nuestros aconsejados a ver que el impacto total de su pecado es mayor que la suma de sus partes. Sin ella, un padre negligente puede mirar cada elección que se pone a sí mismo por delante de la familia y no pensar que se suma a una relación distanciada de toda la vida. El adicto a menudo se sorprende de la sutil trampa del abuso de sustancias. La consejería bíblica debe advertir a las personas que su pecado no permanece como un siervo contento, sino que busca apoderarse y dominar. La pasividad por parte del consejero o del aconsejado producirá más degeneración. El pecado debe ser matado, no simplemente mantenido bajo control.

9. El pecado como intencional; y el pecado como involuntario

Levítico 4–5 concientiza sobre la categoría de pecado que a veces se pasa por alto: el pecado involuntario. Levítico 5:17 lo explica: «Si una persona pecare, o hiciere alguna de todas aquellas cosas que por mandamiento de Jehová no se han de hacer, aun sin hacerlo a sabiendas, es culpable, y llevará su pecado». En tal caso, la persona pecadora de los tiempos del antiguo pacto tenía que traer un animal para el sacrificio «por el yerro que cometió por ignorancia, y será perdonado» (5:18; comp. 4:2, 20, 26, 31, 35; Ex. 14:8; Núm. 15:22-31). Aunque Dios considera que los pecados inadvertidos son menos graves que los desafiantes, también violan la ley de Dios, incurren en culpa ante Él y requieren expiación.

A medida que la Palabra de Dios traiga más luz a nuestros aconsejados (Sal. 119:105) y ellos la miren con más cuidado (Sant. 1:22-25), verán nuevos aspectos del pecado involuntario, incluyendo cualquier tendencia a defenderse, y se acercarán a Jesús en busca de nuevo perdón y ayuda. Como consejeros, no debemos suponer que el pecado de cada aconsejado fue desafiante, sino que debemos discutir los pecados con gracia y caridad. Afortunadamente, el Señor garantiza el perdón y la limpieza para todos los que pecan, intencionalmente o no, cuando se vuelven a Él por fe.

10. El pecado como violación de la ley explícita de Dios (culpa clara); y el pecado como violación de la conciencia propia (culpa confusa)

Si bien la Biblia no usa las frases «culpa clara» y «culpa confusa», estos términos pueden ayudarnos a captar las distinciones que hace la Biblia.[11]

---

[11] Para ver una discusión previa de esta distinción, consulte Robert D. Jones, «Distinguishing Between Guilt and Guilt», Biblical Counseling Coalition, https://www.biblicalcounselingcoalition.org/2017/07/18/distinguishing-between-guilt-and-guilt/

La culpa clara viene cuando violamos la ley explícita de Dios establecida en la Biblia, ya sea que lo hagamos intencionalmente o no. La culpa confusa viene cuando permitimos que alguna norma distinta de la ley de Dios gobierne nuestras conciencias. El estándar podría ser un pasaje bíblico mal interpretado o mal aplicado (por ej. alguna ley levítica ahora cumplida en Cristo) o una «ley» hecha por el hombre (por ej. los cristianos no deben ir al cine). Cuando violamos nuestra propia ley, somos objetivamente culpables ante Dios, no porque hayamos violado un mandamiento claro, sino porque permitimos que nuestras conciencias se sometieran a una norma *diferente* a la ley de Dios y luego violamos egoístamente lo que pensábamos que Dios quería.

Pasajes como Romanos 14 y 1 Corintios 8 y 10 describen a cristianos con conciencias débiles, personas gobernadas por leyes que no son las de Dios.[12] Pablo plantea su dilema de esta manera: «Para el que piensa que algo es inmundo, para él lo es» y «el que duda sobre lo que come, es condenado, porque no lo hace con fe; y todo lo que no proviene de fe, es pecado» (Rom. 14:14, 23).

Si una mujer que ha buscado seguir a Cristo en su matrimonio es abandonada pecaminosamente por su esposo, *no es* culpable y *no debe sentirse* culpable. Pero si ella cree erróneamente que es responsable de la decisión pecaminosa de su marido, entonces cargará con una culpa confusa. ¿Por qué? Porque se colocó bajo una ley (por ej.: «Debo mantener fiel a mi esposo; debo hacer que me ame y nunca me abandone») que no es la ley de Dios. Dios no la responsabilizó de impedir que él se fuera; ella no pudo evitarlo. Pero ella es culpable de absorber una ley no bíblica.

Conclusión

Estas diez distinciones muestran nuestra necesidad de una comprensión bíblica, práctica y cuidadosa del pecado, y de un Redentor, Jesús, que nos

[12] Para un acercamiento bíblico a este tema y estos pasajes, véase Andrew David Naselli y J. D. Crowley, *Conscience: What It Is, How to Train It, and Loving Those Who Differ* (Wheaton, IL: Crossway, 2016).

salve de nuestro pecado (Mat. 1:21). Ellas evidencian nuestra creencia de que «el pecado es la explicación más profunda, no solo un problema más que suplica por razones diferentes y "más profundas"».[13] Ningún diagnóstico de consejería es más profundo que una comprensión detallada del pecado.

Podemos extraer al menos tres implicaciones de nuestro estudio. En primer lugar, nuestra visión de los problemas humanos determina quién está calificado para hablar con ellos. Si el pecado es el principal problema humano, entonces aquellos con experiencia teológica y práctica en el manejo del pecado, en sus formas variadas y complejas, deben liderar el camino en el campo de la ayuda de las personas. Los mejores consejeros para ofrecer la ayuda de Jesús a las personas que luchan son aquellos hábiles y teológicamente entrenados.

En segundo lugar, nuestra visión expansiva del pecado requiere métodos expansivos de ministración. Tener personas sabias ayudando implica flexibilidad en el diagnóstico y en el tratamiento. Como señala Powlison: «Los diferentes diagnósticos de la condición humana demandan inevitablemente diferentes "palabras" de cura, contienen diferentes implicaciones y construyen diferentes respuestas».[14] Una comprensión bíblica del pecado requiere destreza en la consejería.

En tercer lugar, el enfoque bíblico del pecado nos permite relacionarnos más compasivamente con aquellos a quienes aconsejamos. Luchamos contra los mismos problemas de pecado multiplicados por diez que nuestros aconsejados enfrentan en mayor o menor grado. Todos compartimos una lucha común contra el pecado. Y debido a que los consejeros bíblicos experimentamos personalmente la misma dinámica del pecado, podemos testificar y guiar a los aconsejados al mismo Redentor en busca de ayuda y esperanza.

En nuestro próximo capítulo veremos cómo Cristo llama a nuestros aconsejados a arrepentirse y cómo les provee Su perdón a ellos y a nosotros.

---

[13] David Powlison, *Seeing with New Eyes: Counseling and the Human Condition Through the Lens of Scripture* (Phillipsburg, NJ: P&R, 2003), 206.

[14] David Powlison, «Affirmations & Denials: A Proposed Definition of Biblical Counseling», *Journal of Biblical Counseling* 19, nro. 1 (otoño de 2000): 24.

Entender la culpa, el arrepentimiento y el perdón

Como vimos en el capítulo 6, el problema crucial que toda la consejería aborda es el pecado, y la maldición y las consecuencias que resultan de él, aun si el aconsejado no reconoce el diagnóstico de Dios o no acepta la terminología bíblica. Esto no significa que todos los problemas de consejería resultan de las elecciones individuales equivocadas. La persona puede estar sufriendo por causa del pecado de otros, las consecuencias del pecado de Adán o una mezcla de todo lo anterior.

En este capítulo queremos preparar a los consejeros para ayudar a la gente a entender su culpa, arrepentirse, y recibir el perdón de Dios en Cristo. La consejería bíblica llama a la persona a cambiar, y un cambio verdadero y perdurable requiere arrepentimiento y vivir a la luz del perdón de Dios. Los consejeros bíblicos se deleitan en ayudar a los aconsejados a resolver su culpa y disfrutar la libertad que viene de una relación restaurada con el Señor. Dios el Padre, después de todo, quiere escuchar la confesión del aconsejado y perdonar.

Ayudar a los aconsejados a entender la culpa

Basados en las distinciones bíblicas que vimos entre el pecado intencional e involuntario y entre la culpa clara y confusa en el capítulo 6, consideremos cuatro escenarios, cada uno involucrando a una mujer cristiana recientemente casada.

Escenario 1: Ángela sabe que los cristianos deben casarse solamente con cristianos (1 Cor. 7:39; 2 Cor. 6:14). Ella se casó con un hombre cristiano. Ella no era culpable de pecado ni sentía culpa.

Escenario 2: Beatriz también sabía la enseñanza de la Biblia pero, a pesar de las objeciones de sus amigos cristianos, se casó con un hombre no cristiano. Ella era culpable de pecado intencional y se sentía culpable.

Escenario 3: Cristal también se casó con un hombre no cristiano, pero ella no sabía de la prohibición bíblica sobre esto. A pesar de que era culpable de violar los mandamientos de Dios, ella no sentía culpa, ni nosotros esperaríamos que la sintiera. Su pecado no era intencional.

Tanto el pecado deliberado de Beatriz como el pecado involuntario de Cristal incurrieron en una culpa verdadera y objetiva ante Dios. Cualquier pensamiento, palabra, acción o deseo que viole la ley de Dios, deliberadamente o no, es pecaminoso. Pero las experiencias de estas mujeres difieren en términos de sentimientos de culpa. El sentimiento de culpa es una función de la conciencia. Una conciencia sana es instruida bíblicamente; se alinea con la Palabra de Dios. La conciencia de Beatriz funcionó adecuadamente. Nos sentimos culpables, con razón, cuando violamos las Escrituras. En este sentido, el sentimiento de culpa es un amigo. Nos alerta de que inspeccionemos maneras en las que pudimos haber pecado. El pecado es malo, pero la culpa, si la manejamos adecuadamente, es buena. La conciencia de Cristal no estaba entrenada bíblicamente; por tanto, desafortunadamente, ella no sentía culpa.

Ahora consideremos el *escenario 4*. Como Ángela, Daniela se casó con un hombre cristiano, de acuerdo con los estándares de Dios. Pero, contrario a Ángela, ella se sentía culpable de su decisión. ¿Por qué? Porque creía que había pecado. ¿Cómo?

Daniela provenía de un hogar adinerado, con padres exitosos e impulsados por su carrera, quienes insistían en que se casara con un profesional. En cambio, ella se puso de novia con un hombre piadoso con un trabajo mal pagado y pocas probabilidades de ascenso social. Se casó con él; pero muy en su interior pensaba que había hecho algo mal desobedeciendo a sus padres. Cuando ella violó su conciencia, su conciencia débil y bíblicamente mal informada, se sintió culpable (correctamente). No solo nos *sentiremos* culpables cuando violemos las pseudoleyes, sino que *debemos* sentirnos culpables (Rom. 14:14,23). El cambio requerirá que Daniela se coloque bajo la ley de Dios, no la suya propia.

Cuatro escenarios de sentimientos de culpa objetiva y sentimientos de culpa subjetiva

	¿Culpable ante Dios?	¿Sentimiento de culpa?	¿Remedio?
1 Ángela	No. Ella obedeció el mandamiento de Dios.	No, no debería tenerlo.	No es necesario.
2 Beatriz	Sí. Ella pecó deliberadamente.	Sí, y debería tenerlo.	Arrepentimiento y renovación de su fe en Cristo.
3 Cristal	Sí. Ella pecó sin intención.	No, su conciencia ignoraba.	Convicción de pecado, luego arrepentimiento y fe en Cristo renovada.
4 Daniela	Sí. Ella se colocó a sí misma bajo una ley no bíblica e hizo lo que consideraba que estaba mal, violando así su conciencia.	Sí, pero una forma de culpa confusa.	Instrucción bíblica, luego convicción de pecado, arrepentimiento y fe en Cristo renovada.

Al abordar esta situación, algunos consejeros seculares (no bíblicos) o amigos bienintencionados podrían llamar a la culpa de Daniela «culpa falsa» e implorarle: «Daniela, deja de sentirte culpable. No hiciste nada malo. Estás sintiendo una culpa falsa». Después de todo, contrariamente a Beatriz y a Cristal, Daniela no desobedeció un mandamiento claro: la Biblia no requiere que una persona de veinticuatro años obedezca a sus padres. Pero llamar a esto «culpa falsa» puede transmitir a Daniela que estamos minimizando sus sentimientos, negando sus luchas internas o declarando un mensaje moralista de «Basta ya, madura, eso es tonto». Los sentimientos de culpa no se pueden apagar ni eliminar. No debemos descartar sus emociones, por muy confusas que sean. Más aún, etiquetarla como «culpa falsa» pasa por alto el elemento de culpabilidad objetiva que está presente. Daniela realmente hizo algo mal: se ubicó a sí misma equivocadamente bajo una ley que no era la ley de Dios, entonces violó su conciencia y se sintió culpable. Amar a Daniela significa ayudarla a entender y liberarla de su culpa confusa.

Beatriz, Cristal y Daniela, todas ellas necesitan consejo bíblico para lidiar con sus acciones ante Dios y las interpretaciones y respuestas de sus conciencias. La tarea de consejería involucra ayudarlas a sortear cualquier culpa confusa, sentir culpa apropiada, confesar y arrepentirse de su pecado real, y recibir el perdón de Dios en Cristo. Afortunadamente, ya sea que su culpa y sentimientos de culpa sean intencionados o no, claros o confusos, esta respuesta se eleva gloriosamente ante estas novias que luchan: la cruz de Jesucristo, el Salvador que «es fiel y justo para perdonar nuestros pecados, y limpiarnos de toda maldad» (1 Jn. 1:9).

Entonces, ¿cómo debemos guiar a nuestros aconsejados hacia el verdadero arrepentimiento y la realidad gozosa y liberadora del perdón?

Ayudar a los aconsejados a arrepentirse

Teniendo en cuenta las distinciones discutidas, debemos ayudar a los aconsejados a ver y reconocer cualquier pecado que esté presente. Lo hacemos de dos maneras. Primero, les ayudamos a ver su pecado a la luz de la Palabra de Dios tal como se interpreta y aplica correctamente. Pablo le dice a Timoteo que la Palabra inspirada de Dios es «útil para enseñar, para redargüir, para corregir, para instruir en justicia» (2 Tim. 3:16). Nuestra medida estándar es la Biblia. Hebreos 4:12-13 describe la Palabra de Dios como una espada que corta el centro de nuestras almas y expone las profundidades de nuestro pecado. Santiago compara la Biblia con un espejo por el cual podemos ver en verdad lo que realmente somos (Sant. 1:22-25).

En segundo lugar, dado que la Biblia es nuestro estándar, espada y espejo, animamos a las personas a pedirle a Dios que las examine en busca de cualquier pecado, incluyendo el pecado oculto. Consideremos el Salmo 139:23-24 como una oración modelo: «Examíname, oh Dios, y conoce mi corazón; pruébame y conoce mis pensamientos; y ve si hay en mí camino de perversidad, y guíame en el camino eterno». Nuestras metas deben reflejar el corazón de Pablo: «Y por esto procuro tener siempre una conciencia sin ofensa ante Dios y ante los hombres» (Hech. 24:16), y la exhortación de Pablo impulsada por el evangelio: «Así que, amados, puesto que tenemos tales promesas, limpiémonos de toda contaminación de carne y de espíritu, perfeccionando la santidad en el temor de Dios» (2 Cor. 7:1). Como vimos en el capítulo 4, el cambio ocurre cuando el Espíritu de Dios nos convence de pecado y nos guía hacia la piedad a la luz de la obra de Cristo.

Al guiar a la gente a ver su pecado, deberíamos guiarlos al arrepentimiento. Considere la posibilidad de entretejer estas ocho marcas vitales del verdadero arrepentimiento en su consejería, según corresponda.

1. Dese cuenta de que ha pecado principalmente contra Dios, y contra Su ley y Su gracia

Después de que Adán y Eva pecaron, se cubrieron con hojas de higuera y «se escondieron de la presencia de Jehová Dios entre los árboles del huerto» (Gén. 3:6-8). En otras palabras, ellos buscaron su propia manera de tratar su vergüenza interior y evitaron a Dios. Afortunadamente, Dios los persiguió y les mostró gracia, prometiéndoles un Redentor y cubriendo su pecado (3:9-21).

En las Escrituras encontramos ejemplos conmovedores de arrepentimiento centrado en Dios. En sus confesiones, David era explícitamente consciente de Dios:

- Salmos 32:5: «Mi pecado te declaré, y no encubrí mi iniquidad. Dije: Confesaré mis transgresiones a Jehová y tú perdonaste la maldad de mi pecado».

- Salmos 41:4: «Yo dije: Jehová, ten misericordia de mí; sana mi alma, porque contra ti he pecado».
- Salmos 51:3-4: «Porque yo reconozco mis rebeliones, y mi pecado está siempre delante de mí. Contra ti, contra ti solo he pecado, y he hecho lo malo delante de tus ojos».

También podríamos considerar las oraciones de confesión centradas en Dios insertadas en Esdras 9, Nehemías 9 y Daniel 9.[1] Pedirles a los aconsejados que estudien estos pasajes y los salmos anteriores aumentará sus confesiones centradas en Dios.

Además, en el arrepentimiento verdadero reconocemos que hemos pecado no solo contra Dios, el dador de la ley, sino también contra Dios el Redentor, el Dios que por gracia envió a Su Hijo a pagar por nuestros pecados. Hemos rechazado tanto Su ley como Su gracia.

2. *Reconozca la severidad de su pecado*

Muchos aconsejados no comprenden la profundidad de su pecado. Lo minimizan o lo excusan. Cuando se les pregunta, pueden responder: «Sí, pero después de todo, solo soy un ser humano». Esta actitud ignora el hecho de que Jesús era (y es) completamente humano (así como divino) pero aun así resistió el pecado (Fil. 2:5-8; Heb. 12:3-4). Es cierto que somos seres humanos caídos, que aguardan el perfeccionamiento de la humanidad semejante a la de Cristo que Dios traerá para Su pueblo (Ef. 4:24; Col. 3:10; 1 Jn. 3:2). Pero incluso ahora los cristianos no somos meramente humanos; somos regenerados, tenemos corazones nuevos. ¡El mismo Espíritu que resucitó a Jesús de entre los muertos vive en nosotros (Rom. 8:11)! Podemos ofrecer estas ideas útiles a aquellos que minimizan su pecado diciendo: «Así es como soy» o «Supongo que mi carne acaba de sacar lo mejor de mí». La ligereza revela una subestimación de la pecaminosidad del pecado.

Además, cuando los creyentes minimizamos nuestro pecado, no vemos cómo nuestro pecado condujo a la horrible muerte de Jesús en la cruz

[1] Considere usar el acrónimo END9 como una ayuda a su memoria sobre dónde encontrar estos útiles pasajes.

(1 Ped. 2:24) y cómo entristece a Su Espíritu Santo (Ef. 4:30). La lectura fresca de las narraciones de la crucifixión que terminan cada uno de los cuatro Evangelios puede hacer reflexionar a las almas que lidian con el pecado.

3. Asuma toda la responsabilidad por su pecado

No podemos culpar a nada ni a nadie por nuestro pecado. No es el resultado de nuestra fisiología, situación económica, familia política o cultura impía. Satanás tienta, pero nosotros sucumbimos. Aunque seamos víctimas, no pecamos porque somos víctimas. No podemos explicar nuestro pecado con varias nociones de «niño interior herido», «taza/tanque/banco de amor vacío» o cualquier otra teoría similar de déficit o necesidad psicológica. Nadie peca porque tiene un «2» en un eneagrama de la personalidad o una «D» en un perfil de personalidad. Cada persona peca porque cada uno es un pecador.

Esta desagradable realidad es la razón por la que debemos ayudar a los aconsejados en, por ejemplo, una relación conflictiva a dar un enfoque principal a todas y cada una de las formas en que pecaminosamente contribuyeron a la ruptura relacional. Jesús destacó esto de varias maneras:[2]

- En Mateo 7:3-5, Jesús nos llamó a centrarnos y lidiar con nuestro propio pecado antes de ocuparse del pecado de otro, llamándonos hipócritas si fracasamos en hacer eso. Él nos insta a ver el pecado personal como peor que el pecado de otra persona.
- En Lucas 18:9-14, Jesús declaró que la justicia propia engendra juicio y que lo único peor que ser «ladrones, injustos, adúlteros» es estar orgullosos de no serlo.
- En Mateo 18:21-35, Jesús mostró cómo el perdón misericordioso de Dios de nuestra enorme deuda de pecado contra Él debería movernos a mostrar misericordia hacia aquellos que han pecado contra nosotros en mucho menor grado.

---

[2] Para una discusión más amplia de estos temas, véase Robert D. Jones, *Pursuing Peace: A Christian Guide to Handling Conflict* (Wheaton, IL: Crossway, 2012), 79-82, 139-42.

4. Trate con su pecado a nivel del corazón y de la conducta

Como vimos en capítulos anteriores, el corazón humano es el centro de todo el funcionamiento interno: creencias, motivaciones, actitudes, voluntad, pensamientos, emociones, afectos, deseos y volición. Es el asiento o centro de control de la persona interior, lo que nos gobierna, impulsa y controla, y es la fuente de todo nuestro comportamiento. Entonces, el verdadero arrepentimiento no solo se refiere a la conducta; llega hasta el corazón mismo de la persona.

5. Reconozca sus pecados de comisión y de omisión

Como vimos en el capítulo 6, los pecados de comisión involucran lo que dijimos, hicimos, creímos y deseamos que no deberíamos haber dicho, hecho, creído o deseado (1 Jn. 3:4). Los pecados de omisión incluyen lo que no dijimos, hicimos, creímos o deseamos y que deberíamos haberlo hecho (Sant. 4:17).

Los aconsejados, a veces, se enfocan imprudentemente en los pecados de comisión y olvidan los pecados de omisión, que a menudo son los que hieren más profundamente. Por ejemplo, aunque la mayoría de las parejas casadas no se golpean mutuamente (comisión), a menudo se ofenden por pecados de omisión: «Él no pasa tiempo conmigo»; «ella no me respeta». Esta distinción ayuda a guiar la agenda de nuestro ministerio: una cosa es ayudar a los aconsejados a refrenar su lengua dañina, pero otra cosa es ayudarlos a reemplazar palabras feas por otras amables. Los consejeros bíblicos sabios instan a los aconsejados a identificar, confesar y cambiar tanto sus pecados de comisión como los de omisión.

Una tarea práctica de crecimiento que puede auxiliar en esta meta consiste en que el aconsejado complete un análisis de cuatro cuadrantes (vea el ejemplo a continuación) y considere ambas columnas con espíritu de oración.[3]

[3] Jones, 76-79.

	Pecados de comisión	Pecados de omisión	
Palabras	Te grito.	No te pregunto cómo estás.	Palabras
Hechos	Te golpeo.	No realizo una tarea que prometí que haría.	Hechos

6. *Admita sus pecados específicos*

Algunos aconsejados se conforman con hacer confesiones genéricas, atribuyendo su pecado a categorías abstractas, tomo «carne», «orgullo», o «propia naturaleza». O utilizan términos resumidos sin ejemplos concretos. Debemos esforzarnos por especificar la forma de carne, orgullo o egocentrismo que manifiesta el aconsejado, en lugar de aceptar un lenguaje confuso. Después de todo, una confesión como «lamento haberme enojado» es un buen comienzo, pero es insuficiente para ayudar a una pareja en combate a resolver sus conflictos matrimoniales. Mejor sería: «Lamento haberte hablado con dureza. Fue inapropiado y poco amable. Por favor, perdóname».

7. *Laméntese por su pecado*

El verdadero arrepentimiento expresa emociones sinceras y piadosas, incluyendo el odio, el dolor y la tristeza por nuestro pecado. Santiago 4:8-10 nos insta: «Acercaos a Dios, y él se acercará a vosotros. Pecadores, limpiad las manos; y vosotros los de doble ánimo, purificad vuestros corazones. Afligíos, y lamentad, y llorad. Vuestra risa se convierta en lloro, y vuestro gozo en tristeza. Humillaos delante del Señor, y él os exaltará». Por supuesto, no hay una definición o legislación que defina cuán profunda o cuán larga debería ser la tristeza de alguien por su pecado. El temperamento, la cultura o los antecedentes familiares de una persona pueden influir en la forma en que expresa su dolor. De todas maneras, ciertamente no debemos confundir la aflicción mundana, la que carece de las señales de arrepentimiento de este capítulo, con la aflicción piadosa (2 Cor. 7:10).

8. *Deseo de cambiar*

El verdadero arrepentimiento conlleva el deseo de abandonar nuestro pecado y cambiar, ya sea que nuestras circunstancias cambien o no. De hecho, una evidencia de arrepentimiento genuino es el compromiso de cambiar, incluso si la situación que ocasionó que el aconsejado buscara consejería mejora. Como anuncia Proverbios 28:13: «El que encubre sus pecados no prosperará; mas el que los confiesa y se aparta alcanzará misericordia». En su capítulo sobre el arrepentimiento, la *Confesión de Fe de Westminster* combina de manera concisa las emociones de odio y dolor con este deseo de cambiar:

> Por este, un pecador, fuera de la vista y el sentido no solo del peligro, sino también de la inmundicia y odiosidad de sus pecados, como contrarios a la naturaleza santa y a la justa ley de Dios; y al comprender su misericordia en Cristo para con los que son penitentes, se aflige y aborrece tanto sus pecados, que se aparta de todos ellos y va hacia Dios, proponiéndose y esforzándose por andar con él en todos los caminos de sus mandamientos.[4]

Basándonos en la gracia de Dios en Cristo y dependiendo de Su Espíritu para ayudarnos, nos comprometemos a dar los pasos prácticos de despojarnos del pecado y vestirnos de justicia (Col. 3:8-10). A la luz de la compasión y la gracia de Dios, podemos y debemos volver a Él.

---

[4] La *Confesión de Fe de Westminster*, 15:2, https://www.opc.org/documents/CFLayout.pdf

Vemos un impresionante llamado al arrepentimiento y al cambio impulsados por la gracia en Joel 2:12-13. En medio del castigo a Su pueblo pecador por medio de una invasión de langostas, el Señor ofrece a través de esas nubes oscuras un rayo brillante de esperanza: «Por eso pues, ahora, dice Jehová, convertíos a mí con todo vuestro corazón, con ayuno y lloro y lamento. Rasgad vuestro corazón, y no vuestros vestidos, y convertíos a Jehová vuestro Dios». ¿Cuál es el fundamento de la convocatoria de regreso? La gracia precedente de Dios: «*Porque* [una conjunción explicativa] misericordioso *es* [no solo será] y clemente, tardo para la ira y grande en misericordia, y se duele del castigo» (cursivas añadidas). El pueblo de Dios necesita aferrarse a Su gracia, volverse a Él y desgarrar sus corazones en verdadero arrepentimiento. La gracia de Dios no viene simplemente en respuesta al arrepentimiento; la precede y la motiva. Su gracia hace posible y deseable nuestro regreso a Él.

Ayudar a los aconsejados a recibir la gracia perdonadora de Dios

Para concluir correctamente un capítulo o una sesión de consejería sobre la culpa y la penitencia, debemos ensayar el evangelio. Detenerse en el tema del arrepentimiento puede llevar a la desesperación. No debemos dejar a los aconsejados deprimidos por su pecado. Revolcarse en la culpa y vivir en un remordimiento interminable no producirá crecimiento cristiano. Cuando los aconsejados se arrepienten, queremos que se aferren y sean aferrados por el perdón de Dios.

¿Qué queremos decir con el perdón de Dios? Podríamos definirlo como la decisión, promesa y declaración de Dios de no retener nuestros pecados en nuestra contra, debido a nuestra fe en lo que Jesucristo hizo por nosotros en la cruz. Antes de la fundación del mundo, Dios diseñó un plan de salvación (Ef. 1:3-14) que incluye la «redención por su sangre, el perdón de pecados según las riquezas de su gracia» (1:7). En ese plan decidió perdonar a todos los que se arrepienten y creen en Su Hijo Jesús.

Además, Dios declara Su perdón a aquellos que se vuelven a Jesús. El evangelio es el anuncio de Dios a los pecadores culpables de que no les tomará en cuenta sus pecados:

- Natán le dijo a David: «También Jehová ha remitido tu pecado. No morirás» (2 Sam. 12:13).
- Jesús le dijo al paralítico: «Hijo, tus pecados te son perdonados» (Mar. 2:5).
- Jesús le dijo a la mujer pecadora: «Tus pecados te son perdonados» (Luc. 7:48). Note cómo Jesús no solo le dijo a Simón que la perdonaba, sino que también se lo dijo a ella directamente.
- Pedro les dijo a los oyentes judíos el día de Pentecostés: «Arrepentíos, y bautícese cada uno de vosotros en el nombre de Jesucristo para perdón de sus pecados; y recibiréis el don del Espíritu Santo» (Hech. 2:38).
- Pablo les dijo a los judíos y gentiles prosélitos: «Sabed, pues, esto, varones hermanos: que por medio de él [Cristo] se os anuncia perdón de pecados» (Hech. 13:38).

¿Cómo deberíamos ministrar el perdón de Dios a nuestros aconsejados arrepentidos? Debemos llamar a los no creyentes entre ellos a arrepentirse y creer en Jesucristo para hallar el perdón inicial de Dios (ver cap. 19). Debemos recordar a nuestros aconsejados cristianos primero el perdón que Dios ya les ha provisto en Cristo a través de Su muerte y resurrección. Luego, junto con los pasajes anteriores, podemos asignar estos pasajes para su estudio y reflexión:

- Salmos 103:11-12; 130:3-4; Isaías 1:18; 38:17; 44:22; Jeremías 50:20 y Miqueas 7:19 describen el perdón de Dios para Su pueblo por medio de metáforas conmovedoras.
- Colosenses 1:13-14; 2:13-14; 3:13-14 puede traer la esperanza directa del evangelio a los aconsejados culpables. Estos pasajes abordan varios problemas comunes individuales y relacionales.[5]

[5] También podríamos asignar los salmos penitentes de David (Sal. 32:5; 41:4; 51:4-5) y la oración de confesión en Esdras 9, Nehemías 9 y Daniel 9. Tanto Nehemías 9:16-19

En segundo lugar, debemos recordar a nuestros aconsejados cristianos el perdón fresco, diario, continuo y paternal que Dios da a los creyentes cuando ellos se vuelven al Señor. En 1 Juan 1:5–2:2, el apóstol nos recuerda que los creyentes pecan frecuentemente, que la confesión regular es el ritmo normal del cristiano y que el sacrificio expiatorio de Cristo paga por nuestros pecados. La promesa del versículo 1:9 debe traer constante seguridad a cada creyente: «Si confesamos nuestros pecados, él es fiel y justo para perdonar nuestros pecados, y limpiarnos de toda maldad».

Un consejero bíblico puede reforzar la naturaleza declaratoria del perdón de Dios cuando funciona como un creyente-sacerdote (1 Ped. 2:9) y pronuncia oralmente a los aconsejados arrepentidos palabras de un pasaje del evangelio que le aseguren ese perdón.

Conclusión

Cerramos este capítulo con las conmovedoras palabras de Charles Spurgeon que unen la severidad del pecado y las glorias de Cristo con esta imagen de una persona a punto de ser ejecutada por su crimen capital: «Demasiados piensan a la ligera en el pecado y, por lo tanto, piensan a la ligera en el Salvador. El que ha comparecido ante Dios, convicto y condenado... es el hombre que llora de alegría cuando es perdonado, que aborrece el mal que le ha sido perdonado, y que vive para la honra del Redentor por cuya sangre ha sido limpiado».[6] Alabamos a Jesucristo por haber recibido la pena de muerte que nosotros y nuestros aconsejados merecíamos y por habernos librado de la maldición del pecado.

---

como Daniel 9:14-19 proveen impactantes demostraciones de la gracia, compasión y amor de Dios hacia los penitentes.

[6] Charles Haddon Spurgeon, *The Autobiography of Charles H. Spurgeon, Compiled from His Diary, Letters, and Records by His Wife and His Private Secretary*, vol. 1, *1834– 1854* (Nueva York: Fleming H. Revell, 1898), 76.

La batalla contra Satanás y sus demonios

La consejería bíblica involucra la guerra espiritual contra las fuerzas del mal más fuertes que usted y que lo odian a usted y a aquellos a quienes aconseja. Afortunadamente, no son más poderosos que Dios el Padre, el Hijo y el Espíritu Santo.

Los eruditos bíblicos consideran correctamente que los enemigos del cristiano son tres: el mundo, el diablo y la carne. Los dos primeros son externos a nuestras almas y pueden simplemente (aunque severamente) tentarnos a pecar, pero no pueden hacer que pequemos. En ese sentido, luchamos contra las tentaciones que el mundo y el diablo traen contra nosotros. «La carne» se refiere a ese impulso pecaminoso persistente o principio de pecado que permanece dentro del creyente hasta la muerte. Si bien el creyente tiene un corazón nuevo y regenerado, sigue siendo un corazón aún no glorificado, lo que deja a todo verdadero cristiano anhelando la obra final de Cristo de perfeccionarnos (1 Jn. 3:1-3). Contrariamente a algunos conceptos erróneos de la vida cristiana, la forma principal de guerra espiritual que la Biblia enfatiza no es la guerra contra Satanás, sino la guerra civil *interna* de la carne contra el Espíritu (Rom. 6-8; Gál. 5:16-18; Col. 3:1-17; 1 Ped. 2:11). Nuestro propio pecado restante es nuestro mayor enemigo en el caminar con Cristo.

Si bien las Escrituras identifican a los tres enemigos mencionados anteriormente, presentan una imagen más compleja que simplemente analizar qué enemigo está activo y cuándo. El apóstol Pablo entrelaza a los tres en la vida de los incrédulos en Efesios 2:1-3, mientras que el apóstol Santiago los entrelaza en Santiago 3:13–4:10 para guiar a los cristianos. A veces, la Biblia hace que un enemigo parezca más prominente que los demás. El mundo, por ejemplo, ocupa un lugar importante en algunos pasajes (Rom. 12:2; 2 Cor. 10:1-5; Col. 2:16–23; 1 Jn. 2:15-17), sin embargo, en su contexto más amplio, el diablo y la carne nunca están lejos.

Este capítulo se enfoca en uno de estos enemigos, Satanás y sus demonios.[1] En cierto sentido, están operando continuamente en segundo plano, como el sistema operativo de una computadora, «porque no tenemos lucha contra sangre y carne, sino contra principados, contra potestades, contra los gobernadores de las tinieblas de este siglo, contra huestes espirituales de maldad en las regiones celestes» (Ef. 6:12). Satanás es la entrelínea de todos los pasajes de la vida cristiana, oponiéndose constantemente a Dios y a Su pueblo de manera tanto sutil como abierta. Sin embargo, a veces un escritor bíblico descorre la cortina para mostrarnos explícitamente la obra directa del diablo y para decirnos específicamente cómo luchar contra él y sus demonios.

¿Por qué un capítulo aparte sobre Satanás? Porque los consejeros bíblicos a veces olvidan el formidable papel que él y sus demonios juegan en oponerse a la agenda de Dios y buscar devorar a Su pueblo (1 Ped. 5:8). No hablamos de asuntos demoníacos. Además, nuestros aconsejados a veces vienen con puntos de vista desequilibrados acerca de Satanás, ya sea exagerando o subestimando lo demoníaco. Esto puede suceder no solo a nivel individual, sino también a nivel eclesiástico y social. Como C. S. Lewis advirtió sabiamente: «Hay dos errores iguales y opuestos en los que nuestra raza puede caer sobre los demonios. Una es no creer en su existencia. La otra es creer y sentir un interés excesivo y malsano por ellos. Ellos mismos se complacen igualmente con ambos errores y consideran a un materialista o a un mago con el mismo deleite».[2] Aunque no debemos subestimar a

[1] Puesto que Satán no es omnipresente, reconocemos que también obra por medio de demonios. Al mismo tiempo, las Escrituras rutinariamente se refiere a él en singular como nuestro enemigo. Nuestro capítulo reflejará ambas perspectivas indistintamente.

[2] C. S. Lewis, *The Screwtape Letters* (Nueva York: Macmillan, 1961), 4.

Satanás ignorándolo u olvidando sus planes, no debemos sobreestimarlo diciendo más acerca de él de lo que dice la Biblia.[3]

Las estrategias de Satanás

Tenemos un verdadero enemigo espiritual llamado Satanás que nos tienta de muchas maneras.[4] Sus métodos implican perseguir a los creyentes (1 Tes. 2:18), afligir físicamente a las personas (ver los registros de los Evangelios), mentir y engañar (Gén. 3:1-6; 1 Tim. 2:14; 2 Cor. 4:4; 11:1-4,13-15) y acusar al pueblo de Dios ante Dios (Apoc. 12:10; Job 1-2).[5] La tentación de Eva es particularmente instructiva, ya que apela a las cosas deseables: «Y vio la mujer que el árbol era bueno para comer, y que era agradable a los ojos, y árbol codiciable para alcanzar la sabiduría» (Gén. 3:6). Los apóstoles señalan conexiones satánicas directas con la tentación sexual (1 Cor. 7:5), la falta de perdón y la culpa excesiva (2 Cor. 2:10-11) y la ira no resuelta (Ef. 4:26-27), aunque la naturaleza de cada conexión requiere un estudio más profundo a la luz de la interacción con la carne y el mundo. Su propósito es conformarnos a su semejanza moral, hacernos semejantes a él (Juan 8:31-47; 1 Jn. 3:7-15).

Satanás no puede hacer pecar a los creyentes ni impedirnos la fe y la obediencia; la elección del comportamiento pecaminoso versus el comportamiento correcto viene del corazón (Gén. 3:6; Prov. 4:23; Mat. 12:33-35; 15:17-20; Sant. 1:13-15; 3:13–4:12;). El diablo nunca nos obligó a hacer nada; no debemos culpar a Satanás por nuestro pecado.

---

[3] Por ejemplo, Satanás desaparece del libro de Job después de Job 2:7. El resto de la narración no lo menciona. De manera similar, no hay evidencia en Juan 10:10 o su contexto de que el «ladrón» que viene a robar, matar y destruir sea Satanás. Exegéticamente, no necesitamos ningún referente terrenal para que la ilustración de Jesús tenga sentido. Pero si lo hacemos, el ladrón más probablemente se refiera a los líderes judíos falsos, pastores o los llamados «mesías» (10:8), aunque las operaciones de fondo de Satanás aparecen en el contexto más amplio (8:42-47; 12:31).

[4] Véase Gén. 3:1-6; Job 1:6–2:10; 1 Sam. 16:14-23; 28; 1 Rey. 22:1-23; 1 Crón. 21:1 (comp. 2 Sam. 24:1); Zac. 3:1-3; 1 Cor. 12:7-10; 2 Cor. 2:10-11; 4:4; Ef. 6:16; 1 Tes. 2:18; 1 Ped. 5:8; Apoc. 2–3; 12:10.

[5] En Apocalipsis 12:10, Satanás hace acusaciones *a* Dios *sobre* los creyentes, no *a* los creyentes. Este texto no aborda si Satanás acusa a los cristianos directamente (por ej., procurar hacernos sentir culpables).

Pelear contra Satanás

¿Cómo deben los creyentes participar en la batalla contra Satanás y sus demonios?[6] Considere tres estrategias de guerra.

1. Confíe en Jesucristo y en Su victoria segura sobre Satanás y los demonios

Consideremos esta victoria a través de una lente histórica redentora de ya/todavía no:

La victoria de Cristo fue profetizada en la caída

En medio de su sentencia judicial contra la serpiente en Génesis 3, Dios emitió la primera promesa del evangelio, lo que los eruditos llaman el *protoevangelio*: «Y pondré enemistad entre ti y la mujer, y entre tu simiente y la simiente suya; esta te herirá en la cabeza, y tú le herirás en el calcañar» (Gén 3:15; comp. Rom. 16:20).

Cristo comenzó Su victoria en Su vida terrenal cuando resistió los ataques satánicos contra sí mismo y protegió y dio poder a Sus discípulos

Leemos acerca de Su exitosa resistencia al diablo en su triple tentación en el desierto (Mat. 4:1-11; Mar. 1:12-13; Luc. 4:1-13). Por Su intercesión, Cristo protegió a Sus seguidores del intento de Satanás de destruir su fe (Luc. 22:31; Juan 17:15), una intercesión que sigue haciendo incluso hoy

[6] Para consultar un breve tratamiento de esta dimensión de guerra espiritual, véase David Powlison, *Safe and Sound: Standing Firm in Spiritual Battles* (Greensboro, NC: New Growth Press, 2019). Para un tratamiento más completo, véase Powlison «The Classical Model», en *Understanding Spiritual Warfare: Four Views*, ed. James K. Beilby y Paul Rhodes Eddy (Grand Rapids: Baker, 2012). Otros enfoques similares incluyen el clásico de John Bunyan, *El progreso del peregrino*; Editorial Teología para Vivir, *Precious Remedies against Satan's Devices* (Carlisle, PA: Banner of Truth, 1980); William Gurnall, *The Christian in Complete Armour* (Carlisle, PA: Banner of Truth, 1964); John MacArthur Jr., *Equipados para la batalla: Cómo resistir al enemigo de tu alma* (El Paso, TX: Mundo Hispano, 2011); y William F. Cook III y Chuck Lawless, *Spiritual Warfare in the Storyline of Scripture* (Nashville: B&H Academic, 2019).

(Rom. 8:34; Heb. 7:25; comp. 1 Jn. 5:18). Además, dio poder a Sus discípulos para que ejercieran autoridad sobre el reino de Satanás: «He aquí os doy potestad [...] y sobre toda fuerza del enemigo» (Luc. 10:19).

Cristo aseguró Su victoria con Su golpe mortal contra Satanás en la cruz y Su ascensión a la diestra de Dios con autoridad sobre todos los poderes demoníacos

Justo antes de Su cruz, Jesús declaró: «Ahora es el juicio de este mundo; ahora el príncipe de este mundo será echado fuera» (Juan 12:31; comp. 14:30; 16:11). Los apóstoles explican esta culminante victoria de cruz-resurrección-ascensión de varias maneras:

- «[Cristo] despojando a los principados y a las potestades, los exhibió públicamente, triunfando sobre ellos en la cruz» (Col. 2:15).
- «La cual operó en Cristo, resucitándole de los muertos y sentándole a su diestra en los lugares celestiales, sobre todo principado y autoridad y poder y señorío, y sobre todo nombre que se nombra, no solo en este siglo, sino también en el venidero» (Ef. 1:20-21).
- «Así que, por cuanto los hijos participaron de carne y sangre, él también participó de lo mismo, para destruir por medio de la muerte al que tenía el imperio de la muerte, esto es, al diablo» (Heb. 2:14).

Cristo completará Su victoria cuando regrese y traiga el destierro final y el castigo eterno de Satanás

La visión del apóstol Juan anuncia la victoria final que traerá el regreso del Señor Jesús: «Ahora ha venido la salvación, el poder, y el reino de nuestro Dios, y la autoridad de su Cristo; porque ha sido lanzado fuera el acusador de nuestros hermanos, el que los acusaba delante de nuestro Dios día y noche» (Apoc. 12:10, comp. 20:10).

2. Descanse y confíe en su nuevo nacimiento y en el Espíritu Santo dentro suyo como su seguridad y fuente de poder contra Satanás

A pesar de que Satanás es más fuerte que nosotros, el Espíritu Santo que vive en los creyentes es más poderoso que Satanás. Refiriéndose al Espíritu, 1 Juan 4:4 nos asegura que «mayor es el que está en vosotros, que el que está en el mundo». Por esta razón la mayoría de los teólogos evangélicos correctamente enseñan que los creyentes, en los que mora el Espíritu Santo, no pueden ser poseídos por demonios. En nuestra lucha contra las tentaciones demoníacas, el Señor nos invita a nosotros y a los creyentes a los que aconsejamos a que cultivemos un sentido consciente y creciente de la presencia constante del Espíritu en nosotros y una confianza plena en Su poder protector contra Satanás a nuestro favor (1 Jn. 3:7-10; 4:1-4; 5:18-19; Ef. 2:1-10).

3. Resista a Satanás por medio de la oración basada en el evangelio, la fe, el arrepentimiento y la obediencia

¿Qué modo de guerra llama el Nuevo Testamento a los creyentes a emplear mientras luchamos contra el diablo? Si bien Jesús y aquellos a quienes envió en Lucas 10 echaron fuera demonios, es dudoso que otros seguidores promedio de Jesús lo hicieran o que se les ordenara hacerlo en los Evangelios o en los Hechos.[7] En cambio, nuestro Señor nos instruyó a orar: «Y no nos metas en tentación, mas líbranos del mal» (Mat. 6:13). El mismo Jesús que resistió y venció los ataques de Satanás en Mateo 4 dirige a Sus seguidores a clamar a Dios por ayuda. La intercesión de Cristo por nosotros nos recuerda tanto el poder de Cristo sobre Satanás como nuestra profunda necesidad de buscar esa ayuda.

---

[7] Una posible excepción aparece en Marcos 16:17, pero solo si suponemos que se refiere a todos los creyentes (quienes también podrán manipular serpientes de manera segura y beber veneno) y si aceptamos Marcos 16:9-20 como original, a pesar de que está ausente en los manuscritos de Marcos conocidos más antiguos. Contrario a los judíos no creyentes de Hechos 19:11-16, los creyentes que practicaban ministerios de exorcismo parecían tener una autoridad especial: como los setenta y dos que Jesús envió en Lucas 10:17-20 y Felipe el evangelista, uno de los siete (Hech. 6:5; 21:8), en Hechos 8:5-13.

En ninguna parte de sus cartas a las iglesias los apóstoles de Cristo describen o prescriben ministerios de exorcismo. En cambio, la palabra clave para luchar contra Satanás y sus demonios, repetida por los apóstoles Pablo, Santiago y Pedro, en Efesios 6:13; Santiago 4:7 y 1 Pedro 5:9 respectivamente, es el verbo griego *andsístemi* (y sus variantes), generalmente traducido como «resistir» o «estar en contra».[8]

- «Someteos, pues, a Dios; resistid al diablo, y huirá de vosotros» (Sant. 4:7).
- «Al cual [al diablo] resistid firmes en la fe, sabiendo que los mismos padecimientos se van cumpliendo en vuestros hermanos en todo el mundo» (1 Ped. 5:9).
- «Por tanto, tomad toda la armadura de Dios, para que podáis resistir en el día malo, y habiendo acabado todo, estar firmes» (Ef. 6:13).

Basado en estos versículos y sus contextos circundantes (Sant. 3:13–4:12; 1 Ped. 5:5-11; Ef. 6:10-20), resistir a Satanás implica someterse a Dios, controlarse a uno mismo y estar alerta, mantenerse firme en la fe y ponerse toda la armadura espiritual que Dios provee. Asignar a los aconsejados que estudien, oren y apliquen estos pasajes les dará abundantes consejos bíblicos para luchar contra el maligno. El pasaje de Efesios 6 destaca especialmente el lugar de la Palabra de Dios (v. 14: «Estad, pues, firmes, ceñidos vuestros lomos con la verdad»; v. 17: «Y tomad el yelmo de la salvación, y la espada del Espíritu, que es la palabra de Dios») y la oración (v. 18: «orando en todo tiempo con toda oración y súplica en el Espíritu»). En otras palabras, en lugar de ser místico o misterioso, resistir al diablo implica perseguir diligentemente las disciplinas básicas del crecimiento cristiano basadas en el evangelio que se ven a lo largo de estas cartas. El apóstol Pedro llamó a Simón el mago a arrepentirse y orar (Hech. 8:9-25; comp. 19:18-20), confrontando directamente a Simón y no a Satanás. Considere también Efesios 2:1-3; 4:26-27; 1 Juan 2:12-14; 3:8-12; Mateo 6:13; 4:4, 7, 10; Judas 9 y Apocalipsis 12:10-12,

[8] El verbo griego aparece doce veces en el Nuevo Testamento: Mat. 5:39; Luc. 21:15; Hech. 6:10; 13:8; Rom. 9:19; 13:2; Gál. 2:11; Ef. 6:13; 2 Tim. 3:8; 4:15; Sant. 4:7; 1 Ped. 5:9.

donde aparecen temas similares de resistir al diablo a través de la fe, el arrepentimiento, las Escrituras, la oración y la obediencia.

Distinguir los ataques demoníacos del pecado restante

Consideremos otra pregunta que podríamos enfrentar como consejeros bíblicos: ¿Podemos distinguir entre las tentaciones que pueden surgir principalmente de nuestros corazones y las que provienen principalmente como tentaciones directas de Satanás? Si es así, ¿cómo? Nuestra respuesta general es que no podemos. Nuestra tríada de enemigos —el mundo, la carne y el diablo— suelen funcionar juntos contra nosotros.

Sin embargo, parece haber ocasiones en las que uno de estos enemigos, en este caso Satanás y sus demonios, puede parecer más prominente que los otros dos. El pastor puritano inglés del siglo XVII, Thomas Watson, reconoce la dificultad de hacer tales distinciones. Sin embargo, sugiere tres pautas para discernir cuándo una tentación, una «moción» a pecar, podría provenir principalmente de la carne (y no del diablo):

1. «Las mociones al mal que salen de nuestros corazones brotan más pausada y gradualmente; los movimientos de Satanás surgen más repentinamente». Watson cita a David haciendo un censo de Israel en 1 Crónicas 21:1 y las flechas de fuego del maligno en Efesios 6:16.
2. «Las mociones al mal que salen de nuestros corazones no son tan terribles; los movimientos de Satanás son más horribles y aterradores». Watson incluye mociones como la blasfemia y el suicidio. De nuevo cita Efesios 6:16, señalando que los dardos de fuego son destellos de fuego que sobresaltan y asustan el alma.
3. «Las mociones al mal que salen de nuestros corazones son menos repugnantes; las mociones de Satanás son repugnantes para nosotros y luchamos contra ellas y huimos más rápidamente de ellas». Watson cita a Moisés huyendo de la serpiente en Éxodo 4:3 y el engaño de Joab en 2 Samuel 14.[9]

---

[9] Thomas Watson, *The Lord's Prayer* (Londres: Banner of Truth, 1965), 261.

Los tres criterios de Watson me ayudaron (a Bob) con dos casos de consejería. Abigail era una esposa y madre cristiana madura que luchaba contra formas comunes de ansiedad y perfeccionismo. Ella se tomaba en serio su fe y estaba progresando bien a través de nuestras sesiones. Sin embargo, un sábado por la mañana tuvo un episodio de ira diferente a todo lo que había experimentado antes. «Me solté», se lamentó, «gritándoles a mis hijos, enfrentándolos, vociferando blasfemias». Después de explicar esta diatriba de tres minutos, se calmó y luego lloró. Abigail estaba enojada con Dios, sintiéndose traicionada por Él después de varias semanas de progreso previo. *¿De dónde salió eso?* —se preguntaba—. *Nunca he explotado así.* Hasta esa mañana, su relación con el Señor había ido creciendo, se había sentido menos temerosa y estaba más consciente de su pecado y de la gracia de Dios. Sus hijos no estaban más desobedientes que de costumbre y sus luchas hormonales, que a menudo la tentaban hacia la impaciencia, no fueron factores cruciales ese día. Incluso había asistido a un banquete de madre e hija de la iglesia la noche anterior y el orador la había animado especialmente.

Entonces, ¿de dónde vino la furia de Abigail? La llevé a Efesios 6:10-20 y a la lista de Watson. Si bien ella era responsable de su ira, ambos estuvimos de acuerdo en que probablemente era un dardo de fuego del maligno. La intensa diatriba de Abigail cumplía con los tres criterios de Watson: era repentina y ciertamente no formaba parte de su patrón de pecado normal, la asustaba y le resultaba repugnante. Por lo tanto, lo abordamos de acuerdo con la perspectiva de Efesios 6 y la ayudamos a implementar el consejo bíblico anterior.

Ricardo era un plantador internacional de iglesias que acababa de regresar de una exitosa asignación de seis meses en casa para recaudar fondos, ver a su familia extendida y recargar energías. Su matrimonio estaba bien, su familia estaba sana y la plantación de su iglesia estaba progresando. En otras palabras, su vida transcurría sin problemas coyunturales significativos. Sin embargo, una vez Ricardo se despertó en medio de la noche con un ataque de pánico y con una profunda y oscura sensación de su fracaso como ministro. Esta inquietante experiencia, sin explicación lógica, lo persiguió durante unos días. Ricardo se puso en contacto conmigo. «¿Me estoy volviendo loco?», preguntó. «¿Estoy teniendo un colapso mental o algún episodio neurológico?» Al igual que Abigail, Ricardo encontró útil la perspectiva de Watson. Él también le pidió a Dios que lo liberara del maligno (Mat. 6:13) y que lo ayudara a seguir el consejo de este capítulo para luchar no solo contra el mundo y su carne restante, sino también contra Satanás.

¿Cómo podemos distinguir lo que es principalmente incitado por la carne y lo que es principalmente incitado por el demonio? Humilde y tentativamente. Reflexionando con aprobación sobre los tres criterios de Watson, Sinclair Ferguson concluye sabiamente: «En ningún momento de nuestra experiencia llegamos al punto en el que podamos confiar en un sistema infalible. A medida que crecemos en gracia y en el conocimiento de la Palabra de Dios y Sus caminos, naturalmente nos volveremos más sensibles a las distinciones entre la imaginación de nuestras propias mentes, las tentaciones de nuestros propios corazones, las obras de Satanás y la clara voz de Cristo».[10]

Conclusión

Como consejeros bíblicos, debemos clamar a Dios por una mayor sabiduría para discernir y seguir la voz de nuestro Pastor-Rey. Aunque no hay un demonio detrás de cada arbusto causando nuestro pecado, los demonios de Satanás están activos, junto con el mundo y nuestra propia carne, tentándonos a pecar. Por lo tanto, confíe y guíe a aquellos a quienes aconseja a confiar en la victoria de Jesús sobre el mundo, la carne y el diablo; descanse y dependa de su nuevo nacimiento y del Espíritu Santo dentro suyo; y resista a Satanás a través de la oración, la fe, el arrepentimiento y la obediencia basados en el evangelio. En ese sentido, luchamos simultáneamente contra el mundo, la carne y el diablo en los múltiples frentes de guerra espiritual descritos anteriormente.

[10] Sinclair B. Ferguson, *The Christian Life: A Doctrinal Introduction* (Carlisle, PA: Banner of Truth, 1981), 142-44.

9

Interacción con modelos de consejería alternativos

Creemos que la mejor forma de consejería es la consejería bíblica cristocéntrica. No pensamos que sea un compromiso para susurrar en voz baja, ocultarlo o sentir vergüenza por creerlo (Rom. 1:16). Creemos que es superior a todas las demás formas de consejería. Después de todo, ningún verdadero cristiano anunciará «consejería no bíblica» o consejería «no centrada en Cristo».

La Parte 2 de esta obra explicó lo que queremos decir con la consejería bíblica cristocéntrica. Los capítulos 3 al 8 proporcionaron el fundamento teológico para aquellos genuinamente comprometidos con la consejería bíblica como se define en este libro. Por ejemplo, los consejeros bíblicos se comprometen a usar sus Biblias no solo para informar cómo se comporta el consejero o cómo conduce la sesión, sino también para compartir el evangelio con aquellos que no tienen una relación salvadora con Cristo y para discutir la belleza y las implicaciones del evangelio con aquellos que sí la tienen.[1] Aquellos que siguen esta ruta buscan entender cómo la relación

[1] A pesar de que un libro no puede resumir todo lo que propone una posición dada, puede revelar de maneras interesantes cómo aconsejan los diferentes enfoques. Para esto, véase Greggo y Sisemore, *Counseling and Christianity* (cap. 1, n. 4), junto con la reseña de John Henderson, en el sitio web de The Gospel Coalition, 3 de octubre de 2012, https://www.thegospelcoalition.org/reviews/counseling-christianity/

del aconsejado con el Señor impacta sus amores, deseos, pensamientos y comportamientos.

Para aquellos comprometidos con este enfoque, esto plantea una pregunta vital: «¿Cómo interactúa un consejero bíblico cristocéntrico con diferentes modelos y métodos de consejería?».

Reconozca las diferencias y rehúse ceder

Aquellos que se comprometen a compartir el evangelio junto con todas sus implicaciones con los aconsejados inevitablemente se encontrarán en desacuerdo con aquellos que sostienen una posición diferente. Algunos sistemas de consejería, ya sean seculares o cristianos, no creen que sea necesario presentar el evangelio o compartir verdades centradas en el evangelio. No estamos de acuerdo.

Como seguidores de Cristo, creemos que somos embajadores de Cristo. Cuando nos enfrentamos a aconsejados psicologizados, a otros modelos de consejería y aplicaciones de sus modelos, o a afirmaciones de verdad que compiten por un lugar en nuestro enfoque de la consejería, debemos ejercer celo y valentía por el nombre de Cristo.[2]

Por lo tanto, lo animamos a que adopte el modelo práctico explicado en los próximos capítulos (especialmente 10 y 13–15) porque la forma en que desarrolle y utilice su modelo en la práctica de la consejería determinará qué tipo de consejero será. A medida que continúe aprendiendo, estudiando y practicando la consejería, mejorará su modelo y su uso de este. La forma en que crezca ese modelo dependerá del tipo de información que incorpore. Si el crecimiento o la aplicación de su modelo resulta en renunciar al lugar principal para Jesús y Su evangelio, entonces ya no está funcionando como un consejero bíblico centrado en Cristo.

---

[2] Considere, por ejemplo, la bendición que vino del celo de Finees en Núm. 25 (véase Sal. 106:29-31) o lo que sucedió como resultado de la elección de los apóstoles de obedecer a Dios antes que a los hombres (Hech. 5:29). Sin su fidelidad, nosotros hoy no conoceríamos las buenas noticias de Cristo.

Dé gracias por otras formas de consejería disponibles

Imagínese a un aconsejado que asiste a una primera sesión y decide que la consejería bíblica no es su deseo. Por razones que solo él conoce, decide que no quiere hablar de Jesús ni de la Biblia. Usted sabe que, sin embargo, existe en él un agujero «del tamaño de Dios». De todas maneras, también sabe que necesita desesperadamente hablar con una persona que se preocupe por él, que quiera ayudarlo y que le dé estrategias y sugerencias que puedan estabilizar su pensamiento. Incluso es posible que el Señor utilice otra forma de consejería para ayudar a su aconsejado a estar en la mejor posición posible para escuchar, atender y obedecer el evangelio de Jesucristo en el futuro. Por esto, puede dar gracias.

Además, dar gracias y respetar a otros proveedores de servicios ayuda a un consejero bíblico a establecer un lugar significativo como proveedor de servicios comunitarios. En nuestra experiencia, el mundo secular puede ser tolerante e incluso agradecido por nuestro ministerio. Yo (Rob) he estado personalmente involucrado, al igual que muchos de nuestros otros consejeros, en consejería ordenada por la corte. Han aceptado nuestro consejo tanto a nivel adulto como juvenil. Su aceptación se debió a que éramos una parte valiosa de la comunidad y no adversarios. Cuando los consejeros bíblicos son respetuosos y agradecidos por el trabajo realizado por otros en la comunidad de salud mental, muestra nuestro interés en amar a nuestro prójimo y contribuir a la comunidad. Es útil, de hecho, pedir un asiento en la mesa para atender las necesidades de la comunidad en lugar de tratar de apoderarse de la mesa. A medida que servimos junto a otros proveedores de servicios de salud mental, encontraremos muchas más oportunidades para compartir a Cristo y estar agradecidos por lo que otros grupos brindan.[3]

---

[3] Para una explicación más completa sobre cómo una iglesia puede ser una parte valiosa y agradecida de la comunidad, véase Stephen Viars, *Loving Your Community: Proven Practices for Community-Based Outreach Ministry* (Grand Rapids: Baker, 2019).

Aprenda de otros expertos

Muchos consejeros tienden a servir a aquellos que presentan ciertos tipos de desafíos. Por ejemplo, un consejero normalmente puede ayudar a los que están en pecado sexual, otro sirve a los matrimonios en problemas, y un consejero diferente trabaja con los pastores que luchan en el ministerio. Si bien los ministerios a menudo intentan poner a los aconsejados con consejeros que tienen experiencia o conocimientos específicos, a veces tenemos que hacer concesiones. Por ejemplo, un pastor o consejero que normalmente trabaja con matrimonios puede recibir un caso que involucre un abuso sexual infantil significativo o cierto diagnóstico psiquiátrico. La forma en que se aplica el modelo bíblico podría cambiar significativamente con este nuevo caso. Puede haber cosas que deba tener en cuenta, preguntas específicas que hacer o trampas que evitar. Por lo tanto, en la lectura de material (secular o cristiano) podría aprender de su nueva experiencia de consejería. Esto no reemplaza el aprendizaje del propio aconsejado (véase especialmente el cap. 13); más bien, es una oportunidad para que él aprenda de aquellos que han trabajado repetidamente con ese tipo de situaciones durante muchos años.

Consideremos el ejemplo de las amenazas o ideas suicidas. Hace décadas, los médicos desarrollaron un sistema de triaje para juzgar la probabilidad de que una persona intentara quitarse la vida. Ahora, después de décadas de análisis, hemos aprendido que el sistema de triaje no era tan preciso como se esperaba. Una implicación práctica es que los ministerios de consejería ahora deben evaluar si una discusión sobre amenazas suicidas debe resultar en un formulario de consentimiento adicional, un contrato de comportamiento o incluso una revisión de los acuerdos de confidencialidad.

Aconseje por un tiempo y experimentará nuevos casos y diversos tipos de desafíos. Cuando eso ocurre, hay que leer. Afortunadamente, hay muchos más recursos de consejería bíblica, consejería cristiana y secular disponibles para nosotros ahora que hace veinte años. A veces, las personas con diversos puntos de vista tienen un área de experiencia que puede describir de manera útil las características típicas de la situación. Por ejemplo, ¿cómo podríamos aconsejar a un cristiano diagnosticado con esquizofrenia?

Si bien la mayoría de los consejeros bíblicos no han atendido regularmente a aquellos que tienen este diagnóstico, algunos consejeros seculares que trabajan con estas personas a diario pueden darnos conocimiento importante que podemos procesar activamente a través de nuestro modelo bíblico.

Hay otra razón para leer. Dependiendo del contexto de su futura consejería, es posible que tenga muchos aconsejados que estén fuertemente psicologizados. Incluso los pastores, que normalmente dedican la mayor parte de su atención a los que están dentro de sus iglesias locales, inevitablemente sirven a aquellos que han sido fuertemente influenciados por un modelo de consejería diferente al suyo. Es posible que los consejeros en estas situaciones tengan que navegar por algunos problemas complicados. Aprender sobre el enfoque y la filosofía de estos enfoques alternativos puede ayudar.[4]

Interactúe con otros enfoques para mejorar su consejería

Hemos sugerido hasta este punto que no debemos menguar en nuestro compromiso con la consejería bíblica cristocéntrica, que debemos dar gracias por los enfoques alternativos que sirven a aquellos que los quieren, y que debemos estar dispuestos a aprender de ellos. Ahora, abordemos la pregunta más desafiante: ¿cómo debe interactuar una persona comprometida con la consejería bíblica cristocéntrica con un aconsejado que tiene un punto de vista diferente? ¿O cómo un consejero continuaría mejorando su modelo o el uso de su modelo en función de lo que lee o escucha de aquellos que defienden una posición diferente?

Los modelos de consejería, los propósitos ministeriales y el cuidado de las personas no siempre mejoran con el tiempo. No nos volvemos automáticamente más fieles, más bíblicos o más sabios con la edad y la experiencia. Podemos tener veinte años de experiencia mejorada o tener un año que repetimos veinte veces. Incluso es posible empeorar en la consejería,

---

[4] David Powlison, «How Do You Help a "Psychologized" Counselee?», *Journal of Biblical Counseling* 15, núm. 1 (1996): 2-7.

especialmente cuando permitimos que el pecado en nuestras propias vidas nuble nuestro juicio. ¿Cómo crecemos, maduramos e interactuamos con modelos alternativos para que nuestro modelo mejore? ¿Cómo le hablamos a un aconsejado muy psicologizado? Necesitamos un proceso cuidadoso.

Paso 1: Domine lo que dice la Biblia sobre el tema abordado

Esta declaración contiene varios componentes significativos. Primero, significa que debemos comenzar con nuestras Biblias. Queremos saber lo que dice la Biblia respecto de un tema, hasta el punto de que podemos estudiarlo, de manera que sea nuestro punto de partida. Segundo, significa que debemos aplicar pensamiento atento y crítico a nuestro estudio bíblico.[5] Como consejeros bíblicos, tenemos observaciones exegéticas que hacer, pero también consideraciones teológicas bíblicas y sistemáticas. Su exposición a la Biblia, ya sea a través de cursos de exégesis y teología, su propia lectura fiel o los ministerios habituales de predicación y enseñanza, lo equipan con las habilidades necesarias para comprender lo que enseña la Biblia y cómo aplicarlo sabiamente. En la medida de lo posible, usted debe ingresar a las evaluaciones con una comprensión inicial de lo que enseña la Biblia sobre un tema particular.[6] Muchos de nuestros aconsejados psicologizados se han convertido en «expertos» a través de búsquedas de Internet. Ya sea diagnosticados clínicamente o autodiagnosticados, nuestros aconsejados son rápidos para explicar varios aspectos de sus condiciones y las razones para ello. Al mismo tiempo, estos aconsejados tienden a ser ignorantes de lo que enseña la Biblia sobre sus comportamientos, sus actitudes del corazón, y las preocupaciones por la parte inmaterial de su ser.

---

[5] Véanse los capítulos «Using Biblical Narrative in the Personal Ministry of the Word» (John Henderson), «Using Wisdom Literature in the Personal Ministry of the Word» (Deepak Reju), «Using the Gospels in the Personal Ministry of the Word» (Rob Green) y «Using the Epistles in the Personal Ministry of the Word» (Heath Lambert) en Kellemen y Forrey, *Scripture and Counseling*, 318-79 (cap. 1, n. 2).

[6] Para reunir algunos pasajes bíblicos clave, considere sus materiales del curso de entrenamiento en consejería bíblica, libros de consejería bíblica y minilibros sobre el tema específico, la sección de recursos de consejería bíblica en el sitio web de Biblical Counseling Coalition, y los veinte capítulos que componen las partes 4 y 5 de este libro.

Ya sea que estemos hablando con un aconsejado o considerando incorporar ideas o técnicas en nuestro enfoque de consejería, comenzamos por dominar lo que Dios dice sobre el tema en cuestión.

Paso 2: Comprenda con precisión y benevolencia lo que enseña el otro enfoque

La Biblia advierte en contra de hacer suposiciones (Prov. 18:13). Esto se aplica a la forma en que nos relacionamos con nuestros aconsejados y también a la manera en que interpretamos el material de los demás. Otros sistemas de consejería y los pacientes psicologizados a menudo consultan el material del *Manual diagnóstico y estadístico* (*DSM-5*, por sus siglas en inglés), el recurso autorizado sobre los trastornos de salud mental utilizado por los profesionales y las compañías de seguros para proporcionar diagnósticos y tratamientos recomendados.[7] A algunos les puede resultar fácil minimizar lo que dice el *DSM-5* por varias razones: (1) un consejero no determina un diagnóstico a través de pruebas médicas como un análisis de sangre o un escaneo (por ej.: tomografía computarizada, ecografía o resonancia magnética). La definición, el diagnóstico y la descripción de los trastornos mentales enfatizan la naturaleza porosa de las categorías, la riqueza de los factores ambientales que afectan la salud mental, la definición de lo que es «normal» en un momento y una cultura determinados, y la importancia de la sabiduría clínica incluso cuando un cliente satisface los criterios de un trastorno.[8] (2) Esta es la séptima versión desde la publicación inicial en 1952 [*DSM-I, II, III, III-R, IV, IV-TR* y *5*]. Las versiones han cambiado de manera tan sustancial que los editores de las primeras adiciones han criticado las posteriores.[9] (3) Algunas categorías en el *DSM-5* parecen dudosas y mucho más

---

[7] American Psychiatric Association, *Manual diagnóstico y estadístico de los trastornos mentales*, 5.ª ed. (Arlington, VA: Asociación Psiquiátrica Americana, 2013). De aquí en adelante citado como *DSM-5*.

[8] Véase *DSM-5*, 1–23.

[9] Para una perspectiva interesante sobre la historia y trayectoria del *DSM*, véase Roger K. Blashfield y otros, «The Cycle of Classification: *DSM-I* through *DSM-5*», *Annual Review of Clinical Psychology* 10 (2014): 25-51.

conductuales que médicas.[10] (4) Contrario a una antropología bíblica, fundamentalmente da por sentado que las personas son cuerpos físicos sin espíritus.

Sin embargo, nosotros encontramos cuatro usos valiosos del *DSM*: (1) cuando hablamos con un aconsejado psicologizado a quien se le ha dado un diagnóstico según el *DSM*, el consejero puede leer sobre el diagnóstico y descubrir algunas de las preguntas para hacer a su aconsejado; (2) cuando la persona en consulta exhibe muchas de las características asociadas con un diagnóstico particular, puede ayudarnos a considerar otros factores de riesgo potencial y formular preguntas adicionales; (3) a medida que crecemos, entendemos y aplicamos nuestro modelo de consejería bíblica, podemos ganar conocimiento de lo que otros con experiencia en la consejería tienen para decir; (4) para aquellos que practican como consejeros con licencia estatal, los códigos de diagnóstico del *DSM* son típicamente requeridos para el reembolso del seguro.

Yo (Rob) supervisé una tesis de maestría sobre el tema de violencia doméstica. Nuestro estudiante había estado trabajando en el sistema legal por años. Él deseaba ayudar a la iglesia a captar un punto muy sencillo: cuando se trata con un abusador, no se puede hacer consejería matrimonial antes de realizar consejería sobre violencia de forma individual con el abusador y proveer cuidado separado para la víctima.[11] Su exposición a los abusadores en el sistema judicial y la clase que conducía para cientos de ofensores le dio entendimiento de la mente del abusador y, hasta cierto punto, de la mente del abusado. Lo que aprendió de la experiencia de trabajar en un ámbito secular, cuando lo procesaba a través de las Escrituras y lo aplicaba a la consejería, ha cambiado la manera en la que él y otros aconsejan a las partes en situaciones de abusos físicos. Ya sea que hablemos a un aconsejado o leamos para mejorar nuestro conocimiento sobre la consejería, debemos evaluar con sinceridad lo que otros están diciendo, de modo que podamos criticarlo adecuadamente, si es necesario.

---

[10] Por ejemplo, los nuevos diagnósticos incluyen desorden de acumulación, desorden de abstinencia de cafeína y desorden por atracón.

[11] Véase Chris Moles, *The Heart of Domestic Violence: Gospel Solutions for Men Who Use Control and Violence in the Home* (Bemidji, MN: Shepherd Press, 2010).

Paso 3: Evalúe lo que aprendió usando su Biblia

Hacer esto apropiadamente puede requerir varias capas de evaluación. Primero, frecuentemente debemos hacer algún estudio bíblico adicional. Ya que nuestro estudio inicial de las Escrituras ocurre antes de que tuviéramos todas las preguntas y el conocimiento potencial de otros para usar como referencia, podemos tener nuevas preguntas que plantear a la Biblia. Antes de pasar al proceso de evaluación, es posible que necesitemos tomar lo que aprendimos y regresar para asegurarnos de haber captado toda la enseñanza bíblica relacionada con el tema relevante.

Segundo, en los capítulos 3 al 8 argumentamos que hay fundamentos teológicos y exegéticos para la consejería bíblica. Lo discutido en esos capítulos también sirve para evaluar las declaraciones de verdad de otros sistemas. Consideremos estas preguntas:

- ¿Cuál es la fuente de verdad y el papel de la Biblia?[12] Algunos enfoques pueden afirmar que su conocimiento proviene de la Biblia, otros pueden afirmar que sus ideas son consistentes con la Biblia, y aun otros pueden sugerir que están fuera de la Biblia.
- ¿Cuál es el papel de Dios o la Divinidad en el sistema? Cualquier sistema sin la Trinidad, sin lealtad a Jesús y sin el evangelio no es cristiano.[13]
- ¿Cómo entiende a la gente el sistema? ¿Qué dice sobre nuestros componentes espirituales y físicos?
- ¿Qué problema(s) está tratando de resolver el sistema? (Véase el capítulo 6). Algunos pueden procurar ayudar a la persona a funcionar en sociedad, otros sistemas incorporan una serie de problemas juntos.
- ¿Qué motiva a la gente?[14] ¿Qué debería motivarla?

---

[12] Véase David Powlison, «Modern Therapies and the Church's Faith», *Journal of Biblical Counseling* 15, núm. 1 (otoño de 1996).

[13] Para más información sobre el rol de Jesucristo como el portador de pecado crucificado, el empoderador resucitado y el Rey que regresa, véase Robert D. Jones, «The Christ-Centeredness of Biblical Counseling» en Kellemen y Forrey, *Scripture and Counseling*, 109–25.

[14] Para una discusión interesante sobre los puntos en común que algunos psicólogos seculares comparten con consejeros bíblicos, véase Jeremy Lelek, *Biblical Counseling Basics: Roots, Beliefs, and Future* (Greensboro, NC: New Growth Press, 2018), 242-45.

- ¿Cuál debería ser el resultado final, la meta final de la consejería? ¿Cómo debería actuar o pensar una persona saludable?[15]
- ¿Cómo funciona el cambio en la práctica real?[16]
- ¿Qué papel juegan otras personas, por ejemplo, la iglesia y sus pastores, en la vida de un aconsejado?

Lo que un sistema piensa sobre estos asuntos determina cómo sus practicantes pretenden ayudar a los demás. Un consejo es más que un consejo; es parte de una cosmovisión o sistema de pensamiento general.

A veces, los aconsejados no entienden que parte de lo que pensaban que «sabían» se basa en una visión del mundo que no es lo suficientemente grande como para explicar realmente su mundo. Es posible que hayan adoptado elementos contradictorios en su visión del mundo (véase el cap. 3). Los consejeros pueden cometer el mismo error. Adoptan, sin la debida reflexión y evaluación, afirmaciones de verdad en su modelo o aplicaciones de su modelo que contradicen la Biblia. En lugar de mejorar su capacidad de ministrar, esto la degrada.

Sin embargo, dado que es posible que algunas visiones del mundo se superpongan, esto nos permite terminar nuestro análisis con el paso final.

Paso 4: Explique el otro enfoque a la luz de las Escrituras para ganar a aquellos que sostienen ese enfoque y para mejorar su propia consejería bíblica

Consideremos un libro que muchos de nuestros aconsejados creen que es cierto: *Los cinco lenguajes del amor* de Gary Chapman. Ningún texto bíblico argumenta a favor de estos lenguajes del amor; y cuando consideramos la base exegética de tal libro, los resultados son decepcionantes. Sin embargo, no todas las ideas que ofrece el libro son erróneas. En su crítica, David Powlison nos da un ejemplo a seguir al mostrar que las ideas válidas de los

---

[15] Jay E. Adams, «Change Them? . . . into What?», *Journal of Biblical Counseling* 13, núm. 2 (invierno de 1995): 13-17.

[16] Véase David Powlison, *How Does Sanctification Work?* (Wheaton, IL: Crossway, 2017).

demás, cuando se consideran y enseñan adecuadamente, pueden ser poderosamente útiles.[17] Otros escritores pueden animarnos a ver en la Biblia lo que antes nos perdíamos.

Los consejeros siguen estos pasos para mejorar continuamente. Su motivación puede haber sido un caso nuevo, un deseo de ministrar mejor en situaciones futuras, o un anhelo de aprender. A medida que seguimos estos pasos, debemos incorporar nuestras ideas bíblicas reformuladas en nuestro modelo. Por ejemplo, anteriormente discutimos cómo la comprensión del abuso físico desde la perspectiva del abusador nos ayudó a recordar que la consejería sobre violencia debe preceder a cualquier consejería matrimonial. Sin embargo, ese pensamiento solo mejora el modelo si el consejero cambia la forma en que procede con la consejería la próxima vez. Si Dios quiere, cuanto más se estudia, se ministra y se evalúa, más coherente es el modelo con el enfoque que más glorifica al Señor. Al final, las ideas de otros enfoques pueden ayudarnos a cavar más profunda y sabiamente en las Escrituras de lo que lo hubiéramos hecho de otra manera.

Conclusión

A medida que avanzamos hacia la sección sobre métodos y práctica, es importante asegurarse de que su base sea segura. Por lo tanto, puede resultarle útil volver a leer la parte 2 antes de continuar. A lo largo de los años, los consejeros en formación a veces han separado erróneamente los elementos del proceso de la consejería de los cimientos sobre los que se construye. Le animamos a que articule cuidadosamente, al menos en su propia mente, la definición y el fundamento de la consejería bíblica cristocéntrica.

---

[17] Véase David Powlison, «Love Speaks Many Languages Fluently», cap. 14 en su *Seeing with New Eyes* (cap. 6, n. 14), junto con sus otros capítulos de este libro que ejemplifican este método de reencuadre de interacción con otros enfoques, incluyendo «What If Your Father Didn't Love You?» y «Human Defensiveness: The Third Way».

PARTE TRES

EL PROCESO Y LOS MÉTODOS DE LA CONSEJERÍA BÍBLICA

10

Una visión general del proceso de cambio

Aquí comenzamos una serie de capítulos que abordan el rol de los consejeros bíblicos y los métodos y técnicas recomendados para ayudar a la gente a cambiar en el contexto de la consejería cristocéntrica. Como vimos en el capítulo 1, nuestra meta de consejería es esta: que nuestros aconsejados «[crezcan] en la gracia y el conocimiento de nuestro Señor y Salvador Jesucristo» (2 Ped. 3:18).

¿Cómo ocurrirá ese crecimiento? Este capítulo presenta una visión integral del proceso de cambio, comenzando con los principios teológicos fundamentales, seguido por un modelo conceptual y tres movimientos clave.

Principios fundamentales del cambio centrado en Cristo

Consideremos cinco verdades teológicas que sustentan este proceso de cambio.

1. *El cambio piadoso es obra de Dios (Rom. 8:28-39; Fil. 1:6)*

La Trinidad completa trabaja activamente para cambiarnos. Ninguna consejería secular puede desentrañar las profundidades del corazón y transformar a la gente a la imagen de Cristo. Los consejeros bíblicos dependen del Dios trino; sin el Padre (Sal. 127:1), el Hijo (Juan 15:1-5) y el Espíritu

(2 Cor. 3:18), no podemos hacer nada. La vida cristiana es la vida del Espíritu, la vida del Espíritu en nosotros.

Si bien consideraremos algunos elementos clave que Dios usa, debemos reconocer la soberanía de Dios en cómo cambia a las personas.[1] El cambio bíblico no es predecible; es la obra de Su Espíritu que produce cambios en Sus propios tiempos y maneras. Incluso el consejero bíblico más hábil y experimentado sabe que el cambio depende del Señor, no del consejero.

2. El cambio piadoso está motivado por la gracia y las promesas de Dios

Los consejeros bíblicos enfatizan los indicativos del evangelio como el impulso para el cambio. Hacemos un llamado a un cambio de comportamiento necesario basado en la gracia de Dios. El amor de Cristo por nosotros nos obliga a vivir para Aquel que murió y resucitó por nosotros (2 Cor. 5:14-15). Al señalar a los aconsejados pasajes de las Escrituras que hablan sobre la necesidad de cambio, la consejería infundida de gracia detecta y resalta la obra de Dios que subyace al mandamiento de Dios.

3. El cambio piadoso implica que el creyente responda activamente con fe y obediencia a la obra de Dios (Fil. 1:6; 2:12-13)

No nos limitamos a «soltar y dejarlo en las manos de Dios», como se dice popularmente; más bien, Su gracia nos permite seguirlo activamente. Los consejeros bíblicos llaman a sus aconsejados a acciones específicas de fe y obediencia. Los indicativos del evangelio conducen a los imperativos del evangelio.

4. El cambio piadoso es un proceso de maduración, de lo que los teólogos llaman santificación progresiva (2 Ped. 1:3-11)

Los consejeros bíblicos no ofrecen soluciones rápidas. El crecimiento espiritual lleva tiempo; afortunadamente, puede comenzar en la primera sesión de consejería.

---

[1] Véase Powlison, *How Does Sanctification Work?* (cap. 9, n. 16).

5. El cambio piadoso ocurre en el contexto de la Iglesia de Dios, es decir, dentro del cuerpo de creyentes (Hech. 2:42-47; Ef. 4:11-16; Heb. 10:24-25)

Incluso cuando ayudan a los que están fuera de la familia de nuestra iglesia, los consejeros bíblicos enfatizan la participación activa y significativa de la Iglesia como un complemento vital para el proceso de consejería. La Iglesia es la comunidad diseñada por Dios para el cambio máximo.

Un modelo conceptual de cómo se produce el cambio en los aconsejados

Con base en este fundamento teológico, consideremos un modelo conceptual que explica cómo cambian los aconsejados. Muchos consejeros bíblicos usan una versión de una ilustración llamada el modelo de los tres árboles, desarrollada por David Powlison.[2] Él derivó el modelo visual de Jeremías 17, una escena del desierto en la que Israel se enfrenta al calor del juicio divino (vv. 1-4). En ese capítulo vemos dos tipos de personas, representadas metafóricamente como un arbusto espinoso (la RVR1960 dice «retama») y como un árbol fructífero. El primero es la persona impía que confía en sí misma (17:5-6); el segundo es la persona piadosa que confía en el Señor (17:7-8). Ambos se enfrentan al mismo calor, pero responden de dos maneras distintas y dan dos tipos diferentes de frutos, dependiendo de las condiciones del corazón (es decir, confiar en uno mismo versus en el Señor).

En lugar de descifrar el modelo de tres árboles aquí, el siguiente diagrama presenta mi (la de Bob) versión modificada del modelo de seis recuadros de Powlison. Al igual que prácticamente cualquier modelo de consejería cristiana, este modelo de consejería bíblica en particular nos ayuda a entender la situación de la vida de la persona (Recuadro 1), cualquier respuesta incorrecta actual (Recuadros 2 y 3), cómo Dios quiere que respondan (Recuadros 5 y 6) y las provisiones de Dios en Cristo para ayudarlos (Recuadro 4).

---

[2] Como miembro de la facultad, consejero y más tarde director ejecutivo de la Fundación Cristiana de Consejería y Educación, Powlison enseñó este modelo por décadas en su curso «The Dynamics of Biblical Change». Yo (Bob) lo aprendí como su estudiante en el doctorado de Divinidades en el Westminster Theological Seminary en agosto de 1993.

EL MODELO DE LOS SEIS RECUADROS

1 Calor y rocío situacionales
(¿Qué sucede en el mundo de la persona?)

1.a. Calor
(Dificultades, pruebas, sufrimiento)

1.b. Rocío
(Bendiciones de gracia común)

2 Mal fruto
(Palabras, acciones, emociones, pecaminosas)

6 Buen fruto
(Palabras, acciones, emociones piadosas)

3 Malas raíces
(Creencias, motivaciones pecaminosas)

5 Buenas raíces
(Creencias, motivaciones piadosas)

4 ***Las provisiones de Dios en Cristo, aplicadas por el Espíritu de Dios y reveladas en las Escrituras***

El *Recuadro 1* resume la situación de la persona, incluyendo tanto las luchas que Dios permite (calor, 1.a) y las bendiciones de gracia común que Dios otorga (rocío, 1.b).[3] Tanto el calor como el rocío pueden incluir

[3] Los teólogos bíblicos entendían que la gracia común (o quizá más exactamente llamada bondad común) incluye una amplia gama de bendiciones inmerecidas de Dios derramadas sobre todas las personas, tanto creyentes como incrédulos (por ej., Sal. 145:9; Mat. 5:44-45).

factores pasados y presentes. Los factores pasados incluyen la familia de origen, eventos influyentes, relaciones formativas y experiencias significativas, entre otros. Los factores presentes incluyen pruebas y bendiciones actuales, relaciones significativas, contexto de vida y preocupaciones de salud. Aquí también podemos incluir eventos específicos que la persona cree que podrían pasar (por ej., la reducción de su empresa) que ejercen presión actual.

A pesar de que los tipos de lucha que traen a alguien a consejería varían, las categorías comunes incluyen las siguientes:

- dificultades generales de la vida (por ej.: duelo, desastres naturales, crisis económicas),
- ser objeto del pecado de otros (por ej.: rechazo, abuso, agresión, chisme),
- problemas corporales (crónicos o agudos, menores o graves; incluidas lesiones y trastornos cerebrales),
- ataques demoníacos, y
- consejo impío, falsa enseñanza e influencias culturales mundanas.

El *Recuadro 2* sintetiza cualquier comportamiento de «mal fruto» que pueda estar presente, como las palabras, acciones y emociones pecaminosas del aconsejado que fluyen consciente o inconscientemente de su corazón en respuesta a su situación del Recuadro 1. Esto incluye tanto los pecados de comisión como los de omisión: lo que la persona está haciendo o no haciendo, diciendo o no diciendo, y sintiendo o no sintiendo que no se alinea con lo que Dios quiere. El Recuadro 2 también incluye pensamientos pasajeros, algo distinto y más transitorio que sus creencias y motivos centrales del Recuadro 3. En este sentido, las palabras son pensamientos hablados y los pensamientos son palabras no habladas; ambos emergen del corazón.

El *Recuadro 3* resume las malas raíces de creencias y motivaciones que podrían estar presentes: respuestas pecaminosas del corazón que vienen *en respuesta* al Recuadro 1 y *producen* el comportamiento del Recuadro 2. En el Recuadro 3 consideramos cómo los aconsejados se organizan, interpretan y explican erróneamente a sí mismos, a Dios y a su mundo. ¿Qué desean, quieren, valoran, aprecian, idolatran, atesoran, esperan, adoran, aman, santifican, para qué viven y en qué descansan? La naturaleza del pecado del corazón significa que nuestros corazones pueden enfocarnos en alguien o algo que no sea Dios. Como vimos en el capítulo 6, tales pecados pueden no ser elecciones volitivas y pueden incluir aspectos precognitivos y preexperienciales. Por ejemplo, nadie elige preocuparse (Recuadro 2); surge de los remanentes de incredulidad en nuestros corazones (Recuadro 3). Los consejeros bíblicos ayudan a las personas a aprender progresivamente a reemplazar la incredulidad remanente con una fe creciente y madura. O en casos de sufrimiento (en el Recuadro 1), los consejeros bíblicos ayudan a las personas a responder de manera piadosa (Recuadros 5 y 6).

Esta imagen captura una dinámica bíblica crítica: nuestras circunstancias son importantes, influyentes y significativas, pero no causales, determinantes o definitivas. El Recuadro 1 es la ocasión, la provocación o el terreno para nuestro comportamiento, no la causa. Como vimos en el capítulo 1, la causalidad del comportamiento humano externo (Recuadros 2 o 6) proviene de un corazón impío o piadoso (Recuadros 3 o 5), no de nuestras situaciones, ya sea que las circunstancias sean malas (Recuadro 1.a), buenas (Recuadro 1.b) o una combinación de ambas (lo cual es usual).[4] Los enfoques de consejería que niegan o minimizan esta conexión contradicen a Cristo y Su Palabra. Asignar causalidad conductual a los factores del Recuadro 1 deshumaniza a las personas y las convierte en autómatas, eliminando su responsabilidad humana inherente y su capacidad de respuesta como portadores de la imagen divina. Tales enfoques eluden o neutralizan el corazón humano activo y dinámico. Esto incluye modelos médicos que rechazan el dualismo bíblico corazón/cuerpo y asignan causalidad a factores corporales, o modelos de victimización que atribuyen el comportamiento pecaminoso a eventos o déficits pasados o presentes. Si bien las personas pueden victimizarnos, no pueden convertirnos en Víctimas con V mayúscula. Ser rechazado es una experiencia, no una identidad. Por la gracia de Dios, un seguidor de Cristo tiene una nueva identidad central. Como Sus hijos e hijas, podemos manejar la victimización a Su manera.

[4] Por ejemplo, véase Prov. 4:23; Jer. 17:5-8; Mat. 12:34-37; 15:18-20; Gál. 5:19-23 y 1 Ped. 2:11.

En situaciones de consejería que involucran sufrimiento (por ej.: duelo o agresión sexual), es posible que usted no detecte y su aconsejado no informe ningún componente pecaminoso de los Recuadros 2 o 3. Ciertamente, no debemos suponer ni crear esas cosas. En tales casos, debemos afirmar de la Palabra de Dios (Recuadro 4) Sus respuestas piadosas de los Recuadros 5 y 6. Al mismo tiempo, debemos alertar a los aconsejados sobre el peligro de las respuestas de los Recuadros 2 y 3 (1 Cor. 10:11-14); también debemos evaluar sus respuestas en curso en caso de que tales componentes surjan más adelante. A veces, Dios usa el calor del sufrimiento para exponer temas del Recuadro 3 que inicialmente no eran evidentes (Deut. 8:1-5; Job).

El *Recuadro 4* resume las provisiones de Dios en Cristo que el Espíritu Santo usa para capacitar a Su pueblo para responder a la manera de Dios, para pasar de sus malos frutos/raíces (Recuadros 2/3) a raíces/frutos buenos (Recuadros 5/6). Estos se refieren principalmente a verdades específicas de la Palabra de Dios. El Espíritu escribió la Biblia, ilumina nuestras mentes para entenderla y nos capacita para creer y obedecer la Biblia. Uno de los principales propósitos que Dios le ha dado a la Biblia es cambiarnos (Deut. 29:29; Mat. 4:4; Juan 17:17; Hech. 20:32; 1 Tes. 4:1-2; 2 Tim. 3:14-17; y Heb. 13:22).

Además, el Recuadro 4 incluye al pueblo de Dios, la Iglesia, aquellos (como usted, el consejero bíblico) que el Señor usa para ayudar a las personas a cambiar. Con nuestras palabras, ejemplos, hechos, oraciones y presencia, nos ministramos unos a otros. También incluimos aquí el creciente número de recursos basados en las Escrituras que producen los consejeros bíblicos.

El Agente de cambio, es decir, Aquel que hace que las provisiones del Recuadro 4 sean efectivas para mover a una persona de los Recuadros 2 y 3 a los Recuadros 5 y 6, es el Espíritu de Dios. Nuestra flecha grande en el modelo visual muestra ese deseado movimiento generado por el Espíritu.

El *Recuadro 5* resume las creencias y motivaciones de buenas raíces que imaginamos que el Espíritu de Dios está formando en nuestros aconsejados, lo opuesto a las malas raíces del Recuadro 3. El proceso de cambio implica que la persona se arrepienta de cualquier fruto malo del Recuadro 2 y de las malas raíces del Recuadro 3, abrazando las verdades bíblicas del Recuadro 4 y aplicando esas verdades a sus corazones. Un corazón así capta cada vez más la identidad del creyente como hijo o hija de Dios y cada vez más conoce, ama, confía, adora, agrada y obedece al Señor más que o en lugar de los sustitutos del corazón del Recuadro 3. La diferencia entre el Recuadro 4 y el Recuadro 5 es simple: el Recuadro 4 contiene verdades objetivas del evangelio; el Recuadro 5 implica la implantación subjetiva de ellos en nuestro corazón. Por ejemplo, el Recuadro 4 involucra el amor de Dios por nosotros y la adopción de nosotros; el Recuadro 5 implica abrazar esa identidad que conduce al nuevo comportamiento del Recuadro 6.

El *Recuadro 6* resume el comportamiento de buen fruto deseado que imaginamos que el Espíritu de Dios está formando en nuestros aconsejados; esto fluye del corazón renovado y renovador del Recuadro 5. Es lo opuesto al Recuadro 2 de malos frutos. En contraste con las obras de la carne en Gálatas 5:19-21, los versículos 22 y 23 enumeran un catálogo de la gracia de la semejanza a Cristo que fluye del Espíritu Santo obrando en el corazón del creyente. Las categorías de comisión y omisión en el Recuadro 2 se invierten: debemos despojarnos (omitir) del comportamiento pecaminoso y revestirnos (comprometernos) de reemplazos piadosos. En los casos en que el aconsejado ya demuestra las respuestas piadosas de los recuadros 5 y 6, afirmamos esos aspectos y consideramos qué más debe suceder.

Recapitulemos el movimiento del modelo desde nuestra perspectiva como consejeros, permitiendo que las flechas del diagrama nos guíen progresivamente de un recuadro a otro.

1. Recuadro 1. Escuchamos a nuestros aconsejados y aprendemos sobre sus situaciones, especialmente su «calor».
2. Recuadro 2. A medida que escuchamos, aprendemos sobre cualquier comportamiento desordenado que deba cambiarse.
3. Recuadro 3. A medida que escuchamos, aprendemos acerca de las creencias y las motivaciones pecaminosas del corazón que producen ese comportamiento. (No debemos buscar un cambio de comportamiento pasando del Recuadro 2 al Recuadro 6, sin pasar por el corazón).
4. Recuadro 4. Luego discernimos qué verdad(es) bíblica(s) quiere Dios usar para ayudar a nuestros aconsejados a cambiar. (No

debemos pasar del Recuadro 3 al Recuadro 5 aparte del Recuadro 4, pasando así por alto las provisiones de Dios).

5. Recuadro 5. Basándonos en la Palabra de Dios, visualizamos las creencias y las motivaciones del corazón piadoso que Dios quiere cultivar en nuestros aconsejados; afirmamos esas respuestas piadosas del corazón que están presentes.
6. Recuadro 6. Nos damos cuenta de los comportamientos piadosos que deben fluir o están fluyendo del corazón del aconsejado.

Movimientos clave en el cambio piadoso

Teniendo en cuenta este modelo de seis recuadros, ¿qué pasos deben seguir los aconsejados para pasar de los Recuadros 2/3 a los Recuadros 5/6? (En el capítulo 14 volveremos a examinar estos recuadros para considerar cómo nosotros, como consejeros, podemos utilizarlos para orientar nuestras sesiones). Examinemos tres movimientos clave en el proceso de cambio: las acciones de creer, arrepentirse y obedecer.

Creer

Creer significa aferrarse a Dios y abrazar Su presencia, Sus provisiones y Sus promesas de perdón, sabiduría y poder en nuestras situaciones individuales. Si bien la creencia y el arrepentimiento están inextricablemente ligados, esencialmente dos caras de la misma moneda, nuestro arrepentimiento generalmente fluye de nuestra confianza en la postura de gracia de Dios hacia nosotros y las promesas para nosotros. Considere tres categorías: pasado, presente y futuro, en las que queremos que nuestros aconsejados se detengan:

1) Provisiones pasadas

Ayude a sus aconsejados creyentes a reconocer y regocijarse en la elección, la redención, el perdón, la justificación, la adopción y la obra inicial de santificación de Dios al apartarlos como Su posesión. Los pasajes centrales incluyen Romanos 8:28-39; Efesios 1:3-14 y 1 Juan 4:7-16.

2) Provisiones actuales

Ayude a sus aconsejados a comprender el perdón, la misericordia y el amor continuos de Dios hacia ellos (Sal. 51; Heb. 7:25; 1 Jn. 1:7,9; 2:1-2) y Su continua sabiduría y fortaleza para ellos (Luc. 11:13; Ef. 6:10; Fil. 2:12-13; 4:13; 2 Tim. 4:17; 2 Ped. 1:3-4). Pasajes como Hebreos 4:16 los unen dulcemente: «Acerquémonos, pues, confiadamente al trono de la gracia, para alcanzar misericordia y hallar gracia para el oportuno socorro». Dios garantiza a los creyentes tanto Su gracia perdonadora («misericordia») como Su gracia habilitante, empoderadora y sustentadora («gracia para el oportuno socorro»).

3) Promesas futuras

Ayude a sus aconsejados a creer y anhelar cuatro provisiones que Cristo traerá. La primera de ellas es un corazón perfecto, el fin de la guerra civil entre el Espíritu y la carne. En 1 Juan 3:2 se nos promete: «Sabemos que cuando él se manifieste, seremos semejantes a él, porque le veremos tal como él es». Segundo, cada corazón perfeccionado residirá dentro de un cuerpo perfecto. Filipenses 3:20-21 declara que cuando nuestro Salvador regrese, «transformará el cuerpo de la humillación nuestra, para que sea semejante al cuerpo de la gloria suya, por el poder con el cual puede también sujetar a sí mismo todas las cosas». En 1 Corintios 15:50-58 se nos revelan los detalles de esos cuerpos gloriosos que vendrán. En tercer lugar, nuestras almas y cuerpos perfeccionados florecerán para siempre en un lugar perfecto, la «tierra nueva, en [la cual] mora la justicia» (2 Ped. 3:13). Apocalipsis 21:3-5 prevé esa nueva realidad eterna:

> Oí una potente voz que provenía del trono y decía: «¡Aquí, entre los seres humanos, está el santuario de Dios! Él habitará en medio de ellos y ellos serán su pueblo; Dios mismo estará con ellos y será su Dios. Él enjugará toda lágrima de los ojos. Ya no habrá muerte ni llanto, tampoco lamento ni dolor, porque las primeras cosas han dejado de existir». El que estaba sentado en el trono dijo: «¡Yo hago nuevas todas las cosas!». (NVI)

Cuarto, veremos a nuestro Señor cara a cara, el objeto de nuestra fe y deseos (Juan 17:24; 1 Jn. 3:2; Apoc. 22:4) y habitaremos con Él para siempre. Nuestros aconsejados seguidores de Cristo necesitan saber que en ese día que pronto llegará Dios les quitará todas sus dificultades del Recuadro 1. Todos sus problemas de pecado del Recuadro 2 y del Recuadro 3 terminarán. Y debido a la obra de salvación de Dios del Recuadro 4, disfrutarán los corazones perfectos del Recuadro 5, emanando el perfecto amor y justicia hacia Dios y los demás del Recuadro 6, cumpliendo el destino eterno de cada aconsejado.

Como ejemplo de pasaje, considere las poderosas promesas del Recuadro 4 en Isaías 41:8-10. En medio de sus temores, el Señor primero le recuerda a Su pueblo su identidad redimida (vv. 8-9):

- Él los conecta directamente con su relación de pacto con Él: «Pero tú, Israel, siervo mío eres; tú, Jacob, a quien yo escogí, descendencia de Abraham, mi amigo».
- Luego les recuerda Su redención: «Te tomé de los confines de la tierra, y de tierras lejanas te llamé».
- Luego les asegura Su aceptación: «Mi siervo eres tú; te escogí, y no te deseché».

Basado en estas realidades de redención, Él los insta en el versículo 10: «No temas [...]; no desmayes», y refuerza Su mandamiento aun con más promesas:

- Garantiza Su presencia con ellos: «Porque yo estoy contigo», «yo soy tu Dios».
- Promete fortalecerlos y asegurarlos: «Te esfuerzo; siempre te ayudaré, siempre te sustentaré con la diestra de mi justicia».

Nuestro trabajo como consejeros bíblicos consiste en ayudar a nuestros aconsejados, en este caso, a los ansiosos, a comprender y desarrollar estas verdades en sus situaciones específicas.

Arrepentirse

Como vimos en el capítulo 6, arrepentirse significa apartarse y abandonar tanto nuestros pecados de comportamiento (Recuadro 2) como los pecados del corazón (Recuadro 3). Santiago 3:13–4:12 representa los componentes de nuestro modelo de seis recuadros. El contexto más amplio en Santiago involucra el calor y las dificultades del Recuadro 1 (1:2, 12; 5:1-6, 12-14). Vemos una descripción general del comportamiento impío en 3:16 y ejemplos específicos en 4:1-2, 11-12. Ese mal fruto del Recuadro 2 emerge de las malas raíces del Recuadro 3, que el apóstol describe de varias maneras sinónimas: celos amargos y contención (3:14, 16); los deseos albergados, las necesidades dominantes, los anhelos, los deseos en guerra (4:1-3); adulterio espiritual y amistad con el mundo (aferrarse a alguna cosa o persona que no sea Dios, 4:4); la soberbia (4:6), el gobierno del diablo, que tiene un paralelo con la carne en 3:15 (4:7); el doble ánimo, entendido como profesar lealtad a Cristo, pero amarse a sí mismo y al placer (4:8); y el juzgamiento, el jugar a ser Dios, la exaltación del yo (4:12). Ningún diagnóstico secular puede sondear estas profundidades ni dar respuestas completas.

En Santiago 4:6, vemos un resumen conciso de las provisiones de Dios para el cambio: «Él da mayor gracia. Por esto dice: Dios resiste a los soberbios, y da gracia a los humildes» (comp. 3:17 en NVI; 4:10). Y vemos descripciones detalladas de los cambios necesarios de los Recuadros 5 y 6 en los múltiples llamados de Santiago en 3:17-18 y 4:4-12 a la humildad y a la búsqueda del fruto piadoso.

Obedecer

Obedecer significa amar a Dios y a los demás, despojándose del pecado y vistiéndose de justicia por Su gracia. Como hemos visto anteriormente y a lo largo de este libro, la obediencia a la que aspiramos es la obediencia motivada por la gracia: estar agradecidos por la gracia perdonadora de Dios y depender de la gracia habilitadora de Dios.

Efesios 4:17-32 proporciona un resumen explícito de esta dinámica de ponerse y quitarse (revestirse/despojarse). Al igual que con cualquier pasaje, debemos situarlo en su contexto más amplio para leerlo correctamente. En Efesios 1–3, Pablo recuerda magistralmente a sus lectores la gracia salvadora de Dios. En 4:1-6, pasa de lo que Dios ha hecho por nosotros a cómo debemos vivir la salvación que recibimos. Su enfoque inicial es relacional: humildad, amabilidad, paciencia, tolerancia, amor y unidad basada en la unidad que Dios ya ha creado. En 4:7-16, se refiere a lo que Cristo, la cabeza de la Iglesia, ha hecho y está haciendo para producir unidad y madurez dentro de Su Iglesia.

En 4:17-19, Pablo describe la vida anterior impía de ellos y los llama a apartarse de ella. La impiedad estaba arraigada en sus corazones, es decir, en sus creencias y deseos, y se manifestaba en un comportamiento impío. (Esto ilustra cómo los problemas del corazón del Recuadro 3 producen los problemas de comportamiento del Recuadro 2 en nuestro modelo de seis recuadros). En 4:20-24, les recuerda la nueva vida que Cristo les ha dado (Recuadro 4) y el triple llamado a despojarse de su anterior forma de vida, a renovarse en sus mentes y a vestirse del nuevo ser divino (Recuadros 5 y 6). El propósito redentor de Dios es nada menos que un cambio completo de toda la persona. Pablo continúa en 4:25-32 enfatizando esta dinámica de despojarse y revestirse con cinco cambios de comportamiento específicos.

La dinámica de despojarse y revestirse en Efesios 4:17-32

Despojarse (general, Recuadro 3)	*Revestirse (general, Recuadro 5)*	*¿Cómo? (Recuadro 4)*
Vida anterior sin Dios, 17-19, 22	El nuevo hombre, 24. Ahora conoce a Cristo, 20-21, y debería continuar renovando su mente, 23	Reflexione en oración sobre las verdades del Recuadro 4 de Efesios 1–6, incluyendo el arrepentimiento y la creencia del corazón
Despojarse de un mal fruto específico de la vieja vida (Recuadro 2)	*Vestirse con el buen fruto de su nueva vida (Recuadro 6)*	*¿Cómo? Acciones específicas*
Mentira, 25	Verdad (honestidad), 25	

Enojo, 26-27	Resolver el enojo inmediatamente, 26	
Hurto, 28	Trabajo y generosidad, 28	
Palabra corrompida, 29	Palabras edificantes, 29	
Amargura, enojo, etc., 31	Benignidad, misericordia, perdón, 32	

La tabla anterior es una herramienta para conceptualizar y visualizar esta dinámica de despojarse/revestirse, incluso si el problema de consejería no involucra uno de los cinco pecados específicos. Hasta puede dibujarlo para su aconsejado. Podríamos usarlo para hacer un análisis similar de Colosenses 3:1-17 y aplicarlo a la lista de pecados de comportamiento (por ej.: inmoralidad sexual, v. 5; enojo, ira, v. 8; conflicto relacional, vv. 12-15). Observe que la tabla incluye una tercera columna con el subtítulo de «¿Cómo?» para los pasos de acción específicos de despojarse/revestirse que un aconsejado puede tomar. El consejero y el aconsejado pueden seleccionar varios durante la sesión, o puede convertirse en parte de una tarea. De cualquier manera, el cambio bíblico requiere acciones concretas de obediencia impulsada por la gracia.

Conclusión

Si bien ningún pasaje o modelo de ministerio proporciona un resumen exhaustivo de los 66 libros de la Biblia, nuestros cinco principios fundamentales, nuestro modelo de seis recuadros y los tres movimientos clave (creencia, arrepentimiento y obediencia) proveen una hoja de ruta para guiar a los aconsejados a crecer en semejanza de Cristo y manejar sus problemas personales y relacionales a Su manera.

11

El rol del consejero

La consejería puede ser un ministerio muy efectivo para los creyentes que necesitan ayuda y para los incrédulos que necesitan a Cristo como Salvador. Por lo tanto, además de pensar en el proceso, las herramientas y la estructura, también es importante discutir el papel del consejero. Esta discusión no es simple ni directa porque los consejeros bíblicos tienen diferentes puntos de vista con respecto al rol y las calificaciones que debe tener un consejero bíblico. La tensión existe por al menos tres buenas razones.

En primer lugar, los consejeros bíblicos tienen diferentes interpretaciones de la importancia de su papel en el proceso de cambio. Todos creemos en el papel significativo del Espíritu Santo. Dios dio a los creyentes Su Espíritu para guiarlos a través de la Palabra y para extender Su gracia tanto para la salvación como para la santificación. Estas convicciones pueden llevar a algunos consejeros a creer que la forma en que hacen el ministerio no es importante, ya que Dios hará la obra de todos modos. Desafortunadamente, esto puede llevar a que los consejeros sean imprudentes en ciertas conversaciones o incluso descuidados. A veces el Señor obra a pesar de los objetivos y motivaciones de un siervo, pero eso no puede ser visto como un pase libre.

En segundo lugar, también hay una sana preocupación por el tipo y la cantidad de entrenamiento que reciben los consejeros bíblicos. Las certificaciones de varios grupos (por ej.: ACBC, ABC, IABC) se pueden obtener con una cantidad relativamente pequeña de capacitación y experiencia en consejería en comparación con la licencia secular.[1] Algunos creen que la falta de capacitación y experiencia de algunos consejeros bíblicos ha llevado a un ministerio deficiente o incluso al abuso espiritual, y que los consejeros necesitan requisitos más estrictos y un proceso de supervisión más sólido.[2]

En tercer lugar, la consejería bíblica se preocupa por el carácter de la persona que realiza la consejería. Los consejeros bíblicos deben esperar que se les exijan estándares más altos de carácter y conducta que aquellos con licencias y certificaciones seculares que se enfocan principalmente en el entrenamiento educativo y experiencial. Incluso las estructuras de rendición de cuentas difieren. Los ministerios de consejería bíblica en la iglesia generalmente tienen un grupo de ancianos supervisores que brindan orientación, cuidado y ayuda al proceso general de consejería. Es posible que los que están en centros independientes no compartan las mismas ventajas de la supervisión de los ancianos, pero aun así tendrán un sistema para proveer entrenamiento, atención y rendición de cuentas para los consejeros.

Si bien los temas que rodean el papel del consejero son complejos, este capítulo se centrará en tres compromisos comunes con respecto al rol de un consejero bíblico.

Un compromiso con el autoconsejo humilde y eficaz

Gálatas 6:1 dice: «Hermanos, si alguno fuere sorprendido en alguna falta, vosotros que sois espirituales, restauradle con espíritu de mansedumbre, considerándote a ti mismo, no sea que tú también seas tentado».

La empresa de consejería es una serie de conversaciones sobre temas difíciles. El problema subyacente podría ser el pecado del aconsejado, el

---

[1] El sistema de licencias seculares requiere mucho más entrenamiento, observación, y práctica terapéutica. Un terapeuta de familia y matrimonio licenciado (LFMT, por sus siglas en inglés) en Indiana, por ejemplo, debe tener una maestría de un programa acreditado, incluyendo una práctica de 1000 horas supervisadas y haber pasado el examen AMFTRB. Agencia de Licencias Profesionales de Indiana, https://www.in.gov/pla/files/LMFT_FAQs_2015.pdf

[2] Rob Green, «Bullying with the Bible and Biblical Leadership», *Faith Biblical Counseling Blog*, 14 de octubre de 2014, https://blogs.faithlafayette.org/counseling/2014/10/bullying-with-the-bible-and-biblical-leadership/

pecado de una persona que le hizo daño o el desafío de vivir en un mundo maldito por el pecado. Todos los que han pasado tiempo en la sala de consejería entienden el potencial de la tentación. Pero ¿a qué tentación se refiere Pablo? Sin mayor aclaración, parece razonable concluir que se trata de cualquier tentación asociada con el proceso de restauración.[3] Esto permite al intérprete proporcionar una lista bastante sustancial de posibles tentaciones:

- El consejero puede creer que él es la respuesta al problema del aconsejado.
- El consejero puede desarrollar una relación emocional o física impía con el aconsejado.
- Las confesiones de mala conducta del aconsejado pueden provocar áreas de pecado o lucha que ya están presentes en la vida del consejero.
- El aconsejado podría presentarle nuevas formas de pecar al consejero.
- El consejero podría pecar en la forma en que responde al aconsejado.

Yo (Rob) una vez participé de un panel de discusión en una universidad laica; era para estudiantes de grado avanzados que cursaban carreras en terapia matrimonial y familiar. Cuando me preguntaron cómo maneja un consejero la situación en que un aconsejado se siente atraído sexualmente por él o ella, inicialmente respondí: «Cuando te pareces a mí, no tienes ese problema». El público se echó a reír a carcajadas, pero la pregunta era seria y necesitaba una respuesta seria. La preocupación del estudiante tenía que

[3] Si bien un consejero puede sentirse tentado a cometer el mismo pecado que el aconsejado, es más importante reconocer que tenemos que ser diligentes porque somos susceptibles a varios pecados. Al comentar sobre la exhortación «considerándote a ti mismo», John MacArthur señala: «Pablo usa una palabra fuerte (*skopéo*: observar o considerar) en tiempo presente, que enfatiza una atención continua y diligente a su propia pureza». John MacArthur, «Galatians» en *The MacArthur New Testament Commentary* (Chicago: Moody Press, 1983), 179. Véase también F. F. Bruce, *The Epistle to the Galatians: A Commentary on the Greek Text,* New International Greek Testament Commentary (Grand Rapids: Eerdmans, 1982), 260.

ver con la vida espiritual de un consejero. En la consejería bíblica, el consejero debe cultivar su propia relación con el Señor a través de la oración, el estudio de las Escrituras y el recordatorio constante de Su verdad. Por ejemplo, cuanto más aprecie el consejero la muerte, sepultura y resurrección de Cristo, menos probable será que ceda a la tentación. Cuanto más agradecido esté por la gracia sustentadora y continua que recibe para servir al Señor en situaciones delicadas del ministerio, más probable será que deje que Jesús motive sus pensamientos y acciones. Cuanto más los creyentes nos aferramos a las verdades del evangelio, menos probable es que cualquier tentación produzca pecado. Agregaríamos que las precauciones apropiadas, como tener un defensor de consejería o un amigo en la sala, comunicar el horario de consejería a los cónyuges y mantenerse enfocado en la tarea de consejería y no en la de discipulado a largo plazo, son salvavidas útiles. Además, cuanto más aliento, responsabilidad y cuidado brinden los ancianos o supervisores del consejero, menos probable será que caiga en pecado.

Otro aspecto de estar atento a la tentación requiere que el consejero permanezca consciente de su potencial de pecar en el proceso de consejería en sí. Muchos consejeros bíblicos han estado en una habitación con un aconsejado desafiante o en una conversación con una persona mezquina, rencorosa y enojada que vomitaba veneno a cualquiera que quisiera escuchar. Los consejeros bíblicos se colocan voluntariamente en estos contextos. Aceptamos por propia voluntad hablar con personas enojadas, heridas, frustradas y amargadas. Y eso puede despertar emociones similares en nosotros.

De hecho, he sido tentado a estar pecaminosamente enojado.[4] Cuando escucho a un hombre minimizar su pecado a pesar del caos que creó, me enojo. He oído a un hombre decir que ama profundamente a su esposa. Sin embargo, participó en adulterio sexual durante los últimos cinco años; la engañó a ella y a otros. Los niños de su casa y de la casa de la adúltera ahora están procesando los divorcios de sus respectivos padres y las consecuencias para sus vidas. Sus iglesias están promulgando la disciplina

---

[4] Hendriksen enfatiza que ingresar en la vida de alguien atrapado en una transgresión trae consigo el potencial de ser grosero y jactancioso. William Hendriksen, *Exposition of Galatians,* Baker New Testament Commentary (Grand Rapids: Baker, 1968), 232.

eclesiástica. El dolor, la herida y la traición que él causó están en todas partes y el adúltero no lo ve. De hecho, actúa como si fuera culpa de su esposa. Tal situación puede hacerme enojar mucho. Pero, aunque creo que uno debe estar enojado como Dios lo está por el pecado y la destrucción, no es una excusa para pecar. En este caso, sería un fracaso de mi parte explotar contra él y exponer su locura. Es por eso que Mateo 7:3-5 no es solo un pasaje importante para compartir con los aconsejados. Es un pasaje importante para el consejero.

> ¿Y por qué miras la paja que está en el ojo de tu hermano, y *no echas de ver la viga que está en tu propio ojo*? ¿O cómo dirás a tu hermano: Déjame sacar la paja de tu ojo, y he aquí la viga en el ojo tuyo? ¡Hipócrita! saca primero la viga de tu propio ojo, y *entonces verás bien* para sacar la paja del ojo de tu hermano. (énfasis mío)

Si no se quitan las vigas de sus propios ojos, los consejeros serán cualitativamente hipócritas, muy parecidos al consejero que he descrito. Además, sufrirán el mismo problema espiritual que aquellos a quienes están tratando de ayudar: no podrán ver con claridad. Las respuestas pecaminosas pueden incluso cegar al consejero a los problemas genuinos involucrados en la situación del aconsejado. Esto no resultará en conversaciones centradas en el evangelio que den gloria a Jesús ni pondrán al aconsejado en la mejor posición para el cambio.

Un último aspecto de este punto es la necesidad de humildad del consejero. La primera razón es que Dios no comparte Su gloria. En segundo lugar, como Santiago 4:6 nos recuerda: «Dios resiste a los soberbios, y da gracia a los humildes». Gálatas 6:3-5 también enfatiza la necesidad de la humildad. El consejero aprenderá humildad o enfrentará la dificultad de la humillación. Los consejeros, incluso los experimentados, necesitan recordatorios continuos para ejercitar la humildad, porque ese es el camino de la gracia de Dios.

Cuando comencé a aconsejar, estaba muy enfocado en superar la ansiedad inicial de conocer personas en circunstancias difíciles, tener respuestas significativas que fomentaran su relación con Cristo, hacer preguntas de sondeo para discernir los problemas del corazón y proporcionar una estructura sabia para facilitar el cambio práctico. Pronto me di cuenta de que lo estaba entendiendo, y lo que comenzó como una humilde dependencia de la ayuda de Dios para cada sesión dio paso a una complacencia experimentada. Fue justo en ese momento que el Señor me dio varios casos que prácticamente me explotaron en la cara. Esa fue una temporada dolorosa para los aconsejados y para mí. A través de ella, el Señor me enseñó que en mi orgullo me había sentido demasiado cómodo y había olvidado que necesitaba la gracia de Dios para cada caso y cada sesión.

En resumen, la persona que humilde y eficazmente se aconseja a sí misma será también la que califique como «espiritual» en relación con Gálatas 6:1 y exhiba el fruto del Espíritu.[5]

La voluntad de exhibir el servicio bíblico en entornos formales

Cada cristiano tiene la responsabilidad y la capacidad de vivir los pasajes de «unos con otros» de las Escrituras.[6] Las oportunidades de uno a otro ocurren en el curso normal de la vida y en entornos formales de consejería. Ya sea que sirva como consejero en una iglesia o en una práctica privada, debe tener cuidado de que sus actitudes y acciones sean consistentes con las verdades de «unos a otros» que se encuentran en las Escrituras. Esto será importante cuando busque cumplir con los ministerios de la Gran Comisión de ganar personas para Cristo y ayudar a los creyentes a crecer.[7]

[5] En el flujo contextual precedente de Gál. 5:1-26, los «espirituales» en 6:1 son los que caminan en el Espíritu y dan fruto.

[6] Muchos pasajes enfatizan el ministerio de unos a otros entre los creyentes. Hacia nuestros compañeros cristianos, cada uno de nosotros debe ser amoroso (Rom. 13:8; 1 Tes. 3:12; 4:9; 2 Tes. 1:3; Heb. 10:24; 1 Ped. 1:22; 1 Jn. 3:11, 23; 4:7,11-12; 2 Jn. 5), contribuir a la edificación (Rom. 14:19), recibirnos (Rom. 15:7), amonestarnos (Rom. 15:14), saludarnos (Rom. 16:16; 1 Cor. 16:20; 2 Cor. 13:12; 1 Tes. 5:26; 1 Ped. 5:14), perdonarnos (Col. 3:13), ser benignos (Ef. 4:32), ser sumisos (Ef. 5:21; 1 Ped. 5:5) y alentarnos (1 Tes. 4:18; 5:11,14). También debemos confesarnos las ofensas y orar unos por otros (Sant. 5:16) y tener comunión (1 Jn. 1:7).

[7] Véase, por ejemplo, John Piper, «Biblical Counseling for the Great Commission», 21 de octubre de 2014, https://www.desiringgod.org/articles/biblical

Además de las verdades de unos a otros, Gálatas 6:1-5 identifica varios otros conceptos que son importantes para las sesiones de consejería.

Restauración (v. 1)

La terminología de restauración se refiere a devolver algo a su función adecuada. Por lo tanto, los consejeros se dedican a ayudar a los aconsejados a volver a funcionar correctamente. Un aconsejado atrapado en el sufrimiento, pecando en respuesta al sufrimiento, o actuando en rebelión prepotente ya no es capaz de cumplir su papel en el cuerpo de la iglesia. Primera de Corintios 12 enseña que cada parte del cuerpo es importante. Ninguna parte puede minimizar su propio rol ni minimizar el rol de otra parte del cuerpo. Por lo tanto, la falta de funcionamiento adecuado del aconsejado perjudica a todo el cuerpo de la iglesia. Su capacidad de edificarse en el amor (Ef. 4:16) se debilita cuando los aconsejados creyentes están luchando. Los consejeros se ven a sí mismos como instrumentos en las manos del Redentor, como herramientas que ayudan a restaurar a los aconsejados.[8]

El consejero bíblico comprende que cada aconsejado tiene un papel vital que desempeñar en la misión integral de la iglesia global y local. Deseamos guiarlos para que encuentren seguridad, esperanza y ayuda en Cristo. Esto permite que un aconsejado siga el ejemplo de Cristo en el sufrimiento (1 Ped. 2:21), responda adecuadamente al sufrimiento (1 Ped. 2:22-25) y se someta a los mandamientos y enseñanzas de Cristo. Cada aconsejado restaurado a la función apropiada estará en la mejor posición para contribuir al cuerpo, sea lo que sea que Dios lo haya diseñado para que haga.

-counseling-for-the-great-commission; David Powlison, «The Great Commission is a Great Place to Begin to Understand Biblical Counseling», 4 de marzo de 2013, https://www.ccef.org/great-commission-great-place-begin-understand-biblical-counseling/; Robert Jones, «Does the Great Commission Require Biblical Counseling?», 17 de julio de 2019, https://biblicalcounselingcoalition.org/2019/07/17/does-the-great-commission-require-biblical-counseling/; Paul David Tripp, «The Great Commission: A Paradigm for Ministry in the Local Church», *Journal of Biblical Counseling*, Vol. 16, núm. 3 (1998): 2-4.

[8] Esta terminología viene de la útil obra de Paul David Tripp: *Instruments in the Redeemer's Hands: People in Need of Change Helping People in Need of Change* (Phillipsburg, NJ: P&R, 2002).

Mansedumbre (v. 1)

En algunas situaciones de consejería es fácil ser manso. Por ejemplo, algunos aconsejados nos valorarán mucho, hablarán bien de nosotros, escucharán atentamente lo que decimos y tratarán de cambiar. Otros compartirán experiencias comunes con nosotros, y nos resultará divertido estar con ellos. Y cuando la consejería tiene éxito, disfrutamos de nuestro asiento delantero para ver la obra de Dios en la persona a la que estamos ayudando.

Sin embargo, en otras situaciones extender la mansedumbre es difícil. Por ejemplo, algunos aconsejados no escuchan; en otras ocasiones, no están de acuerdo con nosotros. En otros momentos nos acusan de ser poco amorosos o indiferentes. Y a veces solo quieren hablar con otra persona. El Señor no dice que seamos amables solo con aquellos que responden bien. Más bien, el Señor dijo que Su siervo no debe ser contencioso, sino que debe corregir con mansedumbre a los que no quieren escuchar (2 Tim. 2:24-26).

Mostrar mansedumbre frente a las dificultades es una manera de amar y cuidar adecuadamente a nuestros aconsejados. Cuando un aconsejado sea mucho mayor que nosotros, las Escrituras nos animan a ser un ejemplo de piedad (1 Tim. 4:12) y a tener cuidado con nuestra reprensión (1 Tim. 5:1-2). Y aunque puede ser difícil ser amable cuando se ha dicho lo mismo repetidamente o cuando se cree que el aconsejado puede hacerlo mejor que esto o aquello, los consejeros deben recordar que lo que podría ser de conocimiento común para ellos, puede ser nuevo para los aconsejados. Seguir la recomendación del Señor de exhortar a los hombres mayores como a padres, a los hombres más jóvenes como a hermanos, a las mujeres mayores como a madres y a las mujeres jóvenes como a hermanas nos ayudará mucho a ejercer la mansedumbre piadosa.

Aceptar una carga adicional (v. 2)

Gálatas 6:2 dice: «Sobrellevad los unos las cargas de los otros». Ser un consejero bíblico tiene un costo emocional. Los aconsejados nos proporcionan un acceso significativo a la información que puede ser conocida por muy pocos; se nos concede acceso a un conocimiento íntimo sobre ellos. Nuestras vidas de oración, por consiguiente, cambian porque conocemos sus luchas. La forma en que leemos la Biblia cambia porque buscamos nuevos pasajes o verdades para presentarles, incluso mientras estamos en comunión con el Señor. Nuestros pensamientos cambian porque vivimos cada día con el peso adicional de preguntarnos si un aconsejado está tomando decisiones piadosas o rechazando la gracia de Cristo.

Sin embargo, tenemos gran gozo al llevar las cargas de los demás. Ver a un aconsejado regresar a su lugar de funcionamiento piadoso, por ejemplo, es un gozoso privilegio. Hace diez años nuestra familia tomó vacaciones en un lugar con una larga y solitaria ruta de senderismo. Habíamos escuchado que era hermosa, como nada que hubiésemos visto antes. Más tarde supimos que la caminata era de 21 kilómetros (13 millas). En ese momento, nuestros hijos tenían trece, nueve y cuatro años. Parecía bastante fuera de nuestras capacidades hacer eso, a menos que alguno quisiera llevar cargas más pesadas. Entonces, ese día yo cargué a nuestra hija de cuatro años por 16 de los 21 kilómetros. El sendero era glorioso; mi familia todavía habla de él. Al final del día, sin embargo, mis hombros gritaban. Apenas podía tocarme la parte superior de la cabeza. Pero ver con mi familia la majestad de la creación de Dios, gran parte de la cual solo era accesible a través del dolor y el duro trabajo de parte mía, valió mucho la pena. De manera similar, la consejería traerá dolor, pero también guiará a la alegría si usted está dispuesto a llevar una carga adicional.

Un deseo de progresar en el ministerio

La consejería tiene un costo. Si no se tiene cuidado, los consejeros pueden experimentar el desaliento y el cansancio que, a menudo, llamamos agotamiento. Esta condición no es un indicador de lo ocupados que estamos, sino de lo mal que cuidamos de nuestras propias almas. Consideremos varias formas prácticas en que un consejero puede cuidar de su alma y que marcarán la diferencia a largo plazo.

Sea un excelente estudiante de la Palabra

Jay Adams dijo que el mejor entrenamiento para un consejero bíblico es una educación de seminario.[9] Él no quiere decir que todos tienen que obtener una educación en un seminario, sino que cuanto más sabemos de las Escrituras, más probablemente seremos capaces de compartir pasajes significativos con nuestros aconsejados, de acuerdo con sus necesidades. Aquellos que quieren servir en la consejería bíblica deberían aumentar regularmente sus habilidades en la interpretación bíblica. Después de todo, Jesús dijo en Mateo 4:4 que «no solo de pan vivirá el hombre, sino de toda palabra que sale de la boca de Dios». Las Escrituras son una fuente de nutrición.

Desarrolle una pasión por la capacitación continua

Si creemos en la continua necesidad de crecimiento cristiano personal (Col. 3:5-17), lo que los teólogos llaman santificación progresiva, y crecimiento en la competencia como consejero (1 Tim. 4:12-16), entonces deberíamos abrazar la capacitación continua. Esto puede incluir leer, asistir a conferencias, pasar por un proceso de certificación, pedirle a una persona que lo acompañe en un caso para evaluarlo u organizar un programa de educación continua para consejeros. Parte del llamado a la mayordomía y la santificación es la voluntad de seguir aprendiendo. Esto incluye las Escrituras; pero también la investigación de casos en los cuales usted tiene poca experiencia, aprender sobre nuestra cultura y cómo las influencias culturales impactan los procesos de pensamiento, aprender sobre diferentes maneras a abordar problemas y crecer en su habilidad de escuchar a otros. Tal entrenamiento le garantizará que las habilidades de consejería no se estanquen.

Sin embargo, la capacitación no está limitada a adquirir conocimientos sobre casos o luchas de consejería particulares. También es valioso aprender

---

[9] Jay Adams, *The Christian Counselor's Manual: The Practice of Nouthetic Counseling* (Grand Rapids: Zondervan, 1973), 12. Véase también David Powlison, «Why I Chose Seminary for Counseling Training», en *Speaking the Truth in Love: Counsel in Community* (Greensboro, NC: New Growth Press, 2005), 153–65.

cómo equipar a otros en consejería, cómo servir como anciano en una iglesia, cómo evaluar las motivaciones de su propio corazón mientras aconseja y cómo crecer en habilidades relacionales.

Mantenga las disciplinas espirituales

Todos los creyentes batallan contra la carne, las filosofías mundanas que están en guerra contra Dios, y contra Satanás y sus huestes. A veces no es fácil saber contra cuál estamos luchando. Sin embargo, la forma en que lucha contra los tres implica su caminar diario con Cristo, que incluye ponerse la armadura de Dios (Ef. 6:10-17), lidiar con su propia idolatría (Sant. 4:1-2) y reconocer las filosofías mundanas por lo que son (1 Jn. 2:16). En pocas palabras, el cultivo de una vida de oración significativa, el tiempo de estudio bíblico, la evaluación de su vida espiritual y el compromiso fiel con su iglesia local y su comunidad cristiana serán vitales para tener un ministerio que progresa (1 Tim. 4:12-16). Encontrar reposo en la persona y las promesas de Jesús proveerá continuamente la ayuda que un alma agobiada necesita.

Conozca sus límites

No todos pueden manejar la misma cantidad de responsabilidad y carga. De acuerdo con Gálatas 6:5, cada uno debe llevar su propia carga. En la parábola de los talentos, el amo no esperaba que uno con cinco talentos produjera diez ni que el que tenía un talento produjera veinte (Mat. 25:14-30). Más bien, el Señor evaluó la mayordomía de cada individuo basado en lo que les fue dado. Los consejeros humildes reconocen sus límites. Ellos sirven gozosamente dentro de los límites dados por Dios sin usarlos como una herramienta para ser perezosos o para administrar mal sus dones extendiéndose más de la cuenta. Cuando se encuentra luchando con su actitud, respondiendo con ira, amargura y frustración, puede ser una señal de sobrecarga.

Conclusión

Los consejeros tienen el privilegio de participar de valiosas maneras en el ministerio de la Gran Comisión. A pesar de que este capítulo es solo un punto de partida, las tres ideas de comprometerse con la autoconsejería humilde y eficaz, exhibir servicio bíblico en la sala de consejería y buscar progresar en el ministerio le ayudarán a medida que procura administrar bien todo lo que Dios le ha dado en Su servicio para un ministerio a largo plazo.[10]

[10] Recursos adicionales sobre el rol del consejero son: Lelek, *Biblical Counseling Basics* (véase cap. 9, n. 14); Robert Smith, «Spiritual Discipline in the Biblical Counselor», en *Introduction to Biblical Counseling*, ed. John MacArthur y otros (Nashville: Thomas Nelson, 1994), 142-53; Stuart Scott, «Pursue the Servant's Mindset», *Journal of Biblical Counseling* 17, núm. 3 (1999): 9-15; David Powlison, «To Take the Soul to Task», *Journal of Biblical Counseling* 12, núm. 3 (1994): 2-3; Jay Adams, «Handling Failure», *Journal of Pastoral Practice* 6, núm. 3 (1985): 3-5; y Andrew Boswell, «The Counselor and Pride», *Journal of Pastoral Practice* 4, núm. 1 (1980): 11-15.

12 Prepararse para aconsejar y dirigir la primera sesión

Los estudiantes de los cursos de consejería bíblica nos dicen repetidamente a los profesores cómo los materiales del curso han cambiado sus propias vidas, tanto que están emocionados de ayudar a los demás, hasta que llega el momento en que realmente tienen que sentarse con alguien. Entonces sus corazones laten con fuerza, su presión arterial se eleva, y sus manos sudan.

Una forma en que un consejero puede disminuir su nerviosismo en la primera sesión es prepararse bien y tener un plan sabio a seguir. En nuestro capítulo anterior consideramos las cualidades clave que usted, como consejero, debe poseer. Este capítulo proporciona una guía práctica sobre cómo yo (Bob) me preparo y dirijo a un aconsejado a través de una primera sesión. Por supuesto, no hay una sola forma correcta de hacer esto; los consejeros bíblicos varían en sus métodos.[1]

Preparación previa a la sesión

Tomarse el tiempo para prepararse adecuadamente para una sesión, especialmente una primera sesión, le dará una mayor confianza y control de la sesión y ayudará a asegurar a su aconsejado su competencia y cuidado por él.

[1] Véase también Lauren Whitman, «What Does a Good First Session Look Like?», *Journal of Biblical Counseling* 28, núm. 1 (2014): 53-63.

Prepararse uno mismo[2]

Ninguna preparación para la sesión es más importante que prepararse usted mismo. Usted es el instrumento de Dios en la sala de consejería. Entonces, ¿cómo puede ser más apto para servir al Señor y a su aconsejado? Además de asegurarse de que está exhibiendo las cualidades piadosas que vimos en el capítulo 11, considere estos pasos:

1. Renueve su compromiso con la tarea ministerial que Dios le ha dado (Mat. 9:35-36; Rom. 15:14). Recuérdese a sí mismo su importancia. Está lidiando con el alma eterna de alguien y sus luchas desordenadas.
2. Ore para que pueda reflejar a Cristo, mostrar el fruto de Su Espíritu (Mat. 5:16; Gál. 5:22-23; 1 Tim. 4:12,16), y confiar sus temores al Señor (2 Tim. 1:7; 1 Ped. 5:7). Aférrese a uno de estos versículos, y pida a Dios que le ayude a ministrar sabia y compasivamente.
3. Ore por sus aconsejados, permanezca alerta de los temores que ellos puedan traer a la sesión (especialmente si han tenido una experiencia de consejería anterior negativa). «¿Y si mi consejero no me entiende? ¿Si minimiza mi problema o me pone apósitos bíblicos? ¿Qué pasa si abre viejas heridas o expone pecados inadvertidos? ¿Qué pasa si no protege mi privacidad y rompe la confidencialidad? ¿Qué pasa si me juzga, me rechaza o considera que no tengo remedio? ¿Qué pasa si la consejería no funciona? ¿O me hace peor?». Antes de la sesión, siéntese donde se sentará su aconsejado y haga por él las oraciones de Pablo por aquellos a quienes ministró (por ej.: Ef. 1:15-21; 3:14-21; Fil. 1:9-11; Col. 1:9-12).

---

[2] Véase también Powlison, *Speaking Truth in Love*, 49-54 (cap. 1, n. 5), quien apunta ocho prácticas saludables de preparación que procura hacer: (1) Le doy seguimiento a mis compromisos. (2) Reviso mis propias actitudes y mi vida. (3) Leo y estudio la Biblia. (4) Pienso mucho en aquellos con los cuales me encontraré. (5) Oro por cada persona, pidiéndole a Dios que obre. (6) Establezco una agenda preliminar para nuestra reunión. (7) A menudo, vuelvo a leer los principios básicos de consejería para orientarme a mí mismo. (8) Hago cosas que me orienten a la tarea del ministerio.

4. Si usted conoce el problema o los problemas que se presentan, prepárese con dos o tres recursos básicos, pasajes y tareas que pueda utilizar en la sesión. Podría resultarle útil consultar con un supervisor, mentor o consejero bíblico experimentado.

Preparar los materiales y formularios

Si es posible, envíe de antemano o ponga en su sitio web los formularios estándar y pida a su aconsejado que los complete y se los envíe por correo electrónico o los postee por adelantado, o los traiga a la primera sesión. Recomendamos tres formularios: (1) un formulario de información y acuerdo que describa su ministerio y la responsabilidad y expectativas mutuas del consejero y del aconsejado, incluyendo un acuerdo de consentimiento informado; (2) un breve formulario de descripción general que resuma los asuntos problemáticos a discutir; (3) un formulario de información personal más extenso.[3] Aquí se ofrece una lista de otros elementos que podría necesitar:

- Su Biblia (tenerla abierta en la sala de consejería puede simbolizar su compromiso bíblico).
- La carpeta del expediente del caso, un cuaderno y un bolígrafo.
- Otras herramientas de consejería que pueda utilizar, incluyendo listas de ayuda y recursos pertinentes. (Mantenga ocultos los libros o folletos que asignará hasta que los necesite).

Preparar la sala

Lugar

A pesar de que podemos aconsejar a la gente en cualquier lugar, no estamos limitados a oficinas formales. Saber los pros y contras de los diferentes lugares puede permitirle hacer ajustes adecuados si es necesario.

[3] Para obtener formularios de muestra, véase: https://www.faithlafayette.org/counseling/get-help/get-started-today o www.robertdjonescounseling.com

La mayoría de los consejeros prefieren una sala o una oficina privada (por ej., su lugar de trabajo o una sala en su iglesia) donde tienen el control total del entorno y pueden mantener mejor confidencialidad. Otros prefieren la eficiencia de aconsejar fuera de sus propios hogares, suponiendo que pueden proporcionar un lugar tranquilo y privado, sin interrupciones de niños o mascotas. (Esto es especialmente útil para mamás amas de casa que pueden mantener sesiones durante la siesta de sus hijos). Pero si bien la privacidad y la informalidad de este último entorno puede ayudar a los aconsejados temerosos a sentirse más seguros y transmitir una mayor calidez, podrían parecer demasiado informales para algunos y hacer que los aconsejados tengan miedo de irse si se sienten incómodos. Además, la mayoría de los consejeros informan que no han tenido buenas experiencias en entornos que no pueden controlar. Tal vez un niño lloró al despertarse temprano, el perro ladró o sonó el timbre o el teléfono durante la sesión.

Algunos consejeros que carecen de espacio en casa o una oficina prefieren reunirse en restaurantes. Los restaurantes tranquilos permiten que cualquiera de las partes se vaya cuando lo desee y proporcionan un lugar informal para una reunión inicial con un aconsejado reacio. Las desventajas de este entorno incluyen la visibilidad pública, el costo financiero y el tiempo adicional para pedir comida o interactuar con los camareros. Las cafeterías son una opción más rápida y barata, pero sus asientos pueden ser demasiado estrechos y el ambiente muy ruidoso para una conversación privada sobre temas delicados.

Disposición de los muebles

Algunos consejeros prefieren sentarse detrás de un escritorio frente a sus aconsejados. Otros prefieren una mesa donde el consejero y el aconsejado compartan el espacio de la mesa y tengan lugar para colocar su Biblia, notas y tareas. Otros prefieren no tener escritorio ni mesa en la sala de consejería, solo sillas una frente a la otra. No hay una sola forma correcta de configurar su espacio. Simplemente evalúe las posibles desventajas de cada opción. Mientras que la tercera opción elimina las barreras físicas, algunos aconsejados pueden preferir una mesa que funcione como una especie de barrera.

Opciones de asientos

Por lo general, es mejor sentarse frente a su aconsejado, él de espaldas a la puerta para que no se sienta encerrado y pueda salir fácilmente. Esto también le permite a usted ver a cualquier persona que pueda entrar inadvertidamente en la habitación. (Nota: es posible que los aconsejados con entrenamiento policial o militar prefieran sentarse donde puedan ver la puerta). Considere también las prácticas culturales en entornos ministeriales transculturales.

Decoración y provisiones de la habitación

La configuración es importante, así que tenga en cuenta estos factores:

- Las decoraciones de la pared, los colores de la pintura y las plantas pueden contribuir a crear un entorno cálido, sin distracciones.
- Un reloj de pared (o dos) en su campo visual puede ayudarle a monitorear discretamente la hora.
- Las luces fluorescentes (especialmente aquellas que titilan) o los rayos de sol brillantes a través de una ventana pueden ser molestos para los aconsejados que sufren dolores de cabeza. Prepare todo apropiadamente.
- Los títulos de los libros y otros artículos son visibles sobre su mesa o en sus estantes. Fíjese en los textos visibles en su espacio de consejería. Considere lo que comunica su espacio de consejería.

Tener estas provisiones a la mano puede ser útil:

- Botellas de agua.
- Una estación de café o té bien provista.

- Una caja de pañuelos desechables y alcohol en gel para manos.
- Papel en blanco y bolígrafos para dibujar diagramas que el aconsejado se pueda llevar a la casa. (Algunos consejeros prefieren una pizarra con marcadores para diagramar).
- Pequeños blocs de papel y bolígrafos para animar a que el aconsejado tome notas, especialmente para registrar la instrucción bíblica, el consejo práctico y las tareas de crecimiento.
- Materiales impresos como formularios, hojas de tareas, artículos, folletos, libros.
- Biblias adicionales, idealmente en una edición igual a la suya para poder dar números de páginas de pasajes sin avergonzar a los aconsejados que no conocen bien sus Biblias.
- Una fotocopiadora en la sala o cerca, aunque las cámaras de los teléfonos pueden ayudar con muchas tareas.

Objetivos para la sesión uno

¿Cuál es la mejor manera de ingresar en el mundo de su aconsejado, entender tanto sus necesidades sentidas como las reales y llevarlo a Jesús y Sus respuestas en la sesión uno? Sugerimos cinco objetivos:

1. Bienvenida. Inicie inmediatamente una relación cálida, acogedora y afectuosa para que su aconsejado sepa que usted se preocupa. Permítale experimentar ese cuidado por medio de sus palabras y acciones a lo largo de la sesión.
2. Conocimiento. Conozca a su aconsejado al reunir información sobre él y mostrarle que está comenzando a comprender sus luchas particulares. Esto incluye discutir y evaluar su relación con Cristo.
3. Esperanza. Presente a Jesucristo y la esperanza que Él ofrece a través de Su Espíritu y Palabra. Ayude a su aconsejado a escuchar de la Palabra de Dios que Jesús puede ayudarlo. Los consejeros bíblicos ofrecen a la gente una base segura de esperanza, para esta vida y la próxima.

4. Plan. Explique el proceso de consejería y proponga un plan tentativo (una dirección inicial) que usted y su aconsejado puedan seguir. Explíquele que lo adaptará a medida que avance.
5. Invitación. Asegúrele a su aconsejado su deseo de ayudar e invítelo a comprometerse con la consejería y las tareas de crecimiento entre sesiones.

Mi procedimiento típico de la sesión uno

Con el tiempo, desarrollará su propio estilo. Esto es lo que yo (Bob) hago cuando me reúno con un adulto en particular.[4] Arribo temprano para saludar a mi aconsejado cuando llegue. Le pido a mi co-consejero, asistente o aprendiz que venga temprano para discutir nuestro plan y orar. (Esta persona es un hombre cuando aconsejo a hombres y una mujer cuando aconsejo a mujeres o parejas). El siguiente ejemplo se basa en una primera sesión de setenta y cinco minutos con mi aconsejada, una mujer cristiana llamada Adela.[5]

Bienvenida (aproximadamente 10 minutos)

- *Saludo afectuosamente a Adela.* Le doy un firme apretón de manos y entablo una breve charla, por ejemplo: «Me alegro que estés aquí hoy. ¿Cómo te enteraste de nosotros?». Es importante destacar que no pregunto: «¿Cómo estás?», ya que no quiero escuchar esa respuesta todavía.
- *Mientras nos sentamos, inmediatamente tomo la iniciativa.* Le digo a Adela: «Déjame compartir un par de cosas por adelantado que creo que te animarán y te ayudarán a sentirte cómoda. En primer

[4] Reunirse con una pareja requiere dinámicas adicionales que van más allá del alcance de este libro. Sobre consejería para niños, véase el cap. 37.

[5] Son muchas las variables que determinan la duración de la sesión. Para una primera sesión, normalmente asigno de una hora a una hora y quince minutos para un individuo y hasta noventa minutos para una pareja o familia. Para las sesiones siguientes, asigno alrededor de una hora para un individuo y hasta setenta y cinco minutos para un pareja o familia.

lugar, me alegro mucho de que estés aquí. Gracias por darme el privilegio de reunirme contigo. Espero poder ayudarte a encontrar y aplicar las respuestas de Dios para tus luchas. También me gustaría felicitarte por buscar ayuda centrada en Cristo. A menudo, las personas se sienten demasiado avergonzadas o del todo orgullosas para buscar ayuda. En segundo lugar, voy a suponer que puedes estar un poco nerviosa, y quiero que sepas que está bien. Hablar de asuntos personales puede ser difícil. Pero Dios está aquí con nosotros, a través de Su Espíritu, y está comprometido por Su gracia a ayudarnos hoy».

- *Previsualizo el proceso.* Le digo: «Permíteme compartir lo que solemos hacer en una primera sesión. Comenzaré contándote un poco sobre mí y mis antecedentes y por qué estoy aquí, y presentaré a mi co-consejero, asistente o aprendiz. Luego guiaré una oración, pidiéndole a Dios que se reúna con nosotros y nos ayude. Entonces me gustaría pasar la mayor parte de nuestro tiempo juntos conociéndote y entendiendo tu situación y la lucha que estás enfrentando. Cerca del final de nuestro tiempo, te sugeriré formas en las que puedo ayudarte y te daré algunas cosas prácticas que puedes hacer. ¿Qué te parece ese plan?».
- *Me presento.* Suponiendo que Adela esté de acuerdo con el plan para la sesión, continúo: «Déjame contarte un poco sobre mí y por qué estoy aquí hoy...». Doy una breve semblanza de mi vida, incluyendo una visión general de mi relación con Cristo, mi deseo de ayudar a Adela y una verdad o versículo bíblico esperanzador (por ej.: 2 Ped. 1:3). También presentaré a cualquier co-consejero, asistente o aprendiz que haya invitado.
- *Dirijo en oración.* Por lo general, incluyo tres peticiones: (1) doy gracias a Dios por Su provisión en Cristo de tres cosas que tanto mi aconsejado como yo necesitamos: perdón, sabiduría de Su Palabra y poder por medio de Su Espíritu; (2) le pido a Dios que nos ayude a reconocer Su presencia; (3) le pido a Dios que me ayude a escuchar bien y a reflejar Su gracia y sabiduría.

- *Recojo los formularios de acuerdo e información.* Le pregunto: «¿Tuviste la oportunidad de completar los formularios que te enviamos? Sería útil para mí echarles un vistazo».[6] Recojo los formularios, agradezco a Adela y resumo los puntos principales del formulario de acuerdo, especialmente la confidencialidad y sus límites, para asegurarme de que se sienta cómoda. A continuación, me tomo un minuto para leer el formulario de descripción general. Le doy un vistazo al formulario de información personal, pero lo leeré más detenidamente antes de que nos volvamos a encontrar.

Conocimiento *(aproximadamente 40 minutos)*

- *Hago la transición para escuchar y entrevistar a Adela.* Le digo: «Adela, ayúdame a conocerte. Dame la versión condensada de tu historia. Incluye el lugar donde naciste, un poco sobre tu familia de la infancia y cualquier cosa significativa sobre tu infancia o adolescencia, y luego llévame cronológicamente al presente». (Es posible que tenga que apresurarla si da demasiados detalles). Anoto esta información porque se convierte en parte del Recuadro 1 en nuestro modelo de seis recuadros discutido en el capítulo 10.

Hagamos una pausa aquí para profundizar en algunos puntos. En primer lugar, los consejeros utilizan los formularios de admisión de diferentes maneras. Algunos los usan para guiar la discusión, refiriéndose directamente a ellos, haciendo comentarios sobre ellos e invitando a la persona a elaborar lo que escribió. Otros hojean los formularios y los mantienen visibles, pero le dan a la persona la libertad de hablar de lo que quiera, incluso de temas que no están en los formularios. Centrarse demasiado en los formularios puede restar valor a la dinámica de conversación cara a cara,

[6] Si Adela no ha completado el formulario de acuerdo, le pido que lo lea allí en mi oficina, para que podamos discutirlo y ella pueda firmarlo. Si ella no ha completado el formulario de descripción general, usualmente le pido que tome unos cuantos minutos para hacerlo. Si no ha completado el formulario de información personal, le pido que lo complete cuando esté en su casa y me lo envíe antes de que nos reunamos otra vez.

haciendo que los papeles, en lugar de la persona, sean nuestro enfoque. Pero si los aconsejados no mencionan en la sesión algo que parece importante en los formularios, pregunto al respecto. El punto es que debe sentirse libre de usarlos como mejor le parezca.

En segundo lugar, si después de explicar sus antecedentes, Adela no menciona su(s) problema(s) actual(es), giro la conversación diciendo: «Dime, ¿qué está pasando en tu vida ahora?» o «¿Qué te trae aquí hoy?». Este segmento de la primera sesión, después de todo, ocupa la mayor parte del tiempo de la reunión y debe usarse sabiamente. Dependiendo de sus preferencias, puede limitar las cosas preguntando solo por el panorama general, asegurándole al aconsejado que tendrá tiempo para desentrañar más detalles durante la próxima reunión.

En tercer lugar, la mayoría de los consejeros bíblicos toman notas, especialmente en las primeras sesiones. Hacerlo nos ayuda a retener y resumir la información de la sesión a medida que reflexionamos después. También muestra a los aconsejados que valoramos sus palabras. Agrega responsabilidad al permitirnos citar discusiones de sesiones anteriores. También puede ayudar a contrarrestar cualquier informe falso que pueda surgir en nuestra contra, ya que las notas de consejería contemporáneas durante la sesión tienen valor probatorio en los procedimientos legales. Escribir las tareas agrega otro nivel de responsabilidad; le dice al aconsejado que no son meras sugerencias. Aun así, tomar notas puede restar valor al contacto visual, y para algunos aconsejados, es una distracción. Podemos minimizar estos problemas usando abreviaturas, escribiendo algunas cosas sin mirar e inclinando nuestras posturas y blocs de notas para maximizar el contacto visual.

No hay una sola forma correcta de tomar notas. Los consejeros varían en lo que anotan, pero así es como yo lo hago. Utilizo un bloc de papel rayado amarillo para cada caso, de modo que tengo toda la información de mi sesión con respecto a cualquier aconsejado en particular al alcance de mi mano. En este bloc, incluyo los nombres de los aconsejados y cualquier otra persona presente en una reunión en particular, la fecha, el lugar, el número de sesión, un registro continuo de la conversación: incluyo citas clave, una lista de temas que podría querer explorar en sesiones futuras, el consejo dado, la tarea asignada, la fecha de la próxima sesión y un breve resumen de la sesión, así como la dirección sugerida para la próxima sesión, que se puede revisar de antemano.

Ahora, volvamos a la sesión de muestra con Adela.

Esperanza y plan (aproximadamente 15 minutos):

- *Ofrezco a Adela una esperanza centrada en Cristo.* Habiendo escuchado su historia, le digo: «Afortunadamente, Adela, tengo buenas noticias para ti: Dios tiene respuestas en Su Palabra para todo lo que hemos hablado hoy. Estoy seguro de que podemos encontrarlas juntos, y mi co-consejero y yo *queremos* acompañarte en el proceso». (No subestime el poder esperanzador de hacer tales afirmaciones personales).
- *Nos ponemos de acuerdo en un problema a abordar.*

Al final de la primera sesión, por lo general es mejor que usted y su aconsejado identifiquen y acuerden un tema para abordar juntos (sabiendo que pueden acordar cambiar en sesiones futuras). Esto les permite a ambos enfocarse en un problema, moverse sabia y afectuosamente hacia el corazón del aconsejado, y traer respuestas cristocéntricas a la mesa desde el principio, en lugar de dar vueltas alrededor de diferentes problemas y esperar llegar en algún momento al centro de las cosas. En la consejería bíblica, todos los caminos conducen hacia y desde Cristo y el corazón, por lo que generalmente podemos comenzar con cualquier problema que el aconsejado quiera abordar. Algunos otros podrían resolverse solos a medida que un aconsejado se acerca a Cristo y aprende a aplicar las Escrituras. Un corazón cambiado tendrá un impacto en todas las áreas de la vida de un aconsejado.

¿Qué problema debemos abordar? Por lo general, los aconsejados vienen con un problema que se presenta, o un problema emerge claramente durante la primera sesión. En las ocasiones en que el aconsejado discute múltiples problemas posibles, resumo brevemente los diversos problemas que escucho y las formas en que podríamos abordar cada uno. Luego permito que el aconsejado elija uno. Al fin y al cabo, es su vida y su sesión de consejería; la persona ha buscado voluntariamente mi ayuda.[7] Dado que los aconsejados invertirán su tiempo y esfuerzo en abordar lo que creen que es más apremiante o importante, su aceptación, apropiación y motivación a menudo son más vitales que el tema que seleccionan. De vez en cuando, sin embargo, puedo sugerir un tema de inicio, especialmente si la persona busca mi opinión, si veo algo urgente o grave, o si veo cómo abordar un problema de raíz podría ayudar a resolver otros problemas sintomáticos.

Ahora, volvamos a nuestro ejemplo.

- *Sugiero un plan tentativo para abordar su problema.* En la medida que el tiempo lo permita, comparto una perspectiva bíblica inicial o comparto brevemente un pasaje bíblico para dar alguna esperanza y dirección básicas. Pero también le recuerdo a Adela que estamos en las primeras etapas del proceso y que el enfoque podría cambiar a medida que avanzamos.

Invitación (aproximadamente 10 minutos).

- *Me ofrezco a reunirnos de nuevo.* Mientras me preparo para cerrar mi sesión con Adela, le digo: «Si quieres que volvamos a vernos, me encantaría. Espero volver a hablar y trabajar contigo para ayudarte. Podemos programar algo, o puedes avisarme más tarde hoy o mañana».[8]
- *Ya sea que Adela se comprometa o no, ofrezco una tarea de crecimiento.* Le digo: «Déjame seguir adelante y darte un par de cosas que creo que te ayudarán a comenzar». (Véase el capítulo 17 sobre las tareas de crecimiento asignadas). Me aseguro de explicar el propósito,

[7] Esto podría verse diferente si un anciano de la iglesia le ha indicado a un miembro que se reúna conmigo para discutir un problema específico.

[8] Algunos consejeros bíblicos declaran oralmente al final de la primera sesión o incluyen en su acuerdo de consentimiento informado algo como esto: «Si nos volviéramos a reunir, hay tres cosas que te pediría que nos ayudarán a que el proceso avance de la mejor manera: el espíritu de un aprendiz, el compromiso de hacer la tarea y algo de tiempo: tus problemas no se desarrollaron en un día y no se resolverán en un día; pero con un poco de tiempo, creo que verás progresos».

la importancia y los detalles de ellas a medida que las registro en mis notas también.

- *Hago preguntas.* Entonces me ocupo de las preguntas, si puedo, o pospongo los asuntos que consumen mucho tiempo para la próxima sesión.
- *Oro y termino la sesión.* Digo: «He disfrutado reunirme contigo y conocerte, y espero poder ayudarte más y ver lo que el Señor hará en tu vida. Permíteme hacer una oración final, y espero verte la próxima semana». Luego oro agradeciendo a Dios por Adela, por la oportunidad de trabajar con ella, y por Su gracia y promesas, y le pido a Dios que la ayude en la próxima semana. Después de eso, me pongo de pie (señalando el final de la sesión), extiendo mi brazo para darle un apretón de manos, camino con ella hasta la puerta y me despido amablemente.

Conclusión

En medio de su comprensible nerviosismo de la primera sesión, recuerde que es probable que su aconsejado esté aún más nervioso. ¿Cómo se puede compensar ese doble problema? Recordando que usted y su aconsejado no están solos. Dios mismo está con ustedes. Sí, el mismo Dios que estuvo con Moisés (Ex. 3:12), con Josué (Jos. 1:9) y con Pablo (2 Tim. 4:17) en sus aventuras, estará con usted.

13

El proceso de consejería. Paso uno: Entrar en el mundo del aconsejado

En cualquier campo del ministerio evangélico (por ej.: evangelismo, discipulado, liderazgo), a pesar de que las bases bíblico-teológicas y las metas cristocéntricas son similares, los enfoques prácticos específicos generalmente son diferentes.

De la misma manera, los consejeros bíblicos varían en cómo describen y llevan a cabo el proceso de consejería en sí.[1] Ningún procedimiento es el correcto, ni siquiera el nuestro.

[1] Otros escritores conceptualizan el proceso de manera similar. Paul David Tripp, *Instruments in the Redeemer's Hands: People in Need of Change Helping People in Need of Change* (Phillipsburg, NJ: P&R, 2002), 125-276, delinea un proceso de cuatro pasos de amar, conocer, hablar y hacer. Como su antiguo estudiante, yo (Bob) reconozco mi deuda con Tripp en este y en los próximos dos capítulos. Wayne Mack, «The Practice of Biblical Counseling», en MacArthur, *How to Counsel Biblically*, 101-200 (véase cap. 2, n. 12), usa siete «íes» para resumir su enfoque: desarrollar el involucramiento, infundir esperanza, hacer inventario, interpretar datos, proporcionar instrucción bíblica, inducir a los aconsejados a cambiar e implementar la instrucción bíblica. Randy Patten, «The Central Elements of the Biblical Counseling Process», en Kellemen y Viars, *Christ-Centered Biblical Counseling*, 321-36 (véase cap. 1, n. 2), presenta seis elementos clave: reunir información pertinente, resolver los problemas, ganar participación, infundir esperanza, proveer instrucción y dar tareas. Pierre, *Dynamic Heart in Daily Life* (véase cap. 1, n. 11), usa leer, reflejar, relacionar y renovar, como guía.

Visión general de nuestro modelo

Construido sobre la base del patrón frecuente del ministerio de Jesús, nuestro modelo de consejería involucra un proceso simple de tres pasos: Entrar, Entender y Traer (EUB, por sus siglas en inglés).[2] Entramos en el mundo del aconsejado, entendemos sus necesidades (tanto percibidas como reales) y le traemos a Cristo y Sus provisiones que cambian la vida.

En los Evangelios, vemos a nuestro Señor Jesús haciendo esto a lo largo de Su ministerio terrenal, tanto a nivel general (encarnación, ministerio terrenal, y cruz-resurrección-ascensión) como de manera personal y específica con individuos. Vemos Su patrón en Mateo 9:35-36:

> Recorría Jesús todas las ciudades y aldeas, enseñando en las sinagogas de ellos, y predicando el evangelio del reino, y sanando toda enfermedad y toda dolencia en el pueblo. Y al ver las multitudes, tuvo compasión de ellas; porque estaban desamparadas y dispersas como ovejas que no tienen pastor.

Este pasaje no describe la práctica ocasional de nuestro Señor sino su práctica *usual*. Esto resume Su patrón típico como consejero modelo. Aunque podemos aprender de Sus métodos flexibles con varios individuos como Natanael (Juan 1), Su propia madre (Juan 2), Nicodemo (Juan 3) o la mujer samaritana (Juan 4), no deberíamos construir nuestro modelo sobre encuentros específicos. En cambio, entender el enfoque usual de Jesús provee un fundamento desde el cual podemos ejercitar la flexibilidad necesaria.

¿Cuál fue la práctica ministerial común de Jesús y cómo debería ser en nuestro ministerio de consejería?

Entrar

Primero, Jesús entró en el mundo de la gente. Aunque esto comenzó con la encarnación, continuó con Su ministerio terrenal «[recorriendo]

[2] Usamos «pasos» para describir movimientos progresivos específicos en el proceso de consejería, pero esto no es mecánico. Al movernos al paso dos, no ignoramos el paso uno. Hacemos las tres tareas en cada sesión.

todas las ciudades y aldeas», teniendo contacto personal con individuos en necesidad.

De manera análoga, entramos en el mundo de un aconsejado. Damos una cálida bienvenida a la persona y la invitamos a sentarse con nosotros y compartir su vida con nosotros. Expresamos un cuidado sincero, mostramos frutos semejantes a los de Cristo y procuramos edificar una relación de amor, confianza y preocupación. En todo esto, la gracia de Dios nos impulsa a «[aceptarnos] mutuamente, así como Cristo los aceptó a ustedes para gloria de Dios» (Rom. 15:7, NVI). A su vez, esto genera esperanza e invita a las personas a confiarse a nosotros y compartir sus luchas.

Entender

Segundo, Jesús entendió las necesidades de la gente. Él diagnosticó su problema: «desamparadas y dispersas como ovejas que no tienen pastor» (v. 36). Estaban cargados con su pecado y miseria, sin recibir ayuda de los líderes religiosos. Note también que la comprensión de nuestro Señor de la lucha de ellos provocó Su compasión.

De modo similar, habiendo entrado en el mundo de nuestros aconsejados para comenzar una relación de bienvenida, buscamos comprender las necesidades de cada persona, tanto sus necesidades sentidas como las verdaderas. A través de entrevistas sabias y escuchas hábiles, llegamos a conocer a una persona: su situación, problemas, necesidades percibidas, cómo piensa y qué siente, valora y desea. Luego organizamos e interpretamos esa información a través de una lente bíblica para discernir las verdaderas necesidades de la persona. Comprender sus necesidades sentidas y presentar problemas es necesario pero insuficiente. Como observa Proverbios 20:5: «El propósito humano es como aguas profundas, el que es negligente lo descubrirá» (NVI). Además, en medio de nuestra escucha activa, transmitimos en semejanza a Cristo el amor, compasión y compromiso al ayudar. Como lo experimentó nuestro Señor, ver el pecado y el sufrimiento de aquellos a quienes servimos conmueve nuestros corazones emocionalmente.

Traer

En tercer lugar, Jesús les trajo las respuestas de Dios mientras enseñaba el evangelio y sanaba a las personas de sus enfermedades y dolencias (v. 35).

Basándonos en nuestro entendimiento de la persona, llevamos a Jesús y Sus provisiones a aquellos a quienes aconsejamos. Compartimos la Palabra de Dios para consolarlos en la medida en que sufren en este mundo caído, y para confrontarlos en la medida en que responden pecaminosamente. Abordamos tanto los problemas de la persona interior (raíz) como los de la persona exterior (fruto), es decir, tanto el corazón como el comportamiento. A medida que traemos la Palabra de Dios, dirigimos a las personas a cambios específicos en las raíces y los frutos a través de la instrucción práctica y orientada a la aplicación en las sesiones y las tareas asignadas entre sesiones. A medida que vemos un crecimiento progresivo, guiamos y entrenamos a nuestros aconsejados hasta que puedan continuar siguiendo a Cristo sin nuestra ayuda directa.

En el resto de este capítulo y en los dos siguientes se analiza este proceso de Entrar-Entender-Traer. Sin embargo, al principio, debemos reconocer nuestra debilidad y clamar al Señor para que Su Espíritu nos ayude a obrar en nuestras vidas y en la vida de aquellos a quienes aconsejamos. Sin Él, no podemos hacer nada; con Él, todos podemos florecer (Juan 15:5; Fil. 4:13).

Paso uno: Entre en el mundo del aconsejado

Nuestro objetivo

Comenzamos entrando en el mundo de un aconsejado. Esto implica un movimiento intencionado de tres partes. Queremos (1) construir una relación cálida, acogedora y piadosa con la persona; (2) *para que* gane esperanza y confíe en nosotros como el instrumento de Dios para ayudarla; (3) *para que* podamos guiarla a una relación salvadora o creciente con Jesús en medio de sus problemas. Esto es cierto ya sea que la persona no sea cristiana y necesite una relación salvadora inicial con Jesús o un creyente que necesita una relación continua o renovada con Jesús.

Fíjese en el flujo. No construimos relaciones cálidas para agradar a la gente, sino para ser instrumentos efectivos del ministerio. No proporcionamos un entorno de cuidado simplemente para darles una experiencia confortable, sino para amarlos bien y proporcionar una atmósfera piadosa, confiada y sin distracciones (Prov. 16:7; 20:5; Ef. 4:29-30) en la que el Espíritu Santo puede abrir sus corazones. Ninguno de nosotros compartirá sus vidas con personas en las que no confiamos o de cuya aceptación dudamos. Tampoco lo harán aquellos a quienes aconsejamos.

Dos analogías teológicas

Dos analogías subyacen a este objetivo de consejería. Primero, considere el plan de redención de Dios, particularmente el acto inicial de la justificación.[3] Romanos 15:7 nos llama a «[aceptarnos] mutuamente, así como Cristo [nos aceptó]» (NVI). La aceptación de Dios de nosotros, Su acto de justificación, se convierte en el modelo y el motivo para que nosotros aceptemos a los demás. El *Catecismo Menor de Westminster* describe la justificación como «un acto de la libre gracia de Dios, mediante la cual perdona todos nuestros pecados, y nos acepta como justos ante sus ojos».[4] Aunque en nuestros días el verbo «aceptar» connota tolerancia amoral, es un sinónimo teológico históricamente rico de justificación. Dios nos *acepta* tal como somos, en Cristo, para *transformarnos* progresivamente en lo que Él quiere que seamos. La justificación no es llegar a acuerdo o transigir; requiere la muerte sangrienta de Jesús, nuestro sustituto para llevar nuestros pecados. En este contexto, puede producirse un cambio radical. Dios nos declara justos y nos adopta como Sus propios hijos e hijas para poder transformarnos progresivamente. Para usar la ilustración de Paul Tripp, Dios nos ve a cada uno de nosotros como una casa en ruinas. Para repararnos, primero nos compra y toma posesión de nosotros.[5]

---

[3] Tripp, *Instruments*, 133.

[4] *Catecismo Menor de Westminster*, P. 33.

[5] Paul David Tripp, *Broken-Down House: Living Productively in a World Gone Bad* (Wapwallopen, PA: Shepherd Press, 2009).

Por analogía, formamos relaciones acogedoras con nuestros aconsejados. Vemos que necesitan ayuda para manejar la vida. Pero antes de ofrecerla, siguiendo la pista del Señor, los aceptamos como pecadores y sufrientes que necesitan un cambio. Desde esa postura de aceptación como justificación, podemos funcionar como instrumentos de Dios para ayudar a las personas a cambiar.

La segunda analogía para entrar en el mundo de un aconsejado es la encarnación de Cristo. El teólogo histórico Thomas Oden observa la importancia de la encarnación:

> Gran parte de la energía del compromiso empático en la tradición pastoral clásica ha provenido de la dinámica especial de la comparación entre el cuidado de Dios y el cuidado humano. La encarnación fue vista como el patrón dominante de la voluntad de Dios de entrar plenamente en nuestra situación humana de alienación y sufrimiento. El amor encarnado de Dios que se entrega a sí mismo exige una respuesta humana enérgica, para entrar en la situación de sufrimiento del prójimo para redimir, mostrar misericordia, sanar y transformar, para manifestar el amor de Cristo en medio del mundo.[6]

Para el consejero cristocéntrico que busca entrar en el mundo de alguien de una manera cariñosa, la encarnación de Cristo sigue siendo indispensable.

Al considerar la encarnación, pensamos principalmente en la segunda persona de la Deidad que se hizo humana: «Y aquel Verbo fue hecho carne, y habitó entre nosotros» (Juan 1:14). Ese evento aplastó la historia. Pero una vez encarnado, Jesús no se mantuvo al margen. Se movía entre la gente, interactuaba con la gente y tocaba a la gente, a menudo literalmente. «Recorría Jesús todas las ciudades y aldeas. [...] Y al ver las multitudes, tuvo compasión de ellas» (Mat. 9:35-36). Jesús se relacionó tan estrechamente con la gente común que los opositores lo llamaron «comilón,

---

[6] Thomas C. Oden, *Pastoral Counsel*, vol. 3 en la serie Classical Pastoral Care (Nueva York: Crossroad, 1989), 12.

y bebedor de vino, amigo de publicanos y de pecadores» (Mat. 11:19; también Luc. 15:1-2).

Hebreos 2:5-18 conecta magistralmente la encarnación de Cristo y Su cuidado compasivo. En los versículos 5-8a, el escritor reflexiona sobre el glorioso designio de Dios para la humanidad y cita parte del Salmo 8. Ese diseño colocó a la humanidad un poco más abajo que los ángeles y nos coronó con gloria y honor. Pero el autor de Hebreos se lamenta en el v. 8b de que esto no es lo que ve en su mundo. Sin embargo, hay esperanza: de hecho, hay un hombre hecho un poco inferior a los ángeles que ahora está coronado de gloria y honor (compare el v. 9 con el v. 7). Cristo logró esto al ser hecho como nosotros y al sufrir la muerte en nuestro lugar.

En los vv. 10-18, el escritor nos asegura que Dios también llevará a Sus hijos e hijas escogidos a ese honor y gloria señalados, cumpliendo la visión del Salmo 8. ¿Cómo? Haciendo que Jesús, la fuente y el pionero de nuestra salvación, se parezca a nosotros en todos los sentidos; Él experimentó nuestra humanidad y comprende por sí mismo nuestras luchas diarias. A través de la fe en Jesús, los creyentes ahora somos de la misma familia: Dios es nuestro Padre y Jesús es nuestro hermano (vv. 11-13). De hecho, para que esta salvación se realizara, Jesús «debía ser *en todo* semejante a sus hermanos» (v. 17, énfasis añadido). Encontramos esta misma frase en Hebreos 4:15, donde Jesús, nuestro Sumo Sacerdote, empatiza con nuestras debilidades porque ha sido tentado «en todo» como nosotros. Esta naturaleza humana de Jesús hecha semejante a nosotros, tentada como nosotros (comp. Heb. 5:1) le permitió convertirse en nuestro «misericordioso y fiel sumo sacerdote», «para expiar los pecados del pueblo» y «para socorrer a los que son tentados» (Heb. 2:17-18).

¿Cómo podrían influir estas ideas de Hebreos 2 y 4 en su consejería? Si bien usted no puede encarnarse físicamente en la vida de un aconsejado, sí puede reconocer su humanidad común: usted no es diferente de ellos. Hebreos 2:11 lo dice poderosamente: porque somos de la misma familia y tenemos el mismo Padre, Jesús «no se avergüenza de [llamarnos] hermanos». La encarnación de nuestro Señor produjo una nueva humanidad compartida y una conexión relacional con nosotros. Por analogía, en la medida en que usted se vea a sí mismo como diferente de su aconsejado, o su aconsejado lo vea a usted como diferente de él, carecerá de empatía. A él le resultará más difícil confiar en usted y abrirse ante usted.

Cualidades relacionales semejantes a las de Cristo

Para crear una relación cálida, acogedora y piadosa con un aconsejado, hay cualidades clave que los consejeros deben cultivar. Observemos tres preguntas generales que cualquiera de nosotros haría, al menos implícitamente, al evaluar a cualquier aspirante a ayudante: (1) ¿Te preocupas por mí? (2) ¿Puedo confiar en ti? (3) ¿Puedes ayudarme? Un «no» a cualquiera de estas preguntas descalificaría efectivamente a alguien para ser nuestro dentista, médico o abogado, y mucho menos nuestro consejero con quien compartimos los detalles confidenciales y personales de nuestra vida interior.

Colosenses 3:12-14 y 1 Corintios 13:4-7 juntos proporcionan al menos quince gracias relacionales para que las cultivemos: compasión, bondad, humildad, mansedumbre, paciencia, tolerancia, perdón, amor, falta de envidia, respeto, negarse a deleitarse en la injusticia pero regocijarse con la verdad, protección (abordamos la confidencialidad en el capítulo 20), confianza, perseverancia y esperanza (véase el capítulo 16 sobre dar esperanza).[7] Detenerse en estos pasajes es una búsqueda sabia de toda la vida para todo consejero.

El resto de este capítulo enfatiza tres gracias relacionales que necesitamos especialmente para entrar en el mundo del aconsejado: compasión, humildad y mansedumbre.

Compasión

Como vimos en Mateo 9:36: «Al ver [Jesús] las multitudes, tuvo compasión de ellas; porque estaban desamparadas y dispersas como ovejas que no tienen pastor». Entonces, ¿qué es la compasión? La compasión es esa respuesta emocional interna y profundamente sentida de lástima por la

[7] Considere también las cualidades relacionales en Mat. 5:3-12; Gál. 5:22-23, Ef. 4:2-3; 1 Tes. 2:1-12 y 1 Ped. 3:8.

difícil situación de una persona que sufre, junto con el deseo de aliviar ese sufrimiento. La compasión *ve* a la persona que sufre, *siente* tierna lástima por la persona que sufre, y trata de *aliviar* ese sufrimiento siempre que sea posible y prudente.

¿A qué debemos responder compasivamente? La victimización, la opresión y el abandono provocan lágrimas en todas las personas normales, solidarias y justas. A esa lista podríamos añadir las penurias generales de la vida, las recesiones económicas y las diversas formas de pobreza, los desastres naturales, las enfermedades y las heridas. Los creyentes también pueden responder con lágrimas a los efectos de la perdición espiritual, la falsa enseñanza y los ataques demoníacos. En resumen, la gente suele mostrar compasión por aquellos que sufren inocentemente.

Pero las Escrituras van más allá de eso. Representan a Dios mostrando compasión incluso hacia aquellos cuyo sufrimiento fue autoinducido. Considere este conmovedor relato en Nehemías 9 en el que los levitas confiesan la maldad de Israel y alaban la compasión de Dios durante el incidente del becerro de oro:

> Pero ellos y nuestros antepasados fueron altivos; fueron tercos y no obedecieron tus mandamientos. Se negaron a escucharte. [...] Fue tanta su terquedad y rebeldía que hasta se nombraron un jefe para que los hiciera volver a la esclavitud. Pero tú eres Dios perdonador, misericordioso y *compasivo*, lento para la ira y grande en amor. Por eso no los abandonaste, a pesar de que se hicieron un becerro de metal fundido y dijeron: "Este es tu dios que te sacó de Egipto"; y aunque fueron terribles las ofensas que cometieron. Tú no los abandonaste en el desierto porque eres muy *compasivo*. (Neh. 9:16-19, NVI, énfasis añadido; comp. 9:31)

Pocos pasajes de la Biblia ofrecen una descripción más devastadora de la maldad de Israel. Sin embargo, Dios les mostró compasión. El término hebreo para compasión usado aquí (*rákjam*) conlleva el sentido de gracia inmerecida y el matiz emocional de la piedad, el cuidado y el amor tierno (véase también Sal. 103:13-14; Isa. 63:7; Miq. 7:19).

En la consejería, a menudo encontramos que un aconsejado ha pecado y han pecado contra él. Si bien tendremos que ordenar y abordar ambas vertientes, debemos transmitir la compasión piadosa y su aspecto emotivo apropiado para cada una.

¿Cómo puede usted desarrollar compasión hacia aquellos que pecaminosamente se han traído sufrimiento a sí mismos? Primero, enfóquese en la cruz de Cristo. Recuerde su propia culpa enorme ante Dios, que Dios en Cristo le perdonó completamente (Mat. 18:21-35). Recuerde cómo era antes de que Dios pusiera Su amor salvador en usted y lo cambiara para siempre (Ef. 2:1-10; Tito 3:3-8).

Segundo, estudie la compasión de nuestro Señor Jesús. Considere Su compasión hacia las personas sin pastor (Mat. 9:36), las personas con discapacidades (Mat. 20:34), las personas enfermas (Mar. 1:41), las personas hambrientas (Mar. 8:2), las personas poseídas por demonios (Mar. 9:22), las personas en duelo (Luc. 7:13), las personas victimizadas (Luc. 10:33) y las personas culpables y perdidas (Luc. 15:20; el padre aquí representa a Dios).

Tercero, reflexione sobre cómo Dios lo ha consolado en las dificultades que ha enfrentado. Pablo abre este camino de pensamiento en 2 Corintios 1:4: «[Dios] nos consuela en todas nuestras tribulaciones, para que podamos también nosotros consolar a los que están en cualquier tribulación, por medio de la consolación con que nosotros somos consolados por Dios». El Padre de la compasión no lo consuela simplemente por su bien, sino para que usted pueda consolar compasivamente a los demás.

Humildad

Varios pasajes invitan a meditar mientras nos humillamos ante el Señor en oración y entramos en el mundo de un aconsejado. Isaías 66:2 nos dice que Dios mira con buenos ojos a la persona «pobre y humilde de espíritu, y que tiembla a [su] palabra». Y Santiago 4:6 nos recuerda que «Dios resiste a los soberbios, y da gracia a los humildes».

Una de las parábolas más sorprendentes de nuestro Señor aparece en Lucas 18:9-14, la parábola del fariseo y el publicano. En el v. 9, Lucas introduce la historia y resume su idea: «A unos que confiaban en sí mismos como justos, y menospreciaban a los otros, [Jesús] dijo también esta parábola». Aquí vemos inmediatamente el estrecho vínculo entre la justicia propia y el juicio: la justicia propia engendra el juicio; el enjuiciamiento traiciona la justicia propia. En los vv. 10-14, Jesús cuenta la historia. El fariseo ora por su propia conducta justa; el publicano confiesa su pecado y suplica misericordia. Al final, lo que habría sido un giro sorpresivo para los oyentes originales, se dice que el publicano y no el fariseo fue justificado y exaltado a los ojos de Dios.

El fariseo ofreció una oración santurrona: «Dios, te doy gracias porque no soy como los otros hombres: ladrones, injustos, adúlteros, ni aun como este publicano» (v. 11). A partir de esto, obtenemos una poderosa conclusión: lo único peor que ser ladrón, injusto, adúltero o publicano *es estar orgulloso de no serlo*. Las implicaciones para la consejería son asombrosas. Esto significa que lo único peor que ser (rellenar con el problema del aconsejado) es estar orgulloso de no ser (rellenar con el problema del aconsejado). Imagínese el acto más repulsivo que alguien podría hacer y colóquelo en la fórmula; por ejemplo, lo único peor que ser un traficante de cocaína o un abusador de niños es estar orgulloso de no serlo.

Entonces, ¿cómo se ve la humildad en un consejero?

- «No soy mejor que tú. Lo sé, y quiero que tú también lo sepas. Si no fuera por la gracia de Dios, estaría donde tú estás, y tal vez en un lugar peor».
- «Necesito la misma ayuda que tú necesitas: el mismo evangelio, el mismo Salvador, la misma Biblia, el mismo Espíritu Santo, y el mismo ministerio y apoyo de la iglesia. Necesito desesperadamente ayuda de lo alto».
- «Yo, que te estoy ayudando hoy, podría necesitar a alguien, tal vez tú, que me ayude mañana».
- «Mi posición como tu ayudante podría engañarte haciéndote creer que estoy por encima de ti. No lo estoy».

Mansedumbre

Las Escrituras frecuente y profundamente combinan la humildad con la mansedumbre (por ej., 2 Cor. 10:1). Nuestro Señor Jesús los combina en Mateo 11:28-29: «Venid a mí todos los que estáis trabajados y cargados, y yo os haré descansar. Llevad mi yugo sobre vosotros, y aprended de mí, que soy manso y humilde de corazón; y hallaréis descanso para vuestras almas». Sorprendentemente, este es el único lugar en los Evangelios donde Jesús describe Su persona interior: es manso y humilde de corazón hacia los necesitados. En esto, Jesús refleja el corazón de su Padre: «Como pastor [Dios] apacentará su rebaño; en su brazo llevará los corderos, y en su seno los llevará; pastoreará suavemente a las recién paridas» (Isa. 40:11).

¿Cómo se ve la mansedumbre al construir una relación de consejería? Las Escrituras la combinan con humildad, paciencia y amor (Ef. 4:2); con buena conducta (Sant. 3:13) y con ser amante de la paz, benigno, lleno de misericordia y de buenos frutos (Sant. 3:17). En 1 Tesalonicenses 2:7-8, Pablo compara su propio ministerio con una madre dulce que cuida a sus propios hijos (NVI). El cuidado, la consideración, la ternura y la bondad, en contenido y tono, deben marcar nuestra actitud hacia aquellos que buscan nuestra ayuda. En 1 Timoteo 6:11, Pablo exhorta a Timoteo a buscar la mansedumbre junto con otras cinco cualidades.

Sin embargo, la mansedumbre no anula la necesidad de que los consejeros bíblicos fieles amonesten, adviertan y reprendan cuando sea necesario. Jesús establece la norma: «Yo reprendo y castigo a todos los que amo» (Apoc. 3:19). El amor, entonces, se enfrenta amorosamente a aquellos a quienes ama. Por lo tanto, cuando un hermano o hermana es sorprendido en el pecado, nosotros que caminamos por el Espíritu no deberíamos ser parte de la autodestrucción; deberíamos restaurarlos. Sin embargo, debemos hacerlo con mansedumbre (Gál. 6:1). Más aún, cuando se nos cuestiona acerca de nuestras creencias, debemos estar listos para explicar y defender nuestros puntos de vista, pero con mansedumbre y respeto (1 Ped. 3:15-16). Cuando nos enfrentamos a los oponentes, no debemos pelear, sino que debemos enseñar mansa y pacientemente, confiando los resultados a Dios (2 Tim. 2:24-25).

¿Qué puede motivarlo a crecer en mansedumbre? Primero, medite en los ejemplos anteriores de Jesús, Pablo y el Padre. Pídale a Dios que lo haga como ellos. En segundo lugar, puesto que la mansedumbre es un fruto del Espíritu de Dios (Gál. 5:16-26), busque conscientemente depender del Espíritu y vivir por Él. Pídale a Dios que lo llene con nuevas medidas de Su Espíritu diariamente mientras medita en Sus palabras exhaladas en ese pasaje. Tercero, ensaye las riquezas del evangelio. Recuerde la gracia inmerecida de Dios hacia usted. En Tito 3:2, Pablo nos implora que mostremos «mansedumbre para con todos los hombres». ¿Por qué? Pablo da una razón en los versículos 3-5 de ese mismo capítulo: «Porque nosotros también éramos en otro tiempo insensatos, rebeldes, extraviados, esclavos de concupiscencias y deleites diversos, viviendo en malicia y envidia, aborrecibles, y aborreciéndonos unos a otros. Pero cuando se manifestó la bondad de Dios nuestro Salvador, y su amor para con los hombres, nos salvó». Pablo entonces procede a desentrañar el evangelio. El trato misericordioso de Dios hacia usted en sus momentos de necesidad debería movilizarlo a ser manso con los demás.

Conclusión

Aunque solo Jesús posee perfectamente estas cualidades de compasión, humildad y mansedumbre, el Espíritu de Dios puede hacer crecer estas gracias relacionales en cada consejero bíblico. Cultívelas; no aconseje sin ellas. Necesitamos estas cualidades para formar relaciones cálidas y cordiales con nuestros aconsejados que nos permitan entrar en su mundo.

14

El proceso de consejería. Paso dos: Entender las necesidades del aconsejado

Una vez que comenzamos a entrar en el mundo de un aconsejado formando una relación cálida y cordial (Paso uno), nuestro siguiente paso es comprender sus necesidades percibidas y las reales. Los consejeros bíblicos conocen la verdad de Proverbios 18:13: «Es necio y vergonzoso responder antes de escuchar» (NVI). Nosotros debemos tratar de entender a aquellos a quienes aconsejamos.

Objetivos para el segundo paso

¿Cuáles son nuestros objetivos en este segundo paso principal? En primer lugar, debemos tratar de comprender a la persona, no solo el problema. «Los portadores de la imagen», como nos recuerda Bob Kellemen, «no pueden ser analizados, diseccionados, examinados o estudiados. Solo pueden ser conocidos, experimentados y amados».[1] Si podemos comprender a la persona, podemos entender su problema. Esto incluye la comprensión de:

[1] Robert W. Kellemen, *Spiritual Friends: A Methodology of Soul Care and Spiritual Direction* (Taneytown, MD: RPM Books, 2005), 96.

- la situación: las dificultades y las bendiciones de gracia común que tienen o están experimentando;
- el comportamiento: cómo responden a su situación, en palabras, acciones, emociones y pensamientos conscientes; y
- el corazón: sus creencias centrales, motivaciones, afectos, deseos, o sea, «la fuente de la vida» (Prov. 4:23).

Nuestro deseo como consejeros es ver la vida de cada aconsejado de la manera en que ellos la ven.

En segundo lugar, debemos expresar a cada persona que la entendemos. Para que la consejería sea efectiva, usted no solo debe comprender a su aconsejado; su aconsejado debe *sentirse* comprendido por usted.

En tercer lugar, debemos guiar a cada persona a la autocomprensión bíblica. Sin las Escrituras, los aconsejados están confundidos y se engañan a sí mismos (Rom. 12:3; Ef. 4:22-24; Tito 3:3; Heb. 3:12-13). Queremos ayudarlos a ponerse lentes bíblicos para ver al Señor, a sí mismos y a sus situaciones de maneras nuevas y precisas.

¿Cómo lograremos estos objetivos? A través de entrevistas hábiles, escucha activa e interpretación sabia de la información.

Un ejemplo de caso

Para ver la importancia de este paso, imaginemos que Amanda llama a la oficina de su iglesia buscando consejería. Su pastor lo contacta a usted, le informa que el esposo de Amanda la abandonó para irse a vivir con otra mujer, y le invita a aconsejarla.

Entonces, ¿qué es lo que está experimentando Amanda? Las respuestas pueden parecer obvias:

- *Shock*. «Mi mundo se ha derrumbado».
- Miedo. «¿Qué me pasará? ¿Qué hará él ahora? ¿Qué dirán los demás cuando sepan esta noticia?».
- Remordimiento, vergüenza. «¿Qué pensarán mis amigos y mi familia sobre mí?».

- Tristeza, depresión, desesperación, desesperanza, aun ideas suicidas.
- Enojo. Con su marido, con la otra mujer, con ella misma, incluso con Dios.
- Venganza. «Yo le mostraré. Tiraré sus cosas a la calle. Contrataré al mejor abogado de la ciudad y lo destruiré. Nunca verá a sus hijos de nuevo».
- Culpa. «No fui una buena esposa. Yo lo lancé a los brazos de la otra».
- Celos. «¿Por qué ella? ¿Qué tiene ella que yo no tenga?».

Sin embargo, todas estas respuestas son erróneas. Al pensar acerca de la situación de Amanda antes de conocerla, la respuesta correcta es «No lo sé». Porque, a pesar de que algunas de estas respuestas *pueden* ser correctas, usted no sabrá lo que ella está experimentando hasta que se siente con ella y la escuche.

En verdad, la lista anterior deja afuera otra posibilidad: quizás Amanda se siente aliviada. Puede ser que su marido haya sido violento y entonces ella está contenta de que se fue. Quizás sospechaba de su infidelidad, pero él lo negaba rotundamente y la llamaba paranoica. O tal vez ella tiene sus ojos puestos en otro hombre y ve la infidelidad de su marido como una puerta de salida de su matrimonio. Usted no sabe cómo Amanda está experimentando esta situación hasta que la conoce.

De esto derivan varias implicaciones. Primero, nosotros los consejeros bíblicos nos enfocamos en las personas, no en las categorías. No aconsejamos a personas abandonadas, alcohólicas o ansiosas. Más bien, aconsejamos a Amanda, cuyo esposo la abandonó; a Juan que bebe demasiado; y a Mercedes, que está llena de ansiedad.

En segundo lugar, no aconsejamos a Amanda que ha sido abandonada por su marido, sino a Amanda que ha sido abandonada por su marido *y está respondiendo a esa experiencia de una manera específica*, una manera que debemos esforzarnos por comprender.

En tercer lugar, reconocemos que no hay versículos bíblicos de «talla única», que vayan bien para todos los casos. Sugerir «este es el mejor versículo para la gente abandonada», ignora las respuestas individuales a las circunstancias. Cada uno de los que han sido abandonados puede justificar un enfoque diferente y diferentes verdades bíblicas. No suponga que el pasaje X es el mejor para todas las personas abandonadas, el pasaje Y para todas las personas alcohólicas o el pasaje Z para todas las personas ansiosas.

Conozca a su aconsejado

¿Cómo debe abordar la tarea de conocer a una persona?[2] Comencemos con algunas perspectivas generales y luego consideremos la interacción entre hacer preguntas sabias y escuchar activamente.[3]

Perspectivas generales

En primer lugar, evite las suposiciones infundadas. A menudo nos acercamos a las relaciones significativas con suposiciones basadas en uno o más de lo siguiente:

- Experiencia personal. «Sé lo que está sintiendo esta persona rechazada. A mí me pasó lo mismo...».
- Conocimiento general basado en el entrenamiento en consejería, libros, etc. «Sé lo que esta persona rechazada está sintiendo. Leí sobre eso. Mi profesor o supervisor de formación me dijo que las personas rechazadas generalmente sienten...».
- Experiencia previa en consejería. «Sé lo que está sintiendo esta persona rechazada. He trabajado con tres casos como este en los últimos dos años».

---

[2] Aunque algunos consejeros bíblicos llaman a este paso «recolección de información», otros prefieren simplemente «conocer» o «entrevistar» a la persona, ya que suena más cálido y personal.

[3] Los expertos seculares en la formación de consejeros han producido numerosos recursos que, cuando se leen con discernimiento, pueden ayudar a los consejeros bíblicos a crecer en sus habilidades de atención y escucha. Para obtener un breve libro de inicio, consulte William R. Miller, *Listening Well: The Art of Emphatic Understanding* (Eugene, OR: Wipf and Stock, 2018); o Allen E. Ivey, Norma Gluckstern, y Mary Bradford Ivey, *Basic Attending Skills: Foundations of Empathic Relationships and Problem Solving*, 6.ª ed. (San Diego: Cognella Academic, 2019).

Recuerde, su aconsejado no es usted; no es la persona que su profesor o libro de texto describió; y no es la persona a la que aconsejó la última vez.[4] En cambio, debe basar sus interpretaciones en conclusiones sólidas obtenidas a través de entrevistas y diálogos cuidadosos.

Además, debe tratar de pasar progresivamente de la comprensión de la situación de un aconsejado (circunstancias externas) a su comportamiento y luego a su corazón (raíces internas). Trabaje constantemente para comprender las creencias y motivaciones internas de una persona.

También, a medida que empiece a entender a una persona, responda con emociones y acciones apropiadas como las de Cristo. Recordemos de nuevo el modelo de nuestro Señor: «Y al ver a las multitudes, tuvo compasión de ellas» (Mat. 9:36). Continúe expresando las gracias relacionales que vimos en el Paso uno a medida que avanza el proceso y surge información adicional. Demostrar esas cualidades específicas y las habilidades de atención de manera más apropiada a cómo se siente una persona en *particular* en medio de una situación *particular* se convierte en su incursión relacional en la vida de esa persona.

Hacer preguntas sabias

Hacer preguntas sabias es indispensable para conocer a una persona. Pero no todos los tipos de preguntas son igual de valiosos. Aquí hay siete pautas:

1. Prefiera las preguntas abiertas a las preguntas cerradas

Las preguntas cerradas se pueden responder con un sí o un no y requieren poca o ninguna revelación de información. Las preguntas abiertas requieren que los aconsejados seleccionen y divulguen información por sí mismos. Deben escanear sus menús mentales y elegir qué información quieren ofrecer. A continuación se muestran ejemplos de ambos tipos:

---

[4] Véase Robert D. Jones, «You Don't Know What You Don't Know: Three Wrong Assumptions», Biblical Counseling Coalition, 5 de marzo de 2018, https://www.biblicalcounselingcoalition.org/2018/03/05/you-dont-know-what-you-dont-know-three-wrong-assumptions/

- Cerrado: «¿Tienes un buen matrimonio?».
- Abierto: «¿Cómo describirías tu matrimonio?».
- Cerrado: «Cuando tu jefe dijo eso, ¿te enojaste?».
- Abierto: «Cuando tu jefe dijo eso, ¿cómo te sentiste?».

Las preguntas cerradas comienzan con palabras como *es, son, hizo, hace, hará, haría, tendría, tiene, puede* o *podría*. Las preguntas abiertas comienzan con *quién, qué, dónde, cuándo, por qué* o *cómo*. Invitan a un aconsejado a compartir más información. Por supuesto, se requiere sabiduría en el uso de preguntas abiertas. Preguntarle a una persona contra la que se ha pecado: «¿Cómo te hizo sentir la acción de esa persona?», asigna erróneamente un poder determinante a esa persona («te hizo»). En su lugar, simplemente debe preguntar: «¿Cómo te sentiste acerca de (o respondiste a) las acciones de esa persona?».

Es importante destacar que las preguntas cerradas pueden ayudar cuando una persona (por ejemplo, un niño o un adolescente) parece incapaz o no está dispuesta a abrirse o a responder preguntas abiertas o cuando simplemente se quiere poner un tema sobre la mesa. Un ejemplo de esto último es: «¿Alguna vez te has sentido deprimido?». Si la persona dice que sí, entonces puede hacer un seguimiento con preguntas abiertas, como: «¿Con qué frecuencia? ¿Cuándo? ¿Cómo describirías esos momentos?».

2. Evite las preguntas de uno u otro (también conocidas como preguntas binarias o de menú)

Estas preguntas encierran a su aconsejado en su catálogo de opciones. Por ejemplo, preguntar: «Cuando le dijiste eso a tu esposa, ¿estabas enojado o triste?», supone que solo hay dos opciones. Solo pregúntele: «Cuando le dijiste eso a tu esposa, ¿cómo te sentiste?».

3. Pase de preguntas extensivas a preguntas intensivas

Las preguntas extensivas indagan un poco sobre muchas áreas y escudriñan toda la vida del aconsejado. Las preguntas intensivas indagan mucho sobre un área y sondean ese aspecto. Las preguntas extensivas examinan ampliamente, rozan la superficie y utilizan una lente gran angular. Las intensivas se enfocan estrechamente, se sumergen profundamente y usan una lente de *zoom*.

Ambos métodos pueden ser beneficiosos para conocer a su aconsejado y avanzar hacia su corazón. Las preguntas extensivas descubren temas comunes del corazón o patrones de comportamiento. Hacer preguntas sobre los amigos, la familia, la iglesia, el trabajo o la salud de la persona puede revelar temas comunes sobre las preocupaciones financieras o el miedo a las personas. Hacer preguntas intensivas revelará causas y conexiones. A medida que explora los temores laborales de un aconsejado, puede pasar de los hechos de un incidente laboral a su respuesta conductual y luego a sus creencias y motivaciones (por ej.: «¿Qué esperabas ganar con eso?»).

El proceso de consejería generalmente progresa de preguntas extensivas a preguntas intensivas, tanto dentro de cada sesión (comience con una descripción general y luego avance hacia el área de enfoque) como de una sesión a otra (preguntas más extensivas en las primeras sesiones a medida que avanzamos hacia el área de cambio enfocada). Con el tiempo, aprenderá a desarrollar su propio ritmo para saber cuándo profundizar y cuándo relajarse, cuándo presionar y cuándo hacer una pausa.

4. Use preguntas indagatorias para moverse hacia el corazón

«Las personas perspicaces son perspicaces», escribe Paul Tripp, «no porque tengan las respuestas correctas, sino porque han hecho las preguntas correctas».[5] Las preguntas sabias no solo obtienen información, sino que enseñan a los aconsejados a pensar bíblicamente. Cuando los aconsejados descargan los problemas de su vida, pero no hacen referencia a Dios, preguntarles: «¿Dónde ves a Dios en todo esto?», trae dos beneficios: busca información valiosa sobre su visión de Dios, pero también les recuerda que hay un Dios involucrado en su vida. Considere estos ejemplos de la Biblia que escudriñan el corazón.

[5] Tripp, *Instruments*, 284 (véase cap. 13, n. 1).

- ¿Dónde estás tú? ¿Quién te enseñó que estabas desnudo? ¿Has comido del árbol del que yo te mandé no comieses? (Gén. 3:9, 11)
- ¿Por qué gastáis el dinero en lo que no es pan, y vuestro trabajo en lo que no sacia? (Isa. 55:2)
- ¿Por qué moriréis, casa de Israel? (Ezeq. 18:31)
- ¿Y por qué miras la paja que está en el ojo de tu hermano, y no echas de ver la viga que está en tu propio ojo? (Mat. 7:3)
- ¿Por qué buscáis entre los muertos al que vive? (Luc. 24:5)
- ¿Tú quién eres, que juzgas al criado ajeno? (Rom. 14:4)

¿Cómo luciría esta técnica en un entorno de consejería típico?[6] Usted podría hacer preguntas como estas:

- ¿Dónde ves a Dios en esta situación? (O ¿qué piensas que Dios está tramando?).
- ¿Cómo crees que Dios te ve?
- ¿Qué esperabas lograr?
- ¿Qué pasaba por tu mente?
- Si pudieras cambiar tu situación de alguna manera, ¿cómo lo harías?
- ¿Qué es lo que más quieres que suceda (o no suceda) en esta situación?
- ¿Cuáles son tus mayores preocupaciones sobre esta situación (o relación)?
- ¿Cómo te gustaría que la gente orara por ti?
- ¿Cuál crees que podría ser la raíz de tu comportamiento?

5. Haga preguntas simples, no compuestas

Preguntar: «¿Qué le dijiste a tu jefe y cómo respondió él?», es una pregunta de más. Haga una pregunta simple y clara a la vez. Luego cierre la boca y escuche.

---

[6] Para una lista de treinta y cinco «Preguntas de rayos X» con comentario, véase Powlison, *Seeing with New Eyes*, 129-43 (cap. 6, n. 14).

6. No se conforme con respuestas inespecíficas, profundice

Si usted pregunta: «¿Cómo fue la conversación con tu hijo?», y la persona dice: «Bien», entonces profundice: «¿De qué manera salió bien?».

7. Deje que un intercambio de preguntas y respuestas lo lleve a lo que sigue

Si bien es aconsejable ingresar a una sesión con una lista preparada de preguntas, vea esa lista como un menú para seleccionar, no como un guion para seguir al pie de la letra.

En resumen, haga una pregunta simple y abierta a la vez para avanzar hacia las creencias y motivaciones de la persona.

Escucha activa

Una comunicación excelente requiere hablar con habilidad. La otra mitad de la comunicación, posiblemente la más importante pero la más descuidada, es la escucha hábil.

¿Por dónde deben empezar los consejeros bíblicos? Con Dios. Es nuestro modelo y motivador para una buena escucha. Lo vemos dentro de la Deidad cuando las tres Personas se escuchan entre sí: el Padre escucha a Su Hijo (Juan 11:41-42), el Hijo escucha a Su Padre (Juan 8:26; 14:24), y el Espíritu escucha al Padre y al Hijo (Juan 16:13). Entre las innumerables actividades de Dios antes y después de la creación, no hay nada *más* divino que escuchar. Dios escucha a Dios.

Además, Dios nos escucha a nosotros, Su pueblo. Génesis 16 registra una de las historias más conmovedoras de la Biblia. Agar era una mujer sin estatura cultural ni importancia, que acababa de sufrir graves maltratos (aunque no era del todo inocente) y huía de regreso a Egipto, su tierra natal. Sin embargo, el ángel del Señor salió a su encuentro y le ministró. ¿Cómo?

1. La buscó y la encontró, a pesar de que ella no lo estaba buscando a Él (v. 7; comp. Luc. 5:31-32; 19:10).

2. Le habló, llamándola por su nombre (vv. 8-10; como nuestro Señor en Juan 10:3). Le hizo una pregunta abierta y escudriñadora, le dio un consejo directo y prometió bendecirla.
3. La escuchó: «Y le pondrás por nombre Ismael porque el Señor ha escuchado tu aflicción» (vv. 11-12, NVI; comp. 21:17-18).
4. La miró con ojos de compasión (v. 13; como nuestro Salvador en Mat. 9:36).

Esto es lo que hace nuestro Redentor: Él encuentra, habla, escucha y ve. Y esto es lo que los consejeros semejantes a Cristo hacen, en el nombre de Jesús y con el poder de Su Espíritu: nos encontramos con aquellos que están en necesidad, los escuchamos atentamente, vemos las luchas de nuestros aconsejados y les hablamos la Palabra de Dios.

Éxodo 2:23-25 describe la misma dinámica. El éxodo de Israel de Egipto no comenzó con la apertura del Mar Rojo, las diez plagas ni aun con la aparición de Dios a Moisés en un arbusto en llamas. Comenzó con los oídos de Dios: «Los israelitas, sin embargo, seguían lamentado su condición de esclavos y clamaban pidiendo ayuda. Sus gritos desesperados llegaron a oídos de Dios, quien al oír sus quejidos se acordó del pacto que había hecho con Abraham, Isaac y Jacob. Fue así como Dios se fijó en los israelitas y los tomó en cuenta» (2:23-25, NVI, comp. 3:7-10).

Los Salmos, en particular, hablan del Dios que escucha, especialmente en medio de nuestro sufrimiento:

- Porque no menospreció ni abominó la aflicción del afligido, ni de él escondió su rostro; sino que cuando clamó a él, le oyó. (22:24)
- Los ojos de Jehová están sobre los justos, y atentos sus oídos al clamor de ellos [...] Claman los justos, y Jehová oye, y los libra de todas sus angustias. (34:15,17; comp. 1 Ped. 3:12)
- Pacientemente esperé a Jehová, y se inclinó a mí, y oyó mi clamor. (40:1)
- Amo a Jehová, pues ha oído mi voz y mis súplicas; porque ha inclinado a mí su oído; por tanto, le invocaré en todos mis días. (116:1-2)

El patrón en estos pasajes es claro y la lección inequívoca: Dios primero escucha, luego ayuda; los consejeros primero deben escuchar y luego ayudar. Como observó Dietrich Bonhoeffer: «Los cristianos han olvidado que el ministerio de escuchar les ha sido confiado por Aquel que es el gran oyente y cuya obra deben compartir».[7] En las Escrituras, Dios suministra un modelo conmovedor de lo que implica el buen escuchar. Significa escuchar activa y atentamente. El apóstol Santiago exhorta a que cada uno sea «pronto para oír, tardo para hablar, tardo para airarse» (Sant. 1:19). Proverbios 18 nos recuerda que hablar de un asunto antes de escucharlo es insensato y vergonzoso (v. 13) y que hay más que un lado de la historia (v. 17: «Justo parece el primero que aboga por su causa; pero viene su adversario, y le descubre»).

Considere la práctica del pastor Francis Schaeffer como un ejemplo de escucha activa y atenta. Refiriéndose a un caso difícil que Schaeffer describió, Jerram Barrs escribe:

> Este tipo de situación le rompía el corazón [a Schaeffer], y se dedicaba a escuchar durante horas las luchas y las preguntas de quienes acudían a su casa. Él decía: «Si solo tengo una hora con alguien, pasaré los primeros 55 minutos haciendo preguntas y descubriendo lo que está preocupando su corazón y su mente, y luego, en los últimos 5 minutos, compartiré algo de la verdad».[8]

Si bien es posible que no sigamos la asignación extrema de tiempo de Schaeffer, la viñeta subraya la centralidad de la escucha activa y atenta.

Escuchar piadosamente también significa escuchar con cuidado y compasión, como vemos que Dios hace en Génesis 16 y Éxodo 2–3 más arriba. Pablo pasó tres años ministrando a los efesios «con toda humildad y con lágrimas» (Hech. 20:19, NVI), advirtiéndoles a cada uno de ellos «día y noche [...] con lágrimas» (20:31). El mismo apóstol animó a sus lectores a cuidarse unos a otros de maneras que asuman una escucha empática:

---

[7] Dietrich Bonhoeffer, *Life Together*, trad. John W. Doberstein (Nueva York: Harper & Row, 1954), 98-99.

[8] Jerram Barrs, «Francis Schaeffer: The Man and His Message», Covenant Seminary, https://www.covenantseminary.edu/francis-schaeffer-the-man-and-his-message/

«Gozaos con los que se gozan; llorad con los que lloran» (Rom. 12:15; comp. 1 Cor. 12:26).

Si bien en cierto sentido debemos escuchar cada palabra que pronuncian nuestros aconsejados, algunos temas merecen una atención especial. Entre ellos se encuentran:

- solicitudes de ayuda;
- temas que los llevan a sentirse ansiosos, molestos, tristes o retraídos;
- luchas con Dios, dudas o incapacidad para orar;
- creencias religiosas supersticiosas («Sé que Dios [me *dará* un esposo, *traerá* de vuelta a mi hijo pródigo, *cambiará* a mi esposa, *sanará* mi cáncer, etc.])»;
- diálogo interno y declaraciones de identidad («No puedo hacer nada bien; todo el mundo parece enojado conmigo; soy un primogénito; soy un 2 en el Eneagrama»);
- intentos de asegurar el acuerdo con su punto de vista o lástima por su comportamiento («¿No cree que...?» «¿No habría usted...?»);
- la forma como responden a las preguntas (respuestas como «Sí, pero...» son esencialmente respuestas negativas; respuestas como «No podría hacer eso» pueden decirle más sobre la voluntad de su aconsejado que sobre su capacidad; respuestas como «No sé si esto es correcto, pero...», por lo general, significan que está mal);
- sus explicaciones y suposiciones subyacentes («Respondí bruscamente a mi cónyuge *porque* estaba cansado»);
- exageraciones, globalización o catastrofismo («Este fue el *peor* día de mi vida»; «Mi marido *siempre* está enfadado conmigo y *nunca* es amable conmigo»);
- metas, anhelos, necesidades percibidas, deseos; y
- metáforas, imágenes, ilustraciones de descripciones gráficas.

Considere también esta docena de cosas que no se deben hacer al escuchar sabiamente:

1. No tenga miedo de interrumpir la conversación para hacer una reflexión silenciosa: «Lo que estás diciendo, Yenny, es muy significativo. Dame un momento para pensarlo».

2. No tenga miedo de admitir un lapso de concentración o una falta de comprensión: «Lo siento, Yenny, no escuché lo que dijiste. ¿Podrías repetir eso?» o «No te sigo en lo que acabas de decir. ¿Podrías ayudarme a entender un poco mejor?». Esto demuestra respeto, cuidado y honestidad.
3. No trivialice ni pase por alto los problemas que la persona considera importantes. Tome en serio sus preocupaciones y trátelas con respeto y cuidado.
4. No se sorprenda por la admisión de pecado de la persona. La doctrina del pecado restante reconoce que incluso los cristianos pueden hacer cosas horribles. Su disposición a escuchar con calma y llevar esperanza centrada en Cristo le ayudará al aconsejado a abordar esto con honestidad.
5. No se ofenda por el lenguaje vulgar o grosero. Es posible que los aconsejados, especialmente en crisis, no protejan su discurso tanto como ellos saben que deberían.
6. No juzgue las motivaciones: «Solo dijiste eso porque querías...». En lugar de eso, pregúntele: «Cuando le dijiste eso, ¿qué esperabas?». (Pregunte, no suponga; pregunte, no acuse; ¡pregunte!).
7. No complete las respuestas de la persona ni complete sus oraciones. Algunos aconsejados hablan lentamente. Resista la tentación de acelerar la conversación.
8. No se conforme con no entender a su aconsejado o algún aspecto de su experiencia. En su lugar, esfuércese más por comprender los aspectos que le parecen extraños.
9. No mezcle su pensamiento y el pensamiento de la persona: «Sí, sé lo que estás diciendo. De hecho, a menudo respondo de esta manera».
10. No ignore la respuesta de su aconsejado a su pregunta anterior mientras prepara su próxima pregunta. Enmarque su comentario o pregunta de seguimiento solo *después* de escuchar. Si necesita hacer una pausa primero, hágalo.
11. No se vuelva pasivo con una persona que habla mucho ni busque esperar a que termine su historia innecesariamente larga. En su lugar, inclínese hacia adelante, aumente su escucha activa y

participe del monólogo para que pueda interrumpir de manera menos abrupta y dirigir la conversación.[9]

12. No tema los momentos de silencio cuando el aconsejado no responde inmediatamente a su pregunta o comentario. Considérelos como oportunidades providenciales para orar por la persona y permitir que el Espíritu obre de una manera más directa.[10]

Otros métodos para obtener información

Si bien la mejor manera de conocer a un aconsejado es a través de una conversación privada en la sesión, otras formas pueden ayudar.

- Formularios de admisión escritos. Incluso si conocía a la persona anteriormente, los formularios le proporcionarán información que no conocía.
- Conversaciones informales fuera de las sesiones.
- Señales no verbales; por ejemplo, el contacto visual, la ropa, los hábitos nerviosos, la apariencia, la posición del asiento, la postura, las expresiones faciales y los gestos.
- Su experiencia relacional con la persona: información en tiempo real que obtiene a medida que avanzan las sesiones.
- Tareas escritas, especialmente aquellas que involucran la autorrevelación; por ejemplo, llevar un diario, hacer inventarios y componentes de aplicación personal en estudios bíblicos.

Confirme su comprensión de la persona

No basta con entender a su aconsejado; él debe sentirse comprendido. Para lograr esto a lo largo de cada sesión, debe escuchar a la persona de

[9] Véase Robert D. Jones, «Handling the Nonstop Talker», Biblical Counseling Coalition, 12 de diciembre de 2016, http://biblicalcounselingcoalition.org/2016/12/26/handling-the-nonstop-talker/

[10] Véase Bekka French, «The Art of the Pause: Learning to Be Counselors Who Are Slow to Speak», Biblical Counseling Coalition, https://www.biblicalcounselingcoalition.org/2019/05/13/ the-art-of-the-pause-learning-to-be-counselors-who-are-slow-to-speak/

manera activa, atenta, cuidadosa y compasiva. A lo largo del camino, haga preguntas aclaratorias. Por ejemplo:

- Pida definiciones de términos: «¿Qué quieres decir con un "matrimonio infeliz"?». «¿A qué te refieres con "bipolar"?».
- Pida ejemplos: «¿Podrías darme un ejemplo de cómo se ve o suena tu enojo?».
- Pregunte las razones por las que hizo X, cree en Y, o quiere Z: «¿Por qué estabas molesto?».

Luego, en los puntos clave, resuma lo que escuche. Capture el contenido y la emoción: «Déjame asegurarme de que entiendo. Te oigo decir... Pareces un poco...». Por último, busque confirmación: «¿Te he entendido bien?» Si el aconsejado duda en responder, asegúrele que desea comprender con exactitud y pídale que lo ayude a comprenderlo mejor. A continuación, resuma su comprensión revisada y busque la confirmación de ello, utilizando declaraciones reflexivas. No repita textualmente las palabras de la persona; en su lugar, entreteja algunas de sus frases clave.

Organizar e interpretar la información que obtiene

La recopilación de información no completa nuestro paso de comprensión. Tenemos que interpretarla con precisión. Y para interpretarla con precisión, necesitamos pensar bíblicamente, ver a las personas y sus situaciones a través de la lente de la Palabra de Dios.

El modelo de los seis recuadros

En el capítulo 10 presentamos el modelo de los seis recuadros, un modelo conceptual que resume cómo se produce el cambio en las personas a las que aconsejamos. Desentrañamos cada recuadro y describimos cómo funcionan juntos para explicar a la persona y el fluir del cambio centrado en Cristo. (Por favor, vuelva a leer el capítulo 10 si es necesario).

EL MODELO
DE LOS SEIS RECUADROS

1 Calor y rocío situacionales
(¿Qué sucede en el mundo de la persona?)

1.a. Calor
(Dificultades, pruebas, sufrimiento)

1.b. Rocío
(Bendiciones de gracia común)

2 Mal fruto
(Palabras, acciones, emociones, pecaminosas)

6 Buen fruto
(Palabras, acciones, emociones piadosas)

3 Malas raíces
(Creencias, motivaciones pecaminosas)

5 Buenas raíces
(Creencias, motivaciones piadosas)

4 ***Las provisiones de Dios en Cristo, aplicadas por el Espíritu de Dios y reveladas en las Escrituras***

Afortunadamente, este modelo también puede ayudarnos a organizar e interpretar la información que aprendemos sobre un aconsejado y a visualizar nuestras metas. Durante la primera sesión, aprendemos mucho sobre un aconsejado. Cuando termina esa sesión, yo (Bob) tomo mis notas de la sesión privada y los formularios de admisión, combinados con mi memoria a corto plazo, e introduzco en los seis recuadros la información pertinente de la sesión, incluidas palabras y frases. A medida que observo el calor del Recuadro 1, mi compasión aumenta. Recuerdo de nuevo que los aconsejados a menudo se enfrentan a dificultades y a veces sufren. Al ingresar en el Recuadro 2 todas las formas en que no han manejado su problema a la manera de Dios, también empiezo a imaginar cómo Dios quiere que lo manejen y escribo lo que deberían ser las respuestas del Recuadro 6 (recuerde la dinámica de cambio de despojarse/revestirse discutida en el capítulo 10). Todavía no tendré mucha información para los Recuadros 3 y 5, aunque empiezo a esbozar algunas posibilidades. Anoto en el Recuadro 4 cualquier pasaje o tema bíblico que haya presentado, aunque es posible que aún no sea el pasaje o tema principal que la persona necesita. Todavía tengo que entender los problemas del corazón del Recuadro 3.

Al mismo tiempo, a medida que utilizo esta herramienta para reflexionar sobre esta primera sesión y prepararme para la siguiente, a menudo veo:

- categorías que me perdí (por ejemplo, no les pregunté sobre su vida laboral);
- detalles sobre las categorías que incluí (por ejemplo, me enteré de su asistencia a la iglesia, pero no de lo activo que es allí o de su comprensión del evangelio);
- lo mucho que aún no sé, pero necesito proseguir en ello.

Este modelo proporciona una herramienta simple y práctica, construida sobre una visión bíblica del cambio a la semejanza de Cristo, para registrar y evaluar la información que obtengo progresivamente en cada sesión. Por lo tanto, lo actualizo después de cada sesión, en función de mi creciente comprensión de mi aconsejado. Lo visual me obliga a pensar bíblicamente sobre cada recuadro y a comprender las relaciones entre ellos, al mismo tiempo que reconozco la información que me falta.

La pregunta interpretativa resumida

¿Cuál es nuestro objetivo final para el Paso dos, comprendiendo las necesidades de nuestros aconsejados? Para poder responder suficientemente a la pregunta interpretativa resumida:

> *¿Cómo y por qué está respondiendo esta persona a esta situación (en la que Dios la ha colocado), y qué cambios en el corazón y en el comportamiento están indicados bíblicamente?*

Cada término anterior es importante y cada aspecto se relaciona con el modelo de seis recuadros (tenga en cuenta los corchetes explicativos):

> *¿Cómo* [Recuadro 2] *y por qué* [Recuadro 3] *está respondiendo esta persona a esta situación* (en la que Dios la ha colocado [por lo tanto, usted debe conocer su situación; Recuadro 1]), *y qué cambios de corazón* [Recuadro 5] *y de comportamiento* [Recuadro 6] *se indican bíblicamente* [Recuadro 4]?

Habiendo respondido satisfactoriamente a esta compleja pregunta en su propia mente, está listo para pasar al Paso tres: Traerles a Cristo y Sus respuestas.

Conclusión

Cerramos con la oración del monje británico del siglo xii, Aelred de Rievaulx (1110–1167 d. C.). Es una oración modelo para todos los que desean, como lo presenta Thomas Oden, «comprometerse empáticamente» en ministrar a las personas:

> Enséñale, pues, Señor, a tu siervo, enséñame, te lo ruego, por tu Espíritu Santo, cómo dedicarme a ellos y cómo gastarme en ellos. Dame por tu gracia inefable el poder de soportar pacientemente sus defectos, de compartir sus penas con amorosa simpatía y de prestarles ayuda según sus necesidades. Que enseñado por tu Espíritu pueda aprender a consolar a los afligidos, a confirmar a los débiles y a levantar a los caídos; para ser uno con ellos en su debilidad, uno con ellos cuando arden por causa de ofensa, uno en todas las cosas con ellos, todas las cosas para todos ellos, para ganarlos a todos. Dame el poder de decir la verdad de manera directa y aceptable; para que todos sean edificados en la fe, en

la esperanza y en el amor, en la castidad y en la humildad, en la paciencia y en la obediencia, en el fervor espiritual y en la sumisión de la mente [...]. Enséñame, pues, dulce Señor, a contener a los inquietos, a consolar a los desanimados y a apoyar a los débiles. Enséñame a adaptarme a cada uno según su naturaleza, carácter y disposición, según su poder de entendimiento o su falta de él, según lo requieran el tiempo y el lugar, en cada caso, como quieres que lo haga. (Aelred de Rievaulx, *Treatises, The Pastoral Prayer* [Tratados, la oración pastoral] CF 2, 114-15)[11]

[11] Thomas C. Oden, *Pastoral Counsel*, vol. 3 en la serie Classical Pastoral Care (Nueva York: Crossroad, 1989), 11-12.

15

El proceso de consejería. Paso tres: Traerles a Cristo y Sus respuestas

En nuestros capítulos anteriores, explicamos los primeros dos pasos en nuestro modelo de consejería de Entrar-Entender-Traer. Habiendo entrado en el mundo de la persona y entendido tanto sus necesidades percibidas como las reales, consideremos nuestro tercer paso: traerles a Cristo y Sus provisiones. Queremos ayudar a los aconsejados a comprender su sufrimiento, ver sus pecados de raíz y frutos, arrepentirse y creer en el evangelio, y adoptar y vivir un nuevo modelo de vida piadoso. Esto involucra hablar la Palabra de Dios a la persona, ayudarla a comprenderla y aplicarla personalmente, y guiarla y capacitarla para transitar ese nuevo modelo. Debemos ministrar la Palabra sabiamente, con confianza, habilidad y compasión, no simplemente darla.

Nuestro objetivo ministerial: la semejanza a Cristo

¿Cómo es este modelo piadoso de vida, el modelo hacia el cual apunta nuestro ministerio de consejería? Considere estas metas de resultado que el apóstol Pablo se esforzó conscientemente por producir en aquellos a quienes ministraba:

- Colaboramos *para vuestro gozo*, porque *por la fe* estáis firmes. (2 Cor. 1:24)
- Delante de Dios en Cristo hablamos; y todo, muy amados, *para vuestra edificación.* (2 Cor. 12:19)
- Hijitos míos, por quienes vuelvo a sufrir dolores de parto, *hasta que Cristo sea formado en vosotros.* (Gál. 4:19)
- Sé que quedaré, que aún permaneceré con todos vosotros, *para vuestro provecho y gozo de la fe.* (Fil. 1:25)
- A quien anunciamos, amonestando a todo hombre, y enseñando a todo hombre en toda sabiduría, *a fin de presentar perfecto en Cristo Jesús a todo hombre.* (Col. 1:28)
- Así como también sabéis de qué modo, como el padre a sus hijos, exhortábamos y consolábamos a cada uno de vosotros, y os encargábamos que *anduvieseis como es digno de Dios.* (1 Tes. 2:11-12)
- Y enviamos a Timoteo [...] *para confirmaros y exhortaros* respecto a *vuestra fe.* (1 Tes. 3:2)[1]

Como Pablo, los consejeros bíblicos deberían apuntar conscientemente a ayudar a que los aconsejados se parezcan a Cristo, vivan como es digno de Dios, sean fortalecidos y animados en su fe, y experimenten el verdadero gozo de Cristo. Nuestro objetivo no es que se autorrealicen, que sean lo que quieran ser, que simplemente encuentren la felicidad temporal o que estén a la altura de algún ideal cultural. Nuestra meta es la semejanza a Cristo.

Nuestra herramienta ministerial: la Palabra de Dios

¿Cómo sucederá la semejanza a Cristo? Al ayudar a las personas a manejar bíblicamente sus problemas de consejería personal y relacional, debemos recordar, como vimos en los capítulos 1 y 3, que ellos necesitan la entrada continua y la aplicación sabia de la Palabra de Dios en sus vidas. Las palabras de 2 Timoteo 3:14-17 deben ser fundacionales y formativas en nuestro ministerio. Pablo le escribe a Timoteo para alentarlo en su ministerio:

[1] El énfasis en todos estos pasajes es agregado.

> Pero persiste tú en lo que has aprendido y te persuadiste, sabiendo de quién has aprendido; y que desde la niñez has sabido las Sagradas Escrituras, las cuales te pueden hacer sabio para la salvación por la fe que es en Cristo Jesús. Toda la Escritura es inspirada por Dios, y útil para enseñar, para redargüir, para corregir, para instruir en justicia, a fin de que el hombre de Dios sea perfecto, enteramente preparado para toda buena obra.

De este pasaje sacamos dos conclusiones simples pero profundas sobre nuestras Biblias.

Primero, aprendemos que la Biblia es: la Palabra «exhalada» de Dios para nosotros. El término griego traducido como «inspirada por Dios» es un término compuesto mejor traducido como «respirado por Dios/por el aliento de Dios». Esto no significa que Dios respiró dentro de un puñado de palabras existentes, sino que las palabras mismas son el producto del aliento de Dios. Hebreos 4:12 nos recuerda que la Biblia es la «viva» Palabra de Dios: activa, dinámica, pulsátil, eléctrica. En 2 Pedro 1:21, los autores de las Escrituras «hablaron siendo inspirados por el Espíritu Santo». Entonces, a pesar de que Él trabajó por medio de individuos y sus experiencias y personalidades, el Espíritu, en definitiva, escribió la Biblia, nos ilumina a nosotros y a quienes aconsejamos para entenderla, y nos capacita a nosotros y a ellos para creerla y obedecerla. La Biblia es un libro espiritual, incomparable con ningún otro recurso de consejería.

Segundo, aprendemos lo que la Biblia hace: cambia nuestras vidas. El Espíritu usa Su Palabra para salvar (2 Tim. 3:14-15) y santificar a la gente (3:16-17), capacitando a los consejeros bíblicos que la usan para llevar a cabo plenamente los propósitos ministeriales para los que Dios diseñó Su Palabra. La Biblia aclara este punto de muchas maneras:

- Salmos 19:7-8 nos dice que la Palabra de Dios renueva nuestras vidas y nos da sabiduría, alegría y luz. Los mismos componentes que todo aconsejado anhela, la Biblia los garantiza.
- Deuteronomio 29:29 nos informa que el conocimiento secreto lo posee solamente Dios, pero en Su Palabra nos dio sabiduría revelada. Nos la dio no para que la tuviéramos sino «para que

cumplamos todas las palabras de esta ley». La verdad no seguida aborta el propósito de Dios de darnos Su verdad.

- Isaías 55:10-13 compara el impacto agrícola de la lluvia física vivificante con el impacto espiritual de la Palabra dadora de vida de Dios sobre nuestras almas: nos trae alegría, paz y estabilidad.
- En Mateo 4:4 Jesús nos recuerda de nuestra verdadera fuente de vida: «Escrito está: No solo de pan vive el hombre, sino de toda palabra que sale de la boca de Dios» (NVI). Necesitamos la Palabra de Dios, necesitamos toda la Palabra de Dios, y necesitamos toda la Palabra de Dios más que cualquier otra cosa.
- En Juan 17:17, Jesús le pide al Padre, a favor de Sus discípulos: «Santifícalos en tu verdad; tu palabra es verdad».
- En 1 Tesalonicenses 4:1-2 se nos dice cómo podemos y debemos vivir de manera que agrade a Dios: a través de las instrucciones que los apóstoles recibieron de Jesucristo.

Dios nos dio la Biblia para transformar nuestras vidas.

Seleccionar un pasaje apropiado

¿Qué pasaje del libro inspirado por Dios, transformador de vidas, deberíamos traer a nuestros aconsejados específicamente? De los más de 31 000 versículos en los 1189 capítulos de los 66 libros de la Biblia, ¿cuál deberíamos escoger? ¿Qué texto de la Escritura sería el más «oportuno» (Prov. 15:23, NVI) y «bueno para la edificación, según la necesidad del momento» (Ef. 4:29, NBLA)? ¿Cómo podemos hábil, confidencial y compasivamente ministrar la Palabra?

Consideremos tres características de un pasaje de consejería oportuno.[2]

1. *Un pasaje oportuno aborda la lucha de la persona*

Si bien es posible que no haya una correspondencia uno a uno entre situaciones específicas de la Biblia y de la vida de un aconsejado, debe

[2] Adaptado de Powlison, *Speaking Truth in Love*, 64-66 (véase cap. 1, n. 5).

haber una aproximación clara que podamos ver y mostrar. Usando nuestro modelo de seis recuadros del Paso dos (entender), este habla del calor, de los malos frutos y de las raíces malas del aconsejado (Recuadros 1-3). Sus respuestas a la pregunta interpretativa resumida (del capítulo anterior) deben guiarlo: «¿Cómo y por qué esta persona está respondiendo a esta situación y qué cambios en el corazón y en el comportamiento están indicados bíblicamente?».

2. *Un pasaje oportuno trae a Jesucristo y Sus provisiones de gracia, verdad, promesas y presencia*

Presenta una verdad cristocéntrica específica (Recuadro 4) que habla de algunos aspectos clave de los problemas personales y relacionales del aconsejado.

3. *Un pasaje oportuno invita al cambio y requiere alguna respuesta por parte de su aconsejado*

Es un pasaje que ayuda a su aconsejado a visualizar el tipo de corazón bíblico y los cambios de comportamiento de los Recuadros 5 y 6. En otras palabras, ¿qué pasaje, si el aconsejado lo comprendiera y aplicara, podría ayudarlo mejor en este momento? Idealmente, tal pasaje refleja la dinámica indicativa-imperativa discutida anteriormente (por ej.: 1 Ped. 5:7) o al menos muestra esa dinámica en su contexto (por ej.: Rom. 12:18 con 12:1).

Antes de considerar los ejemplos, insertemos varias calificaciones. En primer lugar, no estamos hablando necesariamente de versículos generales que invitan a la esperanza (por ej.: 2 Ped. 1:3) que podríamos compartir en una primera sesión cuando aún no conocemos bien el problema. En este punto, necesitamos Escrituras que aborden específicamente el problema principal que hemos acordado discutir.

En segundo lugar, no necesitamos esforzarnos para encontrar el pasaje perfecto. No se ponga bajo esa presión. No hay duda de que Jesús tendría un pasaje perfecto; usted no es Jesús. Usted simplemente necesita traer un pasaje que cumpla con nuestros criterios anteriores. Si bien algunos pasajes encajan mejor que otros, muchos pueden funcionar para cualquier problema de consejería.

Tercero, entre varios pasajes que podrían encajar, considere uno que conozca bien. Tal vez lo haya estudiado anteriormente y sienta mayor confianza al compartirlo. Quizás su pastor o maestro de escuela dominical lo trabajó recientemente. Tal vez sea un pasaje que le impactó y al compartirlo pueda ofrecer un testimonio personal sobre cómo el Señor lo ha usado en su vida.

Cuarto, traiga un pasaje principal a la vez a la sesión. Una sesión de consejería no es un estudio bíblico o una lección temática de discipulado. Es un momento para traer la Palabra de Dios que cambia la vida para hablar directamente al problema del aconsejado. Es un momento para profundizar, no para ampliar.

Ejemplos de casos

Consideremos tres viñetas de casos y un pasaje clave que yo (Bob) usé con cada uno, seguido de una discusión de cómo los versículos se ajustan a nuestros tres criterios.

Caso uno

Juan era nuevo en mi ciudad, pues lo habían transferido desde otro estado para administrar una sucursal en dificultades de su empresa nacional. Se sentía solo. Su esposa e hijos se habían quedado para terminar la escuela y vender su casa. Juan visitó nuestra iglesia y después del servicio compartió su situación con un miembro que lo refirió a mí. Resultó que su trabajo era más estresante de lo que esperaba. Se encontró muy ansioso al respecto, incluso experimentando episodios menores de pánico. Sus empleados parecían tardar en aceptarlo, resentidos porque la empresa había colocado a un nuevo gerente sobre ellos. Juan también sintió el estrés de una próxima visita de su jefe, que frecuentemente era crítico.

Después del proceso de entrar en el mundo de Juan y entender sus necesidades percibidas y reales, miramos juntos las palabras de Pablo en

2 Timoteo 4:16-17: «En mi primera defensa ninguno estuvo a mi lado, sino que todos me desampararon; no les sea tomado en cuenta. Pero el Señor estuvo a mi lado, y me dio fuerzas».

- Criterio 1. De hecho, la lucha de Juan fue en parte como la de Pablo. Juan se sentía solo, estaba bajo presión y enfrentaba críticas de sus superiores y subordinados, y su carrera estaba en peligro.
- Criterio 2. Al igual que Pablo, Juan necesitaba saber que no estaba solo, y que Cristo estaba con él y le daría fortaleza.
- Criterio 3. El testimonio de Pablo planteó un llamado implícito para que Juan creyera que esta era la promesa de Cristo para él, para ver al Cristo invisible sentado con él mientras conducía al trabajo y de pie con él durante sus desafiantes días de trabajo. El propósito del apóstol de animar a Timoteo en un ministerio difícil hace que este pasaje sea especialmente útil para los aconsejados como Juan.

Caso dos

Tomás y Catalina son creyentes que estaban teniendo un conflicto matrimonial severo. Esto a menudo resultaba en episodios de gritos, seguidos de que ambos individuos se retractaban y se ofrecían disculpas poco convincentes hasta la siguiente ronda. Después de entrar en su mundo y entender sus necesidades percibidas y reales, hablé con ellos de Colosenses 3:12: «Vestíos, pues, como escogidos de Dios, santos y amados, de entrañable misericordia, de benignidad, de humildad, de mansedumbre, de paciencia».

- Criterio 1. El contexto más amplio de 3:5-15 incluye la ira y el conflicto relacional, lo que hace que el v. 12 sea apropiado para la situación de esta pareja.
- Criterio 2. La triple identidad de Tomás y Catalina (escogidos, santos, amados), además de ser perdonados (3:13), brinda seguridad y motivación para el cambio. Las cinco gracias relacionales proporcionan una visión de cómo puede ser un matrimonio cristiano.
- Criterio 3. El texto llama a esta pareja a comprender su identidad y comprometerse a buscar la misericordia, la benignidad, la

humildad, la mansedumbre y la paciencia mutua. (Posteriormente, hallamos que la totalidad de 3:1-17 es valiosa para su crecimiento individual y matrimonial).

Caso tres

El padre de Julia, que no era salvo, desaprobaba su elección de matrimonio y esencialmente había rechazado a su hija. Cuando la visitó a ella y a su familia, los trató con rudeza y se fue un día antes de lo previsto. Julia estaba desconsolada. Después de entrar en su mundo y comprender sus necesidades percibidas y reales, compartí con ella el Salmo 27:10: «Aunque mi padre y mi madre me dejaran, con todo, Jehová me recogerá».

- Criterio 1. Ya sea real o hipotético, David reconoce la dificultad del rechazo. (He usado este pasaje con frecuencia con varios casos de rechazo o abandono, no solo aquellos que involucran a los padres).
- Criterio 2. Como en el caso de David, Dios se ofrece a sí mismo a Julia como Aquel que cuidará de ella cuando otros la abandonen. (Seguí el versículo 10 con noticias de las abundantes promesas y atributos de Dios que están incrustados en todo el salmo, para que pueda conocer al Dios que promete cuidar de ella).
- Criterio 3. El pasaje llama implícitamente a Julia a confiar/descansar/buscar al Señor y a dejar de confiar/descansar/buscar a su padre. (Más tarde ampliamos nuestra lente para incluir los catorce versículos del Salmo 27, lo que la ayudó a enfocarse en quién es este Señor que cuida de ella).

Pasos para traer un pasaje

Habiendo considerado algunos pasajes de muestra y situaciones de casos, consideremos un enfoque para entregar las palabras del Salmo 27:10 a Julia:

1. Continúe con algo como esto: «¿Puedo compartir algo de la Palabra de Dios que creo que habla de tu situación y que te ayudaría?».

2. Invite a Julia a ver el pasaje. (Sea sensible a su capacidad para localizarlo).
3. Explique brevemente el contexto del versículo: no suponga que Julia (incluso si es una cristiana madura) conoce el pasaje. Luego pídale que lo lea o que siga la lectura en silencio en su Biblia mientras usted lo lee.

Animar a los aconsejados a leer las palabras de Dios con sus propios ojos los conecta directamente con Dios. Queremos que aquellos a quienes aconsejamos vean, entiendan, crean y obedezcan las palabras de Dios, no que arraiguen su fe y obediencia en lo que podría confundirse con nuestras propias palabras (1 Cor. 2:1-5,13; 1 Tes. 2:13). No es suficiente decirles a los aconsejados la verdad de Dios. Debemos mostrársela a partir de una Biblia abierta, señalando los pasajes reales y explicando cómo sacamos verdades aplicables de esos pasajes para que puedan verlas con sus propios ojos y captarlas en sus propias mentes, tanto en la sesión como más tarde.[3] Queremos que tanto nuestro consejo como los cambios que hacen las personas emerjan explícita e inequívocamente del texto bíblico.

Santiago 1:22-25 provee una metáfora poderosa: la Biblia como un espejo. El apóstol escribió:

> Pero sed hacedores de la palabra, y no tan solamente oidores, engañándoos a vosotros mismos. Porque si alguno es oidor de la palabra pero no hacedor de ella, este es semejante al hombre que considera en un espejo su rostro natural. Porque él se considera a sí mismo, y se va, y luego olvida cómo era. Mas el que mira atentamente en la perfecta ley, la de la libertad, y persevera en ella, no siendo oidor olvidadizo, sino hacedor de la obra, este será bienaventurado en lo que hace.

---

[3] Considere este sabio consejo del Directorio de 1645 de la Asamblea de Westminster para el Culto público a Dios. Estaba dirigido a pastores. No solo debían predicar la verdad, sino la verdad «contenida en ese texto o fundada en él, *para que los oyentes puedan discernir cómo Dios la enseña desde allí*» (énfasis añadido), https://www.apuritansmind.com/westminster-standards/directory-of-publick-worship/

Esta perspectiva puede resultar útil cuando le planteamos a un aconsejado una verdad que desafiará, confrontará o reprenderá. En ese caso, podemos estar a su lado como un compañero lector de la Palabra de Dios y simplemente sostenerla como un espejo para que se mire. Permitimos que la Biblia ponga el dedo de Dios en el tema de la vida que necesita atención. Pasajes como este nos recuerdan a los consejeros que no somos el Rey, sino simplemente embajadores que entregan Su mensaje a aquellos a quienes servimos.

4. Invite a una respuesta. «Julia, ¿qué piensas? ¿Cómo podrían aplicarse esos versículos a ti?». Su objetivo es guiar a Julia inductivamente para que vea por sí misma lo que Dios le dice en Su Palabra. Resista la tentación de declarar el significado y la aplicación del pasaje; esfuércese por ayudar a Julia a experimentar la alegría y el impacto del autodescubrimiento.
5. Si Julia parece confundida o no responde acerca del pasaje, resuma su significado y haga una pregunta inquisitiva o sugiera cómo se aplica el pasaje. «Julia, basándote en el versículo 10, ¿cómo describirías las relaciones de David con sus padres y con el Señor?». Diríjala a una comprensión precisa. Si usted resume el significado del pasaje, pídale a ella que resuma lo que le escuchó decir para asegurarse de que lo entienda.
6. Lleve a Julia a responder con una aplicación personal. En algunos casos, usted podría relacionarlo directamente con el problema que discutió anteriormente en la sesión o dar un ejemplo de su vida de cómo esta verdad se aplicó específicamente a usted.
7. Trate de asegurar el compromiso a cambiar basado en el pasaje y la aplicación personal que Julia ve. Queremos que las personas cambien con base en una comprensión y aplicación acertada de las palabras de Dios, no de las nuestras (1 Cor. 2:1-5; 1 Tes. 1:4-5; 2:13).

Tenga en cuenta que, si bien en algunos casos puede recurrir a otro pasaje para reforzar una verdad, eso puede diluir inadvertidamente su enfoque de consejería. Por lo general, es mejor reservar pasajes adicionales para una tarea o para la próxima sesión. Una sesión de consejería no es un momento para un estudio bíblico amplio y temático, sino para una aplicación profunda y enfocada.

Establecimiento e implementación de un plan de acción

A medida que su aconsejado comprende la verdad de un pasaje y su aplicación, debe ayudarlo a desarrollar un plan de crecimiento y entrenarlo mientras busca vivirlo. En esta etapa del proceso de consejería, usted está pasando de los roles principales de oyente y maestro a entrenador, guía y proveedor de responsabilidad. Estos son los ingredientes clave en este proceso:

1. Use el modelo de seis recuadros para pensar concretamente con sus aconsejados sobre sus situaciones, comportamientos y corazones específicos, junto con las provisiones de Dios en Cristo y los senderos de cambio que Dios desea. Explicar los recuadros proporciona a sus aconsejados una evaluación general.

2. Inculque y refuerce en sus aconsejados creyentes una comprensión firme de su identidad bíblica en Cristo, sus implicaciones para el crecimiento y las provisiones de gracia de Dios. Considere pasajes como Lucas 12:32; Romanos 6:1-14; Gálatas 3:1-14, 21-29; 4:1-7; Efesios 1–2; Filipenses 2:1-4; 4:11-13; Colosenses 3:1-17 (especialmente 3:12-14); 2 Timoteo 4:17; 2 Pedro 1:3-9; y Judas 1:1.

3. Profundice la comprensión del aconsejado de la Palabra de Dios y su aplicación al incluir pasajes adicionales en sesiones posteriores que se ajusten a la dirección que ha comenzado.

4. Trabaje con sus aconsejados para determinar los pasos específicos y concretos del cambio necesario. ¿Qué quiere Dios que dejen de creer/desear (Recuadro 3) y de hacer/decir/sentir (Recuadro 2), y que empiecen a creer/desear (Recuadro 5) y empiecen a hacer/decir/sentir (Recuadro 6)?

5. Utilice tareas de crecimiento adecuadas. (Para obtener ideas, véase el capítulo 17).

6. Enfatice la necesidad de que la persona esté constantemente en comunión con el Señor en oración. La oración expresa la dependencia del Señor. Haga esto parte tanto de su tiempo de sesión como de sus tareas de crecimiento.

7. Discuta con su aconsejado formas de invitar a otros creyentes maduros, por ejemplo, líderes o miembros de grupos pequeños, para que lo acompañen, lo cuiden y apoyen sus metas de consejería bíblica. La iglesia es una comunidad ministrante.

8. En la medida de lo posible, comuníquese y trabaje con los pastores de la persona, los pastores que Dios le ha dado. Esto incluye obtener el consentimiento informado por adelantado para hablar con un pastor u ofrecerse a acompañar a su aconsejado para hablar con un pastor según sea necesario.

9. A medida que el proceso continúa, esté atento y trate con cualquier problema nuevo o restante que pueda surgir en el curso de la implementación del cambio piadoso. Los pecados secundarios comunes durante el proceso de consejería incluyen el resentimiento hacia uno mismo, la amargura, el juicio, la autocompasión, el egoísmo, la autocomplacencia, los miedos y la duda.

10. En cada paso, mantenga a Jesucristo en el centro. Recuerde la meta de la semejanza a Cristo al comienzo de este capítulo. Continúe con el modelo Entrar/Entender/Traer en cada sesión mientras le muestra a su aconsejado las provisiones de Cristo del Recuadro 4 y ve cómo el Espíritu de Dios crea el cambio de los Recuadros 5 y 6.

Conclusión

El modelo de tres pasos Entrar/Entender/Traer descrito en estos tres capítulos (13–15) le da un proceso, una metodología, para hacer consejería bíblica cristocéntrica. Muchos de los problemas comunes que se encuentran en la consejería se pueden asignar a este proceso modelo, aunque nuestro tratamiento de nivel introductorio de esos problemas en capítulos posteriores no nos permitirá hacerlo explícitamente. Cada consejero desarrollará su propio estilo y prácticas. Si bien algunas de las técnicas detalladas en estos capítulos son sugerentes, los consejeros sin experiencia deben considerar seguirlas, al menos inicialmente, hasta que desarrollen sus propios enfoques. El flujo Entrar/Entender/Traer refleja el movimiento de Cristo mismo; Él entra en nuestro mundo, entiende con compasión nuestros problemas y nos acerca a sí mismo y a Sus respuestas del evangelio.

16

Dar esperanza a aquellos a quienes aconsejamos

Los consejeros experimentados saben que los aconsejados a menudo se sienten sin esperanza. Agobiados por problemas aparentemente insuperables, están cansados e intensamente centrados en sí mismos. La preocupación por uno mismo engendra desesperación. A algunos les han dicho que son fracasados. Es posible que se sientan avergonzados por haber buscado ayuda. Tal vez sus iglesias les han fallado, predicando frases cliché o dispensando conceptos abstractos en lugar de una esperanza práctica que cambie la vida. Algunos incluso se sienten estafados por consejeros o líderes cristianos anteriores.

Peor aún, nuestros aconsejados con frecuencia tienen conceptos erróneos acerca de Dios y Sus promesas, caminos y carácter. Suponen que Dios ha prometido cosas que no ha prometido: salud, riqueza, un buen matrimonio, un mejor trabajo, hijos obedientes, y los ha defraudado. No encuentran contentamiento en las bendiciones mucho más ricas que Dios realmente ha prometido. Y con eso viene la confusión acerca de la vida cristiana normal: «Nadie más que yo tiene este problema»; «Si yo fuera un buen cristiano, no estaría en este lío» o «Necesito limpiar mis actos antes de ir a Dios».

Al igual que sus causas, los signos de desesperanza pueden variar ampliamente. Los indicadores obvios incluyen la desesperación, el rendirse y los pensamientos suicidas. Pero pueden aparecer otros síntomas: negación o transferencia de culpas; la rectitud o el rendimiento basado en las obras;

preocupación por las cosas; la falta de actividad espiritual, la reducción de la lectura de la Biblia y la menor participación en la iglesia; diversas formas de ira; o complacer a la gente.

Traer esperanza es vital para el éxito de la consejería.[1] Como vimos en el capítulo 12, queremos especialmente generar esperanza al comienzo del proceso de consejería. Sin embargo, también necesitamos infundir esperanza a lo largo de todo el proceso, incluso en los momentos en que el progreso le parece lento al aconsejado.

¿Cómo damos esperanza a los aconsejados? Consideremos catorce formas. Comenzamos con una respuesta general y luego numerosos métodos específicos.

1. Proclame claramente al Dios de la esperanza y Sus ricas provisiones que dan esperanza

Arraigue la esperanza de su aconsejado en el Señor. Él es «el Dios de esperanza» que promete llenar a los creyentes «de todo gozo y paz» —lo que los aconsejados anhelan comprensiblemente— «en el creer, para que abundéis en esperanza por el poder del Espíritu Santo» (Rom. 15:13). El mismo Espíritu que sacó a Jesús de la tumba (Rom. 8:11) nos ha resucitado de entre los muertos (Ef. 2:5; Col. 3:1) y nos trae Su gracia transformadora diaria (2 Cor. 3:17; Ef. 3:16). Por Su poder divino, Dios nos ha dado todo lo que necesitamos para vivir vidas piadosas y abundantes ahora (Juan 10:10; 2 Ped. 1:3); también garantiza una gracia más plena cuando Cristo regrese. Amamos a nuestros aconsejados, socavando cualquier falsa esperanza que puedan depositar en sus propias fuerzas, en sus ilusiones o en su consejo impío. Su esperanza de gozo y paz, de crecimiento y cambio, se cumple solo en Jesucristo.

[1] Para obtener un recurso de consejería bíblica sobre esto, véase Wayne A. Mack, «Instilling Hope in the Counselee», en MacArthur, *How to Counsel Biblically*, 114-30 (cap. 2, n. 12). Para obtener un recurso secular que apoye la importancia de la esperanza para el éxito de la consejería, véase Mark A. Hubble, Barry L. Duncan, y Scott D. Miller, eds., *The Heart and Soul of Change: Delivering What Works in Therapy* (Washington, DC: American Psychological Association, 1999), caps. 1, 6.

2. Estudie y memorice versículos clave de esperanza para compartir

En una sesión inicial de consejería, es posible que aún no conozca las mejores verdades bíblicas específicas que necesita un aconsejado. Pero eso no significa que deba demorarse en llevarles la Palabra de Dios. Pasajes como Salmos 46:1, 7; Mateo 11:28; Romanos 15:13; 1 Corintios 10:13-14; Filipenses 4:13; 2 Timoteo 3:16; 4:17; Hebreos 4:16 o 2 Pedro 1:3-4 dan gran esperanza para todo tipo de problemas, incluso en una primera sesión. Estudiar el contexto de estos pasajes y memorizarlos le dará confianza para compartirlos.

3. Aplique historias y personajes bíblicos relevantes para su aconsejado y su situación

Nuestro Dios se deleita en liberar a Su pueblo de situaciones desesperadas. Uno de los propósitos explícitos de la Biblia es proporcionar ejemplos históricos esperanzadores de la obra de Dios. En Romanos 15:2-4, Pablo presenta a Jesús como un ejemplo de vivir sacrificialmente por los demás, y luego agrega este razonamiento: «Porque las cosas que se escribieron antes, para nuestra enseñanza se escribieron, a fin de que por la paciencia y la consolación de las Escrituras, tengamos esperanza». Él nos dice dos veces en 1 Corintios 10 que las búsquedas idólatras de Israel y los juicios subsiguientes de Dios sobre Israel son «como ejemplos para nosotros, para que no codiciemos cosas malas, como ellos codiciaron. Y estas cosas les acontecieron como ejemplos, y están escritas para amonestarnos a nosotros» (10:6, 11). Al comentar sobre las demostraciones de fe de una multitud de figuras del Antiguo Testamento en Hebreos 11, el escritor concluye en Hebreos 12:1: «Por tanto, nosotros también, teniendo en derredor nuestro tan grande nube de testigos, despojémonos de todo peso y del pecado que nos asedia, y corramos con paciencia la carrera que tenemos por delante».

Idealmente, deberíamos usar narraciones bíblicas en las que la situación de un personaje se aproxima a la situación del aconsejado y en las que el personaje bíblico manifiesta fe y obediencia básicas. También debemos prestar atención al contexto más amplio y al lugar de la historia dentro de la línea narrativa histórico-redentora de la Biblia. Si bien los enfoques moralistas descuidan este panorama redentor más amplio, esta no es razón para evitar el uso adecuado de las narrativas bíblicas para dar consejos.

4. Dé adecuado testimonio de la obra de Dios en su vida

Al testificar de cómo Dios nos ha ayudado y nos sigue ayudando, les damos a las personas esperanza de que Dios también puede obrar en sus vidas. Estas cinco pautas pueden hacer que su testimonio sea eficaz para dar esperanza:

a. Asegúrese de que su testimonio se aplique de alguna manera a la situación del aconsejado. Cuanto más similares sean las situaciones respectivas, más podrá identificar la fidelidad de Dios y la respuesta que Dios quiere de su aconsejado. Al mismo tiempo, tenga cuidado de no insinuar que el Señor debe obrar en la vida de su aconsejado de la misma manera que lo hizo en la suya. Limite la discusión a las áreas en las que el Señor le ha dado la victoria, no a aquellas en las que todavía lucha, para que no corra el riesgo de ser hipócrita.
b. Tenga cuidado de no chismosear ni traicionar las confidencialidades. A menos que sea necesario para lograr el propósito de su ministerio *y* tenga permiso, no revele información de identificación sobre otros.
c. Sea oportuno. No interrumpa la historia de una persona para insertar la suya, especialmente si puede parecer competitiva o mostrar superioridad («¿Crees que eso es difícil? Déjame contarte con lo que tuve que lidiar yo»). Esto secuestra la sesión y desvía el enfoque hacia usted.
d. Sea breve. No revele demasiados detalles. Practicar su testimonio podría ayudarle a ser eficiente. Puede ampliarlo si el aconsejado pide más.
e. Destaque a Dios como el héroe. Edifique la esperanza de su aconsejado en el Espíritu de Dios, en la Palabra de Dios, en las promesas de Dios, en las acciones de Dios, no en su sabiduría, esfuerzos o circunstancias favorables. Hágase el sujeto de las oraciones cuando describa su fracaso y al Señor el sujeto cuando describa

las respuestas piadosas. En lugar de decir: «Fracasé esta semana en estas formas específicas, pero me volví al Señor», podríamos decir: «Fracasé esta semana, pero el Señor fue fiel. Hizo que mi corazón se volviera a Él». Si bien ambas interpretaciones son ciertas, la última reconoce que el Señor hace posible nuestro trabajo (Fil. 2:12-13; 1 Cor. 15:10) y merece nuestra alabanza.

Un testimonio eficaz da esperanza al aconsejado de que él también puede buscar y recibir la ayuda del Señor.

5. *Describa la obra exitosa de Dios en otros creyentes*

Aquí usted podría considerar a cristianos famosos, vivos o muertos, que han sido objeto de biografías y autobiografías, pero también a creyentes locales que usted e incluso el aconsejado puedan conocer. La Biblia abunda en exhortaciones para imitar a creyentes más maduros (por ej.: Prov. 13:20; Fil. 2:29-30; 3:17; Heb. 6:12). En algunos casos no solo puede contarle a un aconsejado sobre otros hermanos o hermanas, sino también conectarlos para que el aconsejado pueda escuchar una historia inspiradora de primera mano. Cuando sea posible, también puede tratar de reunir testimonios escritos de la obra de Dios en sus aconsejados «graduados» (eliminando la información de identificación primero).

6. *No minimice el pecado de su aconsejado; más bien, maximice la gracia de Dios: el poder de Dios para perdonarlo y cambiarlo*

Así como los diamantes destellan mejor cuando se colocan contra un terciopelo negro, del mismo modo el evangelio brilla más en contraste con el pecado. Las Escrituras presentan una dinámica fascinante, casi paradójica: «La ley se introdujo para que el pecado abundase; mas cuando el pecado abundó, sobreabundó la gracia» (Rom. 5:20). «Palabra fiel y digna de ser recibida por todos: que Cristo Jesús vino al mundo para salvar a los pecadores, de los cuales yo soy el primero» (1 Tim. 1:15).

Como consejeros bíblicos podemos ser fácilmente tentados, por miedo a ofender o por una noción distorsionada de la compasión, a tratar de calmar la conciencia de un aconsejado minimizando su pecado: «Bueno, bueno, no seas tan duro contigo mismo. No te castigues por lo que dijiste, hiciste o dejaste de hacer; no es tan malo». Sin embargo, no les hacemos ningún favor a nuestros aconsejados cuando minimizamos su pecado porque eso les roba la apasionante gracia del evangelio. En cambio, recordémosles que tenemos un gran Salvador para los grandes pecadores.

Yo busco enfatizar la necesidad de un aconsejado *tanto* de la gracia perdonadora de Dios como de la gracia empoderadora de Dios. Hebreos 4:16 reúne a ambos: «Acerquémonos, pues, confiadamente, al trono de la gracia, para alcanzar misericordia y hallar gracia para el oportuno socorro». En Cristo encontramos tanto la gracia perdonadora («misericordia») como la gracia empoderadora («gracia para el oportuno socorro»), Su gracia habilitadora y sustentadora.

En lugar de restarle importancia al pecado de un aconsejado, deberíamos llevarlo a Jesús de una manera nueva: «Tania, lo que le dijiste a tu marido estuvo mal y no es la manera en la cual Dios quiere que le respondas. Pero la buena noticia es que esta es exactamente la razón por la que vino Jesús: para salvar a los pecadores como yo y como tú. Por eso, permíteme recordarte que si vas a Jesús y confiesas tu pecado, Él no solo te perdonará y te limpiará (agregando quizás 1 Jn. 1:9) sino que también te dará poder renovado por medio de Su Espíritu para luchar contra ese pecado y responder a tu esposo de manera diferente. Y yo estoy aquí para ayudarte».

7. Recuérdele a su aconsejado que el cambio ocurre de forma gradual

La desesperanza puede provenir de las expectativas excesivas que las personas ponen en Dios o en sí mismas. Cuando veamos a Cristo cara a cara, «seremos semejantes a él» (1 Jn. 3:2). Pero el corolario es igualmente cierto: hasta que no lo veamos, no seremos como Él, al menos no completamente. El pecado restante nos acosará a los creyentes. El crecimiento es un proceso: tres pasos hacia adelante y dos pasos hacia atrás. Los teólogos llaman a esto santificación progresiva.

En la práctica, eso significa que tenemos que celebrar con los aconsejados incluso las pequeñas señales de la obra de Dios en sus vidas. Para empezar, su disposición a buscar su ayuda y su voluntad de proporcionarla muestran la gracia de Dios. Agradezca a Dios por eso mientras ora con su aconsejado. También significa establecer metas realistas y alcanzables y destacar el crecimiento progresivo. Considere el modelo F.I.D.O.T.[2] Un aconsejado que lucha con la ira exhibe un crecimiento cuando hay una disminución en cualquiera de lo siguiente:

- *Frecuencia* de arrebatos (tres episodios esta semana en lugar de cinco la semana pasada).
- *Intensidad* (controlar su impulso de golpear la pared en lugar de hacer un nuevo agujero en ella).
- *Duración* de sus diatribas (alegatos de quince minutos en lugar de alegatos de treinta minutos).
- *Ocasiones* para exhibiciones de enojo (de las cinco situaciones típicas que históricamente le han provocado enojo, solo tres lo hicieron esta semana).
- *Tiempo* transcurrido antes de arrepentirse (qué tan rápido el aconsejado reconoce su pecado y se vuelve al Señor).

Cualquiera de estas disminuciones debería causar alegría. El crecimiento cristiano significa que, aunque todavía no somos lo que algún día seremos (semejantes a Él, según 1 Jn. 3:2), ya no somos más lo que alguna vez fuimos (perdidos). Ahora somos nuevas criaturas (2 Cor. 5:17). Alabado sea Dios por Su gracia en Cristo.

8. *Detecte y afirme la obra de Dios en su aconsejado*

Los aconsejados que carecen de esperanza a menudo viven inconscientes de Dios y ciegos a lo que Dios ha estado y está haciendo en sus vidas. Señalar la mano de Dios obrando en la situación de su aconsejado, así como cualquier progreso en su alma, puede traer un nuevo aliento. Vemos este patrón en las cartas del Nuevo Testamento, en las cuales los apóstoles

[2] Para más explicación de las cuatro primeras categorías, véase Robert D. Jones, *Anger: Calming Your Heart* (Phillipsburg, NJ: P&R, 2019), 10-11.

con frecuencia destacan la fe y otras gracias evidentes en sus lectores (por ej.: Rom. 1:8; 1 Cor. 1:6-7; Fil. 1:3-8; 1 Tes. 1:2-3). Y vemos esto en las afirmaciones que el Señor Jesús trae a las siete iglesias en Apocalipsis 2 y 3, incluso cuando las reprende al mismo tiempo (2:3-4, 9, 13, 19; 3:1, 8, 19).

¿Cómo podría ser esto? Comience desde la primera sesión. «Tito, el hecho de que hayas buscado la ayuda de Dios a través de la consejería bíblica nos muestra que Dios está tramando algo. Que Dios nos haya conectado y que estés dispuesto a dejarme ayudarte es evidencia de que Dios está presente en tu vida y está trabajando para brindarte Su ayuda». Y continúe así cuando escucha a su aconsejado compartir sus problemas y responder con fe a las instrucciones bíblicas que usted da.

9. Donde sea prudente, use categorías y etiquetas bíblicas para describir los problemas y sus respuestas

Fluyendo de lo anterior, nos regocijamos en el mensaje del evangelio que «Cristo Jesús vino al mundo para salvar a los pecadores», no a los codependientes (1 Tim. 1:15). Como el ángel dirigió a José en Mateo 1:21: «y llamarás su nombre JESÚS, porque él salvará a su pueblo de sus pecados», no una etiqueta psiquiátrica o cultural. Ya sea que provengan de eufemismos o de categorías no bíblicas, las etiquetas seculares carecen de la profundidad de la Palabra de Dios. Por ejemplo, la etiqueta «trastorno de ansiedad social» se enfoca superficialmente solo en el nivel horizontal, excluyendo a Dios y no abordando los problemas centrales de lo que significa amar, temer y confiar en Dios más que en los demás.

Por supuesto, debemos actuar con prudencia. No es sensato corregir prematuramente la terminología de los aconsejados psicologizados hasta que usted se haya ganado tanto su confianza como su compromiso con la Palabra de Dios. Usted podría ganar la batalla, pero perder la guerra.

Esto no significa que no debamos abordar sabiamente el lenguaje no bíblico, especialmente cuando los aconsejados se aferran a él. Las palabras tienen significado. Las etiquetas culturales y psiquiátricas a menudo utilizan un lenguaje que suena médico, pero por lo general carecen de consenso científico para la etiología física. Por otra parte, cuando los aconsejados cristianos permiten una etiqueta («soy alcohólico»; «soy bipolar») para definirlos, se cargan a sí mismos con un diagnóstico desalentador y determinista que puede excusar su pecado y robarles la esperanza del evangelio. Es sabio enfocarlos en el poder redentor de Cristo y su gloriosa identidad en Cristo: «Soy hijo del Dios vivo, perdonado por Cristo y empoderado por Su Espíritu; por lo tanto, Él puede ayudarme a manejar los problemas que enfrento».

10. *Ayude a su aconsejado a ver los propósitos de Dios en las pruebas*

A medida que ayudamos a los aconsejados a conocer al Dios soberano, sabio y bueno de las Escrituras, podemos ayudarlos a ver cómo todos sus problemas se convirtieron en oportunidades para llegar a ser más como Jesús. Por ejemplo, Dios usa las dificultades para...

- mejorar y profundizar nuestra relación con Dios. Los cristianos en dificultades tienden a volverse más conscientes de Dios y acudir a Él;
- experimentar una medida de los sufrimientos de Cristo (aunque nuestros sufrimientos son ligeros comparados con los de nuestro Salvador sufriente);
- exponer el pecado que nos queda. Dios usa las pruebas para quemar nuestra escoria, incluyendo los pecados que no vemos (nuestros puntos ciegos);
- involucrarnos más activamente en el cuerpo de Cristo. El sufrimiento puede acercarnos más a los demás y hacernos más dependientes de ellos para apoyo y oración;
- mostrar a los demás la obra de Cristo en nosotros (Mat. 5:13-16). Las dificultades nos dan la oportunidad de reflejar a Jesús ante los demás; y
- equiparnos para un ministerio personal más sabio y compasivo. Dios nos consuela en nuestras pruebas para que podamos consolar a los demás.[3]

---

[3] Robert D. Jones, *When Trouble Shows Up: Seeing God's Transforming Love* (Greensboro, NC: New Growth Press, 2013).

11. Ayude a su aconsejado a discernir sus responsabilidades específicas en medio de sus abrumadoras preocupaciones

El diagrama «Círculo de preocupación y Círculo de responsabilidad» de Paul Tripp,[4] junto con pasajes como Romanos 12:17-21; 1 Pedro 2:21-23; 4:19 y 2 Timoteo 2:22-26, pueden ayudar a las personas a distinguir entre lo que no pueden controlar (sus preocupaciones, el círculo más grande) y lo que sí pueden controlar (sus responsabilidades, el círculo más pequeño).

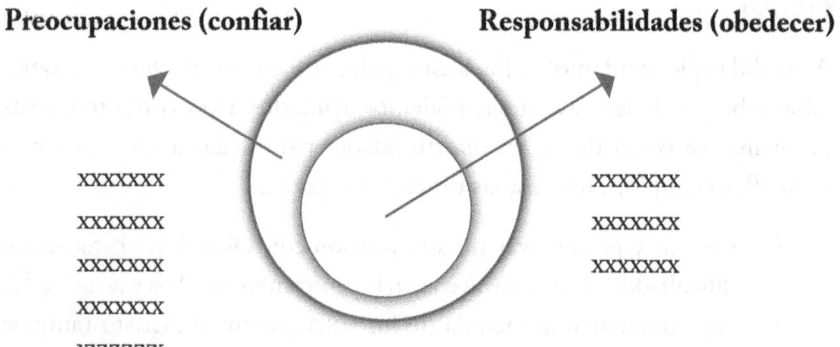

Usted puede ayudar a una persona abrumada por la intranquilidad haciendo una lista de sus múltiples preocupaciones en la columna de la izquierda y luego trabajando con ella para enumerar en la columna de la derecha lo que Dios la llama a hacer al respecto. Esto último incluye orar por las preocupaciones cuando surjan, echándolas sobre el Señor (1 Ped. 5:7), y dar cualquier paso concreto de obediencia que sea apropiado en la situación específica. A partir de esto, podemos ayudarle a especificar dónde debe aprender a *confiar* en Dios para ser y hacer todo lo que Dios promete ser y hacer, y *encomendar* a Dios aquellas personas y cosas que nos preocupan para que Dios haga lo que quiera hacer. La esperanza llega cuando un aconsejado ve que el círculo interior es mucho más pequeño y, con el poder de Dios y nuestra ayuda, es posible.

---

[4] Tripp, *Instruments*, 250-57 (véase cap. 13, n. 1).

12. Proporcione recursos prácticos

(Vea el capítulo 17: «Uso de las tareas de crecimiento en la consejería»).

13. Ore con y por su aconsejado

Pocas cosas le dan más esperanza a un creyente que lucha que orar por él, particularmente al final de una sesión. No solo le brinda los beneficios que Dios promete dar debido a la oración (2 Cor. 1:10-11; Fil. 1:18-19; Sant. 5:14-16), sino que demuestra su preocupación por ellos y modela cómo pensar bíblicamente y cómo acercarse a Dios. Generalmente, es sabio comenzar y terminar las sesiones con una oración. A veces, incluso puede insertar la oración dentro de una sesión, especialmente si el aconsejado se enfrenta a una crisis.

Al mismo tiempo, es útil recordarles a los aconsejados que, si bien usted tratará de orar por ellos entre sesiones, es posible que fracase, pero hay Uno que ora por ellos *continuamente.* Jesús está «viviendo siempre para interceder por ellos» (Heb. 7:25).

14. Asegúrele a su aconsejado su esperanza en Dios para él y lleve esa esperanza para él

Un comercial de una cadena minorista presentaba a los que recibían a los clientes en la tienda, fingiendo mostrar la calidez con la que cada cliente sería recibido en sus tiendas. Termina con la cámara acercándose a un magnífico empleado mayor. «Si vienes aquí sin una sonrisa», les dice a los espectadores, «te daré una de las mías». A pesar de lo cursi que es ese comercial, ofrece una valiosa visión para el cuidado sabio del alma. Aquí está mi aplicación paralela (de Bob) en la consejería: «Si vienes a mí sin esperanza, te daré un poco de la mía». A medida que crecemos en conocimiento y confianza en Dios y en Su Palabra, los consejeros bíblicos podemos decir a aquellos a quienes aconsejamos: «Sé que quizás no tengas mucha esperanza en este momento, pero yo tengo más que suficiente para los dos. El poder divino de Dios nos ha dado todo lo que necesitamos para vivir vidas satisfechas y piadosas (aludiendo a 2 Pedro 1:3)».

Como le dijo un consejero bíblico a mi amigo que buscó ayuda: «Te voy a poner sobre mis hombros y te voy a cargar». Esa palabra le dio a mi amigo una inmensa esperanza. De manera similar, para ayudar a un aconsejado a saber que ella tiene la intención de llevar su carga con él, mi coautora Kristin usa la imagen de caminar hombro con hombro con un aconsejado para llevar un saco de arroz de cincuenta libras entre ellos.

Pero ¿qué pasa si un aconsejado depende demasiado de usted? ¿Realmente queremos que la gente tenga esperanzas en nosotros? Tres respuestas parecen sabias. En primer lugar, reconocemos esta posibilidad, aunque los consejeros bíblicos presumiblemente la experimentan menos que otros consejeros, ya que constantemente dirigimos a nuestros aconsejados al Señor. Segundo, para una persona *des*-esperanzada que no tiene esperanza en el Señor, esperar inicialmente en nosotros es mejor que en nadie. Tercero, debemos usar nuestra posición privilegiada para guiar a la persona hacia Jesús. Al aprovechar la confianza que la persona nos da, podemos mostrarle dónde radica nuestra confianza y cómo ella también puede confiar en Alguien más confiable. Un consejero bíblico sirve como un mendigo que puede mostrar a otros mendigos no solo dónde encontrar pan, sino también cómo comerlo y disfrutarlo.

Conclusión

No subestime el poder de la esperanza (no de las ilusiones o del tipo que proponen las terapias mundanas), sino la esperanza basada en la Palabra de Dios. Esfuércese por impartirla, utilizando las estrategias anteriores.

«Y el Dios de esperanza os llene de todo gozo y paz en el creer, para que abundéis en esperanza por el poder del Espíritu Santo».
Romanos 15:13

17

Uso de las tareas de crecimiento en la consejería

Las tareas de crecimiento forman una parte esencial de nuestra metodología de consejería bíblica.[1] Aunque no son exclusivas de nuestro enfoque, el valor de estas tareas de progreso entre sesiones ha sido enfatizado por los consejeros bíblicos históricamente. Debido a que creemos que Dios es el que cambia a las personas, no confiamos principalmente en la sesión como una hora mágica para un cambio dramático. En cambio, reconocemos que Dios obra en las personas progresivamente, durante las 167 horas entre sesiones semanales. Además, pocos factores predicen más el crecimiento del aconsejado y el resultado fructífero del caso que la finalización exitosa de las tareas asignadas. Eso nos llama a diseñar bien nuestras tareas y a dar a los aconsejados instrucciones claras sobre cómo aplicar Su Palabra diariamente.[2]

---

[1] En este capítulo usamos el término «tareas de crecimiento» más frecuentemente que «tareas» por causa del propósito positivo al que estas asignaciones sirven en el proceso de crecimiento.

[2] Para recursos útiles sobre conceptos y métodos de tareas de crecimiento, con ejemplos, véase Tripp, *Instruments*, 318-54 (cap. 13, n. 1); Wayne A. Mack, *Homework Manual for Biblical Living*, 3 vol. (Bemidji, MN: Focus, 2005); y Jay E. Adams, *The Christian Counselor's Manual: The Practice of Nouthetic Counseling* (Phillipsburg, NJ: P&R, 1973), 294–343; y Adams, *Ready to Restore: The Layman's Guide to Christian Counseling* (Phillipsburg, NJ: P&R, 1981), 72–76.

Los beneficios de las tareas de crecimiento

¿Por qué debemos asignar tareas? Consideremos cuatro razones:

1. Las tareas de crecimiento dirigen a los aconsejados a las Escrituras y a los recursos basados en las Escrituras para que puedan ver a Dios bíblicamente y responder con un cambio piadoso. Queremos ayudarlos a convertirse en hacedores de la Palabra, no solo en oyentes (Sant. 1:22-25; Mat. 7:24-27). También queremos destacar el valor del autodescubrimiento. Las personas crecen mejor cuando descubren y aplican las verdades de la Palabra de Dios que transforman la vida.

2. Las tareas de crecimiento extienden el enfoque de la sesión a la vida diaria. Una sesión de una hora no es suficiente; las tareas refuerzan y ayudan a aplicar el contenido de la sesión, dando a los aconsejados la oportunidad de implementar cambios concretos e informar de ello en la próxima sesión. Con demasiada frecuencia, los consejeros sin experiencia enfocan sus energías de preparación en la sesión en sí y tratan la tarea como una ocurrencia tardía. Los consejeros sabios ven tanto la próxima sesión como la tarea como un paquete completo de ayuda, como cuando los instructores de piano brindan evaluación e instrucción, pero también dan tareas porque saben que los estudiantes solo desarrollan habilidades reales a través de la práctica diaria.

3. Las tareas de crecimiento preparan a los aconsejados para la próxima sesión. Si bien la mayoría de las asignaciones tienen como objetivo aplicar las verdades de la última sesión, algunas pueden guiar a los aconsejados a donde usted planea ir a continuación. Por ejemplo, si planea abordar el conflicto relacional en su próxima sesión, puede asignarle a la persona que memorice y medite en un pasaje como Santiago 4:1-2.

4. Las tareas de crecimiento colocan la responsabilidad del cambio en la persona, no en el consejero. Al hacer que la tarea sea una parte vital de un proceso de consejería, no un complemento, usted minimiza la dependencia excesiva del aconsejado. Al igual que el instructor de piano que no puede crear músicos, usted no puede cambiar a sus aconsejados. Más bien, cada uno debe desear y trabajar en su competencia. La consejería no es como ir a un dentista donde el paciente yace pasivamente y el profesional rellena

la cavidad. Los consejeros bíblicos son agentes de Cristo, no reparadores; el cambio de vida ocurre cuando los aconsejados dependen de Cristo y aplican activamente Su verdad en el poder de Su Espíritu.

Estos cuatro beneficios sugieren que siempre debemos asignar algún tipo de tarea, por mínima que sea e incluso si la enviamos uno o dos días más tarde (por ej. cuando nos quedamos sin tiempo o una sesión terminó abruptamente). Queremos que nuestros aconsejados hagan *algo* para tener un seguimiento de cada sesión, por informal o ligero que sea.

Tipos de tareas de crecimiento

¿Qué tipo de tarea debemos asignar? Las tareas de crecimiento deben ser claras, factibles, beneficiosas y estar de acuerdo con los objetivos de la consejería. Debemos determinar qué asignaciones específicas ayudarían más a un aconsejado en particular en un momento determinado. Cada tarea debe especificar lo que el aconsejado debe hacer para aplicarla concretamente; por ejemplo: «Escribe tres puntos del capítulo 3 de este libro y habla con Dios sobre ellos» o «Habla esta semana con tu pastor sobre unirte a un grupo pequeño». Los consejeros sabios comienzan a pensar en la siguiente tarea incluso antes de que comience la sesión actual, toman nota de ideas para la tarea durante la sesión y luego, al final, dan forma a una tarea sabia para el aconsejado.

Una tarea permanente, que puede ser necesario declarar al aconsejado en cada sesión, implica que revise la discusión y las ideas de cada sesión antes de la próxima reunión. Puede proporcionar un anotador y un bolígrafo al comienzo de cada sesión para animar a los aconsejados a tomar notas.

Al seleccionar las tareas para su aconsejado, evalúe su etapa en el proceso de consejería y lo que cada tarea está destinada a lograr. Si busca dar instrucción bíblica o generar esperanza bíblica, escribir un diario sobre los sentimientos no ayudará. Escribir un diario sobre un pasaje de la Biblia ayudará, sin embargo, si quiere aprender cómo piensa el aconsejado o cómo está procesando e implementando la Palabra de Dios. En todos los casos, apunte a un cambio práctico, no solo impartiendo conocimiento de la verdad de Dios, sino ayudando a los aconsejados a conocerla *y* practicarla (Juan 13:17; Gál. 5:6; Sant. 1:22-25).

Considere las siguientes categorías de tareas para elegir, junto con recomendaciones y ejemplos relacionados:

Escrituras para leer, estudiar o memorizar

- Decida qué pasaje(s) bíblico(s) incluir. Por lo general, esto significa cualquier pasaje discutido en la sesión que pueda ayudar a la persona a aplicar el contenido. A veces puede incluir pasajes adicionales que refuercen la idea central. No es necesario que los pasajes asignados sean nuevos cada vez; a veces es mejor revisar y reflexionar más profundamente sobre los textos presentados anteriormente.
- Decida qué deben hacer los aconsejados con cada pasaje. El mero hecho de pedirle a la persona que «piense» o «medite» en un pasaje es demasiado nebuloso. Proporcione pasos prácticos y medibles, como escribir un diario de oración o escribir ideas específicas y cómo se aplican concretamente al problema. Anímelos a buscar verdades específicas. Considere las preguntas que deben hacer, las solicitudes que deben realizar y los pasos de acción que deben tomar.
- Dependiendo del nivel de conocimiento bíblico del aconsejado, es posible que tenga que explicar el trasfondo textual o los términos clave. Pero tenga cuidado de no quitarle al aconsejado la alegría del autodescubrimiento.
- Si el aconsejado tiene un plan consistente de lectura de la Biblia, anímelo a continuar, añadiéndole pasajes adicionales de las Escrituras que se centren en su problema específico. O bien, el aconsejado podría posponer ese plan por una temporada y en su lugar usar una guía devocional que se centre en su problema.[3]

[3] Por ejemplo, véase la serie devocional de treinta y un días de P&R Publishing, que trata temas tales como pornografía, duelo e ira: https://www.prpbooks.com/series/31-day-devotionals-for-life

- Si asigna versículos para memorizar, pida a los aconsejados que lean y estudien el contexto, escriban los versículos en tarjetas y los repasen continuamente. Esforzarse por memorizar literalmente en su traducción preferida genera confianza.
- Sea consciente de los niveles más bajos de alfabetización, especialmente para los aconsejados cuyo idioma principal no es el suyo. Anime a los aconsejados a leer la Biblia en su lengua materna.

Leer libros, capítulos, minilibros o artículos basados en las Escrituras[4]

- Cualquier lectura asignada debe ser impulsada por la Biblia, de acuerdo con el evangelio y su aplicación a la persona. Lo ideal es que se relacione temáticamente con la Escritura que se discutió o se le asignó. (Nota: si puede haber un punto menor cuestionable dentro del recurso, indique un descargo de responsabilidad).
- Conozca usted mismo el recurso. El hecho de que otros lo recomienden no significa que se ajuste a su aconsejado. Léalo someramente a través de sus ojos, lo mejor que pueda anticipar.
- Considere si el nivel de alfabetización de su aconsejado puede manejar un recurso antes de asignarlo.
- Anime a los aconsejados a «apropiarse» de la lectura. En un libro, deben marcar pensamientos convincentes, anotar tres o cuatro verdades específicas y enseñanzas, escribir un resumen de su aplicación o componer una oración al Señor basada en lo que aprenden.
- Si su aconsejado no está de acuerdo con alguna parte de una tarea de lectura, trate de entender por qué. Discierna qué verdades bíblicas primarias podrían estar en juego, sin defender el estilo o los puntos secundarios de un escritor. Concéntrese en cómo el escritor falible y sin inspiración, sin embargo, reflejó la Palabra inspirada e inerrante de Dios.

---

[4] Vea los muchos libros y minilibros de consejería bíblica publicados por P&R (por ej., el núm. 3, arriba), New Growth Press y Shepherd Press.

Pasos de acción específicos

- Use verbos de acción: visita a tu papá, llama a tu amigo, pon el despertador, habla con la persona, haz una cita con el médico, ve a un evento, comienza (o detiene) una actividad, compra un artículo específico, vende tu camioneta (la que se encuentra en el garaje la mayor parte del tiempo y cuesta 300 dólares al mes).

Recursos de audio o video basados en la Biblia, como sermones, conferencias y pódcasts

- Considere el ministerio de enseñanza de su propio pastor. Un sermón reciente podría complementar muy bien otras asignaciones. También considere la gran cantidad de recursos de conferencias y sitios web de consejería bíblica.
- Pida a los aconsejados que tomen notas o al menos escriban algún tipo de respuesta de interacción o aplicación personal.

Diario libre

- Ayude a los aconsejados a escribir en un diario sus pensamientos y sentimientos relacionados con la discusión de la sesión y en respuesta a la Palabra de Dios. En algunos casos es mejor retrasar el diario hasta que entiendan cómo las Escrituras abordan su problema, no sea que su diario sea simplemente las reflexiones desesperadas de su carne y los lleve a permanecer en sus luchas en lugar de moverse hacia las respuestas centradas en Cristo.
- Si los aconsejados están dispuestos, anímelos a hablar con el Señor a través de un diario de oración. (Piense en «Querido Dios» en lugar de «Querido diario»). Ayúdelos a dar gracias al Señor, a lamentar sus dificultades, a confesar sus pecados y a buscar la ayuda del Señor escribiéndole en el diario. Los Salmos, especialmente los salmos de lamento proporcionan magníficos ejemplos

de cómo empezar. Los salmos de lamento dan palabras a los que sufren, capturando y expresando una serie de emociones difíciles; enmarcan esas luchas dentro de una perspectiva centrada en Dios, modelando para nosotros cómo hablar con Dios sobre las dificultades y las dudas. Incluso podría pedir a los aconsejados que estudien un salmo de lamento, tomen nota de su fluir y de sus temas, y luego compongan su propio lamento personalizado para analizarlo con usted.[5]

- Para fomentar la honestidad con Dios, por lo general es mejor no pedir a los aconsejados que nos permitan leer su diario. (Asegúreles por adelantado que no lo hará). Pueden sentirse tentados a escribir para nuestros ojos u omitir anotaciones vergonzosas. En su lugar, puede invitarlos a compartir extractos, si lo desean.

Diario guiado, evaluaciones, listas e inventarios

- Los diarios guiados ayudan a los aconsejados a pensar en un problema específico de manera organizada. Por ejemplo, puede pedirles que estructuren su diario de la siguiente manera:
    - *Situación inicial:* ¿Qué sucedió? ¿Qué estaba pasando?
    - *Comportamiento:* ¿Cómo respondiste? ¿Cómo te sentiste (emociones), qué dijiste (palabras) o hiciste (acciones)?
    - *Corazón:* ¿Qué estabas pensando (creencias)? ¿Qué estabas deseando o anhelando (motivaciones)?
    - *¿Qué deberías haber hecho o qué harías la próxima vez?*
- Pídales a los aconsejados que hagan una lista de cinco aspectos de su matrimonio (u otra relación difícil) que les gustaría cambiar, que hagan una lista de diez juicios sobre sí mismos que conforman su «baja autoestima» u otros problemas que contribuyen a esa relación, o que completen un inventario de sus derechos y necesidades percibidos que se les niegan o no se satisfacen (asegurándose de

[5] Por ejemplo, véase el uso del Salmo 77 con la víctima de una agresión sexual en Robert D. Jones, *Angry at God: Bring Him Your Doubts and Questions* (Phillipsburg, NJ: P&R, 2003), 19-23.

ayudarlos a pensar bíblicamente sobre esos derechos y necesidades percibidos).

- Pida a los aconsejados que hagan una lista de pasos de acciones concretas de lo que deban despojarse y revestirse (según el enfoque de Pablo en Ef. 4:25–5:2 y Col. 3:5-17).
- Use el Diagrama de evaluación de patrones de problemas (en el cap. 27) para realizar un seguimiento de las ocurrencias del problema.

Oración

- Incluya la oración como una asignación especial, cuando sea posible. Anime a los aconsejados a tener trato directo con Dios.
- Asegúrese de que la tarea asignada no termine simplemente con un pensamiento renovado o un cambio de comportamiento, sino que concluya con conversaciones con Dios. En otras palabras, no se conforme con versiones «bíblicas» de la terapia cognitivo-conductual, que simplemente llaman a los aconsejados a pensar y actuar bíblicamente, pero descuidan la comunión activa con Cristo. Después de todo, Él dijo: «Separados de mí nada podéis hacer» (Juan 15:5).
- Tal vez, en la sesión, muéstrele al aconsejado cómo orar a través de un salmo u otra porción de las Escrituras.

Tarjetas recordatorias

- Asigne a los aconsejados que escriban en tarjetas de 3 x 5 pulgadas (8 x 13 cm). Pueden usarlas para anotar versículos de la Biblia, una verdad bíblica y un modelo de oración relacionado con su problema específico. Por ejemplo:

(Lado 1)

Mi meta es agradar a Dios

«Por tanto, procuramos también, o ausentes o presentes, serle agradables» (2 Cor. 5:9). «Y por todos murió, para que los que viven, ya no vivan para sí, sino para aquel que murió y resucitó por ellos» (2 Cor. 5:15).

(Lado 2)

Oración para agradar a Dios

Mi meta en la vida, en todo momento, debe ser agradar a Dios, no a mí mismo o a otros. Padre, ayúdame, en respuesta a tu gracia, a agradarte en todos mis pensamientos, palabras, acciones y deseos.

(Lado 1)

Cuando estoy tentado a emborracharme

¡Detente! ¡No lo hagas! ¡Ora! Llama a Jorge: 555-327-0174.
1 Corintios 10:13: «No os ha sobrevenido ninguna tentación que no sea humana […] pero fiel es Dios, que no os dejará ser tentados más de lo que podéis resistir, sino que dará también juntamente con la tentación la salida, para que podáis soportar».

(Lado 2)

¿Estoy agradando o entristeciendo a Dios? ¿Quiero un Salvador con el ceño fruncido? ¿Quiero…

- estar mental y espiritualmente fuera de control?
- avergonzar el nombre de Jesús y de mi iglesia?
- arruinar mi vida y sufrir una resaca?
- arriesgar mi trabajo o licencia de conducir?
- herir a otros?

En cambio, ¿qué es lo que Dios quiere que haga?

Canciones cristocéntricas

- Asigne canciones (a través de cualquier medio) con letras que usted quiere que ellos escuchen. La música de calidad puede reforzar los temas del evangelio que complementan la consejería.
- Aun cuando el estilo de una canción no sea el de su preferencia, es posible que les empiece a gustar esa música si está interpretada con habilidad y la escuchan tres o cuatro veces para reflexionar sobre la letra.

Adoración en la iglesia, educación o clases de capacitación para adultos, y participación en grupos pequeños

- Pregúnteles a los aconsejados a qué reuniones congregacionales asisten y anímelos a aumentar su participación si parece insuficiente. Por ejemplo, puede pedirles que compartan con usted una enseñanza de algún sermón, que participen de la escuela dominical o que le informen al líder de su grupo pequeño que están reuniéndose con usted.

Conexión con otros creyentes (para apoyo, aliento, rendición de cuentas y oración)

- Usted o su aconsejado pueden invitar a un amigo cristiano maduro, del mismo sexo, o a una pareja, a reunirse con el aconsejado entre sesiones o incluso a asistir a una o más sesiones. Compartir verdades bíblicas sobre el ejemplo y el ministerio mutuo puede motivar a las partes que usted quisiera involucrar.
- Al guiar a los aconsejados a reunirse con otro creyente, considere con quién deberían reunirse (¿esa persona es un cristiano maduro y ejemplar?), así como el propósito de su participación (oración, capacitación, rendición de cuentas, estudio bíblico). Establezca de antemano con qué frecuencia y por cuánto tiempo será necesaria la participación de esa persona.

Abordar temas médicos o de salud

- Puede instar a un aconsejado a que haga una cita médica por posibles problemas físicos.
- Anime a los aconsejados a priorizar el ejercicio, la nutrición apropiada, el descanso y salir al aire libre para disfrutar la naturaleza.

Servir a la iglesia o a los individuos en necesidad

- Los aconsejados enredados en problemas personales viven en un mundo confinado. Ayudarlos a encontrar maneras de servir a los demás puede serles útil tanto a ellos como a aquellos a quienes ministran.

Otras asignaciones

- Use su creatividad para diseñar sus propias tareas.
- Si un aconsejado está progresando bien, puede invitarlo a que lo ayude a elaborar una tarea de acuerdo con lo que cree que Dios quiere que él sea y haga. Pregúntele: «¿En qué quiere Dios que cambies? ¿Cómo podrías aplicar la Palabra de Dios de manera práctica y específica esta semana?». Involucrar a los aconsejados aumenta su apropiación de la tarea y, por lo tanto, su probabilidad de completarla.

Presentar las tareas de crecimiento

¿Cómo debemos introducir las tareas? Considere un movimiento simple de tres pasos para usar cerca del final de una sesión. (Asegúrese de dejar tiempo para ello).

1. Pregunte: «¿Puedo darte algo en lo que trabajar esta semana que creo que te ayudará?». Resista la tentación de dar muchas tareas en la primera sesión, la pasión por querer que la gente cambie puede impacientarle. Sepa también que incluso en la consejería informal de amistad, puede

ofrecer tareas; por ejemplo: «Si estás interesado y dispuesto a trabajar en esto, puedo darte algunas cosas que hacer que creo que te ayudarán».

2. Asigne: «Permíteme pedirte, primero, que leas...». Dicte oralmente cada parte de la tarea mientras la escribe simultáneamente y pida a los aconsejados que hagan lo mismo, para que asuman la responsabilidad de hacerse cargo de la tarea. También puede optar por tomar una foto de la asignación con su teléfono celular y enviarla electrónicamente más tarde. Algunos consejeros incluso desarrollan un formulario estándar de asignaciones para completar y entregar a los aconsejados. Si tiene poco tiempo o necesita pensar en la tarea, puede prometer que la enviará por correo electrónico. De todas formas, reconozca el lado negativo: usted no podrá explicarla, asegurarse de que la entienden o ajustarla si ellos plantean una inquietud; se necesita más tiempo para redactarla y enviarla por correo electrónico más tarde; y en su ajetreo puede que se olvide de hacerlo.

3. Asegúrese de que el aconsejado entienda y esté de acuerdo con la asignación: «¿Qué te parece? ¿Tiene sentido? ¿Parece factible?». Siéntase en libertad de hacer una muestra rápida de una tarea con ellos para que comiencen.

Discutir las tareas asignadas en la próxima sesión

¿Cuándo y cómo se deberían revisar las tareas en la siguiente sesión? Algunos consejeros prefieren comenzar con ellas para asegurarse de que realmente llegarán a verlas y tendrán tiempo suficiente para discutirlas. Otros comienzan con una conversación general, incluyendo una actualización sobre la persona y su problema, y solo preguntan sobre la tarea de crecimiento asignada después de eso. Este enfoque fomenta la reconexión y no parece tanto como un maestro de escuela que controla a los estudiantes, aunque conlleva esfuerzo reservar un tiempo adecuado para discutir la tarea después.

Para abordar una discusión sobre la tarea, usted podría preguntar: «¿Tuviste oportunidad de trabajar en las tareas de crecimiento? ¿Podemos hablar de ellas?». Incluso si usted desea concentrarse solo en un componente, asegúrese de preguntar sobre cada uno para no insinuar sutilmente que el resto no es importante. (Como saben los educadores, los estudiantes inteligentes no hacen lo que se espera sino lo que se inspecciona).

Al discutir una tarea de lectura, algunos consejeros la tratan como un complemento del enfoque de la sesión principal y simplemente quieren saber que el aconsejado la ha leído. Un mejor acercamiento pide a los aconsejados que informen sus dos o tres conclusiones principales para que usted dedique algo de tiempo de sesión a esas conclusiones, pero no la mayor parte de su tiempo. Por lo general, no es prudente dedicar toda la sesión al material de lectura; lo mejor es centrar la mayor parte de la sesión en la persona y la aplicación de la Biblia a su vida.

Lidiar con el incumplimiento de las tareas

La consejería no siempre progresa de la manera que queremos. Aquí hay una forma sugerida de manejar a los aconsejados que no hacen las tareas (sin una razón legítima): en la primera ocasión, pregunte qué sucedió. Recuérdeles que Dios quiere usar sus asignaciones para ayudarles y que el verdadero crecimiento ocurre entre las sesiones, mientras los aconsejados aplican diariamente la Palabra de Dios. Confirme su comprensión y compromiso para completar el trabajo y anímelos a hacerlo esta semana.

En la segunda ocasión que suceda lo mismo, recuérdeles de nuevo la importancia de la tarea. Pero esta vez pregúnteles: «Ya que esta es la segunda vez, ¿puedes ayudarme a entender cuál era tu intención después de la última sesión?». ¿Planeaba el aconsejado hacer la tarea? Si es así, ¿por qué fracasó su plan? Usted podría señalar que cuando no se realizan las tareas, se siente como un médico que recetó un medicamento que el paciente no tomó y, por lo tanto, regresa con los mismos síntomas.

En la tercera ocasión en que no haya completado las tareas, recuérdele que estas tareas de crecimiento asignadas son una parte esencial del proceso de consejería. (Incluso puede referirse a su formulario de acuerdo, suponiendo que haya mencionado la realización de las tareas allí). Después de eso, cuestione humildemente su compromiso con la consejería: «José, para ser honesto, no me queda claro que estés comprometido con el proceso de consejería bíblica. Me pregunto si realmente quieres mi ayuda y si debemos continuar. ¿Qué piensas?». Luego, suponiendo que el aconsejado expresa un compromiso renovado, propóngale: «Hagamos esto: acortemos la sesión de hoy para que te vayas a casa temprano y trabajes en la tarea. Luego, cuando la hayas completado, ponte en contacto conmigo y podemos programar nuestra próxima sesión». (Por supuesto, esto supone que usted ha definido claramente el proceso de consejería e indicado que incluye tanto las sesiones como la realización de las tareas de crecimiento asignadas).

Este enfoque no significa que usted esté despidiendo al aconsejado o terminando el caso. Más bien, está brindando la mejor ayuda posible, como ambos acordaron al principio. Si decide no hacer las tareas asignadas, entonces el aconsejado, no usted, ha terminado la consejería. Los aconsejados deben comprender que la consejería bíblica requiere completar con éxito la tarea.

Conclusión

Nada emociona más a un consejero bíblico que escuchar a un aconsejado explicar cómo Dios usó las asignaciones que le dimos para cambiarlo. Diseñar tareas bien elaboradas y presentárselas con claridad puede ser la función más valiosa que usted desempeña como consejero. De hecho, dada nuestra confianza en que el Espíritu de Dios usa la Palabra de Dios, ¡la tarea sabia y basada en la Biblia podría ser más valiosa que la discusión de la sesión en sí!

18

Conclusión de un caso de consejería

Mientras que el Señor mismo cambia a las personas a través de Su Palabra y de Su Espíritu, los consejeros bíblicos son mayordomos del ministerio que Él nos confía. En capítulos anteriores consideramos cómo debemos comenzar sabiamente y progresar de manera fiel a través del proceso de consejería. Sin embargo, saber cuándo y cómo concluir un caso puede ser un desafío. En este capítulo se desarrolla una estrategia para terminar bien cuando se ha producido un crecimiento genuino. También consideraremos cómo terminar un caso sabiamente cuando eso no ha sucedido. Comenzamos con una pregunta fundamental: ¿cómo sabemos si el caso está terminando bien?

Indicadores de que la consejería está terminando bien

La consejería no está diseñada para durar para siempre. Jesús ordenó a la Iglesia que hiciera discípulos (Mat. 28:19-20). La consejería es un componente del discipulado en el que las personas heridas pueden hablar sobre temas y desafíos específicos con el objetivo de honrar a Cristo.[1] Por lo tanto, los consejeros deben buscar las siguientes seis indicaciones de que la consejería ha cumplido con éxito esa meta y que el aconsejado está listo para continuar su crecimiento a través de los otros ministerios de discipulado de la iglesia.

[1] Steve Viars, «Let Me Draw a Picture: The Discipleship River», *Journal of Biblical Counseling* 20, núm. 3 (2002), 58-60.

1. La relación del aconsejado con el Señor está mejorando

Muchos aconsejados buscan ayuda cuando su relación con Jesús es tensa. Se sienten espiritualmente secos, desconectados de la gracia y la misericordia disponibles en Cristo, y no están convencidos de que el Señor está para ellos de una manera significativa. A medida que los aconsejados descansan en la presencia y las promesas del Señor, incluyendo la libertad del poder y el castigo del pecado (Rom. 6:1,11; 8:1), su actitud hacia Dios cambia. Se apoyan en Él en lugar de huir de Él. Confían en Su fuerza en lugar de luchar por manejar las cosas solos. Creen que el Señor los ama y ellos, a su vez, crecen en su amor por Él. Los aconsejados que están en crecimiento creen que Jesús les ha dado una nueva identidad y un nuevo propósito. Esto les recuerda que pueden vivir con esperanza y propósito plenamente en la vida que el Señor les da, incluso si deben esperar la eternidad para que cada lágrima sea enjugada de sus ojos (Apoc. 21:4).

2. El aconsejado está creciendo en las áreas que lo alentaron a buscar ayuda

Los consejeros sabrán que la consejería puede terminar bien cuando vean a un aconsejado persiguiendo la meta correcta de la semejanza a Cristo, manejando apropiadamente su pasado y mirando hacia su futuro (Fil. 3:12-14) y aplicando la verdad bíblica adecuadamente a su lucha. No debe esperar la perfección de un aconsejado (Gál. 5:13-26), sino más bien la disminución de la frecuencia e intensidad de las luchas que lo trajeron a la consejería.

Sin embargo, algunas luchas pueden tener efectos duraderos. Una pareja que busca ayuda debido a un conflicto habitual es poco probable que experimente una vida libre de conflictos después de la terapia. Sin embargo, antes de la graduación esperaríamos que los conflictos fueran menos intensos, menos frecuentes y más rápidamente resueltos de una manera que honre a Dios. Además, los aconsejados que sufren de cáncer estarán listos para gestionar su cáncer de manera más eficaz, incluso si el Señor permite que el cáncer los lleve a casa.[2]

3. *El aconsejado aplica las Escrituras a áreas no discutidas*

Si bien la Biblia se aplica a todos los aspectos de nuestras vidas, no tenemos tiempo en la sala de consejería para discutir cómo las Escrituras se aplican a todas las áreas de la vida de un aconsejado. Por lo tanto, lo que los consejeros quieren observar es que el aconsejado tome la Palabra de Dios discutida en un área y aplique esa misma verdad a otras áreas (2 Tim. 3:16-17).

Por ejemplo, Paul Tripp escribió: «Un matrimonio de amor, comprensión y unidad se basa en la adoración, no en el romance».[3] La razón por la que esa declaración funciona es porque la vida se basa en la adoración. Se nos manda amar al Señor con todo nuestro ser (Mat. 22:37-40), valorarlo, atesorarlo y adorarlo por encima de todo. Si nuestros aconsejados que buscan ayuda para asuntos matrimoniales han llegado a entender la adoración en nuestras sesiones y tareas asignadas, también aplicarán esa verdad a otras áreas. Cuando un aconsejado habla de cómo la adoración influyó en un momento en su trabajo o cambió una respuesta en la crianza de sus hijos, entonces usted sabe que el aconsejado ha conectado las Escrituras con su vida (Sal. 119:105).

4. *El aconsejado se ha arrepentido genuinamente y tiene una visión del mundo lo suficientemente amplia como para responder al sufrimiento*

Todos los aconsejados pecan y sufren. Se rebelan, ponen excusas y quieren verse a sí mismos como mejores de lo que son (Rom. 12:3; 1 Cor. 1:26-29). Aunque no podemos juzgar el corazón de los aconsejados, sabemos que deben arrepentirse de sus pecados contra el Señor y los demás. Varias

---

[2] John Piper, *Don't Waste Your Life* (Wheaton, IL: Crossway, 2018). Pensamos específicamente en los pacientes con cáncer que usan su prueba no solo para crecimiento personal, sino para evangelizar y animar a otros.

[3] Paul David Tripp, *What Did You Expect?: Redeeming the Realities of Marriage* (Wheaton, IL: Crossway, 2015), 33.

señales de arrepentimiento genuino incluyen admitir haber hecho algo malo, reconocer una negativa pasada a responder a la convicción del Espíritu, aceptar las consecuencias, confesar el pecado ante Dios y las personas apropiadas, pedir perdón y un cambio visible que sea evidente para las personas más cercanas a la situación.[4] Los consejeros que gradúan a los aconsejados sin ver arrepentimiento y sin saber que entienden cómo sufrir bíblicamente pueden estar confiando en el cambio de comportamiento.

Recuerde que algunos aconsejados creen erróneamente que la consejería «funciona» si las consecuencias disminuyen. Un aconsejado podría decir que, dado que su familia se está llevando bien, ya que no ha visto pornografía, o que se mantiene dentro de un presupuesto, su vida es buena y está listo para graduarse de la consejería. Si bien debemos celebrar los éxitos, también debemos darnos cuenta de que es posible que no se haya producido un cambio genuino. Sin arrepentimiento, los patrones de adoración no cambiaron y, por lo tanto, los aconsejados pueden volver rápidamente a los viejos patrones de pensamiento y comportamiento.

Además, a medida que avanza la consejería, debemos determinar si el aconsejado tiene una cosmovisión lo suficientemente amplia como para entender adecuadamente cómo sufrir bíblicamente. ¿Está nuestro aconsejado preparado para vivir su sufrimiento con Cristo, en comunidad con Su pueblo, y a la luz de todo lo que el Señor podría querer lograr en y a través de él?

5. *El aconsejado entiende cómo sus luchas en el comportamiento y la motivación resultaron en la necesidad de consejería y es capaz de explicar cómo aconsejarse a sí mismo en el futuro*

Los aconsejados quieren soluciones rápidas. De hecho, cuanto más rápida sea la solución, mejor. Esta mentalidad es peligrosa; darles exactamente lo que quieren no les ayudará a entender sus problemas ni las actitudes del

[4] Jared C. Wilson, «Genuine Repentance», publicación en el blog de Gospel Coalition, 18 de marzo de 2014, https://www.thegospelcoalition.org/blogs/jared-c-wilson/genuine-repentance/. Wilson enlista doce señales útiles de un corazón arrepentido. Véase también nuestro capítulo 7.

corazón que los llevaron a esos problemas. No les ayudará a arrepentirse ni a equiparse para el futuro. Los consejeros deben ayudar a sus aconsejados a entender bíblicamente cómo llegaron a su lugar de necesidad.

Consideremos a una pareja que acude a consejería debido a un conflicto habitual. Es probable que digan que tienen problemas de comunicación y que necesitan habilidades de comunicación. Los consejeros que aceptan esta explicación pasan por alto los problemas más grandes y profundos del corazón (Sant. 4:1-2). El conflicto no es más que una oportunidad para que los motivos pecaminosos de la persona interior, los tesoros, los afectos y el amor de los aconsejados ejerzan influencia. Los consejeros deben ir más allá de la superficie. Deben mostrar que tales personas tienen un problema de adoración porque no aman al Señor primero. Necesitan ayuda para ver los deseos dominantes en sus corazones que los hacen insensibles a los asuntos espirituales involucrados (Sal. 115:1-8).[5] Después de todo, cuanto más pueda un aconsejado entender su corazón, arrepentirse de sus motivaciones equivocadas y buscar agradar a Cristo, más preparado estará para las habilidades de comunicación que construirán relaciones (por ej.: Prov. 15:1; Ef. 4:25-32).

Cuando los aconsejados comprenden cómo sus afectos, deseos, motivaciones, comportamiento y emociones trabajan juntos, están debidamente equipados para aconsejarse a sí mismos en los desafíos futuros.

6. *El aconsejado está bien conectado con su iglesia local*

Ya sea que el aconsejado reciba consejo de un amigo, de su iglesia local o de un centro de consejería, debe estar comprometido y conectado con la familia de la iglesia. A veces, los aconsejados no quieren que su propia iglesia se involucre o que sepan acerca de la consejería. Creemos que esto es imprudente por muchas razones. Primero, Dios les dio pastores que no solo cuidan de ellos, sino que también deben dar cuenta de ellos

[5] El Salmo 115 es particularmente poderoso porque no solo explica el problema; es decir, que el aconsejado será como los ídolos sin vida (v. 8), sino que también proporciona la solución: la confianza en el Señor (vv. 9-10). Para una explicación más detallada sobre el tema de la idolatría, véase G. K. Beale, *We Become What We Worship* (Downers Grove: InterVarsity Press, 2008).

(Heb. 13:17; 1 Ped. 5:1-4). En segundo lugar, la iglesia local es el lugar donde nuestros aconsejados recibirán atención continua y cuidarán a los demás (Ef. 4:11-16; Heb. 10:24-25). En tercer lugar, las razones por las que buscan consejería son las oportunidades de crecimiento más importantes en sus vidas. En cuarto lugar, Dios nos diseñó a cada uno de nosotros para ser parte de un cuerpo local de creyentes donde el proceso normal de discipulado ayudará a nuestros aconsejados a continuar creciendo después de que termine la consejería formal.[6]

Pasos finales para concluir un caso exitoso

Suponiendo que el aconsejado haya satisfecho las seis características anteriores, consideremos cinco pasos prácticos para terminar su caso con éxito.

1. Revise y resuma los problemas y los avances

En su última sesión ordinaria (la «sesión de graduación»), considere usar las siguientes preguntas como guía: (1) ¿Qué has aprendido? (2) ¿Cómo manejabas tus luchas anteriormente? ¿Cómo las manejarías ahora? (3) ¿Cuáles son algunos de los pasajes que hemos analizado que más te han ayudado? (4) ¿Cómo procuras vivir para el Señor ahora?

También es posible que desee pedirle (pero no exigir) a su aconsejado que resuma la consejería en papel y le envíe una copia. Esto le servirá como un registro escrito y le ayudará a saber cómo obró el Señor. El resumen de un aconsejado podría ser un punto de datos para ayudar al siguiente aconsejado de manera más efectiva.

2. Trabaje con su aconsejado para elaborar un plan de crecimiento de seis meses

En el transcurso de la consejería, el Señor lo ha utilizado a usted, el consejero, para dirigir la senda de su aconsejado hacia el crecimiento espiritual.

[6] Véase Jonathan Leeman, *Church Membership: How the World Knows Who Represents Jesus* (Wheaton, IL: Crossway, 2012). Véase también nuestro capítulo 2.

A medida que usted entendía a su aconsejado y lo animaba a encontrar esperanza y ayuda en Cristo, fue usted, humanamente hablando, quien trazó el camino a seguir. Después de que el aconsejado se gradúe, aplicará el consejo de Dios a su propia vida. En preparación para eso, ayúdelo a desarrollar un plan de acción.

Esto podría involucrar muchos componentes diferentes, como el tipo de estudio bíblico personal y la aplicación que se realizará a continuación, la lectura de materiales particulares basados en la Biblia, el desarrollo de una relación significativa de rendición de cuentas, la garantía de una comunión cristiana continua y apropiada, y ser parte de oportunidades ministeriales significativas. Ayúdelo a saber qué hacer a continuación.

3. Anime al aconsejado a comunicar las mismas verdades a otros

Aquellos que han sido cambiados están muy emocionados de compartir lo que el Señor ha hecho. Podría ser útil que el aconsejado escriba dos nombres de personas con las que podría compartir lo que ha aprendido, así como algo del cuidado personal semejante al de Cristo que Dios usó para cambiarlo.

4. Ayude a los aconsejados a participar en oportunidades de capacitación en sus iglesias

Es posible que sus aconsejados estén en la próxima clase de capacitación de consejería que se ofrezca. Tal vez su aconsejado podría ayudar a otro aconsejado o incluso aconsejar junto con un consejero experimentado. Tal vez puedan servir en otras áreas del ministerio para las que estén calificados y equipados.

Quizá su aconsejado esté listo para compartir lo que el Señor ha hecho frente a todo el cuerpo de la iglesia local. Los testimonios, después de todo, proporcionan razones para regocijarse y sirven como catalizadores. Si el aconsejado no está listo para compartir, tal vez su historia, con su permiso y los detalles apropiados cambiados, podría usarse en los contextos de su ministerio.

5. Programe un seguimiento adecuado

Terminar la terapia abruptamente puede ser un desafío para algunos aconsejados, especialmente para aquellos que han disfrutado del proceso. Algunos podrían temer terminar.[7] Una forma de mitigar esos temores y asegurarse de que sus aconsejados estén bien es programar una cita cuatro o seis semanas después de la última sesión regular y tal vez otra unos meses después. Las sesiones de chequeo brindan la oportunidad de continuar celebrando, ofrecer consejos y, potencialmente, reiniciar la consejería si es necesario.

Cuando la consejería termina por razones menos positivas

Nuestro enfoque hasta este punto ha sido terminar los casos con éxito. Pero todo consejero sabe que no todos los casos terminan de esa manera. En esta sección se identificarán algunas razones por las cuales es así.[8]

La vida se interpone en el camino

A veces, las necesidades de cuidado infantil se vuelven abrumadoras o los desafíos en el trabajo ya no hacen posible la consejería. Las vacaciones, los eventos de la iglesia o actividades similares pueden interrumpir la consejería. Los cambios de trabajo pueden requerir una reubicación. Los

---

[7] Algunos piensan que necesitan consejería y esperan que nunca termine. Así, por muy amable y alentador que sea escuchar ese sentimiento, debemos hacer hincapié en el río de discipulado (véase núm. 1 de este cap.). La consejería está diseñada para ayudar a las personas a llegar al lugar donde están listas para crecer a través de los ministerios normales de la iglesia. Repasar el diagrama del río del discipulado, expresar confianza en la obra del Señor (Fil. 1:6) y ayudarlos a servir les ayudará a darse cuenta de que lo mejor es terminar la consejería.

[8] Jeremy Pierre y Deepak Reju ofrecen dos respuestas adicionales: (1) ellos no confían en usted, y (2) ellos necesitan más ayuda de la que usted les puede ofrecer. Jeremy Pierre y Deepak Reju, *The Pastor and Counseling: The Basics of Shepherding Members in Need* (Wheaton, IL: Crossway, 2015), 90-92. Además, Jay Adams nos recuerda el problema cuando el aconsejado se torna más dependiente del consejero que del Señor. Véase Jay Adams, «How Can I Know When?», http://www.nouthetic.org/nouthetic-counseling /adams-answers/69-you-talk-about-nothing-else-but-sin.html

consejeros sabios prestan atención a los cambios en la vida que pueden requerir el fin de la consejería, haciendo el mejor uso del tiempo disponible (Ef. 5:15-16).

El aconsejado realmente no quiere cambiar

Algunas personas que buscan consejería quieren circunstancias diferentes, pero no quieren ser diferentes. Más desafiante es la persona que asiste a la consejería con la esperanza de que el consejero se ponga de su lado y valide su opinión sobre su situación. En un caso de matrimonio, por ejemplo, ambas partes pueden llegar a creer que la otra tiene la mayor porción de culpa. A veces, los casos terminan porque nadie está buscando ayuda.[9]

El aconsejado se rehúsa a completar las asignaciones de crecimiento (tareas)

Creemos que la sala de consejería es un lugar importante para pensar, orar y elaborar estrategias, y que lo que sucede cuando nos reunimos es una parte importante del proceso de cambio. Sin embargo, también creemos que es importante que el aconsejado continúe orando, pensando y actuando de manera consistente con la verdad bíblica entre sesiones. Las Escrituras deben impactar su trabajo, sus relaciones familiares, sus amistades y cualquier otro lugar en el que vivan sus vidas. Aquellos que se niegan a hacer la tarea se niegan a conectar las Escrituras con el lugar donde viven. Una falta de voluntad persistente para hacer esto les da a los consejeros una razón para terminar el caso o suspender las sesiones hasta que se complete la tarea. (Véase también el capítulo 17).

[9] En algunos casos, los aconsejados son forzados a ir a consejería ya sea por exigencias familiares o por involucramiento del gobierno. En estas situaciones, debemos explicar los beneficios de nuestro ministerio y ver qué decide el asesorado.

Pasos para terminar la consejería cuando no se lograron las metas

El peor de los casos que se presenta es cuando el aconsejado se va y no le da al consejero la oportunidad de hablar con él. Entonces, no hay mucho que usted pueda hacer con o por el asesorado. Afortunadamente, esto es raro. Aquí hay tres acciones que puede tomar como consejero para terminar bien incluso si no se lograron las metas.

1. Comunique que está dispuesto a reunirse en el futuro

Brindar la oportunidad de una sesión futura nos permite mostrar bondad (Ef. 4:32), paciencia (1 Tes. 5:14) y cuidado amoroso (Hech. 20:31). Incluso si usted es el que inicia un descanso de tres o seis meses, el hecho mismo de que la consejería pueda reanudarse demuestra que la consejería no está concluyendo en términos conflictivos. Las segundas oportunidades abundan en la Biblia. Abraham, Jacob, David, Pedro, Juan y Pablo encontraron que Dios era misericordioso más allá de toda medida. Muchos de los que sirven como consejeros pueden recordar momentos en que Dios, en Su gracia, también les dio segundas oportunidades inmerecidas.

2. Comunique que lo que se le ha dado al aconsejado aún puede ser útil

Nosotros, los consejeros bíblicos, siempre esperamos que alguna verdad que compartimos o ejemplo que dimos aguijonee la conciencia de un aconsejado insatisfecho y lo lleve al Señor o de regreso a nosotros para reanudar la consejería. Tal vez una mañana, mientras toma café, vea su Biblia, la abra, encuentre una tarea que haya completado tres años antes, busque el pasaje bíblico sugerido y se vuelva al Señor o se comunique con nosotros.

3. Busque aprender todo lo que pueda de cada fracaso

Es fácil culpar a los demás. Muchos aconsejados han desarrollado habilidades de desviación, justificación, santurronería y cambio de culpa. Pero los consejeros pueden hacer lo mismo. En lugar de mirarnos a nosotros mismos cuando la consejería falla, rápidamente nos repetimos las razones por las que un aconsejado no quería cambiar.

Mateo 7:3-5 nos anima a considerar las formas en que no aconsejamos sabiamente. A ningún consejero le gusta el fracaso; pero Dios lo usa, como usa el éxito, para ayudarnos a ser más como Cristo. Los consejeros deben considerar las formas en que la consejería podría haber fracasado debido a sus propios errores.[10] En algunos casos, debemos ser humildes y buscar el perdón de un aconsejado por un fracaso, ya sea que el aconsejado reanude o no las sesiones.

Conclusión

Concluir un caso con éxito es una ocasión para celebrar la bondad de Dios. Su aconsejado puede regocijarse de que Dios lo ha hecho crecer y de que Dios completará la obra que comenzó en él (Fil. 1:6; 2:13). Puede regocijarse de que Dios lo haya usado para servirle y para ayudar a uno de Sus amados hijos a llegar a ser más como Cristo. Sin embargo, incluso cuando un caso termina por razones menos positivas, puede tener esperanza y confianza en que el Señor hará Su voluntad.

Concluir un caso es una habilidad de consejería. Las ideas básicas que se encuentran aquí deben aplicarse en cada caso. Cuando están terminando

[10] Jay Adams dice que los consejeros pueden fracasar porque llegan a conclusiones antes de escuchar la situación por completo (Prov. 18:13), se ponen del lado de una persona porque emocionalmente se relacionan mejor con un aconsejado que con otro (Prov. 18:17), ceden a la tentación o no brindan la esperanza disponible en Cristo (1 Cor. 10:13). Adams concluye su discusión con estas palabras: «Es suficiente decir que los consejeros pueden fracasar exactamente de la misma manera en que sus aconsejados han fracasado». Jay E. Adams, *Competent to Counsel* (Grand Rapids: Zondervan, 1970), 59. Adams también enumera cincuenta posibles factores de fracaso en su *Christian Counselor's Manual* (Grand Rapids: Zondervan, 1973), 459-61.

con éxito, entonces usted quiere ayudar el tiempo suficiente para preparar al aconsejado para una vida más fiel ante el Señor sin retenerlo tanto tiempo que pierda las oportunidades de mayordomía que el Señor le da. Cuando los casos terminen sin éxito, mire primero a sus propios posibles fracasos, mantenga la puerta abierta para una futura ministración y permanezca humilde y dependiente del Señor que desea usarlo para Su honor y gloria.

19

Aconsejar a no cristianos

Desde sus comienzos, el cristianismo ha sido misionero, un movimiento evangelístico para ganar personas para el Señor Jesucristo.[1] Si bien los profetas antes de Jesús y los apóstoles después de él consistentemente enseñaron esto, nuestro Señor resucitado emitió lo que nosotros llamamos Gran Comisión: «Por tanto, id, y haced discípulos a todas las naciones, bautizándolos en el nombre del Padre, y del Hijo, y del Espíritu Santo; enseñándoles que guarden todas las cosas que os he mandado; y he aquí yo estoy con vosotros todos los días, hasta el fin del mundo. Amén» (Mat. 28:19-20).

¿Cómo influye la Gran Comisión de nuestro Señor en nuestra consejería bíblica? El movimiento de la consejería bíblica moderna comenzó enfocándose en aconsejar a los cristianos. Esto era en gran medida definitorio, y algunos de los primeros líderes definieron la consejería específicamente como ayudar a los *creyentes* a cambiar de manera que agrade a Dios. Observaron correctamente que los incrédulos no pueden hacerlo separados de Cristo y de la obra regeneradora de Su Espíritu (Rom. 8:5-8; 1 Cor. 2:14). Estos consejeros bíblicos, por tanto, procuraron evangelizar o

[1] Este capítulo ha sido adaptado de Robert D. Jones, «Biblical Counseling: An Opportunity for Problem-Based Evangelism», *Journal of Biblical Counseling* 38, núm. 1 (primavera de 2017): 75-92. Véase también Kevin Carson y Randy Patten, «Biblical Counseling and Evangelism», y Rob Green y Steve Viars, «Biblical Counseling, the Church, and Community Outreach», en Kellemen y Carson, *Biblical Counseling and the Church,* 314-48 (véase cap. 1, n. 2); y Lambert, *Teología de la consejería bíblica*, 300-303 (véase cap. 3, n. 15).

«aconsejar previamente» a los no cristianos para luego aconsejarlos después de su conversión.

Compartiendo la misma teología de la salvación, la mayoría de los consejeros bíblicos hoy en día definen la consejería para incluir el evangelismo. Buscamos ganar para Cristo a las personas que luchan con la vida y buscan ayuda psicológica para sus problemas personales y relacionales. Ayudamos a cada persona a conocer y seguir a Jesús: al incrédulo se le presentan maneras iniciales de hacerlo, y a los cristianos se les presentan formas más profundas y continuas. En este sentido, señalamos a cada aconsejado a Jesús y Su Palabra dentro de su situación específica y llena de problemas. Enseñamos tanto a los incrédulos (Hech. 4:2; 5:21,42) como a los creyentes (Hech. 11:26; 18:11; 20:20), proclamando el evangelio y sus implicaciones para ambos grupos (Rom. 1:14-15). Como en el caso de los cristianos, entramos en el mundo de los no cristianos, entendemos sus luchas y les traemos a Jesús y Sus respuestas empapadas del evangelio; la principal diferencia es que adaptamos nuestros objetivos, estrategias y métodos a su condición espiritual. Podríamos llamar a esto evangelismo ocasionado por los problemas.

Entonces, ¿cómo pueden y deben los consejeros bíblicos guiar a los incrédulos a Cristo en el proceso de consejería?

Nuestras oportunidades evangelísticas

Aparte de los contactos informales con amigos, familiares y compañeros de trabajo que no son salvos y que podrían conducir a oportunidades de consejería, a veces, se abren cuatro vías para el evangelismo ocasionado por problemas.

Primero, algunos incrédulos podrían buscar un consejero bíblico. Es posible que tengan un deseo genuino de explorar el cristianismo bíblico o escuchar una perspectiva cristiana sobre sus problemas. Tal vez quieran una opción gratuita (basada en la iglesia) o para complacer a sus amigos cristianos que la recomendaron. O quizás están desesperados, ya que otras terapias fracasaron, y tienen alguna esperanza vacilante de que Dios pueda ayudar.

Segundo, al participar en los ministerios de alcance de nuestras iglesias, encontramos gente que necesita a Cristo. En particular, las iglesias que inician ministerios de consejería para la comunidad tendrán oportunidades evangelísticas.

En tercer lugar, a veces aconsejamos a aquellos que profesan la fe; pero a medida que vamos conociéndolos, hallamos razón para cuestionar la genuinidad de su salvación. Tal vez el testimonio de su conversión no es claro o el aconsejado demuestra inconsistencias entre su fe profesada y su diario vivir.

En cuarto lugar, a veces aconsejamos a aquellos que creemos que son seguidores del Señor, pero que están paralizados por dudas acerca de su fe. Si bien este tipo de consejería no es evangelística en el sentido tradicional, traemos medidas frescas y enfocadas del evangelio para abordar sus incertidumbres, de modo que puedan experimentar una seguridad cada vez más profunda.

Evaluar la relación de un aconsejado con Cristo

Conocer el estado espiritual de un aconsejado nos ayuda a decidir qué énfasis del evangelio traer y cuándo y cómo hacerlo. Cuando aconsejamos a los miembros de nuestras iglesias, a menudo tenemos alguna idea de su condición espiritual. Sin embargo, incluso esos casos pueden ser poco claros, por no hablar de la incertidumbre que surge cuando aconsejamos a aquellos que nunca hemos conocido anteriormente. ¿Pertenecen realmente a Cristo? Si no es así, ¿están cerca o lejos de Él? ¿Espiritualmente hambrientos o desinteresados? ¿Qué aspecto de su condición caída debemos abordar primero? Los consejeros bíblicos quieren saber.

Cuatro categorías de preguntas nos ayudan a evaluar el compromiso espiritual de un aconsejado con Cristo en el proceso de consejería.

Información de configuración de citas

1. ¿Esta persona le fue referida a usted por alguien (por ej.: un líder de la iglesia) que le describió su estado espiritual?

2. ¿Sabe el aconsejado que usted es un consejero *bíblico*, y desea buscar consejería bíblica?

Información sobre el formulario de admisión

1. ¿El aconsejado completó el acuerdo previo a la sesión y los formularios de admisión?
2. ¿Es miembro activo de la iglesia? ¿Su iglesia enseña el evangelio con claridad, requiere un curso previo a la membresía que explique el evangelio y entrevista a los miembros potenciales con respecto a su testimonio y caminar con Cristo?
3. ¿Le dio permiso a usted de contactar a su pastor?
4. ¿Cómo responde preguntas como estas (suponiendo que el formulario de admisión las pregunta):
    - ¿Crees en Dios? ¿Te consideras salvo?
    - ¿Con cuánta frecuencia oras?
    - ¿Cuál es tu visión de la Biblia? ¿Cuán frecuentemente la lees?
    - ¿Has llegado al punto en el que sabes con certeza que si murieras esta noche irías al cielo? Supongamos que te mueres y estás parado frente a Dios y Él te dice: «¿Por qué debería dejarte entrar en mi cielo?», ¿qué le responderías?
    - ¿Por qué deseas consejería que esté centrada en Cristo y sea bíblica?
    - Explica cualquier cambio reciente en tu vida religiosa.

Discusión de la primera sesión

1. Al contar su historia, ¿los aconsejados ofrecen voluntariamente su testimonio sobre algún tipo de conversión, participación en la iglesia o práctica religiosa? (Las omisiones pueden ser reveladoras). ¿Cómo responden a su indagación?
2. Si usted pregunta acerca del evangelio o se lo explica, ¿cómo responden?
3. ¿Sugieren sus respuestas y comportamientos en la sesión una conversión y un compromiso cristiano sólidos? Aun en su estado de

confusión, lucha o culpa, ¿muestran interés en Cristo y evidencian el fruto del Espíritu?

Información sobre la(s) siguiente(s) sesión(es)

1. ¿Los aconsejados completaron las tareas de crecimiento? Si no es así, ¿por qué? De ser así, ¿sus respuestas evidencian fe y obediencia?
2. Si una tarea asignada trataba de evaluar su condición espiritual, ¿qué revelaba?
3. A medida que continúan las sesiones, ¿qué fruto espiritual aparece?
4. Si bien ninguno de estos criterios es infalible —solo el Señor conoce a los que son suyos, y la Biblia registra conversiones falsas—, nos despliegan un cuadro de la relación genuina de un aconsejado con Jesús o la falta de ella.

Limitaciones en la consejería a los incrédulos

Al menos dos factores nos desafían cuando aconsejamos a los no cristianos. En primer lugar, carecen del deseo y la capacidad adecuados para cambiar. Jesús lo dijo directamente: «Yo soy la vid y ustedes son las ramas. El que permanece en mí, como yo en él, dará mucho fruto; separados de mí no pueden ustedes hacer nada» (Juan 15:5, NVI). Aparte de Cristo y la obra regeneradora de Su Espíritu, los incrédulos no pueden agradar a Dios, ni siquiera abrazar Su verdad (Rom. 8:7-8; 1 Cor. 2:14).

Segundo, los no cristianos no se someten a las Escrituras como su autoridad final. Si bien algunos pueden respetar a Jesús y la Biblia, su fracaso en prestar atención al llamado del evangelio a arrepentirse, creer y seguir a Jesús expone su condición de no salvos. Cuando aconsejamos a los cristianos, podemos apelar a la Palabra de Dios como nuestra norma compartida. Con los incrédulos, no compartimos ningún estándar objetivo, ninguna autoridad de consejería final y acordada; esto da lugar a definiciones, diagnósticos, objetivos y remedios dispares.

Estas dos limitaciones no deben impedirnos ministrar a los aconsejados que no son salvos. Sin embargo, explican por qué algunos de ellos parecen incapaces de comprender el evangelio y podrían resistirse a nuestro consejo. Estas realidades nos impulsan a suplicar la ayuda de Dios, a depender en oración del Espíritu de Cristo, que es el único que abre los ojos ciegos.

Manejo de las oportunidades evangelísticas en la consejería

Cuatro verdades pueden ayudarnos a motivarnos y guiarnos en la consejería a los no cristianos. (Para personalizar estas pautas, nos referimos a una aconsejada llamada Katie, aunque aquí no hay nada específico de género).

1. Sepa con certeza que lo que usted tiene en Cristo es lo que Katie necesita más profundamente

Aunque los no cristianos enfrentan el mismo sufrimiento que nosotros en esta creación gimiente, lo hacen «sin esperanza y sin Dios» (Ef. 2:12). Sus vidas también están entrelazadas con las de otras personas perdidas, una humanidad descrita por Pablo como «insensatos, rebeldes, extraviados, esclavos de concupiscencias y deleites diversos, viviendo en malicia y envidia, aborrecibles, y aborreciéndonos unos a otros» (Tito 3:3).

Las necesidades percibidas de Katie pueden incluir lo habitual: paz relacional, libertad de culpa, estabilidad interna, propósito de vida, provisiones materiales, aprobación de los demás y cosas por el estilo. Pero más que nada, Katie necesita a Jesús, el «Hijo único del Padre, lleno de gracia y de verdad» (Juan 1:14, NVI). Ella necesita Su Palabra que refresca el alma, hace sabio al sencillo, da alegría al corazón y luz a los ojos (Sal. 19:7-8). Si bien los problemas que presenta Katie son importantes para ella y deberían ser importantes para usted, no debe permitir que ellos, incluso si son graves, oscurezcan su visión de consejería centrada en el evangelio. Debe resistir la tentación de separar lo «espiritual» de lo «práctico», «emocional» o «psicológico». La Biblia, que es completamente suficiente, habla con firmeza a la condición del corazón de Katie.

Por ejemplo, considere cómo la literatura de sabiduría del Antiguo Testamento conecta a las personas no salvas con el Dios que entiende la gama de su experiencia humana y que vino en persona para redimirlas.

- Para aquellos que han sufrido inmerecidamente, el libro de Job va más allá de las opiniones miopes y populares de los amigos de Job, a un Dios de máxima soberanía, sabiduría y bondad, y a un Redentor eterno que trae esperanza, justicia y vindicación final a Su pueblo.
- Para aquellos cuyos estilos de vida los han dejado insatisfechos, Eclesiastés ofrece una odisea que demuestra la futilidad de la vida sin el Señor. A medida que el autor recorre el paisaje de las -sofías, -logías e -ismos humanos, los conduce de vuelta a su Creador y a Su Palabra.
- Para aquellos que se enfrentan a circunstancias difíciles, pero las manejan mal y cosechan consecuencias desagradables, Proverbios ofrece instrucción concreta sobre el dinero, el matrimonio, el sexo, el trabajo, la adicción, la comunicación, la alimentación, los amigos, las tentaciones, las prioridades, las autoridades, la crianza de los hijos y una docena más de áreas de presión implacable y decisiones diarias. Esas respuestas conducen a la fuente de la vida: el temor del Señor y una relación correcta con Él.
- Para aquellos que sienten una variedad de emociones desordenadas, los Salmos dan voz a la ira, el miedo, la preocupación, el dolor, la pérdida, la tristeza y la depresión, pero enmarcan estas experiencias dentro de una relación personal con Dios. Aquí, nuestros aconsejados incrédulos, en medio del torrente de emociones perturbadas, se encuentran con nuestro Pastor-Rey, que puede guiarlos junto a aguas de reposo.

Solo un encuentro con Cristo y el evangelio puede salvar y satisfacer a Katie. Esta es la provisión que cambia la vida y el llamado confiado a los consejeros bíblicos.

2. *Mírese a usted mismo como uno de los instrumentos de Dios para ofrecer a Jesús a Katie*

Como Pablo le recordó a Timoteo, Dios nos dio la Biblia para hacer a las personas «[sabias] para la salvación» y para nuestros ministerios públicos y privados «para enseñar, para redargüir, para corregir, para instruir en justicia» (2 Tim. 3:15-17). Katie necesita consejería centrada en el evangelio, no terapia secular. En el evangelismo ocasionado por problemas, las dificultades de la persona se convierten en oportunidades para presentar a Jesús como relevante para sus problemas actuales y como la respuesta transformadora a sus problemas más profundos. Cuando Katie venga a usted, debe saber que Dios la ha guiado para que usted pueda guiarla hacia el Salvador que le traerá una nueva vida.

3. *Acérquese a Katie con compasión y humildad*

Al igual que Jesús, debe entrar en el mundo de Katie, entender sus necesidades y llevarle Su ayuda salvadora. Considere la actitud de Jesús hacia el joven rico en Marcos 10:21: «Jesús lo miró con amor» (NVI). Nótese Su relación personal, cariñosa pero directa, tanto con Simón el fariseo como con la mujer pecadora en Lucas 7:36-50, con los niños pequeños y el mendigo ciego en Lucas 18:15-17, 35-43, y con Zaqueo en Lucas 19:1-10. O considere su habilidad para escuchar y su estilo flexible con Su madre, con Nicodemo, con la mujer en el pozo y con el hombre discapacitado en Juan 2, 3, 4 y 5, respectivamente.

¿Cómo debe mostrar cuidado, compasión y presencia? Anime a Katie a compartir su historia y a expresar sus luchas. Haga preguntas sabias y perciba las puertas abiertas a sus creencias y motivaciones del corazón. Ore para que el Espíritu se mueva en su vida. A medida que construye una buena relación y confianza, usted trae las verdades específicas sobre Cristo que se adaptan mejor a su necesidad particular. Vemos a las personas perdidas no solo como *perdidas*, sino como *personas* que están perdidas. El campo de cosecha en el que Jesús nos llama a entrar no abunda en personas perdidas en general, sino en individuos específicos con problemas personales detallados.

4. Lleve la verdad centrada en Cristo para abordar tanto el problema actual de Katie como su problema más profundo

Siempre debemos abordar el problema que presenta la persona. Si Katie quiere hablar de su matrimonio, no debe secuestrar la agenda insertando una presentación evangelística inconexa. Al mismo tiempo, usted no debe retener la respuesta final que ella necesita tanto en esta vida como en la venidera. Por lo tanto, dele a Katie ayuda práctica basada en la sabiduría bíblica general *y* muéstrele cómo Jesús aborda sus problemas actuales y también la dinámica más amplia y profunda que subyace a ellos. Como dice un consejero:

> El siguiente paso es aprovechar cada oportunidad que podamos para demostrar su necesidad de Cristo. Intentaremos darles algunas habilidades para manejar algunos de sus problemas, pero solo en el contexto de tratar de ayudarlos a entender que tienen un problema mucho más grande: permanecen bajo el poder y el castigo del pecado. En términos de proceso, eso significa que nuestros aconsejados incrédulos están escuchando el mensaje del evangelio cada vez que nos reunimos con ellos.[2]

Darle a Katie algunas habilidades para la vida para manejar algunos de sus problemas de necesidad percibida y, al mismo tiempo, señalarle hacia el Redentor supremo combina el cuidado oportuno con la verdad cristocéntrica.

Por ejemplo, podría escuchar con empatía a Katie acerca de su matrimonio decepcionante, llevar esa carga relacional con ella y orar por ella en la sesión. Puede sugerir pasos prácticos para comunicarse mejor con su esposo o qué hacer cuando sucede X o Y. Pero en el camino debe comunicarle que la única solución verdadera y duradera a cualquier problema humano se encuentra en Jesús. Y para Katie, las soluciones comienzan con que ella lo conozca como su Señor y Salvador. Usted puede expresarle su invitación personal y oportuna: «Venid a mí todos los que estáis trabajados y cargados,

---

[2] Rob Green, "How Do You Counsel Someone Who Is Not a Christian?", Serie de preguntas y respuestas de BCTC, 19 de octubre de 2011, https://blog.bctconference.org/article/bctc-question-and-answer-series

y yo os haré descansar. Llevad mi yugo sobre vosotros, y aprended de mí, que soy manso y humilde de corazón; y hallaréis descanso para vuestras almas» (Mat. 11:28-29).

Dado que el Evangelio de Juan fue escrito para llevar a la gente a la fe (20:31), proporciona imágenes atractivas y cautivadoras de nuestro Salvador. Es posible que Juan 10:1-18 le parezca particularmente valioso:

- Las palabras provienen del mismo Jesús, una voz que Katie podría respetar y responder más que a otras voces en la Biblia.
- Jesús conoce a Sus ovejas por su nombre y las cuida de maneras que trascienden el cuidado de los jornaleros.
- Jesús habla a aquellos que han experimentado dificultades y las voces engañosas de los ladrones y salteadores a su alrededor.
- Jesús le ofrece vida a Katie, vida abundante y plena. Jesús señala Su cruz y resurrección como el fundamento de la esperanza redentora. A diferencia de cualquier otra persona en la vida de Katie, Jesús dio su vida por ella sacrificialmente.
- Jesús le da a Katie una clara invitación para que venga a Él.

Con cualquier pasaje específico que usemos, debemos comunicar una invitación relevante a nuestros aconsejados no cristianos. Por ejemplo,

> Katie, la única esperanza duradera y ayuda verdadera para los problemas que enfrentas es en una relación personal con Jesucristo. Solamente Él es el buen pastor de nuestras almas. Ningún consejero (incluyéndome a mí), psicólogo o psiquiatra puede brindarte la ayuda definitiva que ambos necesitamos desesperadamente. Separados de Él estamos perdidos, sin esperanza. Con Él hay una esperanza rica y duradera. Te invito a creer en el Señor Jesucristo, a comprometerte con Él como tu Señor y Salvador.

Ya sea que Katie se vuelva a Cristo o no, debe estar listo para responder a sus preguntas y participar en un seguimiento sabio.

¿Qué tareas podría darle? Deje que el mismo objetivo de «tanto/como» le guíen. Dele a Katie asignaciones para abordar su problema matrimonial particular *y* su necesidad fundamental de Cristo. Para esto último, ella podría reflexionar sobre Juan 1:19-51, una narración sobre diferentes personas que se encuentran con Jesús y comienzan a seguirlo. A la gente le gustan las narraciones.[3] Podría pedirle que lea el relato unas cuantas veces en diferentes días y que anote cinco títulos, nombres o descripciones de Jesús para charlar sobre ellos en su próxima sesión. En este pasaje Jesús es llamado el Señor, el Hijo de Dios, Rabí/Maestro, el Mesías/Cristo, el Rey de Israel y el Hijo del Hombre. Además, se le llama dos veces el Cordero de Dios, «que quita el pecado del mundo», lo que proporciona una clara senda evangélica para discutir la próxima vez (vv. 29, 36). Puede preguntarle a Katie cómo una relación con este Jesús podría cambiar la forma en que ve a Dios, a sí misma y a su esposo. Katie también podría ser ayudada por la literatura evangelística teológicamente sólida y las grabaciones.

Al mantener esta perspectiva de tanto/como al aconsejar a las personas perdidas, proporcionamos *tanto* la ayuda inmediata que han buscado *como* la mayor ayuda que finalmente necesitan.

Cuando los aconsejados no cristianos no se vuelven a Cristo

No se inquiete. Hay valor en dar a las personas que no son salvas consejos prácticos sobre la presentación de problemas, incluso si no hay una conversión inmediata y solo resulta en una mejor vida *no cristiana.*

- Demostramos integridad. Si usted accedió a reunirse con Katie, debe abordar sus inquietudes.
- Aumentamos la probabilidad de que Katie regrese. Los principios bíblicos generalmente hacen que la vida funcione mejor, al menos en esta vida. Hacer el bien a nuestro prójimo es algo bueno.

[3] Si bien podríamos asignar el capítulo completo, la sección del prólogo (1:1-18) podría ser demasiado densa conceptualmente para algunos no cristianos, al menos inicialmente. Los no cristianos están más abiertos a leer narraciones que cualquier otro estilo de escrito bíblico.

- Oramos para que en su intento de seguir nuestros consejos prácticos, Katie reconozca su incapacidad para cambiar y admita su necesidad de que Cristo la perdone y la transforme.
- Oramos para que Dios riegue las semillas del evangelio que plantamos y en algún momento convierta a Katie. ¿Quién sino Dios conoce el fruto posterior que su consejería bíblica evangelística podría producir?

Dos garantías nos dan confianza. Primero, Dios salvará a aquellos que Él escoja salvar. Por Su Espíritu atraerá a Sus ovejas escogidas hacia sí. En lugar de excusar la inactividad, esto alienta nuestros esfuerzos. Segundo, Dios usará Su Palabra y a Su pueblo, incluyéndolo a usted, en la obra de salvación.

Es cierto que no tenemos ninguna seguridad de que Dios salvará a Katie. Amamos, trabajamos, oramos y perseveramos en mostrar un cuidado semejante al de Cristo y brindar consejos centrados en el evangelio. Pero al final del día, Katie podría rechazar a Jesús. Incluso el evangelista más grande, nuestro Señor Jesús, sabe lo que se siente. Aunque él «vino a buscar y salvar lo que se había perdido» (Luc. 19:10, NVI), no todos se salvaron: «Desde entonces *muchos* de sus discípulos volvieron atrás, y ya no andaban con él» (Juan 6:66, énfasis añadido). Jesús lloró por el rechazo de Jerusalén hacia Él (Mat. 23:37; Luc. 19:41); la mayor parte de esa ciudad, su ciudad elegida, no quería tener nada que ver con Él. El joven rico (Mar. 10:17-22), Simón el fariseo (Luc. 7:36-50) y el ladrón impenitente en la cruz (Luc. 23:39-43) se resistieron a Su consejo.

Esto significa que debemos confiar a nuestros aconsejados no salvos en las manos de Dios, orando para que *Dios* haga que nuestro ministerio evangélico sea efectivo en sus vidas. Debemos recordar: «El siervo del Señor no debe ser contencioso, sino amable para con todos, apto para enseñar, sufrido; que con mansedumbre corrija a los que se oponen, por si quizá Dios les conceda que se arrepientan para conocer la verdad» (2 Tim. 2:24-25). Nuestras esperanzas de su salvación dependen de Él. Mientras nuestras Biblias hablen de las transformaciones de reyes malvados como Manasés (2 Crón. 33) y perseguidores de cristianos como Saulo de Tarso (Hech. 9), pueden ocurrir conversiones dramáticas.

¿Qué debemos decir cuando los aconsejados optan por interrumpir nuestra consejería centrada en Cristo (Juan 3:16-18; 6:35-37; Rom. 10:9-10)? El amor fiel por nuestros aconsejados no cristianos requiere que emitamos una advertencia a todos los que se apartan del Señor. Debemos recordarles amorosamente tanto las dulces consecuencias de la fe *como* las graves consecuencias de la incredulidad:

- Muchos son los sufrimientos de los malvados, pero el gran amor del Señor envuelve a los que en él confían. (Sal. 32:10, NVI)
- El que cree en el Hijo tiene vida eterna; pero el que desobedece al Hijo no sabrá lo que es esa vida, sino que permanecerá bajo el castigo de Dios. (Juan 3:36, NVI)

Observe en estos textos cómo Dios combina Sus llamamientos con Sus promesas. Además de dar advertencias e invitaciones, debemos pedirle a Dios que haga que un aconsejado quiera hablar de nuevo con nosotros o con otro consejero centrado en el evangelio. Entonces, mientras ellos experimentan los inevitables problemas de su estilo de vida no cristiano y el peso de la desaprobación de Dios, nosotros mantenemos abiertas nuestras puertas de consejería y oramos y anhelamos que regresen.

Conclusión

La consejería bíblica como evangelismo debido a problemas proporciona una manera única de alcanzar a las personas para Cristo y cumplir su Gran Comisión. Ver más allá de las necesidades percibidas y los problemas que presentan los aconsejados que no son salvos, sin pasarlos por alto ni ignorarlos, nos permite señalar su principal y mayor necesidad y nos motiva a buscar y aprovechar las oportunidades. Que Dios nos abra las puertas para aconsejar a las personas perdidas, y que nos conceda el amor y la sabiduría para hacerlo bien. Los problemas personales y relacionales proporcionan ocasiones oportunas para ofrecer las buenas nuevas de Jesús.

20

Cuestiones éticas y legales

El método Entrar-Entender-Traer de los capítulos 13 al 15 lo anima a amar bíblicamente a sus aconsejados (Mat. 22:37-40) y a practicar la regla de oro de tratar a los demás de la manera en que le gustaría que lo trataran a usted (Mat. 7:12). Una forma de practicar ese amor es tratar ética y confidencialmente el conocimiento de los pensamientos, acciones y sentimientos de sus aconsejados.

Al procurar hacer eso, también debe obedecer a nuestros líderes gubernamentales (Rom. 13:1-7; 1 Ped. 2:13-17). Este capítulo, sin embargo, es uno de los más arriesgados para incluir en un libro introductorio sobre consejería bíblica, porque las leyes varían de un estado a otro y pueden cambiar rápidamente (por ejemplo, la definición legal de matrimonio y las leyes relacionadas con la consejería de niños transgénero). Al momento de escribir este texto, la consejería bíblica sigue siendo una empresa ampliamente protegida en nuestra sociedad.[1] Sin embargo, eso podría cambiar. Por lo tanto, los lectores no deben ver este capítulo como un reemplazo de la asesoría legal o como un documento autorizado. En lugar de eso, permítale que le oriente sobre el tema, que le provea preguntas y que

[1] La Grace Community Church de Sun Valley, California, aconsejó a un hombre; pero esta iglesia fue denunciada por sus padres luego de que el joven cometiera suicidio. El caso fue llevado ante la Corte Suprema de California, la cual falló en favor de la iglesia. Véase https://law.justia.com/ cases/california/supreme-court/3d/47/278.html. Desde entonces ha ayudado a proveer protección legal para la consejería bíblica basada en iglesias.

plantee algunas cuestiones relacionadas con el servicio sabio al Señor y el cumplimiento de la ley.[2]

Cuestiones éticas

La ética se ocupa de la honestidad, la integridad y el cumplimiento de los compromisos. Implica explicar quién es cada uno y qué busca lograr. La ética bíblica exige decir la verdad y una apertura sobre una situación, ya que hacemos todos los aspectos del ministerio ante los ojos de Dios para mantener nuestra conciencia limpia delante de Él y de los demás (Hech. 24:16). A continuación se presentan cuestiones relacionadas con la ética.

Confidencialidad limitada y consentimiento informado

La Biblia nos dice claramente lo que debemos hacer con la información personal. Proverbios 11:13 dice: «El que anda en chismes descubre el secreto; mas el de espíritu fiel lo guarda todo». De manera similar, Proverbios 20:19 declara: «El que anda en chismes descubre el secreto; no te entremetas, pues, con el suelto de lengua». Estos versículos nos recuerdan que los asuntos de confidencialidad están asociados con la confianza en el lado positivo y con el chisme en el negativo. Queremos que nuestros aconsejados compartan libremente acerca de sus luchas para que podamos darles consejos sabios (Prov. 18:13). Proporcionar un lugar seguro para que hablen es parte de amar bien a nuestros aconsejados. Después de todo, la empresa de consejería es única. El aconsejado comparte información personal que la relación normalmente no permitiría. Esa información puede ser vista como un fideicomiso. Un aconsejado elige

[2] Para obtener más información sobre asuntos legales y éticos, véase Bob Kellemen, «Ethical and Legal Issues in Biblical Counseling in the Church: Caring Like Christ», en Kellemen y Carson, *Biblical Counseling and the Church*, 290-312 (cap. 1, n. 2), originalmente publicado en Robert W. Kellemen, *Equipping Counselors for Your Church* (Phillipsburg, NJ: P&R, 2011), 304-23. Véanse también los muchos recursos disponibles en https://biblicalcounseling.com/til-196-legal-issues-and-abuse/

confiar a un consejero información que no querría que se compartiera o discutiera con otros porque la considera potencialmente vergonzosa, dolorosa o bochornosa.

Los consejeros bíblicos están comprometidos a mantener en secreto lo que se les dice porque es algo que honra a Dios y que muestra amor. También construye relaciones y sugiere honestidad, cuidado y compasión. Sin embargo, también debemos tener en cuenta algunos límites a la confidencialidad.

Desde 1973, mi congregación (la de Rob), *Faith Church* en Lafayette, Indiana, ha operado un ministerio de consejería que sirve a las personas de nuestra iglesia y comunidad. Si bien nunca queremos ser culpables del pecado de chisme, comunicamos por escrito seis formas en que el compromiso de confidencialidad no se aplica.[3] Debemos poder tomar las siguientes medidas:

1. Buscar consejo de otros profesionales

A lo largo de este libro, lo animamos a adoptar las Escrituras como su sistema de conocimiento y a estudiarlas cuidadosamente para desarrollar su modelo de atención. También lo alentamos a ser un buen oyente y a entender a sus aconsejados adecuadamente. De todos modos, nadie es del todo sabio ni conoce todo. A veces escuchamos a nuestros aconsejados, pero no estamos seguros de qué hacer. Es posible que no sepamos a dónde ir en nuestras Biblias o que no sepamos cómo aconsejar sabiamente el tema. En tales casos, debemos comunicar a nuestros aconsejados que queremos tener la libertad de pedir consejo a otros consejeros o profesionales. Debemos reconocer nuestra propia necesidad de consejo, aunque nosotros aconsejamos. Cuando buscamos el consejo de aquellos con más experiencia o talentos, nuestra meta es mejorar nuestro servicio y ministerio.

[3] Esta información debe ser parte del acuerdo de consentimiento informado para la consejería que cada aconsejado firma antes de su primera cita. Las seis razones enumeradas en este documento no son exhaustivas; usted puede aplicar exclusiones adicionales.

2. Buscar consejo de un abogado

A veces podemos tener una situación que justifique una conversación con un abogado. Las situaciones más comunes involucran la siguiente categoría, pero pedimos permiso para contactar a un abogado de confianza si creemos que la situación lo requiere. En esta situación y en la anterior, normalmente tendríamos que revelar el nombre del aconsejado.[4]

3. Tener en cuenta los informes obligatorios

Cada estado tiene pautas sobre lo que se debe informar y quién debe informarlo. Un consejero debe conocer las leyes de su estado y verificar su entendimiento con un abogado con licencia en ese estado. Indiana, por ejemplo, obliga a todo el mundo a denunciar el abuso infantil. Algunos estados tienen la obligación de denunciar el maltrato a las personas mayores. Debemos comunicar claramente a nuestros aconsejados que no podemos mantener en secreto lo que las autoridades exigen que compartamos.[5]

4. Abordar intenciones suicidas

Otra exclusión de nuestro consentimiento informado se refiere a la intención declarada de suicidarse por parte de un aconsejado. Algunos individuos creen que poner fin a sus vidas es el único camino para poner fin a su sufrimiento. Por lo tanto, el consejero debe tomar muy en serio las afirmaciones de suicidio (véase el cap. 26). De hecho, preferimos limitar la confidencialidad y ser parte de la protección de una persona contra el daño que pueda causarse a sí misma, que mantenernos en silencio y luego

[4] A veces aconsejamos a personas a las que un tribunal les ordenó buscar consejería. En estas situaciones, el tribunal normalmente solicita informes de progreso o un resumen de la consejería proporcionada. A veces, un aconsejado solicita una carta de carácter o un resumen de la carta de consejería con la esperanza de demostrarle al tribunal que está dando pasos hacia el cambio. Para tales casos, puede ponerse en contacto con un abogado para obtener asesoramiento.

[5] Algunas autoridades pueden presentar cargos contra un consejero que retiene información que se le exigiera reportar. Véase también el cap. 26.

enterarnos de que un aconsejado se quitó la vida. Si bien algunos aconsejados han encontrado preocupante esta exclusión, la gran mayoría ha apreciado nuestro compromiso de tomar medidas proactivas para brindar seguridad, si es necesario.

5. Denunciar el delito, según sea necesario

Los consejeros no son agentes de la ley. Nuestro trabajo no es investigar crímenes, llevar a cabo interrogatorios, enjuiciar a quienes han actuado mal o declarar un veredicto. Más bien, ayudamos a nuestros aconsejados a entender cómo tener una relación salvadora y creciente con el Señor. Las personas pecan de muchas maneras que siguen siendo únicamente una parte del proceso de consejería. Por ejemplo, algunos aconsejados abusan de las drogas ilegales. Es posible que esta confesión no resulte automáticamente en una llamada a la policía. Sin embargo, si un aconsejado afirma que planea dañar físicamente a otra persona, debemos llamar a la policía y seguir sus instrucciones. Si bien los aconsejados rara vez confiesan un plan para dañar a otro, la lectura de las exclusiones de confidencialidad que abordan este asunto les recuerda la seriedad de sus palabras y acciones.

6. Comunicarse con la iglesia local del aconsejado

A veces, la consejería fracasa y la iglesia local debe decidir si sigue adelante con los pasos de disciplina restaurativa de la iglesia (véase Mat. 18:15-17; 1 Cor. 5:1-13). Ya sea que un aconsejado provenga de mi iglesia local (la de Rob) o de una iglesia diferente, mis colegas y yo nos reservamos el derecho de hablar con su(s) pastor(es). Al informar a los aconsejados por adelantado que practicamos una confidencialidad limitada, no absoluta, evitamos tener que faltar a nuestra palabra. Después de todo, no podemos romper una promesa que nunca hicimos en primer lugar.

Las declaraciones anteriores sobre la confidencialidad hacen muy poco a menos que haya un consentimiento informado que los aconsejados lean y firmen antes de que comience la consejería. De hecho, es una buena práctica discutir los límites de la confidencialidad durante la primera sesión. Tal apertura y honestidad acerca de quiénes somos como consejeros bíblicos, qué vamos a hacer y cómo abordamos la información personal es una forma en que construimos confianza con nuestros aconsejados. También es una manera de protegerse contra los desafíos legales.

Comunicación clara

Todos odiamos la letra pequeña porque se ha utilizado para esconder información importante (por ej.: algunos prestamistas usan letra pequeña para ocultar el verdadero costo de los préstamos). Ciertamente, los ministerios no deberían ser conocidos por ocultar información importante. En su comunicación escrita, electrónica y personal, entonces, sea claro acerca de quién es y qué planea hacer.

Años atrás, un hombre llamó para explicar que su esposa, de la cual estaba separado, había llamado a nuestro ministerio (en la iglesia de Rob) para recibir consejería. Entonces, él había leído la información en nuestro sitio web y llegado a la conclusión de que estábamos enfocados en ayudar a que todos los aconsejados tuvieran una relación salvadora con Jesús y que la Biblia servía como nuestra autoridad para aconsejar. Estuve de acuerdo en que había leído correctamente nuestra información. Él respondió diciendo que no estaba interesado en eso. Después de la llamada, reflexioné. Me entristecía que no estuviera interesado en una relación con Jesús y que su cosmovisión no tuviera lugar para la Biblia. Al mismo tiempo, me alegré de que ambos pudiéramos hablar honestamente, de que el sitio web de nuestra oficina fuera tan claro y de que nuestra información le permitiera tomar una decisión informada y saber que tenemos la intención de funcionar con integridad. (Yo, Rob, todavía espero que algún día él esté dispuesto a venir, a considerar las afirmaciones de Cristo y a obedecer el evangelio).

Incluso una comunicación escrita y electrónica clara no siempre es suficiente. También es aconsejable confirmar el entendimiento personalmente. Recuerdo a un hombre que vino a consejería y firmó el formulario de consentimiento. Dijo que su formulario de admisión estaba esencialmente en blanco porque quería explicar su situación personalmente. La discusión reveló que estaba molesto porque su novio lo había dejado. Aunque la comunicación escrita y electrónica de nuestro ministerio había sido clara, todavía necesitaba explicarle personalmente nuestra comprensión del punto de vista bíblico sobre la homosexualidad y darle la opción de decidir hablar más con nosotros o buscar un tipo diferente de consejería. Siempre es importante utilizar parte de la primera sesión para confirmar la comprensión de la filosofía de consejería por parte del aconsejado.

Lo que prometemos y lo que les pedimos que prometan

Otra preocupación ética son los acuerdos que hacemos con nuestros aconsejados. Como consejero, a mí (Rob) me gusta prometerles dos cosas. Primero, prometo que los escucharé, trataré de entenderlos y trataré de explicarles lo que me han dicho. Eso no significa que estaré de acuerdo con todo lo que dicen, porque hay una diferencia entre escuchar y estar de acuerdo. También les doy libertad para confrontarme si no los he entendido. En segundo lugar, prometo hacer todo lo posible para conectar lo que me digan con la verdad de las Escrituras.

También les pido a mis aconsejados que hagan ciertos compromisos. Primero, les pido que sean honestos. Sorprendentemente, he tenido aconsejados que querían acuerdos para no hablar de ciertas cosas. Esos casos nunca han salido bien, porque las cosas que más necesitábamos discutir eran las mismas cosas que ellos no querían discutir. La honestidad es un componente *crucial* de la consejería.[6] En segundo lugar, le pido a cada persona que esté dispuesta a aprender. Esto significa que quiero que me permitan hablar con ellos sobre ellos sin que intenten dirigir mi atención

---

[6] Sin embargo, no debemos confundir pedir un compromiso para ser honestos con la honestidad real. Si usted aconseja, algunas personas lo engañarán y manipularán. Cuando esto suceda, recuerde que se involucró en la consejería porque creyó que el Señor lo quería ministrando a las personas. Los aconsejados que engañan y manipulan lo herirán, pero no tiene que volverse cínico. El Señor usará incluso esas heridas en su vida y tal vez en la vida de ellos en el momento oportuno (Rom. 8:28).

a ninguna otra persona. En tercer lugar, pido citas y tiempo regulares. Les recuerdo que los problemas no ocurrieron de la noche a la mañana y tampoco lo harán las soluciones. Necesitamos citas regulares para mantener la eficacia y el enfoque de la consejería. En cuarto lugar, pido la voluntad de hacer tareas de crecimiento asignadas. Busco un compromiso de trabajar duro.

Los compromisos constituyen la base de la relación; son las reglas de juego para que cada parte entienda lo que debe contribuir. Algunos consejeros los incluyen dentro de los formularios de admisión.

¡Cuando es mucho para el consejero!

Un tercer problema ético implica tratar de hacer coincidir las luchas de un aconsejado con la competencia de un consejero. Aunque las Escrituras son suficientes, los consejeros tienen varios niveles de habilidad. Todos los ministerios deben proporcionar una excelente capacitación inicial para sus consejeros y educación continua para mejorarlos continuamente. Además, si hay varios consejeros disponibles, un ministerio debe tratar de emparejar a un aconsejado con el consejero en la mejor posición para ayudarlo. Pedir a cada posible aconsejado que presente un formulario de admisión por adelantado le ayudará a discernir la complejidad del caso. Sin embargo, si el aconsejado comparte muy poco en el formulario de admisión, es posible que no descubra la verdadera complejidad de un caso hasta que las sesiones personales comiencen. Entonces, ¿cómo es la ética bíblica de calidad?

Primero, sepa que los consejeros deben reservarse el derecho de pedir ayuda en cualquier momento. Nuestra política de confidencialidad (donde Rob sirve) permite la interacción de consejero a consejero para orar, aconsejar y animar. Esta acción puede ser suficiente para ayudar a un consejero a prepararse para las sesiones de consejería.

En segundo lugar, un consejero podría hablar con el aconsejado acerca de pedirle a otro consejero que se una al proceso o para que el aconsejado sea reasignado. Este es un acto de cuidado y preocupación por el aconsejado. Nunca deseamos que una transición resulte en humillación y vergüenza indebidas. Si eso sucede, la culpa es del consejero.

Colaboración con médicos

Muchos aconsejados se involucran con sus médicos personales o de familia antes de buscar consejería. Un consejero bíblico debe preocuparse por los problemas médicos de los aconsejados, puede hablar sobre las implicaciones espirituales del sufrimiento y la lucha, y puede asociarse con los médicos. La consejería bíblica reconoce el lugar de la ciencia médica y da la bienvenida al entendimiento que está disponible. Debemos hacer equipo con los médicos que buscan respuestas objetivas a las preocupaciones de salud de los aconsejados.

Un desafío surge cuando algunos consejeros bíblicos quieren ir más allá de lo que éticamente deberían. Los consejeros bíblicos, en la mayoría de los casos, no son médicos. Incluso los que sí lo son no suelen ejercer como médicos cuando aconsejan, especialmente si el aconsejado no es su paciente. Deberíamos dejar el asesoramiento médico a quienes tienen la formación, la experiencia y la autorización para darlo.

La pregunta más común entre los nuevos consejeros se relaciona con la medicación psiquiátrica. Cuando surja este tema, debemos animar amorosamente a los aconsejados a que lo hablen con sus médicos.[7] Cuando nuestros aconsejados pregunten si tomar medicamentos desagrada al Señor, debemos hacer hincapié en que se trata de un asunto de conciencia.[8]

[7] Abordamos esto en el capítulo 36. Véase también Michael Emlet, *Descriptions and Prescriptions: A Biblical Perspective on Psychiatric Diagnoses and Medications* (Greensboro, NC: New Growth Press, 2017).

[8] Para obtener una explicación detallada de la conciencia, véase Andy Naselli y J. D. Crowley, *Conscience: What It Is, How to Train It, and Loving Those Who Differ* (Wheaton, IL: Crossway, 2016).

Cuestiones legales

Hay cuatro asuntos legales que aquellos que comienzan los ministerios de consejería deben considerar.

Cobrar tarifas o aceptar donaciones

Actualmente, los gobiernos estatales establecen las reglas sobre cómo las organizaciones reciben fondos para los servicios de consejería. Los centros con consejeros que poseen licencia estatal tienen la oportunidad de obtener el reembolso del seguro. Los ministerios tienen la opción de cobrar una tarifa o solicitar una donación, dependiendo de las leyes estatales individuales. Algunos ministerios de la iglesia local ofrecen consejería gratuita a todas las personas interesadas;[9] otros ofrecen consejería gratuita a los miembros, pero sugieren o tal vez solicitan una donación de personas ajenas. Dado que los servicios son gratuitos, esos ministerios no tienen que depender de los reembolsos del seguro ni ofrecer consejeros autorizados. Esto no impide que un aconsejado apoye al ministerio. Algunos ministerios animan a aquellos que han sido bendecidos a ser una bendición a cambio; por lo tanto, muchos consejeros e iglesias han recibido generosos regalos de aconsejados agradecidos.

Sin embargo, existe una preocupación significativa en el movimiento de consejería bíblica para que los graduados puedan ganarse la vida en su área de estudio. Por lo tanto, las organizaciones y los individuos tienen que pensar en estos asuntos a fondo. Algunos practicantes consiguen puestos en iglesias locales más grandes. En ocasiones, un grupo como una asociación bautista o un presbiterio presbiteriano apoyará a una persona para que sea el consejero principal del colectivo de iglesias.[10] En estos días, los consejeros bíblicos están abriendo sus propios ministerios de práctica privada o se están uniendo a prácticas de consejería bíblica más grandes.[11] Las cuestiones de

[9] Por ejemplo, véase Faith Church, Lafayette, IN, https://www.faithlafayette.org/counseling#free

[10] Por ejemplo, véase Sue Nicewander, *Building a Church Counseling Ministry without Killing the Pastor* (Leominster, UK: Day One Publications, 2012).

[11] Por ejemplo, véase Fieldstone Counseling, https://fieldstonecounseling.org

la licencia estatal, el empleo y la estructura de donaciones versus tarifas jugarán un papel en la posibilidad de un trabajo que pueda sustentar la vida en la consejería bíblica. Cualquiera que sea el método que utilice una persona, iglesia o centro independiente, debe explorarse a fondo y luego comunicarse claramente a los aconsejados con anticipación.

501 (c) (3) versus LLC versus ministerio en la iglesia

Un asunto común que los pastores quieren entender es cómo organizar legalmente el ministerio. Una opción permite que un ministerio de consejería sea un ministerio bajo el amparo de la iglesia. Durante muchos años, por ejemplo, los Ministerios de Consejería Bíblica de Fe fueron simplemente un ministerio de Faith Church. Algunas iglesias consideran que esa es la mejor opción. Sin embargo, otros ministerios podrían tener razones para separar los ministerios formales de consejería de la iglesia en la forma de una LLC (sociedad de responsabilidad limitada, por sus siglas en inglés), un 501 (c) (3) auxiliar o un 501 (c) (3) independiente [requisito de exención de impuestos para organizaciones de beneficencia, aplicable solo en EE. UU.]. Cada opción tiene sus propios requisitos, responsabilidades, riesgos, bendiciones y oportunidades. Recomendamos que su equipo de liderazgo piense, ore y busque el consejo de los ministerios y de un abogado autorizado para ejercer en su estado.

Seguro de responsabilidad civil

Vivimos en una sociedad litigiosa. Si bien no podemos permitir que el temor de ser demandados nos impida ministrar, es prudente asegurarse con una cobertura de responsabilidad civil para todos los que dan consejería. En algunos casos, dependiendo de la compañía y la naturaleza de la consejería, es posible que una póliza de la iglesia ya incluya cobertura u ofrezca una cláusula adicional por separado. Le recomendamos que se asegure de que la póliza cubra tanto al personal como a los laicos que forman parte del ministerio de consejería.

Divulgación de archivos de consejería

Es posible que una persona o un abogado solicite varios tipos de documentos como parte de un proceso legal que involucre a un aconsejado. Cuando sea apropiado, puede ser prudente cumplir con esas solicitudes de buena gana. Por ejemplo, un abogado puede querer una carta que indique las horas y fechas de las sesiones de consejería para confirmar que el aconsejado cumplió con su compromiso. Sin embargo, una persona no tiene derecho a ver todos los registros y notas privadas simplemente solicitándolos.[12] Cuando un consejero o ministerio está preocupado por cumplir con una solicitud, le recomendamos que se comunique con un asesor legal de confianza para obtener asesoramiento. Esto es especialmente cierto si recibe una citación judicial.

Conclusión

Cada ministerio de consejería y consejero debe entender los diversos asuntos involucrados en temas éticos y legales. Queremos servir al Señor con excelencia, amar bien a las personas y ser mayordomos sabios de los ministerios que nos ha dado. Es aconsejable contar con un abogado con licencia en su estado para asegurarse de que sus políticas, estructura organizativa y prácticas se ajusten a las normas legales vigentes.

---

[12] Es posible que los que reciben consejería en entornos eclesiásticos no estén sujetos a las normas de la HIPAA. Véase «Some—Not All—Ministries Are Subject to HIPAA Requirements», Brotherhood Mutual, https://www.brotherhoodmutual.com/resources/safety-library/risk-management-articles/administrative-staff-and-finance/some-not-all-ministries-are-subject-to-hipaa-requirements/ Los terapeutas con licencia estatal y aquellos que trabajan para ministerios u organizaciones a las que se les requiere seguir las pautas deben familiarizarse con la distinción dentro de la Regla de Privacidad de HIPAA entre notas de psicoterapia (también conocidas como notas de proceso o privadas) y notas de progreso. Véase «The Differences between Psychotherapy Notes and Progress Notes», ICANotes, 8 de junio de 2018, https://www.icanotes.com/2018/06/08/the-differences-between-psychotherapy-notes-and-progress-notes/; «Health Information Privacy», HHS.gov, actualizado el 2 de noviembre de 2020, https://www.hhs.gov/hipaa/for-individuals/medical-records/index.html; y Dana Taylor, «Special Protections and Frequently Asked Questions for Psychotherapy Notes», 17 de enero de 2019, https://www.magmutual.com/learning/article/special-protections-and-frequently-asked-questions-psychotherapy-notes/. Leer artículos de internet, de todos modos, nunca debería tomar el lugar de la consultoría legal.

PARTE CUATRO

PROBLEMAS INDIVIDUALES COMUNES Y PROCEDIMIENTOS

21

Ira, resentimiento y amargura

Tal vez ningún problema atormente más frecuentemente a la gente que la ira. Es una tendencia universal, prevalente en todas las culturas, experimentada por todas las generaciones. Impregna la sociedad y afecta nuestras relaciones más íntimas. La ira es un hecho en este mundo caído. Es posible que la gente no lo llame ira. Podríamos etiquetarlo como estar molesto, herido, frustrado, preocupado o irritado. Pero como veremos en la definición a continuación, hay un hilo conductor en todos esos términos.

La buena noticia que traen los consejeros bíblicos es que la Biblia dice mucho acerca de la ira y nos da respuestas para los problemas de ira.[1]

Entendamos la ira

Una definición provisional

Comenzamos definiendo la ira como una respuesta integral de la persona de juicio moral negativo contra el mal percibido. Considere varios elementos:

[1] Para expandirse sobre esto y varias porciones de este capítulo, incluyendo tareas de crecimiento asignadas, véase Robert D. Jones, *Uprooting Anger: Biblical Help for a Common Problem* (Phillipsburg, NJ: P&R, 2005); Jones, *Anger: Calming Your Heart* (Phillipsburg, NJ: P&R, 2019); Jones, *Pursuing Peace: A Christian Guide to Handling Our Conflicts* (Crossway, 2012), 57-73; véase también David Powlison, *Good and Angry: Redeeming Anger, Irritation, Complaining, and Bitterness* (Greensboro, NC: New Growth, 2016); y Edward T. Welch, *A Small Book about a Big Problem: Meditations on Anger, Patience, and Peace* (Greensboro, NC: New Growth, 2017).

- La ira es una respuesta. Es una actividad, no una cosa, sustancia, fuerza o fluido. Es algo que hacemos, no un «eso» o alguna sustancia que tenemos.
- La ira es una respuesta integral de la persona. Involucra nuestras cogniciones, afectos, voliciones y cuerpos. Si bien llamamos a la ira una «emoción», involucra más que un componente emotivo. Nuestras creencias y motivaciones juegan un papel activo y formativo en esta respuesta.
- La ira responde a algún estímulo provocador. Esa provocación puede ser lo que alguien acaba de decir o hacer o nuestro recuerdo actual de lo que alguien dijo o hizo anteriormente.
- La ira responde a algo que percibimos como ofensivo. Vemos ese evento pasado o presente como algo incorrecto. La ira es «una postura activa que tomas para oponerte a algo que consideras importante y erróneo».[2] Es un juicio moral que hacemos acerca de algo que valoramos. Por supuesto, mi percepción personal de que su acción fue incorrecta podría ser precisa o inexacta, basada en mis creencias y valores falibles.

Agreguemos una perspectiva vital más a nuestra descripción: como todos nuestros comportamientos, hacemos nuestra ira ante Dios. Él la ve y la pesa, y cuando es pecaminosa incurre en Su juicio negativo. Como Jesús declaró: «Cualquiera que se enoje contra su hermano, será culpable de juicio» (Mat. 5:21-22; comp. 1 Jn. 3:15).

Cuatro categorías bíblicas

Las Escrituras presentan cuatro categorías de ira: la primera es la ira justa de Dios. Nuestro pecado merece el juicio de Dios (Sal. 7:11; Isa. 34:2; Juan 3:36; Rom. 1:18); pero la muerte sustitutiva de Cristo, que cargó con el pecado, llevó la ira que merecían los creyentes en Cristo. La justa ira de Dios y nuestro pecado se encontraron en la cruz (Rom. 3:21-26; 1 Ped. 2:24; 3:18). En segundo lugar, está la justa ira de Jesús, el Dios-hombre, que se

[2] Powlison, *Good and Angry*, 39.

analiza en la siguiente sección. En tercer lugar, está la ira justa de otros seres humanos, como Moisés (Ex. 32:19-20), Saúl (1 Sam. 11:1-6), Jonatán (1 Sam. 20:33-34) y el salmista (Sal. 119:52-54, 103-104, 113-116, 127-128, 135-137, 139, 157-159, 162-164).

Este capítulo se enfoca en la cuarta categoría, la ira pecaminosa de los seres humanos.[3] En términos de expresión de la ira pecaminosa, algunas personas revelan su ira a través de palabras duras o acciones hirientes o destructivas, algo que muchos personajes bíblicos muestran y contra lo cual Proverbios (12:18; 14:16-17, 29-30; 15:1, 18; 16:32; 19:11, 19; 22:24-25; 25:28; 29:11, 22), Jesús (Mat. 5:21-26) y el apóstol Pablo (Ef. 4:29-32) nos previenen repetidamente. Otros expresan su enojo de maneras más frías, evitando o distanciándose del ofensor (Luc. 15:25-30). Aun otros pueden ocultar su enojo actuando normalmente en el exterior, pero reteniendo pensamientos y actitudes iracundas en su interior (Lev. 19:17; 1 Cor. 13:5) que podrían conducirlos a acciones externas.

Distinguir la ira justa de la pecaminosa

A veces nos encontramos con aconsejados que admiten su enojo, pero defienden su inocencia. «Claro que estaba enojado», dice la persona, «pero tenía derecho. Después de todo, Jesús se enojó. Mi ira era justa». Entonces, ¿cómo discernimos si la ira humana es justa o pecaminosa?

Considere tres señales de ira justa. *Primero, la ira justa responde al pecado real*, no contra alguien que nos incomoda o viola las preferencias personales. *En segundo lugar, la ira justa se enfoca en Dios y Su reino, derechos y preocupaciones*, no en el reino, los derechos y las preocupaciones personales de uno. Se centra en Dios, no en uno mismo. *Tercero, la ira justa se expresa de manera piadosa y autocontrolada.* No grita, no se enfurece incontrolablemente ni se regodea en la autocompasión. No ignora, desprecia ni se retira de

---

[3] Dos subcategorías de la ira pecaminosa de los seres humanos son la ira contra Dios y la ira contra uno mismo (una noción confusa que involucra autojuicios bíblicos y no bíblicos). Para perspectivas bíblicas sobre la primera, véase Powlison, 219-232, y Jones, *Uprooting Anger*, 113-128. Sobre la última, véase Jones, *Uprooting Anger*, 129-138, y Powlison, 202-18.

las personas. El duelo, el gozo y la obediencia semejantes a los de Cristo la acompañan. La ira justa produce un ministerio piadoso: defiende a los oprimidos, procura justicia para las víctimas, reprende a los transgresores y busca el arrepentimiento, la reconciliación y la restauración.

Considere los dos lugares en los que los escritores de los Evangelios describen la ira de Jesús.[4] En Marcos 3:1-6, Jesús se encontró con un hombre discapacitado en un día de reposo. Los fariseos se oponían a la intención del Señor de sanarlo. En respuesta, Jesús los miró con enojo (v. 5). Nótese las tres marcas de la ira justa que obran aquí: (1) Jesús percibió con precisión los pecados de ellos de no amar al hombre y rechazar Su propio señorío sobre el sábado. (2) Jesús no se ofendió personalmente: piense en las muchas formas en que los líderes judíos le mintieron a Él y sobre Él, se burlaron de Él, lo llamaron glotón y borracho, lo azotaron, lo golpearon, le pusieron una corona de espinas en la cabeza y lo crucificaron, pero aun así no expresó ira. Pero aquí se opusieron a Su misión ministerial como Mesías designado por Dios (comp. 2:12, 27-28). (3) Jesús mantuvo el dominio propio dado por el Espíritu. Mantuvo la cabeza, sin desahogar su rabia. No necesitó salir furioso para recuperar la compostura. En cambio, hizo la voluntad de Dios y sanó al hombre discapacitado.

De manera similar, en Marcos 10:13-16 Jesús respondió con enojo a Sus propios discípulos que reprendieron a ciertos padres que procuraban que Jesús tocara a sus hijos. Aquí nuevamente vemos las tres marcas de la ira justa: (1) Los discípulos pecaron al reprender a los niños. (2) Esa acción se oponía al reino de Dios: «Dejad a los niños venir a mí, y no se lo impidáis; porque de los tales es el reino de Dios» (v. 14). Al ver tal maltrato contra otros, nuestro Señor se indignó. (3) La ira de Jesús no descarriló Su ministerio. Él tomó a los niños en Sus brazos, puso las manos sobre ellos y los bendijo. Del mismo modo, podemos analizar la ira justa de otros, como Jonatán o el salmista citado antes.

---

[4] Probablemente Jesús se enojó en otras ocasiones; aquí solo estamos observando los términos bíblicos. Por cierto, Él ejecutó un juicio justo contra los cambistas en el templo en Juan 2:13-17 y contra los fariseos en Mateo 23.

Podemos ayudar a nuestros aconsejados a discernir si su ira es justa al convertir las tres marcas en tres preguntas escrutadoras: (1) ¿Pecó la otra persona contra ti o simplemente te incomodó? (2) ¿Esa persona estorbó la agenda de Dios o la tuya? (3) ¿Mostraste gracia, autocontrol y ministerio semejantes a los de Cristo o perdiste el control, te alejaste o empeoraste las cosas?

¿Qué consejo debemos dar a los aconsejados que afirman que su enojo es legítimo, pero no pasan las pruebas anteriores? Primero, tener cuidado con el autoengaño. Basándonos en el número de ejemplos de la ira humana piadosa versus la impía a lo largo de la Biblia y la frecuencia de las advertencias bíblicas (junto con nuestra experiencia como consejeros), podemos concluir que si bien parte de la ira humana es justa, la mayoría no lo es. El caso clásico de autoengaño es Jonás en Jonás 4, pero también vemos advertencias del Nuevo Testamento en Efesios 4:22; Hebreos 3:12-13 y Santiago 3:14-15. (Tenga en cuenta que admitir su tendencia a justificar su enojo les da permiso a los aconsejados para hacer lo mismo). En segundo lugar, estudiar los pasajes bíblicos anteriores, orar y buscar comentarios honestos y rendición de cuentas de las personas más cercanas. Tercero, reconocer su ira como pecaminosa, confesarla a Dios y buscar Su perdón y ayuda para cambiar. Cuarto, pedir a Dios que cultive la ira justa dentro suyo, para ayudarlos a emular a nuestro Señor Jesús, quien «[ha] amado la justicia, y aborrecido la maldad» (Heb. 1:9).

Las causas de la ira pecaminosa

Al ayudar a la gente enojada, debemos abordar no solamente sus comportamientos sino también las causas detrás de ellos. Los enfoques externos de «manejo de ira» se quedan cortos. Incluso si pudiéramos controlar las expresiones de enojo con técnicas conductuales, no produciríamos el cambio integral de la persona a semejanza de Cristo que Dios quiere.

Respuestas comunes

¿Por qué la gente expresa ira pecaminosa? Los aconsejados ofrecen una variedad de razones:

- Maltrato en el pasado o mal modelo (por ej.: abuso en el pasado, familias de origen disfuncionales, padres iracundos, abandono).
- Fracasos presentes por parte de otros (por ej.: necesidades sentidas insatisfechas, expectativas defraudadas, derechos percibidos negados).
- Presiones situacionales (por ej.: demandas laborales, desafíos de crianza, tráfico, familia política).
- Influencias mundanas (por ej.: amigos impíos, mentiras en las redes sociales, tendencias culturales pecaminosas).
- El diablo (por ej.: los llamados espíritus territoriales, espíritus de ira).
- Factores físicos (por ej.: enfermedades, lesiones, desbalance hormonal, drogas ilegales, fatiga, nutrición deficiente).

¿Cómo debemos ver estas explicaciones del enojo? Estos factores pueden ejercer un enorme impacto y ser extremadamente difíciles de manejar. Los consejeros solícitos deben escuchar con compasión, «[llorar] con los que lloran» (Rom. 12:15), reflejar el tierno cuidado de Dios, asegurar a los aconsejados que esta no es la forma en que Dios originalmente diseñó que fuera el mundo y reconocer las dificultades que sufren.

Sin embargo, por muy difíciles que sean estos factores, no causan ira. Como vimos en nuestro modelo de los seis recuadros del capítulo 10, estos factores de calor del Recuadro 1 son importantes, significativos e influyentes, pero no causales, determinantes o últimos. Amar a los aconsejados significa no permitirles excusar su enojo o culpar a otras personas o eventos por ello. Pero también significa darles buenas noticias: «Si bien no puedes culpar a tu situación, ¡no es necesario! Estos factores no te hacen enojar. No estás condenado ni destinado a la ira. Incluso en medio de estas dificultades tan reales, puedes aprender a manejar las cosas de manera piadosa. Jesús lo hizo y a través de Su Palabra, Su Espíritu y Su iglesia, tú también puedes».

La respuesta de Dios

Si no es de los factores expuestos arriba, ¿de dónde viene la ira pecaminosa? El apóstol Santiago responde:

> ¿De dónde surgen las guerras y los conflictos entre ustedes? ¿No es precisamente de las pasiones que luchan dentro de ustedes mismos? Desean algo y no lo consiguen. Matan y sienten envidia, y no pueden obtener lo que quieren. Riñen y se hacen la guerra. No tienen, porque no piden. Y cuando piden, no reciben porque piden con malas intenciones, para satisfacer sus propias pasiones. (Sant. 4:1-3, NVI)

Si bien el apóstol describió comportamientos de enojo (guerras, conflictos, luchas), su enfoque no fue conductual ni simplemente enfocado en que los lectores dejaran lo que estaban haciendo. En cambio, arraigó la ira humana en nuestros deseos pecaminosos. Entonces, como otros pecados, la ira proviene del corazón. El punto de Santiago es simple pero profundo: no podemos conseguir lo que queremos, entonces nos enojamos. De hecho, el corazón enojado declara: «Quiero lo que quiero cuando lo quiero. Y cuando lo quiera, será mejor que esté allí. Si no me das lo que quiero, me enojaré contigo». Como observa Paul Tripp: «Santiago nos anima a examinar nuestros deseos porque es la única manera de comprender nuestra ira. El deseo está en la base de cada sentimiento, palabra y acción de enojo».[5]

Tenga en cuenta que lo que probablemente se ve en el pasaje de Santiago no son deseos de cosas malas sino de cosas buenas. Después de todo, Santiago plantea la posibilidad de que si le pidiéramos a Dios adecuadamente, Él podría dárnoslo (v. 2). Puesto que Dios no daría objetos malos, inferimos que el problema radica en la exigencia de nuestros buenos deseos.[6] En otras palabras, hay dos formas en que los deseos

---

[5] Tripp, *Instruments*, 79 (véase cap. 13, n. 1).

[6] Los términos de Santiago (deseos, pasiones, lo que quieren) fueron usados en la Biblia y en otros textos de literatura griega antigua para buenos o malos deseos, dependiendo del contexto. Por ejemplo, la palabra «deseo» (*epidsumía*) conlleva un sentido negativo en 1:14-15 y Gál. 5:16-17; pero un sentido positivo en Luc. 22:15 y 1 Tim. 3:1.

pueden ser malos. Podemos desear demasiado un objeto malo (algo que Dios prohíbe) o, como parece en este pasaje, un objeto bueno, es decir, con un deseo dominante egoísta y desordenado. Los aconsejados a menudo desean aceptación, afirmación o afecto (todas cosas buenas), pero las desean demasiado, lo que las convierte en exigencias pecaminosas. Cuando no se cumplen, esas demandas inevitablemente producen respuestas airadas.

¿Cómo podemos ayudar a los aconsejados a identificar y exponer sus demandas causantes de ira? Anímelos a considerar estas preguntas para examinarse a sí mismos:

- ¿Está eso consumiendo tu mente? o ¿Piensas sobre eso muy a menudo, hasta el punto de obsesionarte?
- ¿Manipulas, insistes, presionas o haces sentir culpable a los demás para satisfacer tu deseo?
- ¿Atacas o te alejas de otros cuando tu deseo no es satisfecho?

Otra técnica útil es pedirles a los aconsejados que completen una oración clave cuando estén enojados. Considere estas sugerencias:

- Debo tener __________ (enumere una persona en términos de relación) que __________________ (tenga en cuenta el comportamiento que desea o no desea que esa persona tenga). Por ejemplo, un marido enojado podría escribir: «Debo tener una esposa que me muestre afecto».[7]
- Lo que creo que necesito[8] de ti o que quiero desesperadamente de ti es __________.
- Debes darme ______________ o me enojaré contigo.

Los deseos son malos cuando se arraigan («luchan dentro de ustedes mismos») y conducen a guerras y conflictos.

[7] Note que este mismo modelo puede aplicarse a aquellos que están preocupados y ansiosos o deprimidos y desesperados.

[8] Para una visión bíblica de «necesidades», véase 2 Ped. 1:3 y Luc. 10:38-42 (comp. Sal. 27:10; 73:23-28; Hab. 3:17-19; Mat. 4:4; Fil. 4:11-13). Lo que nuestra sociedad psicologizada llama «necesidades» resulta más adecuado llamarlo «necesidades percibidas» o «deseos».

Una herramienta visual útil que ilustra cómo los deseos legítimos se convierten en demandas dominantes es el «Diagrama del trono-escalera del corazón».[9]

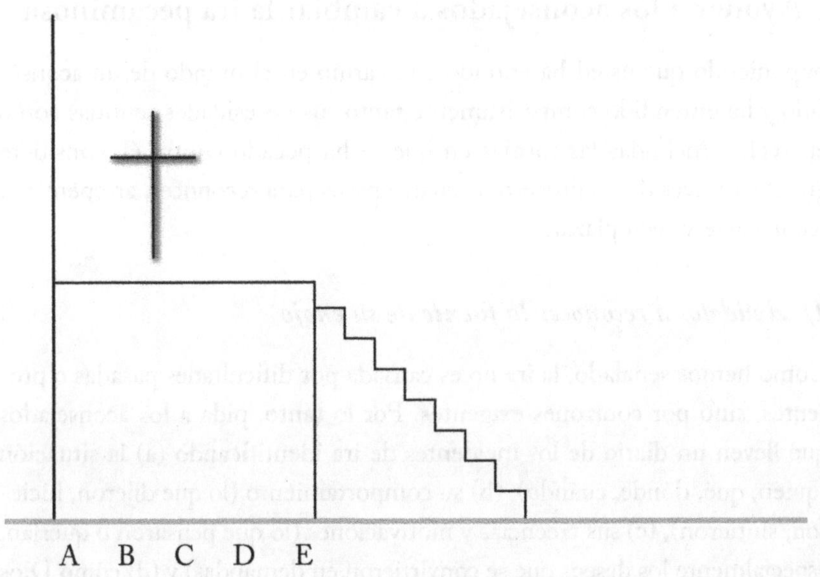

Las letras debajo del trono representan deseos legítimos pero no satisfechos adecuadamente sometidos bajo el señorío de Cristo entronizado. Esta es una imagen de un corazón saludable que descansa en Cristo. Lo vemos en Jesús mismo en el jardín de Getsemaní (Mat. 26:39-42), cuando le entregó a Su Padre Su deseo legítimo de no tomar la copa de la ira de Dios sobre las naciones. Vemos la misma clase de corazón en Pablo (Fil. 4:11-13), David (Sal. 17:10), Habacuc (Hab. 3:17-19) y otros.

Sin embargo, los problemas surgen cuando los deseos no permanecen sometidos sino que se vuelven esteroideos. Les crecen piernas, suben las escaleras y compiten con Cristo por el señorío funcional de un alma. Ya no son meros deseos. Estas demandas recién elevadas producen ira, preocupación, depresión y todo tipo de conductas desordenadas. El cambio

[9] Para considerar el tratamiento completo de este diagrama, véase Jones, *Pursuing Peace*, 57-73 (cap. 7, n. 2).

piadoso requiere destronar esas demandas y volver a someterlas bajo el señorío soberano, sabio y amoroso de Cristo.

Ayudar a los aconsejados a cambiar la ira pecaminosa

Suponiendo que usted ha entrado con cariño en el mundo de un aconsejado y ha entendido compasivamente tanto sus necesidades sentidas como las reales, incluidas las formas en que se ha pecado contra él, considere guiarlo a través de un proceso de cuatro pasos para reconocer, arrepentirse, reenfocarse y reemplazar.

1) Ayúdelos a reconocer la fuente de su enojo

Como hemos señalado, la ira no es causada por dificultades pasadas o presentes, sino por corazones exigentes. Por lo tanto, pida a los aconsejados que lleven un diario de los incidentes de ira identificando (a) la situación (quién, qué, dónde, cuándo), (b) su comportamiento (lo que dijeron, hicieron, sintieron), (c) sus creencias y motivaciones (lo que pensaron o querían, especialmente los deseos que se convirtieron en demandas) y (d) cómo Dios hubiera querido que respondieran de manera diferente.

2) Ayúdelos a arrepentirse tanto a nivel del corazón como del comportamiento

La unidad contextual más grande de Santiago 3:13–4:12 da múltiples imágenes de arrepentimiento de corazón humilde por los siguientes pecados:

- envidia y la ambición egoísta (3:14-16);[10]
- deseos dominantes, incluidos los expresados en la oración egocéntrica (4:1-3);
- adulterio espiritual, amistad con el mundo (4:4);
- participar con el diablo en lo que él quiere lograr (4:7); y

[10] Nótese los matices terrenales y demoníacos y sus frutos de desorden y mala práctica.

- jugar a ser Dios (4:11-12) juzgando a los demás; esta es la raíz más atroz de la ira pecaminosa.

El arrepentimiento del corazón debe, a su vez, producir arrepentimiento conductual sobre las muchas formas en que revelamos u ocultamos nuestra ira pecaminosa. (Recuerde nuestro análisis sobre el arrepentimiento en los capítulos 7 y 10). Debemos guiar a nuestros aconsejados para que reconozcan, confiesen a Dios y se aparten de la ira propia.

3) Ayúdelos a volver a enfocarse en Dios y Su gracia, provisiones y promesas en Cristo

A los que se arrepienten, Dios les ofrece estas promesas: «Él da mayor gracia [...]. Dios resiste a los soberbios, y da gracia a los humildes [...]. Acercaos a Dios, y él se acercará a vosotros [...]. Humillaos delante del Señor, y él os exaltará» (Sant. 4:6, 8, 10).

Como vimos en el capítulo 10, el Señor provee tanto la gracia perdonadora como la gracia habilitante (Heb. 4:16; 2 Ped. 1:3-4) a aquellos que se arrepienten. El hombre cristiano que exige (Recuadro 3) que su esposa e hijos le sirvan y les grita (Recuadro 2) cuando no satisfacen sus demandas necesita a Cristo y las verdades de Su Palabra y la ayuda de sus compañeros creyentes (Recuadro 4). A medida que el Espíritu usa la Palabra de Dios en el contexto de la iglesia (incluyéndolo a usted como consejero bíblico), este hombre puede arrepentirse de su corazón exigente y que juega a ser Dios, y comenzar a verse a sí mismo como un hijo de Dios perdonado y empoderado por el Espíritu (Recuadro 5). A partir de su renovado sentido de identidad, está listo para que se le ayude a deshacerse de sus palabras de enojo, aprender a hablar palabras que edifiquen a su familia y les demuestre bondad, compasión y perdón semejantes a los de Cristo (Recuadro 6, Ef. 4:29-32).

4) Ayúdelos a reemplazar la ira pecaminosa con actitudes y acciones semejantes a las de Cristo

Recuerde la dinámica de despojarse/revestirse que vimos en el capítulo 15 (Ef. 4:17-32; Col. 3:1-17). ¿Qué clase de actitudes y acciones semejantes a las de Cristo deben reemplazar la ira pecaminosa?

- Oración, aprender a pedir a Dios humildemente, con un corazón sumiso, por las cosas buenas que legítimamente deseamos, sin ninguna exigencia (Fil. 4:6-7; Sant. 4:3).
- Contentamiento, incluso si las bendiciones deseadas no llegan y las personas no nos dan lo que queremos (Fil. 4:10-13).
- Paciencia, tolerancia y perdón hacia los que nos provocan (Prov. 19:11; Mat. 18:21-35; Ef. 4:1-2, 31-32; Col. 3:12-14).
- Autocontrol cuando se siente tentado a responder con enojo (Gál. 5:22-23; Prov. 16:32; 25:28; 29:11).
- Escuchar y hablar piadosamente, aprendiendo a comunicarnos en semejanza a Cristo con aquellos que tienden a provocarnos (Ex. 2:23-25; Prov. 12:18; 15:1; 18:13; Ef. 4:29).
- Hacer la paz bíblicamente y resolver conflictos, aprendiendo a manejar nuestros conflictos de modos no airados (Mat. 5:9; Rom. 12:18; Ef. 4:3).
- Un ministerio que se asemeja a Cristo hacia aquellos que a veces merecen lo opuesto (Mar. 10:45; Juan 13:1-5; Fil. 2:1-4).

Resentimiento y amargura: ira asentada

Consideremos otros dos aspectos de la ira, a saber, el resentimiento y la amargura. Usaremos estos términos como sinónimos esenciales, siendo este último una forma más severa del primero. Por lo general, pensamos en la ira como una respuesta a un incidente provocador, algo que alguien dice o hace. Pero es posible que alguien peque tan repetida o severamente contra un aconsejado que su enojo ya no esté relacionado con uno o dos incidentes; más bien, está dirigido al ofensor. La ira inicial se ha convertido en amargura: una oposición a esa persona. Si la ira responde a un evento, la amargura responde a una persona. Y una vez que una persona llega a un punto de amargura, la persona ofensora no puede hacer nada bien a sus ojos. Incluso ven con recelo o cinismo cualquier intento de disculparse, cambiar o arreglar las cosas.

Dios nos llama a deshacernos de la amargura y a perdonar a los demás: «Quítense de vosotros toda amargura, enojo, ira, gritería y maledicencia, y toda malicia. Antes sed benignos unos con otros, misericordiosos, perdonándoos unos a otros, como Dios también os perdonó a vosotros en Cristo» (Ef. 4:31-32). En última instancia, solo el evangelio puede enseñarnos y movernos a hacerlo. Considere seis verdades impulsadas por el evangelio que el Espíritu de Dios puede utilizar para ayudar a su aconsejado a luchar contra la amargura:[11]

1) La enormidad del amor de Dios se manifestó en la cruz. Los creyentes amargados olvidan el enorme tamaño de la deuda de pecado que Dios les perdonó (Mat. 18:21-35; Ef. 4:32; Col. 3:13).

2) Todos necesitamos desesperadamente el perdón de Dios. Las personas amargadas esencialmente declaran que no lo necesitan (Mat. 6:12-15; 18:21-35; Mar. 11:25).

3) Nuestra necesidad suprema es la misericordia de Dios. Las personas amargadas esencialmente declaran que no necesitan la misericordia de Dios en el día del juicio (Miq. 6:8; Mat. 5:7; Luc. 6:36; Sant. 2:13).

4) Debemos entender que el papel de Dios no es el nuestro. Las personas amargadas asumen el papel de Dios como juez y verdugo (Gén. 50:19; Rom. 12:19; Sant. 4:12).

5) Hay una naturaleza dual en el pecado de un ofensor. Las personas amargadas olvidan que un ofensor, como pecador, es en cierto sentido engañado y esclavizado por el pecado (Luc. 23:34; Juan 8:34; 1 Cor. 2:7-8; Col. 3:12-13).

6) Somos falibles. Las personas amargadas olvidan que son capaces de cometer los mismos pecados de comportamiento que las lastimaron;

---

[11] Jones, *Pursuing Peace*, 137-50. Para una versión de minilibro en la que se aplican estos puntos, incluyendo una tarea incorporada, véase su *Freedom from Resentment: Stopping Hurts from Turning Bitter* (Greensboro, NC: New Growth, 2010).

de hecho, los mismos pecados del corazón podrían residir ya en ellos (Prov. 16:18; Jer. 17:9; 1 Cor. 10:12; Heb. 3:12-13).

Conclusión: ¿Por qué lidiar con la ira?

¿Por qué debemos ayudar a los aconsejados a despojarse de su ira pecaminosa y revestirse de reemplazos semejantes a Cristo? En primer lugar, su ira arruina su salud, tanto física[12] como espiritualmente.[13] En segundo lugar, su ira daña sus relaciones.[14] Sus hijos, por ejemplo, respiran el humo de segunda mano de su ira. En tercer lugar, y lo más importante, su ira deshonra, ofende y entristece a Dios.[15] Efesios 4:30-31 conecta la aflicción del Espíritu de Dios con media docena de formas de ira. Santiago 1:19-20 nos dice que la ira humana no produce la justicia de Dios. Cuando ayude a los aconsejados a lidiar con su enojo, recuerde que no hay motivo más alto que honrar a Dios.

---

[12] Véanse Sal. 32; 38; Prov. 3; 14:30. Véase también el cap. 5 sobre la interacción corazón-cuerpo.

[13] Véanse Sal. 66:18; Mat. 5:21-22; Hech. 24:16; 1 Tim. 2:8.

[14] Véanse Prov. 16:17; 22:24-25; Mat. 7:3-5; Luc. 15:28; Rom. 12:18; Ef. 4:1-6; 4:25–5:2; 6:4; Col. 3:15-17; Sant. 3:13–4:12.

[15] Véanse Mat. 5:21-22; Ef. 4:26-27, 30-31; Col. 3:5-10; 1 Tim. 2:8; Sant. 1:19-21; 4:11-12; Heb. 13:20-21; y 1 Jn. 3:15.

22

Preocupación, ansiedad y miedo

Vivimos en un mundo desafiante, lleno de amenazas e incertidumbres que nos tientan a estar temerosos, preocupados y ansiosos. Una mujer reflexiona sobre la posibilidad de ser una joven viuda después de que su esposo es diagnosticado con cáncer en etapa 4. Un estudiante habla de un miedo paralizante antes de los exámenes. Un padre no sabe cómo va a mantener a su familia si forma parte del próximo grupo de despidos de la empresa. Una esposa cansada explica las continuas acciones controladoras y opresivas de su esposo durante los últimos veinte años. Estas situaciones y muchas más proporcionan un terreno fértil para la preocupación, la ansiedad y el miedo.

En respuesta a estas cuestiones, algunos aconsejados pasan mucho tiempo llorando. Otros se sientan y piensan en los posibles resultados. Otros se distancian emocional y relacionalmente. En este capítulo, explicaremos cómo usar los fundamentos bíblicos y los procedimientos que describimos anteriormente para ministrar a esas personas heridas.[1]

[1] Una excelente fuente comentada es Bob Kellemen, «23 Biblical Counseling Resources on Anxiety, Fear, Panic Attacks, and Worry», Biblical Counseling Coalition, 18 de marzo de 2020, https://www.biblicalcounselingcoalition.org/2020/03/18/23-biblical-counseling-resources-on-anxiety-fear-panic-attacks-and-worry/

Definiciones

Dado que los conceptos de preocupación, miedo y ansiedad son similares, algunos aconsejados y diccionarios los usan indistintamente. Las tres palabras describen una condición emocional basada en la creencia de que una situación desagradable está ocurriendo u ocurrirá en el futuro inmediato. Un aconsejado podría decir: «Tengo miedo de perder mi trabajo», mientras que otro podría expresar los mismos pensamientos con las palabras: «Estoy preocupado (o ansioso) por el estado de mi trabajo». Sin embargo, otro aconsejado podría decir: «Estoy intranquilo por mi trabajo». En todos los casos, el objetivo es ayudar a sus aconsejados a pensar bíblicamente sobre los términos que usan.

Pero para complicar más las cosas, la Biblia usa algunos términos con una amplia gama de significados. Por ejemplo, la palabra *miedo* se usa de más de una manera en la Biblia. «El principio de la sabiduría es el temor de Jehová» (Prov. 1:7), sin embargo, se nos dice «no temas» cientos de veces en la Biblia. Las palabras griegas del Nuevo Testamento *mérimna* y *merimnáo*, típicamente traducidas como «preocupación» o «ansiedad/ansioso» (dependiendo de la traducción de la Biblia al español), también pueden indicar cuidado o preocupación positiva y piadosa.[2] Pablo elogia a Timoteo por expresar *mérimna* (preocupación piadosa) en Filipenses 2:20, pero ordena a los lectores que no tengan *mérimna* (preocupación) en 4:6-7.

En vista de estas observaciones, los consejeros deben evaluar con mucho cuidado a sus aconsejados para ayudarlos a responder bíblicamente.[3] Después de todo, la admisión de «miedo», «preocupación» o «ansiedad» por parte de un aconsejado podría no expresar un pensamiento, acción o

---

[2] Los términos griegos aparecen veinticinco veces en el Nuevo Testamento. Algunos intérpretes creen que las palabras «preocupación» o «ansiedad» describen condiciones negativas del corazón que son hasta cierto punto pecaminosas y necesitan ser cambiadas, y palabras como «cuidado» o «preocupación» describen condiciones positivas que Dios recomienda u ordena. Otros están menos seguros de que esta línea sea tan clara y creen que algunos pasajes son lo suficientemente amplios como para abarcar ambas condiciones.

[3] Para usar el paradigma de los capítulos 13 al 15, el miedo, la preocupación y la ansiedad a menudo describen el material del Recuadro 2. Es el trabajo del consejero entender lo que esto representa a nivel del corazón del Recuadro 3.

condición pecaminosa. Pueden describir respuestas comprensibles a sus circunstancias y condiciones que el Señor simplemente quiere que los aconsejados traten a Su manera. En ese caso, debemos animarlos a pensar bíblicamente, a usar continuamente los desafíos y la incertidumbre futura para crecer en su dependencia del Señor, y a buscar la comunidad para obtener aliento y apoyo.

En este capítulo abordaremos los aspectos pecaminosos del miedo, la preocupación y la ansiedad, y cómo ayudar a los aconsejados a manejarlos. Porque así como es posible agrupar erróneamente todos los aspectos del miedo, la preocupación y la ansiedad en la categoría de pecado, también es posible minimizar el significado de la pecaminosidad del miedo, la preocupación y la ansiedad.[4]

Por lo tanto, considere las siguientes indicaciones de que un aconsejado está expresando temor, preocupación y ansiedad pecaminosas: (1) Funcionan como si el posible evento futuro ya hubiera ocurrido; no están viviendo de acuerdo con lo que es verdad. (2) No oran, no confían en la gracia de Dios o no creen que Dios está obrando en medio de su lucha; ejercen incredulidad en las promesas del Señor. (3) Se niegan a aceptar que el Señor pueda permitir el sufrimiento y las dificultades por Sus propias razones divinas; exigen que la voluntad del Señor se ajuste a la de ellos. (4) Descuidan las responsabilidades que Dios ya les ha dado, ya sea en términos de su tiempo personal con el Señor, su participación en la comunidad o su voluntad de servir a su cónyuge o ayudar a criar a los hijos. En este caso, fracasan en gestionar lo que el Señor les llamó a hacer. Se enfocan en los posibles malos resultados y descuidan lo que es cierto para hoy. Los ministros sabios recordarán que los aconsejados rara vez son enteramente pecadores o del todo piadosos cuando expresan sus preocupaciones. Debemos fomentar un temor piadoso del Señor, apoyar sus preocupaciones bíblicas y ayudarlos a abordar las expresiones pecaminosas de preocupación.

---

[4] Véase Jerry Bridges, *Respectable Sins* (Colorado Springs: NavPress, 2007), quien argumenta que cada cultura y sociedad tiene pecados que considera aceptables e inaceptables basados en definiciones centradas en el hombre.

Para evitar decir «preocupación, ansiedad y miedo» repetidamente, de ahora en adelante usaremos el término *preocupación*, excepto cuando otros términos sean más apropiados para el contexto.

Categorías teológicas bíblicas

El sufrimiento y un lugar legítimo para el miedo y la preocupación

Algunos aconsejados cuentan historias desgarradoras. Describen infancias llenas de dificultades, relaciones perdidas, sueños rotos y situaciones peligrosas. Los sabios consejeros bíblicos tratan de entender sus historias. La preocupación de una persona se ha desarrollado sobre las preocupaciones y consecuencias reales de eventos pasados. Entendemos por qué las personas abusadas cuando eran niños o adultos podrían seguir temiendo la reaparición de antiguos abusadores o personas como ellos. Respetamos los deseos de una esposa en una relación abusiva que necesita que nos movamos a su ritmo, sabiendo que enfrenta peligros reales y presentes. Los consejeros atentos también priorizan la seguridad de las personas en peligro. Incluso el poderoso David se escondió de Saúl y de su propio hijo, Absalón.

Tomamos en serio a los padres cuando hablan de que sus hijos adolescentes van por el camino de la rebelión y la destrucción. Sabemos que su amor por los niños y su preocupación por su salvación están justo donde deben estar. El apóstol Pablo, después de todo, habla con gran amor y compasión por su pueblo y de su preocupación porque ellos habían rechazado a Cristo (Rom. 9:1-5).

A veces, los aconsejados describen correctamente sus circunstancias en el lenguaje del miedo, la preocupación y la ansiedad. Como compañeros que sufren en este mundo, podemos mostrarles que la Biblia tiene un lugar importante para el dolor, la tristeza y la oración intercesora (por ej. el Salmo 13). La Biblia nos anima a preocuparnos por las mismas cosas que conciernen a Dios y a desear ansiosamente la obra del Señor en la vida de cada aconsejado. Parte de nuestro consejo consiste en afirmar sus preocupaciones, unirnos a ellos en oración y animarlos a sufrir de manera piadosa mientras esperan la gloria que aún no se ha revelado (Rom. 8:18).

Enfatice el carácter y las promesas de Dios

Aquellos que se preocupan necesitan pasar mucho tiempo pensando en Dios, ya que a menudo gastan mucha energía mental en las amenazas e incertidumbres que enfrentan. Pueden romper el ciclo pensando en cosas que son verdaderas, puras y dignas de alabanza (Fil. 4:8-9), que tienen un Dios que está para ellos (Rom. 8:31), que los ama (1 Jn. 4:11) y que se preocupa profundamente por ellos (1 Ped. 5:7). Esto pone sus preocupaciones en el contexto adecuado. Ofrecerles estas cuatro verdades puede ayudar:

1. Dios es misericordioso y compasivo. Éxodo 34:6-7 proporciona una de las declaraciones más claras sobre el carácter de Dios que se encuentran en la Biblia: «Pasando delante de él [de Moisés], proclamó: El Señor, el Señor, Dios compasivo y misericordioso, lento para la ira y grande en amor y fidelidad, que mantiene su amor hasta mil generaciones después y que perdona la maldad, la rebelión y el pecado». Estas palabras vienen en el contexto de Moisés intercediendo por el pueblo de Israel por el incidente del becerro de oro.

Si bien las características de Dios que menciona el pasaje pueden parecer difíciles de creer en tiempos de sufrimiento o peligro, un aconsejado puede ser ayudado poderosamente a enfrentar sus circunstancias aferrándose a estas verdades. ¡Los seguidores de Cristo tienen un Dios predispuesto hacia la gracia, la compasión, el amor del pacto y la verdad! Aquellos que se preocupan necesitan comprender estas cualidades. Una posible tarea de crecimiento para un aconsejado que lucha con la preocupación, entonces, es escribir en un diario las evidencias de la gracia o la compasión de Dios. Si bien es posible que sus circunstancias no cambien y sus preocupaciones continúen, meditar en esas verdades y buscar formas en que Dios está obrando en medio de las pruebas anima al aconsejado a confiar en el Señor, a usar sus circunstancias para crecer y conformar su voluntad a la Suya.

2. Dios es fiel y da fuerza para perseverar. Un pasaje popular de consejería bíblica, 1 Corintios 10:13, contiene preciosas promesas de nuestro Señor. El texto se vuelve aún más significativo cuando se lee en su contexto más amplio. El Señor anima a Su iglesia a aprender de los fracasos de la nación de Israel (vv. 6, 11): cometieron idolatría (v. 7), inmoralidad (v. 8), pusieron a prueba al Señor (v. 9) y se quejaron contra Él (v. 10). El contexto del Antiguo Testamento para estas elecciones pecaminosas revela que estaban involucrados temas de preocupación, miedo o ansiedad. La cita en el versículo 7 viene de Éxodo 32:6, donde el pueblo se preguntaba si Moisés regresaría alguna vez. Decidieron que necesitaban un nuevo líder.[5] Adorando la seguridad, persiguieron a dioses falsos que pensaban que se la darían. Se quejaron contra el Señor por no proveer de antemano. Cuando ciertos deseos se apoderan de las personas, estas se preocupan por poder alcanzarlos, se ponen ansiosas por la posibilidad de perderlos y temen cómo será la vida sin ellos.

¿Cuál es la verdad general de 1 Corintios 10:13? Dios es fiel. Cuando todo lo demás parece perdido, Él sigue comprometido con Su carácter y Sus promesas. Los aconsejados pueden confiar en el hecho de que Dios no les dará más de lo que pueden manejar con Su ayuda, incluso si parece que no pueden aguantar ni un minuto más.[6] Para aquellos que están sufriendo, tales palabras pueden sonar trilladas o menospreciadoras de su dolor. Por lo tanto, los consejeros deben involucrar a los aconsejados en las discusiones para abordar las preguntas a medida que las comunican y para alentarlos a considerar de nuevo la Palabra del Señor.[7]

---

[5] Para leer una maravillosa exposición de Éxodo 32–34, véase R. W. L. Moberly, *At the Mountain of God: Story and Theology in Exodus 32–34* (Sheffield, UK: JSOT Press, 1983).

[6] Nótese las palabras «con Su ayuda». En 2 Cor. 1:7-9 (NVI), el apóstol Pablo menciona haber enfrentado desafíos tan enormes «que hasta [perdió] la esperanza de salir con vida». Por tanto, no es cierto que Dios no dará a un creyente más de lo que pueda manejar. A veces, Él permite que enfrentemos más de lo que podemos soportar para que «no [confiemos] en nosotros mismos, sino en Dios, que resucita a los muertos».

[7] Mis (de Rob) colaboradores, Randy Patten y Bob Kellemen, a menudo hablan sobre este concepto. Patten lo llama ministrar la Palabra, no darla. Kellemen lo llama «triálogo» entre el consejero, el aconsejado y el Señor (a través de Su Palabra).

La perseverancia, por la gracia de Dios, requiere pasar por dificultades, pero rinde buenos resultados. Demuestra la autenticidad de la fe (1 Ped. 1:6-7), produce un carácter piadoso (Rom. 5:3-5), fomenta la unidad (Rom. 15:5) y establece un ejemplo positivo para los demás (2 Tes. 1:4). Asignar a los aconsejados que expliquen las formas en que Dios les ha dado perseverancia para las dificultades pasadas puede beneficiarlos y darles esperanza.

3. Dios quiere escuchar nuestras preocupaciones y proveer Su paz. No todas las personas que experimentan dificultades similares responden a ellas de la misma manera. Si bien puede parecer que las dificultades no molestan a algunos, su sensación de paz en la prueba, a menudo, ocurre porque han aprendido formas bíblicas de manejar las luchas. En 1 Pedro 5:7 dice: «Depositen en él [Dios] toda ansiedad, porque él cuida de ustedes» (NVI), y Filipenses 4:6-7 nos recuerda: «No se preocupen por nada; más bien, en toda ocasión, con oración y ruego, presenten sus peticiones a Dios y denle gracias. Y la paz de Dios, que sobrepasa todo entendimiento, cuidará sus corazones y sus pensamientos en Cristo Jesús». Pedro le escribió a un grupo de personas que estaban sufriendo, y Pablo escribió desde la cárcel. Sin embargo, en lugar de preocuparse o vivir con temor pecaminoso, simplemente les recordaron a sus audiencias que Dios quería saber de ellos. Y Dios no estaba interesado en simplemente escuchar; Él quería proveer paz, la paz que sobrepasa todo entendimiento. Los aconsejados pueden permanecer confiados durante las tormentas porque Dios provee esa clase de paz que guarda sus corazones y sus mentes.

Un ejercicio práctico es analizar Filipenses 4:4-9 y ayudar al aconsejado a pensar en cómo ese pasaje afecta específica y prácticamente su mayor temor, preocupación o ansiedad. Después de discutirlo, puede asignarle un proyecto de tarea en el que haga el ejercicio por su cuenta. Pídale que escriba (1) su(s) pensamiento(s) ansioso(s), (2) lo que cada pensamiento revela acerca de su corazón, (3) un par de pasajes bíblicos o verdades que hablen de él, (4) el pensamiento/motivación/deseo verdadero o correcto, y (5) una acción resultante si actuara en obediencia a la Palabra de Dios.[8]

4. Dios conoce nuestras necesidades y deseos de satisfacerlas. El Sermón del monte enfatiza la justicia. Por un lado, es imposible cumplir con los requisitos del sermón (comp. Mat. 5:48). Leerlo, de hecho, nos pone de rodillas en dependencia. Por otro lado, es imposible pasar por alto los pasos prácticos que ofrece para lidiar con diversos problemas. En Mateo 6:25-34, Jesús ordena a Su audiencia que no se preocupe. La base de ese mandamiento es que Dios ya conoce y se preocupa por nuestras necesidades físicas, valorándonos aún más que las flores y los pájaros a los que Él provee. Como D. A. Carson explica: «Los discípulos de Jesús deben vivir vidas cualitativamente diferentes de las de las personas que no confían en el cuidado paternal de Dios ni tienen metas fundamentales más allá de las cosas materiales».[9]

Al trabajar con un aconsejado, recuerde que esta no ha sido siempre su experiencia. Hacer preguntas cuidadosas y usar habilidades de consejería son vitales. Los aconsejados a menudo definen las necesidades de manera diferente a como lo hacen las Escrituras. Incluso así, Dios todavía se preocupa por ellos y todavía provee para ellos, a veces de maneras sorprendentes.

Enseñe a confiar en la soberanía de Dios

La razón de las circunstancias difíciles que nos llevan a diversas preocupaciones, ansiedades y miedos no siempre está disponible. El Señor, para Sus propios propósitos, no elige responder a todas las preguntas que podamos tener con respecto a las cosas difíciles que llegan a nuestras vidas.[10] Es por

---

[8] Muchas gracias a mi (de Rob) coautora Kristin por este excelente ejemplo de ministración de la Palabra, que anima a los aconsejados a descansar en la paz de Dios cuando están tentados a preocuparse.

[9] D. A. Carson, *Mateo*, en Comentario Bíblico del Expositor, vol. 8, ed. Frank E. Gaebelein (Grand Rapids: Zondervan, 1984), 181.

[10] No solo hay algunas preguntas sin respuestas, sino que es posible sobreinterpretar el sufrimiento. Véase Ed Welch, «What Is God Up To?: The Temptation to Overinterpret Suffering», 21 de mayo de 2020, https://www.ccef.org/what-is-god-up-to-the-temptation-to-overinterpret-suffering/?mc_cid=ba137737b7&mc_eid=6a7de6cd01

eso que nuestros aconsejados deben aprender a confiar en la soberanía de Dios. Es teológicamente erróneo y no tiene ningún valor práctico pensar que Dios está ausente de nuestras circunstancias. Después de todo, la tierra es del Señor y todo lo que hay en ella (Sal. 24:1). El Señor es el dueño de todo, y todo fue diseñado para Su gloria (Col. 1). Dios nos dice a los creyentes que todo obra para nuestro bien (Rom. 8:28-29). Sin embargo, los aconsejados pueden tener dificultades para escuchar eso, y podemos entenderlo; después de todo, incluso nosotros (los escritores) hemos perdido niños no nacidos, hemos cargado los ataúdes de niños pequeños, nos hemos preguntado de dónde vendrá la próxima comida, hemos perdido trabajos y experimentado otras dificultades que aparentemente surgieron de la nada.

Algunos aconsejados cuestionan la soberanía de Dios, pero es una verdad que necesitan procesar. A otros aconsejados no les gustan las decisiones soberanas de Dios, pero cada seguidor de Cristo debe aprender a ser como Job, quien preguntó: «¿Recibiremos de Dios el bien, y el mal no lo recibiremos?» (Job 2:10). Un ejercicio de consejería que puede ayudar consiste en pedirle al aconsejado que lea acerca de ciertos eventos de la vida del piadoso David (como el incidente con Goliat en 1 Sam. 15–17, la masacre de Nob en 1 Sam. 22 o el conflicto con Nabal y Saúl en 1 Sam. 24–26). Luego pueden evaluarlos usando estas preguntas: (1) ¿Qué circunstancias aceptó David? (2) ¿Cómo decidió responder? (3) ¿Qué circunstancias estás luchando por aceptar? (4) ¿Cómo aceptar esas circunstancias cambiaría tus respuestas?

Anímelos a arrepentirse de las normas incorrectas

Anteriormente en este capítulo destacamos la distinción entre la preocupación pecaminosa y la preocupación positiva, entre el temor pecaminoso y el temor piadoso. Si bien la gran mayoría de nuestro plan de consejería se centró en el carácter de Dios, Su obra continua en la vida de nuestros aconsejados y el alentarlos a la confianza, también tenemos que lidiar con las realidades pecaminosas que existen.

Los aconsejados tienen corazones que aman, desean y anhelan. Es fácil preocuparse o tener miedo cuando los objetos que valoramos se ven amenazados, o estar ansiosos cuando tememos no volver a tenerlos nunca más. Muchos padres, por ejemplo, se preocupan por sus hijos. Ven un camino ante ellos que parece áspero, peligroso y lleno de angustia. Desean hijos que amen a Jesús, obedezcan y hagan lo correcto. Muchas familias quieren seguridad financiera y se preocupan cuando no ven un sendero hacia ese lugar. Todo el mundo quiere algo. Por lo tanto, cuando trabajamos con los aconsejados, debemos pensar con ellos en las cosas que más valoran o temen perder. La preocupación, la ansiedad y el miedo son pistas para determinar cuándo un buen deseo se ha convertido en un deseo dominante (Sant. 4:1-2).

Identificar los deseos dominantes conduce al arrepentimiento, y el arrepentimiento conduce al cambio.

Enfatice el coraje y la acción

Aquellos que luchan con preocupaciones pecaminosas a menudo se vuelven improductivos. Se enfocan en sus temores y sus problemas, y fracasan en lograr las cosas que el Señor les ha encomendado. Un aconsejado puede tener un hijo que causa caos y se convierte en el centro de atención. La asistencia a la iglesia cambia para toda la familia porque los padres se avergüenzan de que alguien pueda saber lo que el hijo está haciendo. Descuidan a sus otros hijos para dar energía mental al hijo que crea problemas. Cuando los aconsejados comprenden el carácter de Dios y Sus promesas y sus propios deseos dominantes, se arrepienten de su preocupación y temor pecaminosos; entonces pueden vivir con valentía, cumpliendo la voluntad del Señor.

La historia de Saúl y David (1 Sam. 8–31) incluye los temas de la autopreservación y el valor intrépido. En ella, Saúl tiene miedo de perder su poder. Él hace que la vida y el reino giren en torno a él. Cuanto más lo hace, más teme perder lo que tiene. Por otro lado, David perdona repetidamente a Saúl, incluso para su propio riesgo, porque se niega a tocar al ungido del Señor. David está absolutamente convencido de que el Señor tiene un plan para él y que su trabajo es hacer exactamente lo que el Señor le ha dado para que lo logre. Nuestros aconsejados deben seguir el ejemplo de David: deben reinvertir el tiempo que dedican a la preocupación en hacer la voluntad del Señor (Mat. 6:34).

Evalúe con sus aconsejados las cosas que han descuidado o no han hecho con valentía. Ayúdelos a enumerar las responsabilidades que Dios les ha dado. Trabaje con ellos para llevar a cabo esas obras con valentía por la gracia de Dios. Esto cambiará sus oraciones. Cambiará sus horarios diarios. Cambiará el tiempo asignado a eventos y tareas específicas.

Conclusión: Formas extremas de preocupación, ansiedad y miedo

Cerramos este capítulo con algunas breves perspectivas sobre las formas extremas de preocupación, ansiedad y miedo: el trastorno obsesivo-compulsivo (TOC),[11] el perfeccionismo,[12] y los ataques de pánico.[13] Cada uno representa una versión más desarrollada de las luchas discutidas. Aquellos que lidian con una de estas formas extremas se enfrentan no solo al miedo, sino a cómo lo han vivido durante años. Ninguna de estas formas extremas es simplemente un miedo al peligro; residen en gran medida en la mente de una persona temerosa, y otros ven estos miedos como irracionales. Cuanto más se han detenido y respondido a sus pensamientos extremos, más hábitos han construido a su alrededor. El perfeccionismo, por ejemplo, no solo es un enemigo de los logros; es el orgullo interior acompañado de

---

[11] Véase Michael Emlet, *OCD: Freedom for the Obsessive Compulsive* (Phillipsburg, NJ: P&R, 2004), y Jeffrey M. Schwartz, *Brain Lock: Free Yourself from Obsessive-Compulsive Behavior* (Nueva York: HarperCollins, 1997).

[12] Véase Amy Baker, *Picture Perfect: When Life Doesn't Line Up* (Greensboro, NC: New Growth Press), 2014.

[13] Véase Andrew H. Selle, «The Bridge over Troubled Waters: Overcoming Crippling Fear by Faith and Love», *Journal of Biblical Counseling* 21:1 (2002): 34-40; Chuck Sigler, «Panic Attacks: Listen to the Messenger», *Journal of Biblical Counseling* 24:2 (primavera de 2006): 14-20; y Jocelyn Wallace, *Anxiety and Panic Attacks: Trusting God When You're Afraid* (Greensboro, NC: New Growth Press, 2013).

la preocupación y el miedo de decepcionar a alguien. Tales versiones de preocupación, ansiedad o miedo están profundamente arraigadas.

Lamentablemente, estos problemas a menudo traen consigo realidades físicas significativas. Los ataques de pánico, por ejemplo, imitan los signos de un ataque cardíaco real. Son eventos aterradores. Aquellos que los experimentan por primera vez suelen sorprenderse por su gravedad. Aquellos que luchan contra TOCs tienen una dificultad extrema para renunciar a cualquier pensamiento que los capture y domine.

Dado que estos problemas están bien practicados, tienen síntomas físicos reales y tienden a conducir a sus víctimas de manera un poco diferente a otros problemas, los consejeros deben ser conscientes de que estos casos requerirán más tiempo y paciencia de su parte que otros casos.

23

Miedo a las personas, ansiedad social y rechazo social

Este capítulo aborda dos problemas de consejería gemelos. En primer lugar, hablamos del miedo a las personas,[1] popularmente llamado «ansiedad social». Este es el rechazo *anticipado*, el miedo a que la gente nos desapruebe, nos rechace o no nos acepte de alguna manera. En segundo lugar, discutimos el rechazo social, el hecho de que la gente nos ha desaprobado, rechazado o no nos ha aceptado. Esto es el rechazo *experimentado*.

Estos dos pueden alimentarse mutuamente. Si tememos la desaprobación o el rechazo y luego los experimentamos, temeremos que se produzcan más veces. Si bien abordamos estos temas por separado a continuación, los incluimos juntos porque las Escrituras proporcionan explicaciones y soluciones similares y superpuestas para cada uno. Los consejeros que ayudan a las personas que presentan solo uno se beneficiarán de la lectura de todo este capítulo.

[1] Si bien muchas Biblias en español usan la frase «temor al hombre», nosotros usaremos la frase genérica «temor a las personas», para que nadie limite el concepto a temer a los varones. Las etiquetas populares relacionadas incluyen «complacer a la gente», «ser un adicto a la aprobación», «codependencia», «fobia social» y, a veces, «timidez».

Perspectivas bíblicas sobre el temor a las personas

Podríamos definir el miedo a las personas como un deseo desordenado y esclavizante de obtener la aprobación o evitar la desaprobación de alguna persona o personas, más que de Dios o en lugar de Dios, junto con las consecuencias positivas o negativas que siguen a esa aprobación o desaprobación. ¿Cómo pensamos bíblicamente sobre el miedo a la gente? Considere cinco verdades.[2]

1. La diferencia más vital entre la perspectiva secular y la bíblica sobre el temor a las personas es Dios.[3] Desde la perspectiva de la Biblia, las personas no solo temen a las personas. Temen a las personas *más de lo que temen a Dios* o temen a las personas *en lugar de a Dios*. Estos pasajes muestran el contraste repetido entre temer a Dios y temer a las personas:

- Proverbios 29:25: «El temor del hombre pondrá lazo; mas el que confía en Jehová será exaltado». (Note las palabras paralelas «temor» y «confía», y los resultados contrastantes).
- Salmos 56:11: «En Dios he confiado; no temeré; ¿Qué puede hacerme el hombre?».
- Salmos 62:8-9: «Esperad en él en todo tiempo, oh pueblos; derramad delante de él vuestro corazón; Dios es nuestro refugio. Por cierto, vanidad son los hijos de los hombres, mentira los hijos de varón; pesándolos a todos igualmente en la balanza, serán menos que nada». (Dios es un refugio seguro al cual podemos acudir; las personas, puesto que son vanidad, son refugios inadecuados).
- Mateo 10:28: «Y no temáis a los que matan el cuerpo, mas el alma no pueden matar; temed más bien a aquel que puede destruir el alma y el cuerpo en el infierno».

[2] El mejor libro inicial sobre este tema es Edward T. Welch, *When People Are Big and God Is Small: Overcoming Peer Pressure, Codependency and the Fear of Man* (Phillipsburg, NJ: P&R, 1997). Su versión abreviada también incluye componentes interactivos, *What Do You Think of Me? Why Do I Care? Answers to the Big Questions of Life* (Greensboro, NC: New Growth Press, 2011). Véase también Lou Priolo, *Pleasing People: How Not to Be an «Approval Junkie»* (Phillipsburg, NJ: P&R, 2007); y Zach Schlegel, *Fearing Others: Putting God First* (Phillipsburg, NJ: P&R, 2019).

[3] Véase *DSM-5*, 202-3 (cap. 9, n. 7).

- Hebreos 13:6: «El Señor es mi ayudador; no temeré lo que me pueda hacer el hombre».

A diferencia de la etiqueta horizontal de «ansiedad social», un diagnóstico bíblico más profundo la ve como un «temor a las personas más que a Dios», capturando tanto su dimensión horizontal como vertical. Los consejeros bíblicos deben evaluar continuamente la relación funcional de un aconsejado con Dios.

2. Las personas temen a los individuos o grupos específicos cuya aprobación anhelan o evitan su desaprobación. Aparte de los casos extremos, rara vez tememos a todas las personas todo el tiempo. No tememos a las personas que nos aprueban incondicionalmente, solo a aquellos que no lo hacen y cuya aprobación atesoramos especialmente. El esposo adicto al trabajo generalmente teme la desaprobación de su jefe, no solo más que la desaprobación de Dios, sino también más que la de su esposa. Los consejeros deben investigar esta selectividad: por qué los aconsejados temen a una persona o grupo y no a otros.

3. El deseo del aconsejado es desmesurado, más allá del deseo legítimo de ser aprobado o no desaprobado. Los deseos se convierten en deseos *dominantes*: demandas y necesidades que otros deben satisfacer. Dado que una delgada línea atraviesa todos los corazones, a menudo verá expresiones del miedo a las personas en muchos casos de consejería, incluso cuando no es el problema que se presenta. Los consejeros deben afirmar la legitimidad del deseo de aprobación mientras exponen la pecaminosidad de anhelarla o exigirla.

4. Este deseo excesivo esclaviza a las personas. Trae esclavitud, miseria y tristeza. La preocupación por lo que la gente piensa o dice de nosotros nos mutila y agota la vitalidad. Paraliza la toma de decisiones y produce decisiones imprudentes. Además, mantiene las relaciones superficiales. Nos tienta a halagar en lugar de usar la honestidad; tendemos a decir lo que creemos que los demás quieren escuchar. En lugar de confrontar sabiamente a los demás cuando es necesario, toleramos la injusticia cuando nos urge. De hecho, cuando algo que no sea Jesús gobierna mi corazón, todos en mi mundo se convierten en aliados que me ayudan a lograr mi objetivo

o en adversarios que me bloquean. Si vivo para su aprobación, entonces usted es mi aliado cuando le gusto (hasta que inevitablemente me falla) y mi adversario cuando no lo hace. Y cuando se convierte en mi adversario, me apresuro a borrarlo de mi vida.

5. La definición del miedo a las personas de este capítulo abarca varias formas que puede adoptar el problema. Por ejemplo:

- Evitar su desaprobación podría importarme más que obtener su aprobación: «No me importa si no te gusto; simplemente no me odies».
- Obtener su aprobación podría importarme más que evitar su desaprobación: «No es suficiente que no me odies; necesito gustarte».
- Las consecuencias positivas de su aprobación pueden importarme más que su aprobación personal en sí: «No me importa si te gusto o no, solo dame lo bueno que quiero de ti (por ej.: una invitación a una fiesta o una recomendación de trabajo)».
- Las consecuencias negativas de su desaprobación pueden importarme más que su desaprobación personal en sí: «No me importa si te gusto o no, simplemente no me des algo malo que no quiero de ti (por ej.: difundir chismes sobre mí o degradar el trabajo)».

Las formas sutiles del miedo a las personas incluyen adoptar o rechazar los valores y prácticas de los demás (por ej.: ceder a la presión de los compañeros, encajar con la multitud) o querer estar únicamente con aquellos a quienes les gustamos.

Un autodiagnóstico perspicaz del temor a la gente vino de una joven exitosa:

> Los signos visibles de mi miedo al hombre son cuando exagero o minimizo detalles en una historia, o digo mentiras «piadosas» a mis amigos, para hacerme ver mejor; cuando un amigo me confronta por un pecado, me pongo muy a la defensiva y no estoy dispuesta a ser vulnerable con ellos y admitir mis pecados y debilidades; cuando estoy con un grupo de amigos, supero las historias de mis amigos para que la atención se centre en mí y en mi

historia; y hablo mucho de mis logros porque quiero que la gente quede impresionada conmigo.

Ejemplos bíblicos de temor a las personas

Las Escrituras proporcionan muchos ejemplos de personas que sucumbieron y personas que tuvieron éxito cuando se enfrentaron al miedo a la gente.

Categoría 1: Personas que pecaminosamente temían a las personas más que a Dios

En Éxodo 32, en respuesta a la demora de Moisés en bajar de la reunión con Dios en la montaña, el pueblo se impacientó y presionó al ayudante de Moisés, Aarón, para que fabricara un becerro de oro para que ellos lo adoraran. Lamentablemente, Aarón cedió a la presión de sus compañeros y cometió idolatría. Cuando Moisés se enteró, confrontó a Aarón, quien ofreció una explicación falsa y poco convincente (vv. 22-24).

En Juan 12:42-43, Juan describe a un grupo de judíos, incluyendo incluso a algunos gobernantes, que «creían» en Jesús de alguna manera, aunque no está claro si su creencia era auténtica, ya que Juan señala casos de falsa fe en otros pasajes (por ej.: 2:23-25; 6:66; 8:30-37). De todos modos, aprendemos en Juan 12:42-43 que «a causa de los fariseos no lo confesaban, para no ser expulsados de la sinagoga. Porque amaban más la gloria de los hombres que la gloria de Dios». Este incidente ilustra muy bien nuestra definición anterior. No confesaron abiertamente a Jesús porque querían obtener el beneficio positivo de la alabanza humana y evitar las consecuencias negativas de la excomunión en la sinagoga.

Categoría 2: Personas que correctamente temieron a Dios más que a las personas

Aunque Hebreos proporciona varios ejemplos de hombres y mujeres que temían a Dios más que a las personas, el ejemplo de Moisés brilla más que ninguno.

> [Moisés] escogiendo antes ser maltratado con el pueblo de Dios, que gozar de los deleites temporales del pecado, teniendo por mayores riquezas el vituperio de Cristo que los tesoros de los egipcios; porque tenía puesta la mirada en el galardón. Por la fe dejó a Egipto, no temiendo la ira del rey; porque se sostuvo como viendo al invisible. (Heb. 11:25-27)

Los contrastes a los que se enfrentó Moisés son sorprendentes: (1) sufrir con el pueblo de Dios en vez de disfrutar de los placeres del pecado; (2) atesorar el oprobio por causa de Cristo y la recompensa que Cristo traerá en lugar de disfrutar de los tesoros materiales de Egipto (comp. Mat. 6:19-21) y (3) elegir a cuál de los dos reyes servir: a Cristo el Mesías o a Faraón. Afortunadamente, Moisés priorizó al Cristo invisible y Sus recompensas futuras más que los tesoros visibles y presentes.

En 1 Corintios 4:3-5, el apóstol Pablo habla de su identidad como embajador de Dios frente a las críticas. «Yo en muy poco tengo el ser juzgado por vosotros, o por tribunal humano», declara Pablo. No es que no debamos preocuparnos en absoluto por lo que la gente piense o diga de nosotros; nosotros portamos el nombre de Cristo. Pero no debemos dejar que los juicios de los demás, o incluso nuestros propios juicios, nos definan o controlen. En cambio, debemos encomendarnos al Señor nuestro juez. Para el creyente que sigue el camino de Pablo, ese veredicto es seguro: recibiremos la alabanza de Dios. Tanto Moisés como Pablo soportaron la dificultad de renunciar a la aceptación humana en favor de la de Dios.

Categoría 3: Un caso mixto con un resultado temeroso de Dios

La vida del apóstol Pedro proporciona un caso fascinante de alguien que alternó entre temer a la gente y temer a Dios.

Encontramos a Pedro en los Evangelios como un hombre intrépido pero inmaduro. Expresó sus opiniones con valentía, incluso hasta el punto de oponerse a la posibilidad de que Jesús fuera arrestado y crucificado (Mat. 16:22-23) y afirmar con demasiada confianza su lealtad incansable a Jesús (Mat. 26:31-33).

Pero cuando Jesús fue a juicio, Pedro lo negó tres veces, acobardándose temerosamente ante la posibilidad de ser muerto también.

Sin embargo, después de la resurrección de Jesús, Él restauró a Pedro en el ministerio y lo comisionó de nuevo (Juan 21). Surgió un Pedro diferente. Lleno del Espíritu Santo, predicó con valentía (Hech. 2), condenando sin miedo a los que mataron a Jesús y proclamándolo valientemente a pesar de la amenaza de prisión (Hech. 3–4).

Tristemente, aunque uno podría esperar que el miedo de Pedro a la gente hubiera sido vencido dado tal éxito, Gálatas 2:11-13 registra un revés. Él «se retraía y se apartaba» de la comunión con los gentiles «porque tenía miedo de los de la circuncisión». El temor de Pedro a la gente lo llevó a poner en peligro el evangelio de la gracia de Dios tanto hacia los judíos como hacia los gentiles.

Sin embargo, finalmente surgió un hombre maduro y valiente. Los altibajos de Pedro terminan con una nota positiva en 1 Pedro 3:14-15, donde está claro que había aprendido su lección: «¡Dichosos si sufren por causa de la justicia! "No teman lo que ellos temen ni se dejen asustar". Más bien, honren en su corazón a Cristo como Señor» (NVI). Pedro, entonces, se dio cuenta de que temer a Cristo significa no temer a las personas. De hecho, la historia nos dice que Pedro fue perseguido por su fe y ejecutado por crucifixión.

La historia de Pedro puede consolar a un aconsejado en su lucha continua contra el temor a las personas. Les recuerda que este pecado no es infrecuente, incluso afecta a un apóstol. Muestra que el crecimiento cristiano es progresivo. En medio de sus altibajos de tener éxito a menudo, pero a veces sucumbir, pueden tener la esperanza de que el Espíritu de Dios los ayudará a reverenciar a Cristo más que a las personas.

Ejemplos bíblicos de rechazo social

Estrechamente relacionado con el problema de temer la desaprobación o el rechazo de la gente está el haber sido rechazado. Consideremos tres ejemplos de personas bíblicas que experimentaron rechazo.

David en el Salmo 27:10

En el Salmo 27 David abordó el intenso calor no solo de la persecución de los enemigos (vv. 2-3, 6, 11-12), sino también del rechazo de los padres: «Aunque mi padre y mi madre me abandonen...» (v. 10, NVI). Vimos este pasaje brevemente en el capítulo 15 cuando lo aplicamos a Julia, quien fue rechazada por su padre. Aunque carecemos de detalles de la situación de David, el verbo «abandonar» es una palabra fuerte, traducida en otras versiones como «dejar». Sin embargo, en lugar de responder a ella con el mal fruto de la desesperación, la depresión, la ira, la amargura, el rechazo, el miedo, la desesperanza o una docena de otras posibles respuestas pecaminosas, David encontró esperanza. «... el Señor me acogerá», concluyó (v. 10, NVI).

Como consejeros, debemos ayudar a los aconsejados rechazados a enfocar su confianza en Dios, no en sus padres (ni en nadie más).[4] Deben dejar que Dios su Padre los críe. Apegándonos al lenguaje del Salmo 27, debemos ayudarlos a contemplar, buscar y hacer que el Señor sea su única cosa (v. 4) y también esperar que Él provea (v. 14). El hecho de que un aconsejado estudie las muchas descripciones del Señor en el salmo produce muchas riquezas.

Jesús en Juan 16:32

En Su ministerio privado a Sus discípulos la noche antes de Su muerte, Jesús continuó enseñándoles (Juan 14–17). En Juan 16:30 ellos expresaron un pequeño avance en el entendimiento de que Él realmente venía de Dios. Jesús los afirma en el versículo 31, pero luego emite esta sobria advertencia en el versículo 32: «He aquí la hora viene, y ha venido ya, en que seréis esparcidos cada uno por su lado, y me dejaréis solo; mas no estoy solo, porque el Padre está conmigo». ¿Cómo fue posible que los amigos terrenales más cercanos de Jesús lo abandonaran, que lo dejaran completamente solo,

---

[4] Para consultar un minilibro excelente sobre este tema, véase David Powlison, *Life beyond Your Parents' Mistakes: The Transforming Power of God's Love* (New Growth Press, 2010).

y que Él no estuviera solo? Alguien más importante para Él, alguien cuya presencia superaba la ausencia, estaba con Él. Jesús conocía a Dios como Su fuente suprema de ayuda y esperanza.

En cierto sentido, toda la vida terrenal de Jesús puede resumirse como una vida de rechazo por parte de la gente (Mat. 23:37; Juan 1:11; Isa. 53:3). Sin embargo, el rechazo en este pasaje fue quizás peor, ya que no provino de incrédulos, sino de amigos cercanos.[5] Judas ya lo había rechazado (Mat. 26:14-16, 20-25). Aquí Jesús se dirige a los otros once discípulos, incluyendo a Pedro, Santiago y Juan. Él *predijo* su rechazo en Mateo 26:31-35; el cual *se cumplió* en Mateo 26:36-75 cuando todos lo abandonaron.

Agar en Génesis 16

En Génesis 16:1-6 aprendemos que Agar, aunque no era del todo inocente, fue «maltratada» por manos de Sarai.[6] No conocemos los detalles del maltrato (el término hebreo usado puede significar afligir, maltratar, oprimir), pero fue tan grave que ella huyó de regreso a su tierra natal, Egipto. En los versículos 7-14, el Señor la busca y la encuentra (comp. Luc. 19:10), apareciendo en una teofanía como un ángel. Él la llama por su nombre, le aconseja que regrese y promete bendecirla. Él la ve, la oye y se acerca a ella en gracia para consolarla y reafirmarla.

La gráfica de rechazo de las dos realidades

Cuando hago consejería, yo (Bob) a menudo uso la «Gráfica de rechazo de las dos realidades» que se muestra a continuación, seleccionando para ello el Salmo 27:10 u otro de los pasajes mencionados antes. En una hoja en blanco, dibujo una gráfica en forma de «T» y escribo *Realidad vista* y *Realidad no vista* encima de las columnas que se crearon. Explico el pasaje

---

[5] Para otros casos bíblicos de rechazo de amigos, véase Sal. 55:12-14; 2 Cor. 6:11-13; y 2 Tim. 4:9-11, 16-17.

[6] Véanse también nuestros comentarios sobre este pasaje en el cap. 14. Para otros casos bíblicos de amos que rechazan esclavos, véanse Gén. 39:13-23 y Ex. 1:8-14.

en el que quiero enfocarme e inductivamente dirijo a mi aconsejado a completar las dos columnas. Los llevo a ver que ambas realidades están presentes al mismo tiempo; no necesitamos negar la columna del rechazo mientras nos enfocamos al mismo tiempo en la realidad del amor y el cuidado de Dios. Entonces establezco la meta de crecimiento progresivo: «Sé controlado cada vez más por la columna derecha para que la realidad no vista te defina y ocupe cada vez más tu enfoque».

	Realidad vista	*Realidad no vista*
Salmos 27:10 (David)	Los padres lo abandonan.	El Señor lo cuida.
Juan 16:32 (Jesús)	Los discípulos lo dejan solo.	El Padre está con Él; por tanto, no está solo.
Génesis 16:6-16 (Agar)	Sarai la maltrata.	El Señor la encuentra y le ministra.

Ayudar a los aconsejados a manejar el miedo a las personas y el rechazo social

Consideremos cinco pautas prácticas para ayudar a aquellos que temen a las personas o que han experimentado el rechazo, reconociendo que algunos puntos se referirán a un tema más que al otro.

Ayude a los aconsejados a ver cómo Dios en Su Palabra habla a su situación

Expanda su visión de la amplitud de la Biblia. Además de los ejemplos bíblicos anteriores de temer a las personas y enfrentar el rechazo, las Escrituras registran muchos más ejemplos de personas de la vida real que enfrentan luchas pertinentes. Traer historias de figuras bíblicas menos conocidas (por ej.: Ex. 1:17; Heb. 13:35-38) que temían a Dios más que a las personas puede asegurar a los aconsejados que cuentan con la ayuda del Señor en su vida diaria.

Muestre compasión y empatice con los aconsejados que han experimentado maltrato o rechazo

Es difícil soportar que alguien peque contra nosotros, pero especialmente cuando son personas que valoramos. Dios reconoce tal dolor y llora por esos aconsejados. Además, odia y promete juzgar los pecados de aquellos que rechazan a Su pueblo. Incluso si su aconsejado provocó el rechazo, no lo causó; los que rechazan siguen siendo totalmente responsables de sus elecciones. También debemos mostrar compasión cuando el miedo de un aconsejado a las personas y a su desaprobación y rechazo lo ha llevado a rupturas de relaciones, pérdida de empleo, aislamiento social o síntomas físicos significativos relacionados con la ansiedad.[7]

Enseñe las verdades del evangelio continuamente

Dios declara y jura que nunca rechazará a Su pueblo, basándose en Sus promesas pactuales de gracia salvadora (1 Sam. 12:22; Sal. 94:14; Mat. 26:28; Heb. 6:13-20). Sus promesas, a su vez, se basan en última instancia en la muerte y resurrección de Jesucristo, quien cargó con la ira de Dios que nosotros merecíamos (Jer. 31:3, 31-34; Rom. 8:1, 31-34; 2 Cor. 5:21; 1 Ped. 2:24; 3:18). Podemos asegurarle a un aconsejado cristiano: «Dios nunca te rechazará porque, por un momento horrible en la historia, ¡rechazó a Su propio Hijo en tu lugar! Tus pecados exigían el rechazo divino. Jesús, tu sustituto, absorbió esa ira, el rayo que tú merecías».

Ayude a los aconsejados a encontrar su identidad central dominante como hijos o hijas de Dios, que los ha aceptado para siempre (véase, por ej.: Sal. 27:10; 73:23-28; 94:14; Heb. 13:5-6). El mundo no reforzará estos mensajes, así que asegúrese de hacerlo usted.

[7] Para obtener información sobre el manejo de estos temas, véase el cap. 22 sobre la ansiedad, el miedo y la preocupación; el cap. 21 sobre la ira, la amargura y el resentimiento y el cap. 29 sobre el duelo.

Lleve a los aconsejados a confesar los pecados que necesiten confesar, a arrepentirse de ellos y a buscar agradar y temer a Dios más que a nadie (Ecl. 12:13; 2 Cor. 5:9).

Es insuficiente valorar la aceptación de Dios si los aconsejados valoran a otras personas por encima de Él. Por lo tanto, anímelos a orar, meditar y personalizar pasajes saturados del evangelio (por ej.: Gál. 4:4-7; Ef. 1:3-14; Col. 3:1-17). La idolatría debe ser desarraigada y expuesta ante la luz fulminante de Dios. Debemos exaltar a Dios y destronar a las personas; el Señor no tolera rivales. La sonrisa de Dios debe convertirse en el mayor deleite del creyente y su ceño fruncido en su mayor decepción. Pida a los aconsejados que estudien los pasajes sobre el temor a las personas y que escriban en un diario sus oraciones al Señor. Por ejemplo, para aquellos que temen a sus compañeros, una entrada en el diario de oración basada en Proverbios 29:25 podría verse así:

> Padre, lo estoy haciendo de nuevo, ahora mismo. Tengo la tentación de hacer automáticamente lo que mis amigos quieren que haga. Pero eso no te agrada, y solo me atrapa y me esclaviza. Ayúdame en este momento a encontrar la verdadera seguridad al confiar en ti y no en mis amigos. Y ayúdame a hacer lo correcto aquí, no a vivir para ellos o incluso para mí, sino para ti como Aquel que me ama, me eligió, envió a su Hijo a morir y resucitar por mí, vela por mí y enviará a Jesús de regreso por mí. Ayúdame, ahora mismo, a priorizar y vivir mi nueva identidad como tu hijo.

En los casos de rechazo, Dios ofrece, junto con Su compasión, el perdón por cualquier forma en que un aconsejado provocó pecaminosamente el rechazo o respondió erróneamente a él. El Señor también proporciona sabiduría y poder para soportar con rectitud el rechazo inmerecido que enfrentan (1 Ped. 4:12-19).

Guíe a los aconsejados a amar apropiadamente a aquellos a quienes han temido o a quienes los rechazaron

Con un arrepentimiento renovado y con una fe alimentada por el evangelio (como se discutió anteriormente), los aconsejados están en condiciones de producir actitudes y acciones nuevas y piadosas hacia los demás. Mientras que los enfoques seculares excluyen a Dios y se concentran solo horizontalmente, un enfoque bíblico comienza verticalmente y luego se extiende horizontalmente. Abarca tanto el primer como el segundo gran mandamiento de nuestro Señor: amarlo a Él y amar a nuestro prójimo (Mat. 22:36-40). Dios nos llama a los creyentes a extender activamente Su amor intencionado y enfocado a aquellos que nos rechazan (Luc. 6:27-49; 23:34; Rom. 12:12-21; 1 Ped. 2:18-23; 3:9; 4:19).[8]

Por ejemplo, en contraste con ofrecer enfoques de «límites» autoprotectores o alentar a los aconsejados a amarse mejor a sí mismos, podemos enseñarles a amar a los demás desinteresadamente y sin miedo. Si vivimos a la luz de la gracia que hemos recibido en Cristo, podemos permitirnos estar radicalmente centrados en los demás de una manera positiva (Fil. 2:1-4). Ed Welch presenta de forma útil esta agenda: «Con respecto a otras personas, nuestro problema es que las *necesitamos* (para nosotros mismos) más de lo que las *amamos* (para la gloria de Dios). La tarea que Dios nos asigna es necesitarlas *menos* y amarlas *más*. En lugar de buscar formas de manipular a los demás, le preguntaremos a Dios cuál es nuestro deber para con ellos».[9]

La consejería bíblica procura liberar a los que agradan a la gente para que experimenten la libertad y el deleite que disfrutan los que agradan a Dios y se conviertan en verdaderos amantes de la gente.

---

[8] Para casos extremos de rechazo o maltrato, véase Jones, *Pursuing Peace*, 182-95 (cap. 7, n. 2); Ken Sande, *The Peacemaker: A Biblical Guide to Resolving Personal Conflict* (Baker, 2004), 247-57; y Jay Adams, *How to Overcome Evil: A Practical Exposition of Romans 12:14–21* (Phillipsburg, NJ: P&R, 1977).

[9] Welch, *When People Are Big*, 19.

Conclusión

Ya sea que su aconsejado haya experimentado desaprobación o rechazo, tenga temor a alguno de ellos, o a ambos, el evangelio ofrece la belleza de la aceptación de Cristo. La Palabra de Dios nos asegura Su amor y provisiones para todos los que confían en Él y le temen más de lo que temen a las personas. A su vez, el evangelio nos permite necesitar menos a las personas y amarlas más. Nos ayuda a parecernos más a Jesús, que no temía ni a los amigos ni a los enemigos, sino solamente a Dios, y se entregó total y sacrificialmente por los demás.

24

Tristeza y depresión

La tristeza y la depresión corren desenfrenadamente en nuestra cultura. Clínicamente, esta última es el «trastorno psiquiátrico» más común diagnosticado en los Estados Unidos, y afecta entre el 5 y el 10 % de la población.[1] Aunque la mayoría de las traducciones de la Biblia al español no usan la palabra *depresión*, las menciones de tristeza, abatimiento, desesperación y desesperanza aparecen en todas partes. Tales sentimientos, cuando se amplifican, conducen a la depresión. En otras palabras, podemos pensar en la tristeza como el término general, y una experiencia humana común; pero a medida que los sentimientos de tristeza aumentan en intensidad e impacto y la esperanza disminuye, la depresión emerge.

Si bien el término «depresión» puede usarse para describir muchas situaciones diferentes, en este capítulo vemos la depresión como una forma más extrema de tristeza, en lugar de un diagnóstico técnico. Los consejeros deben ser conscientes de usar el término «depresión» en la sala de consejería debido a lo que podría implicar (por ej.: libertad de responsabilidad personal) o a lo que podría llevar al aconsejado a suponer sobre sí mismo (por ej.: «Estoy deprimido» o «Debo tener un trastorno depresivo clínico»).

---

[1] «Major Depression», National Institute of Mental Health, actualizado en febrero de 2019, https://www.nimh.nih.gov/health/statistics/major-depression

Entendiendo la tristeza y la depresión

Comencemos con el concepto general de tristeza. A menudo viene en respuesta a la decepción. Puede ser una decepción por una pérdida, como la muerte de un ser querido, o por expectativas insatisfechas. En las Escrituras, David experimentó una profunda tristeza o dolor por una variedad de razones. Estaba triste por la pérdida de sus hijos (2 Sam. 12:16; 18:33), sentía dolor por su pecado (Sal. 6; 32) y estaba desesperado mientras huía de sus atacantes (Sal. 69). El piadoso Elías (1 Rey. 19:4), Job (Job 3:26), Jeremías (Jer. 20:14, 18) y otros tuvieron experiencias similares. David escribió repetidamente en respuesta a sus problemas o pruebas. Él reconoce en el Salmo 143:4: «Y mi espíritu se angustió dentro de mí; está desolado mi corazón», y en el Salmo 102:4: «Mi corazón está herido, y seco como la hierba, por lo cual me olvido de comer mi pan». Estos descriptores se alinean estrechamente con alguien que lucha contra una profunda tristeza o desesperación.

Puesto que Dios experimenta tristeza (por el pecado) y nuestras emociones como portadores de la imagen fluyen de las suyas, nosotros también experimentamos tristeza. Sin embargo, la desesperación y la desesperanza, magnificaciones de la tristeza, no señalan el carácter de Dios. Cuando Jesús experimentó tristeza, no se afligió con desesperación. En otras palabras, Dios no se «deprime». Por lo tanto, si bien podemos entender el lugar apropiado de la tristeza por el pecado y la pérdida, también debemos reconocer que la tristeza no siempre está libre de pecado.

La depresión como amplificación de la tristeza puede aparecer de diferentes formas: aislamiento, pérdida de interés, desánimo, melancolía, desesperación, desesperanza, sufrimiento, debilitamiento o incapacidad/falta de voluntad para funcionar, y muchas otras.[2] Podríamos demostrarlo de esta manera:

---

[2] Tres recursos útiles para entender la depresión desde una perspectiva cristiana son Charles D. Hodges, *Good Mood Bad Mood: Help and Hope for Depression and Bipolar Disorder* (Wapwallopen, PA: Shepherd Press, 2012); Edward T. Welch, *Depression: Looking Up from the Stubborn Darkness* (Greensboro, NC: New Growth Press, 2011); y Zack Eswine, *Spurgeon's Sorrows: Realistic Hope for Those Who Suffer from Depression* (Geanies House, UK: Christian Focus, 2014).

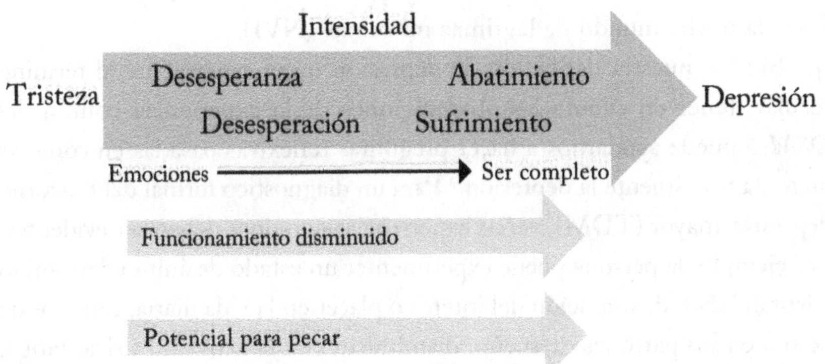

Si bien es difícil reducir la depresión a un solo descriptor, una comprensión adecuada de la depresión es integral: involucra tanto el corazón (creencias, motivaciones, afectos, pensamientos y emociones) como el cuerpo. Incluye pensamientos y sentimientos de tristeza, desesperanza, aislamiento, vacío, emociones apagadas o apatía, a menudo junto con síntomas físicos como dolor muscular, insomnio, falta de apetito, fatiga significativa o pérdida de energía. En la lucha contra la depresión, los pacientes pueden descubrir que son incapaces de cuidarse a sí mismos o concentrarse en una tarea, o no encontrar placer en las cosas que solían disfrutar. Muchos han descrito su depresión como una nube pesada que es difícil de levantar o ver a través de ella, un pozo profundo del que no pueden salir o un túnel sin luz al final. Además, la depresión a menudo conlleva una conexión con expresiones pecaminosas (incluidas creencias, pensamientos, sentimientos y comportamientos), mientras que una experiencia como el dolor o la tristeza puede no hacerlo. Esto no significa que debamos suponer que una persona que está lidiando con la depresión está en pecado, pero debemos estar atentos a cualquier raíz o respuesta pecaminosa.

Estos descriptores nos ayudan a entender lo que es experimentar depresión. Es algo más que una profunda tristeza; es una intensa sensación de estar abatido. Hace que las personas sientan que tienen poca esperanza, poca energía y poca motivación o capacidad para salir adelante. Se trata, pues, de una profunda tristeza unida a un intenso sufrimiento. Una víctima podría sentirse como David en el Salmo 6:6: «Cansado estoy de sollozar. Toda la noche inundo de lágrimas mi cama» (NVI).

Si bien nuestra definición de depresión no es equivalente al término secular, tener en cuenta las observaciones de la experiencia común del *DSM-5* puede ayudarnos a hacer preguntas reflexivas basadas en cómo se presenta típicamente la depresión.[3] Para un diagnóstico formal del trastorno depresivo mayor (TDM), varias experiencias comunes deben ser evidentes. Por ejemplo, la persona puede experimentar un estado de ánimo deprimido o irritabilidad, disminución del interés o placer en la vida diaria, cambios de peso o en los patrones de sueño, disminución de la actividad física, fatiga, sentimientos de culpa o inutilidad excesiva o inapropiada, disminución de la concentración o sentimientos o pensamientos suicidas.[4] En resumen, el *DSM* se hace eco de nuestra observación de que la depresión es un fenómeno integral con componentes del corazón y del cuerpo.

Debemos añadir una nota final sobre la depresión posparto (DPP). Si bien la expresión de DPP puede estar en línea con los criterios anteriores, esta forma de depresión está directamente relacionada con los cambios hormonales y físicos de una madre después del parto. Muchas veces, a medida que las hormonas y los factores estresantes situacionales se nivelan, también lo hará la DPP. Por lo tanto, si bien algunos consejos bíblicos pueden ayudar a una persona que sufre, un consejero concienzudo debe reconocer abiertamente las realidades fisiológicas presentes en las nuevas madres y remitirla desde el principio a su médico mientras continúa aconsejándola.[5] Tenga en cuenta, además, los factores estresantes situacionales que también entran en juego para las nuevas madres, como la falta de sueño adecuado, niveles potencialmente más bajos de cuidado personal, y las exigencias del cuidado de un bebé.

---

[3] *DSM-5*, 155-88 (véase cap. 9, n. 7). Para más sobre el *DSM*, véase nuestro cap. 9.

[4] Esta lista del *DSM-5* incluye una mezcla de problemas del cuerpo y del corazón, incluyendo algunos dentro del dominio de la consejería bíblica, por ej.: la culpa, la inutilidad, y las ideas suicidas. A diferencia de ediciones anteriores, el *DSM-5* agregó (no sin controversia) las respuestas a eventos de duelo en la categoría de trastornos depresivos, a pesar de que tales respuestas deben verse como esperadas y no necesariamente como desórdenes.

[5] Véase Welch, *Una guía para el consejero sobre el cerebro y sus trastornos* (cap. 5, n. 7).

Perspectivas bíblico-teológicas

Puesto que las Escrituras presentan a los seres humanos como seres complejos (véase el capítulo 5), debemos abordar a la persona en su totalidad, tanto en cuerpo como en alma. Una comprensión apropiada y bíblica de la depresión debe hacer lo mismo; la Biblia tiene suficientes respuestas a cada faceta de la experiencia de la depresión.

Las Escrituras están llenas de ejemplos de profunda tristeza y desesperación; al mismo tiempo, están llenas de aliento para alguien en ese estado. El Salmo 34, por ejemplo, presenta una perspectiva cargada de esperanza en medio de la profunda tristeza y sufrimiento de David. A lo largo del salmo, David se dirige continuamente al Señor: «Busqué al SEÑOR y él me respondió; me libró de todos mis temores. Los que lo miran están radiantes; jamás su rostro se cubre de vergüenza. Los justos claman, el SEÑOR los oye y los libra de todas sus angustias. El SEÑOR está cerca de los quebrantados de corazón, y salva a los de espíritu abatido» (Sal. 34:4-5, 17-18, NVI). Aunque David había estado abatido y asustado, confió en la presencia y provisión del Señor. En medio de sus luchas, tenía esperanza: Dios lo escuchaba, Dios le respondería y Dios lo salvaría. Si bien estas realidades no eliminaron la lucha de David ni cambiaron sus difíciles circunstancias, le trajeron el gozo, la confianza y la esperanza que Dios le había dado.[6]

Lamentaciones 3:19-26 brinda más esperanza a los que experimentan depresión. En los vv. 19-20, el profeta Jeremías, el autor, describe su aflicción y la consiguiente depresión. Al parecer, piensa en ellos constantemente y no puede encontrar alivio. Sin embargo, a medida que avanza a través de los versículos 21-26, dice: «Esto recapacitaré en mi corazón, por lo tanto esperaré. Por la misericordia de Jehová no hemos sido consumidos, porque nunca decayeron sus misericordias. Nuevas son cada mañana; grande es tu fidelidad. Mi porción es Jehová, dijo mi alma; por tanto, en él esperaré. Bueno es Jehová a los que en él esperan, al alma que le busca. Bueno es

---

[6] Para obtener más información sobre la conexión entre el sufrimiento y la depresión, véase D. Martyn Lloyd-Jones, *Depresión espiritual: Sus causas y su cura* (Londres: HarperCollins Publishers, 1998), o William Bridge, *A Lifting Up for the Downcast* (Louisville, KY: GLH, 2014).

esperar en silencio la salvación de Jehová». Aquí Jeremías reconoce que, a pesar de sus dificultades, Dios sigue siendo fiel, misericordioso y bueno. Dios sigue siendo el mismo, por lo tanto, podemos tener esperanza.

Además, Santiago 1:2-4 habla de un propósito importante detrás de las luchas de un creyente: «Hermanos míos, tened por sumo gozo cuando os halléis en diversas pruebas, sabiendo que la prueba de vuestra fe produce paciencia. Mas tenga la paciencia su obra completa, para que seáis perfectos y cabales, sin que os falte cosa alguna». Se refiere tanto a la actitud de uno en medio de la prueba (elegir el gozo) como a una comprensión adecuada del propósito de la prueba (producir algo que honre a Dios).

También debemos considerar el posible papel del pecado personal (véase el cap. 6) en la experiencia de la tristeza y la depresión. Varias veces en las Escrituras, la condición del corazón (tristeza o desesperación) es pecaminosa. Consideremos el primer caso de profunda tristeza en las Escrituras: Caín en Génesis 4:1-7. Caín está «decaído» porque Dios no acepta su ofrenda equivocada. Una lectura atenta revela que su corazón es el problema que lo llevó a la tristeza. De forma aleccionadora, cuando rechaza la respuesta de Dios a su tristeza, el asesinato no tarda en llegar. O considere a los discípulos de Lucas 24:13-24, que se desanimaron en el camino a Emaús después de la muerte de Jesús. Estaban cabizbajos (v. 17, NVI) porque su imagen de quién sería el Mesías aparentemente no se había cumplido (v. 21). Sus corazones estaban enfocados en su propia comprensión del Salvador en lugar de en lo que Jesús ya había declarado ser. Afortunadamente, Jesús abordó su incredulidad remanente, revelándose a ellos a través de las Escrituras y, al partir el pan con ellos, restaurando su esperanza y gozo en Él como su Mesías (Luc. 24:25-53). Tanto en el caso de Caín como en el de los discípulos de Lucas 24, las creencias, los deseos y las expectativas del corazón fueron fundamentales en su tristeza y desaliento, y en última instancia fueron pecaminosos. Por lo tanto, en nuestra comprensión de la tristeza, la desesperación, la desesperanza y, en última instancia, la depresión, debemos considerar si el pecado está presente y en qué grado. Si bien las Escrituras afirman experiencias normales y justas de tristeza, también proporcionan ejemplos en los que el pecado está presente y debe abordarse.

El ejemplo de Job

Consideremos la historia de Job. Experimentó una pérdida severa, duelo, aflicción física, mal consejo y cuestionamiento espiritual como parte de su sufrimiento. Todos estos podrían ser componentes de la lucha de un creyente moderno contra la depresión. En medio de su sufrimiento, Job dice:

> Mi espíritu está quebrantado, mis días se acortan, la tumba me espera [...]. Dios me ha puesto en boca de todos; no falta quien me escupa en la cara. Los ojos se me apagan a causa del dolor; todo mi esqueleto no es más que una sombra [...]. Mis días van pasando, mis planes se frustran junto con los anhelos de mi corazón. Esta gente convierte la noche en día; todo está oscuro, pero insisten: «La luz se acerca». Si el único hogar que espero está en los dominios de la muerte, he de tenderme a dormir en las tinieblas; he de llamar «padre mío» a la corrupción y «madre» y «hermana» a los gusanos. ¿Dónde queda entonces mi esperanza? ¿Quién ve alguna esperanza para mí? (Job 17:1, 6-7, 11-15)

Muchos aconsejados sienten lo mismo. Están desanimados, les duele, creen que sus vidas deben terminar, sienten rechazo y vergüenza, y no tienen esperanza. Se preguntan dónde está Dios y por qué permitió que todo esto sucediera. Pero el libro de Job enseña que Dios sigue siendo soberano y bueno a pesar de las dificultades, incluso cuando el propósito de nuestros problemas parece incomprensible. Al igual que Job, es posible que nos sintamos erróneamente con derecho a una explicación satisfactoria de nuestras pruebas. Ayuda saber que en la respuesta de Dios a Job, su experiencia de sufrimiento no disminuyó, aunque su comprensión del sufrimiento encontró corrección a la luz de la perspectiva de Dios sobre la realidad.

Estrategias de consejería y tareas

Al aconsejar a las personas con tristeza y depresión, varias estrategias son útiles.

En primer lugar, debemos escuchar bien y animar. Efesios 4:29 nos da un recordatorio pertinente: nosotros los creyentes debemos edificarnos continuamente unos a otros, animando a otros en sus luchas. Un consejero sabio, entonces, escucha bien, busca comprender verdaderamente y anima frecuentemente. Este fundamento presupone una respuesta empática adecuada; como nos recuerda Romanos 12:15, debemos llorar con los que lloran. Muchos aconsejados se benefician de que alguien simplemente los escuche y se comprometa a caminar con ellos.

A continuación, debemos reiterar el evangelio. La obra terminada de Cristo no solo nos ha dado a los creyentes una esperanza inconmensurable, combatiendo los sentimientos de desesperanza y desesperación, sino que el Espíritu está continuamente obrando en nosotros para conformarnos a la imagen de Cristo. Esto incluye producir frutos espirituales, como el gozo y la paz, los cuales van en contra de la depresión. Como señala Pablo en 2 Timoteo 4:17, el Señor está con nosotros y nos fortalece; estas realidades son de suma importancia en medio de la tristeza y la desesperación.

También debemos ayudar a los aconsejados a explorar sus problemas del corazón subyacentes y ayudarlos a pensar bíblicamente. El consejero debe estar alerta a las motivaciones o deseos erróneos, así como a los patrones de pensamiento problemáticos (aquellos que son falsos, distorsionados o intrusivos), que son indicativos de lo que está sucediendo en el corazón. Puede ser útil preguntar: «Cuando estás experimentando periodos de angustia, ¿qué piensas? ¿Qué revelan esos pensamientos sobre tus deseos?» y «¿Por qué vives o por qué quieres que suceda o por qué esperas que cambie?». Entonces podemos pensar en cómo una falsedad o distorsión específica puede ser corregida con la verdad de Dios. Además, debemos estar atentos a cualquier cosa de la que un aconsejado pueda necesitar arrepentirse y apartarse.

La Biblia habla de ser transformados por la renovación de la mente (Rom. 12:2), pensar en lo que es verdad (Fil. 4:8) y llevar cautivos los pensamientos (2 Cor. 10:5). Una persona deprimida lucha con patrones de pensamiento, ya sea un pensamiento incorrecto, la repetición de mensajes de desesperanza o la incomprensión del papel de Dios en sus pruebas. Los consejeros deben enfocarse en los pensamientos del aconsejado, incluyendo los deseos, demandas y expectativas subyacentes, para que puedan corregirlos y alinearlos con la verdad de la Palabra de Dios.

Un ejercicio útil consiste en pedirle a un aconsejado que haga un seguimiento de los pensamientos específicos que surjan a lo largo de la semana y que estén más conectados con los sentimientos de desesperanza o desesperación, y luego que los evalúe a la luz de las Escrituras y los lleve ante el Señor en oración. Cuando descubren que un pensamiento no es verdadero o correcto, el aconsejado puede escribir una verdad paralela de la Biblia, así como la implicación de esa verdad (es decir, cómo se ve vivir a la luz de ella). Entonces pueden pedirle a Dios que les ayude a hacerlo. Cuando el pensamiento recurrente surge de nuevo, el aconsejado debe enfocar sus pensamientos en la realidad verdadera en lugar de su realidad percibida o sentida, y luego vivir la implicación práctica que determinó con la ayuda del Espíritu. Sus notas pueden ser discutidas y evaluadas en la sesión para asegurarse de que van por buen camino.

Es importante también recordarle al aconsejado su propósito. Cuando están deprimidos, los aconsejados a menudo buscan ayuda para aliviar los síntomas. Es comprensible que quieren sentirse mejor. Si bien sentirse mejor no es un mal objetivo, es insuficiente y no debería ser el objetivo final de un creyente. Como consejeros, debemos ayudar a las personas a confiar en el Señor para obtener Su fortaleza en lugar de la suya propia. Debemos ayudarlos a evaluar no solo cómo sentirse mejor en un día, sino también cómo vivir para Su gloria en medio de su sufrimiento.

También debemos evaluarlos en busca de pensamientos suicidas. El consejero sabio pregunta a menudo si su aconsejado deprimido ha tenido pensamientos suicidas o está en riesgo (véase el cap. 27).

El consejero, además, debe tratar de reducir los factores desencadenantes situacionales o ambientales para el aconsejado, siempre que sea posible. Por ejemplo, si el aconsejado está luchando contra el estrés del trabajo y un sentimiento de desesperanza de que las cosas no mejorarán, el consejero podría explorar formas en que los aconsejados pudieran cambiar la situación, ofrecerles una perspectiva diferente sobre su trabajo o sugerir técnicas de reducción del estrés, como reservar tiempo para la relajación y el cuidado personal. Si bien estos enfoques no curarán, pueden ayudar en el crecimiento y el cambio.

También debemos ayudar a los aconsejados a conectar la fe y la acción. Muy a menudo, la depresión provoca preguntas espirituales sobre la naturaleza de Dios, la culpa o la vergüenza personal, o cómo podríamos luchar para obedecer a pesar del peso de nuestra condición pecaminosa. Ayude al aconsejado a sumergirse profundamente en las verdades de las Escrituras y a trabajar pacientemente a través de tales luchas, recordándole que su batalla con la depresión y esas preguntas no niegan la salvación ni alivian la responsabilidad de obedecer. Del mismo modo, debemos animar a un aconsejado a obedecer a Dios incluso cuando no tenga ganas. Después de todo, no se requiere que uno sea feliz o esté en buenas circunstancias para elegir la alegría (ver los salmos de lamento). Incluso en medio de la desesperación, un creyente puede regocijarse en la bondad y fidelidad del Señor, recordando cómo Él ha sido bueno y confiable a través de las generaciones y en su propia vida. Además, el consejero debe animar al aconsejado a actuar de acuerdo con las Escrituras en lugar de sus propios sentimientos (que son subjetivos e influenciados por el pecado). Podemos señalar que el Espíritu de Dios capacita a las personas a través de Su poder en lugar del de ellas.

Del mismo modo debemos fomentar las disciplinas espirituales, particularmente la oración. Un aconsejado debe continuar en comunión con Dios a menudo a través de la oración, presentándole necesidades y pensando en la verdad de Dios (Sal. 1; 34:17; Rom. 8:5-6; Col. 3:2). Para algunos, la depresión se siente como un muro infranqueable entre el creyente y Dios, tanto que la oración y la lectura de las Escrituras parecen imposibles. Sin embargo, debemos alentarlo, aunque sea incitando a una persona simplemente a orar el nombre del Señor y leer uno o dos versículos seleccionados. Las pequeñas victorias se convierten en victorias más grandes; el Señor es fiel a Sus hijos.

Aferrarse a los Salmos a menudo resulta particularmente útil para aquellos que luchan contra la tristeza. Por lo tanto, debemos dirigir a los aconsejados a prestar especial atención a aquellos que hablan de sus luchas. Esto a menudo incluye el Salmo 34; 69; 88; 102 o 143, así como los salmos de lamento (por ej.: 13; 22; 44). Ayude a un aconsejado a darse cuenta de la sinceridad de cada escritor ante el Señor y de cómo invocan Su ayuda, pero no son vencidos. En la mayoría de los casos, particularmente con los lamentos, los salmistas concluyen su obra recordándose a sí mismos la bondad y la fidelidad de Dios para liberarlos, alabando a Dios y proclamando su confianza en Él. Tales recordatorios son clave para un aconsejado que lucha en medio de la depresión. La corrección por el Espíritu de Dios (incluso a través del sabio y bondadoso consejero bíblico) es eficaz. Un aconsejado puede leer, meditar, orar y escribir en un diario sobre pasajes particulares que se conecten con sus experiencias o escribir su propio lamento.

Igual de importante para aquellos que luchan contra la desesperación es conectarse con otros creyentes. Un aconsejado debe conectarse con otros en su iglesia local, bajo la supervisión de su pastor, esto es algo muy específico porque hacerlo combate la tendencia al aislamiento. Cuando alguien lucha contra la desesperanza y la desesperación, tiende a pensar que es el único que sufre; tales cristianos se inclinan a creer que serán juzgados por su falta de fe. Mirando Hebreos 10:24-25, el consejero debe animar al aconsejado a relacionarse una o dos veces por semana con otros creyentes y a compartir sus luchas en algún grado dentro de un entorno de grupo pequeño para poder rendir cuentas y recibir aliento.

Asimismo, se debe alentar a los aconsejados que luchan con una tristeza profunda a que se concentren hacia afuera en lugar de hacia adentro. El consejero debe fomentar un enfoque en Jesús y en los demás a través del servicio, lo que ayuda a combatir la tendencia a volverse hacia adentro. Nuestro Salvador sirve como ejemplo principal; a pesar de los factores estresantes de la situación y el peso de lo que iba a soportar en la cruz, continuó sirviendo a los demás de manera consistente a lo largo de su ministerio. Un consejero puede traer instrucciones directas de las Escrituras aquí: «Solamente temed a Jehová y servidle de verdad con todo vuestro corazón, pues considerad cuán grandes cosas ha hecho por vosotros» (1 Sam. 12:24). Servir al Señor sirviendo a los demás es reconocer lo que Él ha hecho por nosotros.

Nosotros, los consejeros, también debemos instar al cuidado del cuerpo. Dada la naturaleza integral de la depresión, el consejero debe abordar el cuidado del aconsejado por su propio ser físico. Esto podría incluir ayudarlos a establecer un patrón regular para dormir, comer comidas saludables, hacer ejercicio y descansar. Regular el cuerpo puede ayudar a abordar los patrones de pensamiento y podría aliviar parte de la lucha.

Si la depresión del aconsejado es grave, es posible que se necesite tratamiento médico. (De hecho, eso no debería sorprender dada la caída tanto del cuerpo como del alma). Una derivación a un médico para una evaluación y un posible tratamiento médico podría preparar a un aconsejado para recibir la ayuda necesaria. Si bien la medicación no debe considerarse como una cura para la depresión (véase el cap. 36) a menos que la causa sea principalmente orgánica, podría ayudarles a funcionar de manera más eficaz en la vida y en el proceso de consejería.[7]

Conclusión

La tristeza y la depresión son experiencias comunes, cargadas de potencial para respuestas seculares, pero también para crecimiento y cambio. Al tratar de comprender la complejidad de la lucha de un aconsejado en particular, usted puede llevar la esperanza de la Palabra de Dios a esa situación única, ya que la Biblia dice mucho a los que están tristes o deprimidos. Ayude a las personas a las que sirve a crecer en semejanza a Cristo en medio de sus luchas; esto honra a Dios y les ayudará a ellos a aprender cómo consolar a otros en sus luchas también (2 Cor. 1:4).

---

[7] Para obtener más información sobre el tratamiento, véase Hodges, *Buen ánimo; mal ánimo.*

25

Infertilidad y pérdida del embarazo

La infertilidad y la pérdida del embarazo son bastante comunes, pero ninguno de los dos es un tema de conversación regular. Incluso la Iglesia a menudo reserva la mención de estos asuntos difíciles para el Día de la Madre o para un estudio bíblico ocasional de mujeres. Como resultado, las parejas infértiles frecuentemente no tienen a nadie con quien hablar y carecen de una enseñanza clara sobre cómo comprender y lamentar correctamente su falta de hijos o la pérdida de un bebé.

Comprensión de la infertilidad y la pérdida del embarazo

Se estima que de los embarazos conocidos, entre el 10 y el 15 % terminan en aborto espontáneo. Sin embargo, las verdaderas tasas de aborto espontáneo pueden ser tan altas como el 50 %, si se incluyen los embarazos desconocidos.[1] Además, aproximadamente el 12 % de las mujeres tienen algún tipo de discapacidad o deterioro de la fertilidad, incluida la pérdida recurrente del embarazo.[2] Esto significa que de las mujeres en edad fértil en las iglesias,

[1] March of Dimes, *Miscarriage*. Octubre de 2024. www.marchofdimes.org/complications/miscarriage.aspx.

[2] National Center for Health Statistics, "Infertility". Noviembre de 2023. https://www.cdc.gov/nchs/fastats/infertility.htm#:~:text=Infertility.%20Data%20are%20for%20the%20U.S.%20Percent%20of,15-44%20who%20have%20ever%20used%20infertility%20services:%2012.0%

una de cada ocho tiene problemas de fertilidad y el número de las que han experimentado un aborto espontáneo es probablemente mayor, ya que no todos los abortos espontáneos se reportan o ni siquiera se conocen. Las iglesias deben discutir abiertamente estos temas para que los hombres y las mujeres sepan a dónde acudir en busca de ayuda, de consejo compasivo.

La comunidad médica define la infertilidad como la incapacidad de una mujer menor de treinta y cinco años para quedar embarazada dentro de los doce meses de relaciones sexuales regulares sin protección.[3] Puede ser causada por la falta de un óvulo o espermatozoide viable, una anomalía genética en uno o ambos miembros de la pareja, o el cuerpo de la mujer que no sustente un óvulo fertilizado. Muchas veces se desconoce la causa y, a veces, la infertilidad viene después del nacimiento de un niño sano. El abanico de la infertilidad también incluye el tema del aborto espontáneo recurrente, cuando una pareja ha experimentado tres o más. Las razones de esto son generalmente menos claras que con la infertilidad típica. Las causas conocidas incluyen desequilibrios hormonales en la mujer, problemas de coagulación, factores genéticos, anomalías anatómicas, diferencias inmunitarias entre madre e hijo, mala calidad de los óvulos e infecciones.

A pesar de estos matices, los consejeros deben reconocer que cualquier tipo de infertilidad o pérdida del embarazo, incluso un aborto espontáneo, puede afectar tremendamente a una pareja. Si bien no todas las parejas buscarán tratamiento médico para su infertilidad o su pérdida, muchas buscan determinar tanto las causas de sus luchas como sus opciones para seguir adelante. Como consejeros, debemos tratar de entender las circunstancias individuales de cada pareja si queremos acompañarlos a través de sus luchas.

¿Cómo se presentan las luchas relacionadas con la fertilidad en un aconsejado?

Si bien cada persona responderá de manera diferente a la infertilidad o a un aborto espontáneo, podemos esperar algunos puntos en común. Principalmente,

[3] «What Is Infertility?», Centers for Disease Control and Prevention (CDC), modificado por última vez el 16 de enero de 2019, https://www.cdc.gov/reproductive-health/infertility-faq/?CDC_AAref_Val=#cdc_generic_section_1-what-is-infertility

es probable que veamos alguna forma de dolor en ellos. Recuerde que el duelo es diferente para cada persona (véase el cap. 24). Para algunos, parece una búsqueda de respuestas, como acudir a un especialista en fertilidad. Para otros, implica un duelo interno o externo, expresiones claras de las luchas emocionales que acompañan a la pérdida. Otros experimentan sentimientos de fracaso y decepción, incluida una sensación de fracaso en el cumplimiento del papel de padre o madre. Los sentimientos de dolor o desilusión probablemente empeoren en días festivos como el Día de la Madre o el Día del Padre, o cuando las personas cercanas celebran un embarazo o un nacimiento.

Aunque hay componentes físicos en la infertilidad y el aborto espontáneo, la mayoría de las respuestas a ellos serán respuestas internas de la persona. Es comprensible que una mujer o una pareja experimenten una gran tristeza o decepción. Este duelo puede deberse en parte a la pérdida tangible de un hijo (aborto espontáneo) o a la pérdida intangible de la idea de tener hijos o de un futuro percibido como padre (infertilidad). En cualquier caso, a menudo es bastante difícil para las personas imaginar la vida sin tener hijos. Las parejas podrían lamentar incluso este cambio en lo que era su visión del futuro. Junto con el dolor puede venir la desesperanza o el miedo a que no se encuentren respuestas o a que no haya opciones para seguir adelante. En el caso de las pérdidas recurrentes, el miedo puede surgir con cada nuevo embarazo. Y no es raro que las mujeres que luchan contra la infertilidad o la pérdida del embarazo experimenten ira consigo mismas, con sus cónyuges, con los demás o incluso con Dios.

Yo (Kristin) he sufrido cinco abortos espontáneos: tres antes de nuestro primer embarazo a término, y luego dos más antes de nuestro segundo embarazo a término. Desafortunadamente, no se ha dado ninguna razón médica para explicar lo que sucedió, lo que complicó aún más mi dolor después de cada pérdida y agregó miedo durante los embarazos. Los dos párrafos anteriores señalan una miríada de emociones; las he sentido todas, en diferentes momentos. Lo que ha quedado claro, al menos en mi experiencia, es que ninguna pérdida es igual. Lo que sentí después de la primera pérdida fue diferente a la tercera o a la quinta. Y nunca es más fácil. Este es un fuerte recordatorio para nosotros como consejeros de que ninguna mujer se siente de la misma manera de pérdida en pérdida o de mes en mes de fracaso para concebir. Las emociones son complejas y muy individuales. Por lo tanto, debemos tener mucho cuidado en comprender a cada mujer y su experiencia.

Algunos hilos comunes de pensamiento pueden estar presentes. Una mujer o una pareja pueden llegar a la conclusión de que nunca van a tener un bebé. Pueden sentirse aislados, que nadie entiende por lo que están pasando. Y es posible que regularmente hagan preguntas como: «¿Cómo pudo Dios permitir que sucediera algo así?».

Además, una mujer o una pareja pueden sentir que Dios se ha distanciado o no escucha sus oraciones. Podrían estar enojados con Dios por negarles un «buen regalo» a ellos, sus hijos. Es posible que tengan dificultades para conciliar la idea de Dios como un «buen Padre» dadas sus malas experiencias, particularmente si están de duelo por la muerte de un hijo que deseaban mucho.

Para aquellos que luchan contra la infertilidad o la pérdida del embarazo, una gran cantidad de respuestas pueden estar presentes e incluso pueden cambiar de un día a otro. Varios desencadenantes, como ver un anuncio de embarazo en las redes sociales, obtener una prueba de embarazo negativa, servir en la guardería de la iglesia, escuchar que una mujer miembro de la familia o una amiga cercana que está embarazada, o incluso simplemente tener un día difícil, pueden convertir un día relativamente bueno en uno triste. Por lo tanto, los consejeros deben ser sensibles a la situación de cada uno de estos aconsejados en el momento de la consejería y ser pacientes en su enfoque.

Perspectivas bíblicas

Debemos sentar algunas bases teológicas sobre cómo entender correctamente tanto la infertilidad como la pérdida del embarazo.[4] Como vimos en el capítulo 5, el impacto del pecado en la persona humana tiene una

[4] Véase Matthew Arbo, *Walking through Infertility: Biblical, Theological, and Moral Counsel for Those Who Are Struggling* (Wheaton, IL: Crossway, 2018); y Kimberly y Philip Monroe, «The Bible and the Pain of Infertility», *Journal of Biblical Counseling* 23, núm. 1 (invierno de 2005): 50-58.

importancia particular en esta discusión, es decir, el quebrantamiento del cuerpo físico, que puede dejar a una pareja físicamente incapaz de tener hijos.

Otro tema bíblico importante que los consejeros deben considerar en relación con este tema es la identidad. Para todas las personas, la identidad *en parte* está relacionada con quién es la familia de uno; después de todo, incluso nuestros nombres están directamente vinculados a otras personas. Para muchos, la paternidad es un aspecto muy esperado de su identidad. La mayoría de las personas simplemente suponen que algún día serán padres. En el Antiguo Testamento, la identidad de una persona estaba casi inextricablemente ligada a la familia. El pueblo judío, por ejemplo, era descendiente de Abraham y estaba orgulloso de ello. Sin embargo, la venida de Cristo cambió la noción de identidad de estar basada en nuestras familias terrenales a ser parte de la familia espiritual de Dios. Para los cristianos, nuestra nueva identidad como hijos e hijas de Dios viene a través de nuestra adopción en la familia de Dios como hijos suyos. La familia biológica se convierte en secundaria de la familia espiritual de uno (Mat. 19:29; Mar. 3:31-35; Luc. 14:26).

Las Escrituras describen varios casos de infertilidad y pérdida del embarazo, pero las personas a menudo malinterpretan esos pasajes en relación con aquellos que actualmente sufren de esa manera. En 1 Samuel 1–2, Ana es estéril, pero clama al Señor por un hijo. Después de que ella promete dedicar el primer hijo que reciba al servicio del Señor, Él abre su útero. Del mismo modo, en la mayoría de los casos de infertilidad o esterilidad descritos en las Escrituras, la mujer concibe en el transcurso del tiempo. Esto podría llevar a los lectores a suponer que uno simplemente debe orar lo suficiente, prometer lo suficiente o tener suficiente fe, y entonces ella quedará embarazada. Pero el propósito de los pasajes bíblicos que tratan de temas de fertilidad no es demostrar una fórmula para tener un hijo sano. Más bien, describen instancias en las que el Señor lleva a cabo *Sus planes*, a menudo como parte de la narrativa de redención de la Biblia.

En algunas de las luchas relacionadas con la fertilidad que la Biblia reporta, aparece otro tema: los problemas de relación entre marido y mujer. Por ejemplo, el esposo de Ana trata de consolarla, pero ella sigue angustiada.

Esta tensión es un recordatorio de que las luchas por la fertilidad tienen el potencial tanto de construir un matrimonio como de causar división, ya sea debido a la culpa, el aislamiento, la falta de comprensión o una diferencia en las emociones o respuestas. Sin embargo, el llamado bíblico del esposo a guiar amorosamente a su esposa permanece. En todo momento, los cónyuges deben edificarse uno al otro continuamente (Ef. 4:29) y hablar palabras de aliento (1 Tes. 5:11), en lugar de alejarse el uno del otro.

Por último, los consejeros deben «[gozarse] con los que se gozan» y «[llorar] con los que lloran» (Rom. 12:15). Pero sin buscar intencionalmente tener conversaciones sobre si un aconsejado se está regocijando o llorando y por qué, simplemente no podemos hacer esto. Para muchas mujeres (y hombres) que han deseado profundamente tener un hijo, la incapacidad de tener un bebé o llevarlo a término puede ser devastadora. Por lo tanto, para entenderlos y llorar con ellos por esta devastación, debemos estar dispuestos a sumergirnos en su dolor.

Muy a menudo, los cristianos occidentales creen que Dios es bueno porque sus circunstancias son buenas. Sus experiencias se convierten en su autoridad sobre la Palabra de Dios. Es posible que este pensamiento erróneo ni siquiera sea reconocible hasta que surjan experiencias negativas que los pongan a prueba. Aquí es donde yo (Kristin) me encontré después de mis tres pérdidas antes de que naciera nuestro hijo. Fue entonces cuando fui confrontada con la realidad de que la Palabra de Dios debe ser verdadera independientemente de lo que yo piense; si dice que Él es bueno, lo es, sin importar lo que mis experiencias puedan sugerir. En última instancia, la muerte de mis hijos no puede determinar si Dios es bueno o malo. *Él es bueno.* Y todo lo malo es un trágico efecto secundario de nuestro vivir en un mundo ahora maldito por el pecado. De hecho, Dios mismo está profundamente entristecido por la muerte, como lo demuestra el hecho de que Jesús lloró por la muerte de Lázaro antes de resucitarlo (Juan 11). Debemos recordar, y ayudar a los aconsejados a recordar, que los efectos del pecado no son culpa de nuestro buen Dios. La Palabra de Dios, no nuestras circunstancias, debe determinar la verdad. De lo contrario, veremos a Dios como débil e insuficiente. Por lo tanto, mientras nos afligimos con nuestros aconsejados que experimentan problemas de fertilidad, debemos escuchar los deseos pecaminosos y las creencias erróneas que entran en juego para que podamos ayudar a los aconsejados a sacar conclusiones correctas, es decir, bíblicas, sobre Dios.

Pasos de consejería y procedimientos prácticos

Para aconsejar a una mujer (o una pareja) que atraviesa la infertilidad o la pérdida del embarazo,[5] considere estos recordatorios prácticos.

Reconozca la sensación de aislamiento que su aconsejada podría sentir

Lo más probable es que una aconsejada que se enfrenta a la infertilidad piense en ello día a día y también mes a mes; para sobrellevar la situación, puede estar aislándose, tal vez incluso de su cónyuge. Cada ciclo menstrual la hace sentir cada vez más fracasada, por lo que se aleja de los demás. Ayude a estas mujeres, y a sus esposos cuando sea posible, a identificar y responder adecuadamente a ambas formas de aislamiento.

Reconozca la dificultad de hablar sobre las luchas de fertilidad

Es poco común que los aconsejados inviten a personas ajenas a sus luchas privadas. No es fácil para una mujer o una pareja hablar de la lucha muy personal contra la infertilidad. Si una aconsejada se abre sobre su lucha, afirme su transparencia y asegúrele que la respeta por buscar ayuda.

---

[5] Sobre la infertilidad, véanse Chelsea Patterson Sobolik y Russell Moore, *Longing for Motherhood: Holding On to Hope in the Midst of Childlessness* (Chicago: Moody, 2018); Amy Baker y Daniel Wickert, MD, *Infertility: Comfort for Your Empty Arms and Heavy Heart* (Greensboro, NC: New Growth Press, 2013); y Sandra Glahn y William Cutrer, MD, *When Empty Arms Become a Heavy Burden: Encouragement for Couples Facing Infertility*, ed. rev. (Grand Rapids: Kregel, 2010). Sobre pérdida del embarazo, véanse Stephanie Green, *Miscarriage: You Are Not Alone* (Greensboro, NC: New Growth Press, 2014); Ryan Showalter, *Grieving the Loss of Your Child: Comfort for Your Broken Heart* (Greensboro, NC: New Growth Press, 2014); y Nancy Guthrie, *Holding On to Hope: A Pathway through Suffering to the Heart of God* (Carol Stream, IL: Tyndale Momentum, 2015).

Sea sensible a la singularidad de la lucha de cada aconsejada

Si usted ha pasado por una lucha en su propio matrimonio, es posible que se sienta tentado a tratar de animar a una aconsejada diciéndole que entiende por lo que está pasando o suponer que ella lucha de la misma manera que usted. Sin embargo, al igual que con cualquier otra situación discutida en su sala de consejería, debe reconocer que las experiencias y los sentimientos difieren. Además, un marido y una esposa pueden responder y luchar de maneras distintas entre sí, aunque estén atravesando las mismas dificultades. Por lo tanto, asegúrese de comunicarles a ambos que podrían sufrir de formas diferentes entre sí. Señale que hay poco que sea «correcto» o «incorrecto» en el duelo por la pérdida de un hijo o la esperanza de futuros hijos.

Comparta las verdades pertinentes de las Escrituras con sabiduría, gracia, compasión y audacia

Los siguientes temas se relacionan especialmente con la infertilidad y la pérdida del embarazo:

- La muerte y la pérdida son tristes, a menudo verdaderamente desgarradoras. Jesús incluso lloró por la muerte de su amigo Lázaro, a quien estaba a punto de resucitar (Juan 11:35). Por lo tanto, es apropiado llorar la incapacidad de concebir o llevar un hijo a término. Podemos encontrar esperanza en saber que Dios «sana a los quebrantados de corazón» (Sal. 147:3).
- Dios es fiel a pesar de nuestras circunstancias o experiencias; lo que la Biblia dice acerca de Él no cambia con base en nuestras experiencias (1 Cor. 1:9; Heb. 10:23).
- Dios ve cada lágrima que derrama Su pueblo; de hecho, las registra y embotella amorosamente (Sal. 56:8, NTV).
- Los cuerpos de los creyentes algún día serán restaurados, lo que significa que la realidad actual de quebrantamiento no es eterna. Podemos anhelar con esperanza el día de la restauración (Juan 16:22; Rom. 8:18; Apoc. 21:4).

- La identidad de un creyente se encuentra en Cristo, no en lo que uno hace, tiene o si tiene hijos. Ni los lazos familiares ni los diagnósticos médicos pueden definirnos (Ef. 1:11-16).
- El plan de Dios para cada creyente es bueno, incluso si su desarrollo involucra dolor (Rom. 8:28). El final del libro de Job, en particular, nos recuerda que, incluso en los casos de gran pérdida, el Señor se las arregla para hacer que todas las cosas cooperen para nuestro bien. Él es el más sabio (Juan 16:33).
- Aunque los cristianos difieren en cuanto al destino eterno de un niño fallecido, muchos creyentes tienen la esperanza de ver a sus hijos e hijas fallecidos en el cielo nuevo y la tierra nueva.[6]

Anime a los aconsejados a no suponer que algo anda mal en ellos

Las suposiciones pueden llevarlos a creer que la infertilidad o la pérdida es algo que pueden controlar o podrían haber controlado, y por lo tanto es su «culpa».[7] Eso podría traer una falsa sensación de vergüenza o impotencia. Más específicamente, puede agregar vergüenza al dolor cada vez que tienen que responder preguntas sobre cuándo van a tener hijos, como si fuera algo que pueden controlar fácilmente.

Aflíjase abiertamente con ellos

Reconocer el dolor de alguien puede incluir llorar junto a ellos. Sea sensible a la lucha de los aconsejados, así como a cualquier comportamiento pasado que crea que podría haber contribuido a sus problemas de fertilidad o a la pérdida del embarazo. Además, recuerde ser paciente con el dolor de cada aconsejado y caminar a su ritmo (véase el cap. 24). Como tarea de crecimiento asignada, puede pedirle a un aconsejado que lea y medite sobre

---

[6] Para esta discusión, véase Grudem, *Systematic Theology*, 499-501 (cap. 3, n. 13).

[7] Esto no significa que las decisiones pasadas no puedan afectar directamente la capacidad de concebir o llevar a término un hijo. Los abortos en el pasado, la obesidad, los trastornos alimentarios, y el consumo de drogas elevan el riesgo de infertilidad en el futuro. Los consejeros deben considerar las posibles conexiones con decisiones pasadas, a la vez que siguen siendo compasivos y delicados hacia el sufrimiento presente.

varios salmos de lamento, como los Salmos 6, 13 o 31, y luego progresar hacia la lectura y meditación de salmos de alabanza como los Salmos 30 y 34. Tales selecciones les recordarán tanto la necesidad de clamar al Señor en su dolor como la importancia de elegir la esperanza y la alabanza.

Ofrezca aliento y apoyo cuando los aconsejados expresen su deseo de seguir un camino legítimo hacia adelante

Algunas personas aquejadas con los temas discutidos en este capítulo pueden optar por complementar o seguir la consejería con la búsqueda de intervención médica o la adopción. De vez en cuando, es posible que le pidan que los acompañe a citas relacionadas. (Esto es parte de la razón por la que es sabio que una mujer aconseje a una mujer, o que una pareja aconseje a una pareja). En tales casos, debemos asegurarnos de no salirnos de nuestros roles éticos como consejeros bíblicos, pero debemos ofrecer el apoyo apropiado según se nos solicite.

Ore incluso sobre los temas más delicados

Al elevar los pensamientos, deseos, esperanzas, motivaciones y posibles decepciones de los aconsejados al Señor fuera de la sala de consejería, puede expresar una sensibilidad más sincera dentro de ella. Teniendo en mente la sabiduría de aconsejar a personas del mismo sexo y los límites apropiados, tenga en cuenta que, en algunos casos, podría ser apropiado ofrecerse a orar por una aconsejada, particularmente en los días clave de su ciclo o en la semana del aniversario de su aborto espontáneo. Usted puede optar por comunicarse con una consultante después de una cita con el médico que sabe que ha tenido temor al respecto.

Confronte amorosamente las respuestas pecaminosas

Los tipos de pérdidas que se discuten en este capítulo son efectos secundarios trágicos de la maldición del pecado que obra en el mundo, pero no son en absoluto pecaminosos. A veces, sin embargo, las respuestas a la pérdida pueden serlo. Por ejemplo, un aconsejado puede estar operando bajo falsas creencias, tales como que Dios lo está castigando o lo ha abandonado. Los consultantes pueden sentir que «merecen» tener hijos por una razón u otra. Pueden albergar amargura o ira injusta hacia Dios, su cónyuge o ellos mismos. Es posible que se encuentren a la deriva en la desesperanza y la desesperación. Usted debe confrontar y corregir amorosamente y con gran compasión cualquier creencia, motivo o comportamiento pecaminoso que se manifieste, buscando guiar a los aconsejados hacia el arrepentimiento.

Presente continuamente la idea de llorar con esperanza

Explore con su aconsejado cómo es el duelo con la mirada puesta en la eternidad (2 Cor. 4:7-18; 1 Tes. 4:13-18). Ayúdelos a aprender a mantener intencionalmente las verdades bíblicas celestiales en primer lugar en sus mentes, ya que estas pueden evitar que la desesperanza pecaminosa se infiltre. Una vez que lleguemos al cielo, incluso lo peor de lo que experimentamos aquí parecerá solo «ligero y temporal» en comparación. Esta perspectiva, junto con la idea de que Dios puede renovar y fortalecer nuestros corazones mientras tanto (véase el cap. 35), puede ayudar a los aconsejados a evitar empantanarse en la desesperación. Vivir de acuerdo con ella también podría darles la oportunidad de extender la esperanza de Cristo a los demás. Es importante destacar que Romanos 15:13 describe al Señor como «el Dios de esperanza».

Anime a un aconsejado y a su familia a conectarse con su iglesia local

Como consejeros, debemos instar a las parejas a buscar el apoyo amoroso que la familia de una iglesia puede ofrecer. La iglesia puede orar y llorar con ellos, y potencialmente regocijarse cuando sea el momento adecuado. Los aconsejados pueden optar por compartir su historia solamente con una o dos personas, como un mentor en la fe y un líder de grupo pequeño; el punto es que al acercarse, están haciendo saber a las personas que necesitan ayuda para llevar su carga y así darles la oportunidad de ofrecerse para hacerlo. Además, puede ser útil, basándose en el principio de 2 Corintios 1:3-4, ofrecer una tarea de crecimiento asignada para conectarlos con un creyente que haya pasado por una batalla similar a la suya. Esto, de hecho, podría ayudar a los aconsejados a cambiar su enfoque de sí mismos a los demás.

Conclusión

Las luchas contra la infertilidad o la pérdida del embarazo son difíciles de atravesar y es difícil hablar de ellas debido a la profundidad del dolor y la pena que conllevan. Estas realidades no existirían si el pecado no hubiera entrado en el mundo.

Como consejeros bíblicos debemos tener en cuenta y ayudar a otros a ver que, incluso cuando se enfrentan a tragedias tan intensamente personales como estas, el creyente no carece de esperanza. Las Escrituras declaran repetidamente la fidelidad de Dios a Sus hijos, Su provisión en tiempos de abundancia y necesidad, y la esperanza de una restauración futura (y la liberación del quebrantamiento actual) a causa del evangelio. Los consejeros bíblicos deben llevar esta esperanza a aquellos que son infértiles o que han perdido un bebé por aborto espontáneo. Incluso estas son luchas que los cristianos pueden atravesar victoriosamente porque el Señor está con ellos.

26

Suicidio y autolesiones

Dado que las luchas de los pensamientos suicidas y las autolesiones pueden superponerse, abordaremos ambos en este capítulo. Sin embargo, no son lo mismo. Uno no indica, necesita o excluye al otro. Por lo tanto, los consideraremos bajo encabezados separados.

Suicidio

Descripción del problema

El suicidio es el acto intencional de quitarse la vida. La ideación suicida es el patrón de pensamiento que precede o rodea a ese evento, y un intento suicida es un esfuerzo intencional (fallido) para terminar con la propia vida. Los medios típicos incluyen armas de fuego (cuyo uso es más frecuente entre los hombres), envenenamiento (más frecuente entre las mujeres), asfixia/ahorcamiento, o enfoques menos comunes como cortarse o ahogarse. Resulta trágico que el suicidio figura constantemente entre las diez principales causas de muerte en Estados Unidos. El grupo demográfico más alto de intentos de suicidio consumados son los hombres blancos de mediana edad. Mientras que cuatro veces más hombres mueren por suicidio que mujeres, las mujeres intentan suicidarse con más frecuencia.[1]

Si bien no hay un conjunto claro de criterios que puedan determinar el suicidio, los factores de riesgo comunes incluyen:

[1] «Suicide Statistics», American Foundation for Suicide Prevention, modificado el 1 de marzo de 2020, https://afsp.org/suicide-statistics

- intentos previos de suicidio o conductas autolesivas;
- sentimientos de desesperanza o impotencia expresados, o que la vida se siente «fuera de control»;
- problemas comórbidos como depresión, abuso de sustancias o TDAH;
- un historial de abuso; y
- antecedentes familiares de suicidio.

Los factores estresantes significativos de la vida y la falta de apoyo constante aumentan este riesgo. La presencia de cualquiera de estos factores debe precipitar una conversación intencional en torno a los pensamientos suicidas.

Es difícil determinar síntomas claros de los pensamientos suicidas de alguien, ya que los aconsejados a menudo ocultan su angustia. Sin embargo, los indicadores incluyen a la persona hablando de sus intenciones directa o indirectamente, tal vez haciendo declaraciones sobre no estar cerca, ser una carga para los demás, sentirse atrapado, no tener ninguna razón para vivir, poner sus asuntos en orden, regalar cosas o escribir un testamento. Pueden aislarse de los demás o mostrar cambios de humor significativos, incluidos cambios en el sueño, actuar ansiosos o deprimidos, o ser agresivos o imprudentes. A veces, el uso o abuso de sustancias indica los intentos de una víctima de lidiar con sentimientos problemáticos y abrumadores.

Los aconsejados expresan numerosas razones para desear poner fin a sus vidas. En la mayoría de los casos, los intentos están relacionados con factores estresantes situacionales relacionados con las relaciones, las finanzas, el trabajo o la salud física. Por lo general, implican algún tipo de angustia emocional interna, como sentimientos de desesperación, desesperanza, tristeza profunda o sufrimiento implacable sin pronóstico de cambio positivo. Un aconsejado puede expresar sentimientos de culpa o vergüenza por un evento en particular o un fracaso personal. (Algunas culturas ven el suicidio como una opción honorable en lugar de avergonzar a la familia).

Otros aconsejados pueden querer poner fin a sus vidas porque sienten alguna «necesidad» insatisfecha, como el deseo de amor o aceptación, o una necesidad física de ingresos o protección. Algunos podrían admitir que sus pensamientos suicidas provienen de la ira o la amargura; pueden pensar en quitarse la vida como una oportunidad para buscar venganza o para lastimar a otra persona. Los adultos mayores pueden tener pensamientos suicidas después de la pérdida de un ser querido, sintiéndose tan vacíos que no quieren vivir sin cierta persona.

Los consejeros bíblicos deben explorar los motivos subyacentes de cualquier pensamiento suicida que se les presente. Tratar a alguien con profunda angustia emocional será diferente a tratar a alguien que se siente perdido sin su cónyuge de cincuenta años. Comprender los motivos implica dedicar un tiempo significativo a escuchar el razonamiento del aconsejado para querer quitarse la vida y responder en consecuencia.[2] También significa explorar lo que lo llevó a la consejería en relación con su motivación y deseo de cambiar. Por ejemplo, ¿el aconsejado se acercó a usted porque estaba asustado por sus propios pensamientos o porque su familia lo obligó?

Evaluación de riesgos

Al evaluar a un aconsejado, el consejero debe escuchar bien, evaluando la situación y las intenciones de la persona. Podemos hacer preguntas como estas:

- En una escala del 1 al 10, donde 1 es muy bajo y 10 es muy alto, ¿cuál es tu nivel de angustia?
- ¿Qué circunstancias están contribuyendo a tus pensamientos?
- ¿Por qué crees que sería mejor no vivir?
- ¿Qué emociones estás experimentando?
- ¿Tienes un plan para quitarte la vida y un medio para llevarlo a cabo?
- ¿Has hecho un intento reciente?

Estas preguntas tienen como objetivo descubrir la lógica interna y las motivaciones del aconsejado.

---

[2] Para obtener más información, véase Jeffrey S. Black, *Suicide: Understanding and Intervening* (Phillipsburg, NJ: P&R, 2003); y David Powlison, *I Just Want to Die: Replacing Suicidal Thoughts with Hope* (Greensboro, NC: New Growth Press, 2010).

Realizar estas preguntas también ayuda al consejero a evaluar el riesgo de suicidio, un primer paso importante.[3] Una evaluación sabia considera la intención, el plan y los medios, como así también los factores de riesgo que contribuyen, tales como cualquier historial de pensamientos suicidas o intentos de suicidio, emociones o relaciones problemáticas, factores estresantes de la vida y cualquier patrón emocional, conductual o de pensamiento que indique intención. Varias herramientas disponibles pueden ayudar a los consejeros a evaluar el riesgo.[4]

El suicidio en la Biblia

Si bien vemos ejemplos de suicidio en las Escrituras, aquellos que lo eligieron claramente no estaban caminando con el Señor, se enfrentaban a una muerte inminente por una lesión mortal o evidenciaron un gran temor.[5] Dado que estas situaciones no suelen alinearse con lo que vemos en los encuentros de consejería bíblica, deducimos poco de estos relatos.

Sin embargo, varios temas teológicos clave se refieren a la cuestión del suicidio y la ideación suicida. Primero, las Escrituras afirman el valor de la vida humana. Los seres humanos son portadores de la imagen de Dios, preciosos y valiosos para Él, y su valor no se basa en la capacidad o habilidad (Gén. 1:26-27). Por lo tanto, la vida humana debe ser defendida como tremendamente valiosa. En segundo lugar, las Escrituras presentan solo a Dios como Creador y autor de la vida; Él la da y la sustenta, por lo

---

[3] Para más información sobre evaluación de riesgo, véase «Suicide Prevention and Grieving a Suicide», Biblical Counseling Coalition, 4 de mayo de 2013, https://www.biblicalcounselingcoalition.org/2013/05/04/suicide-prevention-and-grieving-a-suicide/; y la conferencia de Aaron Sironi: «Assessing and Counseling a Person with Suicidal Thoughts», https://www.ccef.org/shop/product/assessing-and-counseling-person-suicidal-thoughts/

[4] Véase, por ejemplo, «Suicide Assessments Five-Step Evaluation and Triage» (SAFE-T), disponible en https://store.samhsa.gov/product/SAFE-T-Pocket-Card-Suicide-Assessment-Five-Step-Evaluation-and-Triage-for-Clinicians/sma09-4432; y «Columbia-Suicide Severity Rating Scale (C-SSRS), disponible en https://suicidepreventionlifeline.org/wp-content/uploads/2016/09/Suicide-Risk-Assessment-C-SSRS-Lifeline-Version-2014.pdf

[5] Véase, por ejemplo, la historia de Sansón en Jue. 16:28-30, la de Saúl y su escudero en 1 Sam. 31:4-5, y la de Judas en Mat. 27:3-5.

que solo Él tiene autoridad sobre cuándo comienza y debe terminar una vida. En tercer lugar, la Biblia prohíbe el asesinato (Ex. 20:13; Gén. 9:5-6). Los teólogos incluyen el suicidio como asesinato. Por lo tanto, el tema tiene un claro componente moral; no se trata de honor versus deshonor. Es claramente pecaminoso porque desobedece los mandamientos de Dios, es un acto de incredulidad (desear hacer las cosas a la manera de uno) y desprecia a los demás de manera egocéntrica.

Sin embargo, no creemos que suicidarse le cueste la salvación a un verdadero creyente. Por la gracia preservadora de Dios, un acto de rebelión no puede deshacer el compromiso de pacto de Dios con Sus hijos. Pero ciertamente no debemos tomar a la ligera los pensamientos o intentos suicidas. El consejero sabio debe mantener en conjunto tanto la gravedad de este pecado como la gracia de Dios, reconociendo que no podemos saber con certeza el estado eterno de alguien que profesa fe pero comete suicidio (Mat. 7:21-23).

Consejería para personas suicidas

¿Cómo deben proceder los consejeros con aquellos que parecen suicidas, ya sea porque lo admiten abiertamente o porque su comportamiento parece llevarlos a ello? Nuestra primera preocupación debe ser la seguridad del aconsejado. Debemos hablar francamente con ellos sobre cualquier pensamiento/ideación suicida. Hablar sobre el suicidio no llevará a una persona a quitarse la vida, pero evitar esa discusión podría llevar a un consejero a pasar por alto indicadores claros. Por lo tanto, si existe algún indicador, debemos plantear el tema *al menos* en la(s) primera(s) sesión(es) y evaluar y responder continuamente a los factores estresantes y al nivel de riesgo del aconsejado a lo largo de la consejería.

El acuerdo de consentimiento informado presentado a un consultante antes del tratamiento debe incluir una nota sobre la confidencialidad limitada, dando libertad explícitamente al consejero para involucrar a otros según se considere prudente en caso de que existan indicadores suicidas. Las medidas de seguridad pueden incluir pedir a los aconsejados o a sus familiares que retiren cualquier medio de daño de una residencia (por ej., tirar las pastillas al inodoro, bloquear o deshacerse de las armas), establecer una vigilancia de suicidio, procurar un acuerdo verbal o escrito de no hacerse daño, y desarrollar con el aconsejado un plan de seguridad por escrito que enumere los posibles desencadenantes o señales de advertencia, una lista de estrategias de afrontamiento (oración, lectura de las Escrituras, el alejamiento de un contexto o situación actual, etc.) y los nombres y números de las personas de apoyo y las líneas de crisis a las que se puede llamar cuando surgen pensamientos suicidas.[6] En la medida de lo posible, debemos involucrar a los miembros de la familia y a la iglesia del aconsejado para que lo apoyen y formen parte del plan de seguridad.

Incluso al establecer medidas de seguridad, el consejero debe tratar de validar y afligirse por la experiencia de sufrimiento de un aconsejado. Si bien nunca debemos afirmar el deseo de quitarnos la vida, y debemos hacer todo lo posible para evitar una acción trágica, debemos reconocer la profundidad de la desesperación y la angustia del aconsejado. Como señaló el salmista en el Salmo 23:4 (NVI): «Aun si voy por valles tenebrosos, no temeré ningún mal porque tú estás a mi lado», así también Dios lo hace con un aconsejado. Debemos demostrar esa cercanía en nuestro cuidado.

Además, debemos mostrar compasión. No debemos suponer que el aconsejado no ha luchado ya con la moralidad de su decisión. Para el consultante suicida, quitarse la vida puede parecer lógico. Tiene razones para el curso de acción que está considerando. Si bien esas razones pueden no tener sentido para nosotros, tienen sentido para nuestros aconsejados. Por lo tanto, debemos tratar de comprender su lógica, no descartarla. ¿Por qué el aconsejado está considerando el suicidio? ¿Qué es lo que lo impulsa a ese curso de acción? Un aconsejado puede sentirse desesperado, aterrado de que las cosas nunca cambien. El suicidio es una vía de escape. Otro puede sentirse fuera de control e incapaz de cambiar sus caminos pecaminosos. Quitarse la vida es algo que pueden controlar. O tal vez el aconsejado desea ejercer control sobre los demás, manipulándolos a través de amenazas o incluso intentos de suicidio. Para este aconsejado, el suicidio es una

---

[6] Para obtener plantillas útiles, véase https://sprc.org/online-library/stanley-brown-safety-plan/ y http://socialworktech.com/2017/05/16/safety-plan/?v=f24485ae434a

herramienta. Los consejeros deben entender y abordar directamente los motivos del corazón con las verdades apropiadas de la Palabra de Dios.

A lo largo de nuestras sesiones, a menudo debemos predicar el evangelio, exponiendo con gracia y firmeza las mentiras y los malos deseos que influyen en nuestros aconsejados. Los siguientes pasajes pueden ayudarnos a aplicar la Palabra de Dios a la lucha particular de alguien:

- 1 Corintios 10:13-14 asegura a los creyentes que nunca somos tentados más allá de lo que podemos soportar. Incluso los pensamientos suicidas, o las fuertes tentaciones hacia él, no están más allá de lo que podemos combatir con la ayuda del Señor.
- 2 Corintios 4:7-18 nos impulsa a mantener un enfoque eterno en nuestro sufrimiento. Si bien el sufrimiento es real y apremiante, es temporal. Pasará.
- Hebreos 4:12-16 nos dice que Jesús se compadece de nosotros en nuestras debilidades. Jesús enfrentó inmensas dificultades y conoce íntimamente el sufrimiento de nuestros aconsejados.
- Lamentaciones 3:22-23 dice que las misericordias de Dios «nuevas son cada mañana». Cada día, entonces, el aconsejado puede recibir esas misericordias para enfrentar el día que tiene por delante, incluidas las luchas que trae.
- El Salmo 46:1-2 señala que «Dios es nuestro refugio y nuestra fortaleza» (NVI). Debido a que nuestra fuerza proviene del Señor de los ejércitos, no debemos temer, «aunque se desmorone la tierra».
- El Salmo 73:26 dice: «Dios es la roca de mi corazón, él es mi herencia eterna» (NVI). Esto nos recuerda que en la vida Él guía a los creyentes con Su consejo, y después nos llevará a la gloria. Él recibe a Sus hijos a pesar de sus debilidades.
- Juan 10:1-18 nos recuerda que Jesús es nuestro buen pastor. Es él quien nos conduce a la seguridad, al descanso y a la provisión. Protege y cuida a los suyos, por nombre.

A lo largo de la consejería, debemos apoyarnos en tres temas clave: (1) la esperanzadora seguridad de que Dios está presente, es compasivo, misericordioso y perdonador; (2) el control soberano de Dios sobre una situación, a pesar del caos que uno esté experimentando; y (3) el cuidado y la preocupación genuinos de Dios por las luchas de Sus hijos. El evangelio habla directamente a cada uno de estos temas: Jesús se hizo presente en la tierra, y el Espíritu permanece presente en los creyentes; Dios derrama misericordia sobre Sus hijos a causa de la cruz; conserva el control sobre todas las cosas, incluso sobre la muerte de Su Hijo; y la crucifixión y la resurrección nos dan esperanza eterna. No debemos pasar por alto la importancia del evangelio para aquellos que luchan con pensamientos suicidas. Debemos llevar estas verdades con cuidado a los pensamientos, sentimientos y deseos específicos de un aconsejado.

Un tema común con el suicidio es la falta de esperanza del aconsejado en su situación, sus sentimientos o su lucha. En última instancia, esta desesperanza surge de la incapacidad de comprender plenamente quién es Dios, que Su soberanía es buena porque Él es bueno, y que cada uno de nosotros es valioso para Él y para los demás. También puede provenir de deseos insatisfechos, sueños fallidos o pérdidas de la vida real. El consejero sabio debe explorar cualquier forma defectuosa de pensar o deseos pecaminosos subyacentes que se relacionen con estas áreas y luego directa y compasivamente hablar la verdad de Dios con respecto a estas creencias y motivos.

Para hacer esto, el consejero puede guiar al aconsejado a leer pasajes particulares de los Salmos que tratan sobre la desesperanza y la respuesta de Dios en medio de ella (por ej.: Sal. 13:1-6; 34:17-19; 94:1-16). El aconsejado podría incluso encontrar útil escribir su propio salmo, expresando sus emociones y preocupaciones con franqueza al Señor, mientras aplica la Palabra de Dios a su situación. La persona podría beneficiarse de meditar y luego escribir en un diario oraciones sobre las promesas presentes de Dios para ella en pasajes como Filipenses 4:19; 2 Pedro 1:4; Isaías 41:10; y Juan 14:27. Adicionalmente, el consejero puede pedirle al aconsejado que memorice y medite en pasajes que se relacionen directamente con sus miedos, preocupaciones o dolor subyacentes. El aconsejado también puede llevar un diario de sus pensamientos a medida que surgen, y luego, ya sea con o sin el consejero, buscar patrones de incredulidad o pensamientos erróneos, anhelos/deseos subyacentes, ídolos caídos, sueños fallidos o pérdidas.

Además, debemos tratar de ayudar a un aconsejado a pensar bíblicamente y responder con rectitud a sus problemas presentes. Sabemos que el pecado y el quebrantamiento son realidades presentes en este mundo; el sufrimiento abunda. Pero este mundo no es nuestro hogar (Heb. 13:14); más bien, nosotros, los seguidores de Cristo, buscamos la ciudad celestial por encima de la comodidad temporal. Apocalipsis 21:4 nos recuerda que «Enjugará Dios toda lágrima de los ojos de ellos; y ya no habrá muerte, ni habrá más llanto, ni clamor, ni dolor; porque las primeras cosas pasaron». Ese día, el sufrimiento del aconsejado cesará. Para siempre. Sin embargo, no podemos escoltarlos en ese reino; Dios tiene autoridad sobre la vida, la muerte y la restauración de Su creación. Las promesas y la provisión de Dios son suficientes para esta vida hasta que llegue la restauración. Las Escrituras sugieren que debemos vivir en un equilibrio saludable entre la esperanza y el anhelo.

Y también debemos recordar que las luchas de un aconsejado no son nuevas para Dios ni algo que no puedan manejar con la ayuda de Dios (1 Cor. 10:13). Queremos ayudarlos a pensar y vivir correctamente a la luz de la verdad de Dios. El aconsejado que busca escapar debe darse cuenta de que este no debe ser su objetivo final; honrar al Señor en medio del sufrimiento debe serlo. El aconsejado que se siente fuera de control debe llegar a ver al Señor como el supervisor soberano de todas las cosas; Dios es el que tiene el control, no cualquier individuo. El aconsejado manipulador debe ver su propio pecado al tratar de ejercer poder sobre los demás. En cada caso, un corazón pecaminoso impulsa los intentos de suicidio y, lamentablemente, pasa por alto las respuestas de Dios al buscar una «solución» permanente a un problema temporal.

Terminamos con un recordatorio final: en última instancia, los aconsejados son responsables de cualquier decisión que tomen. Este no es un caso menor si alguien a quien usted aconseja decide quitarse la vida. Puede suplicarles que no lo hagan, puede brindarles orientación, sabiduría, oración y cuidado, y en algunos casos puede ayudarlos a internarse en un hospital para supervisión, pero no puede ser dueño de la elección de nadie de poner fin a su propia vida. No hay garantía de que todas las personas a las que aconseje presten atención a las palabras del Señor.

Autolesiones

¿Qué es la autolesión?

El hacerse daño a uno mismo, también llamado autolesión, es el daño físico intencional causado al propio cuerpo. Puede incluir cosas como cortarse los brazos, las piernas o el vientre, tallar palabras en el cuerpo, golpearse con un puño o un martillo, o quemarse. La autolesión puede o no estar relacionada con la ideación suicida; sin embargo, el consejero debe evaluar el riesgo de suicidio en casos de autolesión.

Estadísticamente, las autolesiones van en aumento y son más comunes en mujeres adolescentes y adultas jóvenes. La mayoría de las personas que se autolesionan comienzan durante la adolescencia o la preadolescencia, y casi la mitad de ellas han sido abusadas de alguna manera. Muchos informan que aprendieron a lesionarse a través de «amigos» o sitios web a favor de las autolesiones. La subcultura adolescente actual, de hecho, en muchos sentidos afirma y propaga la autolesión como un método aceptable para lidiar con emociones o situaciones problemáticas. Existe una correlación notable entre la edad (adolescente/preadolescente) y las realidades del desarrollo, como el influjo de emociones sin capacidades plenamente desarrolladas para regularlas (véase el cap. 38).

Síntomas y manifestaciones

La autolesión suele implicar el uso de un cuchillo, una navaja de afeitar, una tijera o las uñas para cortarse la piel. Muy a menudo, las heridas se ocultan en áreas del cuerpo que se cubren fácilmente (como los brazos, los muslos o el vientre), dado el nivel de vergüenza asociada con este comportamiento. Por lo general, la autolesión es una ocurrencia regular que conduce a heridas o contusiones frecuentes, aunque es posible que no se noten, ya que también se ocultan con frecuencia.

Comprender las razones detrás de estos comportamientos es fundamental para ayudar a las personas a las que aconsejamos. Las razones más comunes incluyen:

- un intento de detener o encubrir los sentimientos emocionales negativos (ya que la autolesión puede dar una sensación de control sobre los propios sentimientos);
- un deseo de al menos sentir algo o de sentirse vivo si experimenta insensibilidad emocional;
- autocastigo;
- un intento de aliviar la sensación de vacío;
- una forma de relajarse; y
- algo que hacer cuando se está solo.

A estas razones también podríamos añadir una necesidad sentida de atención, que a menudo aparece en conjunto con una o más de las razones anteriores. La cultura juvenil actual parece prestar mayor atención a estos comportamientos, y algunos adolescentes desean sobresalir o ser vistos de una manera particular. Desafortunadamente, tener la atención puesta en ellos puede reforzar su comportamiento, a pesar de cualquier connotación negativa asociada con él.

Los factores de riesgo comunes incluyen la incapacidad para hacer frente a las emociones negativas (es decir, dificultad con la expresión emocional), la exposición previa a conductas autolesivas, los bajos niveles de autocontrol o regulación emocional, la falta de una red de apoyo sólida y tener problemas de salud mental comórbidos como la ansiedad o la depresión.

Pasos de consejería y procedimientos prácticos[7]

La evaluación, incluida la evaluación del suicidio, es un aspecto importante de la consejería de las personas que se autolesionan. El consejero debe

[7] Véase Amy Baker, *Relief without Cutting: Taking Your Negative Feelings to God* (Greensboro, NC: New Growth Press, 2011); Julie Ganschow, *A Biblical Understanding of Self-Injury*, 2.ª ed. (Kansas City, MO: Pure Water Press, 2013); Jeremy Lelek, *Cutting:*

explorar el historial de lesiones del aconsejado, los medios, la frecuencia, las razones, la apertura, cualquier desencadenante o factor estresante y cualquier otra lucha como la depresión o la ansiedad que pudieran estar involucrados. En particular, debemos tratar de comprender las razones y los motivos detrás de los comportamientos, porque solo cuando comprendemos la motivación podemos llegar al corazón del problema. Como consejeros, no solo queremos detener el comportamiento, sino lidiar con los problemas subyacentes. Por lo general, las conversaciones con aquellos que se dañan a sí mismos se centrarán en las luchas subyacentes (emociones, motivaciones), enseñándoles medios piadosos para lidiar con el estrés o las emociones, y eliminando o minimizando los factores estresantes cuando sea posible.

Específicamente, debemos abordar las luchas, los sentimientos o los factores estresantes subyacentes de una manera que el aconsejado los entienda correctamente y responda a ellos de manera apropiada a la luz de la Palabra de Dios (según los recuadros 4, 5 y 6 que se analizan en el cap. 10). La autolesión es una respuesta pecaminosa (Recuadro 2) al calor (Recuadro 1) que refleja problemas del corazón subyacentes pecaminosos (Recuadro 3). Debemos abordar los tres temas para mover a los aconsejados hacia una respuesta que honre al Señor. Si bien esto será diferente para cada aconsejado, la progresión es la misma.

Además, el consejero debe instar a la persona y a su familia a reducir cualquier acceso a herramientas de autolesión, como cuchillos, navajas de afeitar o lápices, al mismo tiempo que reconoce que esto ofrece una protección limitada (por ejemplo, el aconsejado puede usar sus uñas para infligir heridas). El consejero también puede fomentar la supervisión, cuando sea posible, y debe involucrar a los padres cuando se trata de un aconsejado menor de edad, alentándolo a que se lo cuente directamente a sus padres. El consejero también debe documentar las revelaciones de autolesiones o cualquier pensamiento suicida que pueda acompañar a las acciones abusivas autoinfligidas.

Un consejero debe ser paciente, ya que los comportamientos mencionados generalmente no se detendrán de la noche a la mañana. Al igual

---

A Healing Response (Phillipsburg, NJ: P&R, 2012); y Edward T. Welch, *Self-Injury: When Pain Feels Good* (Phillipsburg, NJ: P&R, 2004).

que una adicción, la autolesión puede convertirse en una forma habitual, aparentemente «efectiva» de lidiar con los factores estresantes/el calor que el aconsejado no puede manejar. La consejería implica ayudar al aconsejado a manejar sus luchas de maneras nuevas y mejores que honren al Señor. Por lo tanto, debemos defender la Palabra de Dios (Juan 17:17) como autoritativa sobre todas las emociones. Lo que Dios dice acerca de sus luchas importa más que cómo se sienten por causa de ellas. Todos debemos confiar en el Señor, en lugar de en nuestro propio entendimiento o sentimientos, como nuestro descanso y paz (Mat. 11:28-30). El consejero debe hablar abierta y frecuentemente acerca de la sumisión al Señor y el arrepentimiento de las malas maneras en que el aconsejado ha manejado la vida. Es pecaminoso dañarse a uno mismo, y el aconsejado debe trabajar para pensar y actuar de manera que agrade a Dios. En 1 Pedro 2:24 se nos recuerda a los creyentes que Jesucristo llevó nuestros pecados en la cruz para que pudiéramos vivir *y vivir con rectitud.* Él hizo el trabajo y está terminado. La Biblia le asegura al creyente que se autolesiona que vivir correctamente es posible debido a lo que Cristo ya logró en la cruz.

Por último, la Biblia habla extensamente acerca de las luchas entre la carne y el espíritu. En particular, Pablo escribe en Romanos 8:6: «Porque el ocuparse de la carne es muerte, pero el ocuparse del Espíritu es vida y paz». Cuando seguimos los deseos (pecaminosos) de nuestros corazones, solo nos conducen a la destrucción y a la muerte. Sin embargo, cuando nuestras mentes están puestas en las cosas de Dios, guiadas por Su Espíritu, encontramos vida y paz. Para el aconsejado que se autolesiona, la vida y la paz a menudo faltan, pero Dios provee la solución en Su Palabra: poner el corazón en Él en lugar de en sí mismo. El consejero debe compartir continuamente las verdades del evangelio pertinentes a esta lucha: Dios está cerca de los quebrantados de corazón; Él da consuelo, esperanza y paz; y por Su poder se pueden romper los patrones pecaminosos. Hay esperanza.

Asignaciones de crecimiento sugeridas

Una variedad de tareas de crecimiento puede ayudar a aquellos que luchan contra las autolesiones. En primer lugar, el aconsejado debe llevar un registro de los incidentes de autolesión entre sesiones. Lo que registran debe incluir el entorno, los detonantes, los sentimientos antes y después, los mecanismos de afrontamiento establecidos, los patrones de pensamiento y las motivaciones o deseos distinguibles. Esto permitirá una mejor evaluación y discusión en las sesiones de consejería, particularmente en relación con los problemas de corazón subyacentes.

En segundo lugar, el aconsejado debe meditar en pasajes como 1 Corintios 6:19-20 («¿O ignoráis [...] que no sois vuestros? Porque habéis sido comprados por precio») e Isaías 53:5 («por su llaga fuimos nosotros curados»). A la luz de Filipenses 4:8, el aconsejado creyente podría beneficiarse de hacer una lista de las verdades bíblicas relacionadas con sus detonantes emocionales; por ejemplo: «Soy suyo, no mío» (1 Cor. 6:19-20) y «¡Porque el Hijo me ha liberado, soy verdaderamente libre!» (Juan 8:36). También debemos ayudar a los aconsejados a aprender a orar, a hablar con el Señor a la luz de Su Palabra y a buscar la ayuda del Espíritu para combatir las tentaciones. Por último, las tareas de crecimiento asignadas pueden implicar que un aconsejado practique otros métodos para manejar sus factores estresantes: leer un salmo, orar y pensar pensamientos verdaderos como se exploró anteriormente.

Conclusión

Cerramos con una advertencia aleccionadora. En vista de la gravedad del suicidio y las autolesiones, recomendamos que los consejeros sin experiencia consulten con consejeros o supervisores más experimentados para estar mejor equipados para caminar con aquellos que luchan con estos problemas que amenazan la vida. La consejería en casos de suicidio y autolesiones suele ser compleja y requiere paciencia, compasión y sabiduría, pero también una confrontación directa y amorosa. En última instancia, el objetivo es ayudar al aconsejado a avanzar hacia una respuesta adecuada y que honre a Dios en sus luchas.

27

Adicciones y pecados esclavizantes

La consejería implica comunicación verbal. El lenguaje que usamos importa. La forma en que etiquetamos un problema que se presenta tiene implicaciones en cómo evaluamos el problema y aconsejamos a la persona. Ningún tema de consejería ilustra esta dinámica más claramente que la «adicción». Además de la palabra *adicción*, nuestra cultura utiliza una variedad de términos: *enfermedad, dependencia química, abuso de sustancias, codependencia* y una variedad de palabras que terminan en *-ólico, -olismo* o *manía* (por ej.: *trabajólico, cleptomanía*). El *DSM-5* dedica más de cien páginas a una amplia gama de «Trastornos adictivos y relacionados con sustancias», incluyendo el juego.[1] Si bien estos términos culturales y psiquiátricos a veces agregan valor descriptivo, en gran medida proceden de suposiciones antropológicas no bíblicas, tienen connotaciones injustificadas de causalidad médica y evocan estrategias de consejería no bíblicas.

Perspectivas bíblicas

Aunque no usa el término «adicción», la Biblia aborda su dinámica a través del concepto de pecado esclavizante. Al mismo tiempo, dado el uso popular del lenguaje de la adicción, los sabios consejeros bíblicos no corrigen prematuramente las palabras de un aconsejado, sino que le muestran cómo las Escrituras proporcionan una mejor manera de entender y resolver

[1] *DSM-5*, 481-589 (véase cap. 9, n. 7).

el problema.[2] Dada su prominencia, en este capítulo nos enfocamos en la esclavitud al alcohol, pero reconocemos que los siguientes principios (por ej.: falta de autocontrol e impacto destructivo) se aplican a todas las formas de adicción (por ej.: los juegos de azar, videojuegos, las compras y el tabaco).

Visión bíblica del alcohol

Comencemos por distinguir entre el uso y el abuso del alcohol.[3] Las Escrituras no prohíben el uso moderado y autocontrolado del alcohol (Col. 2:16-23; 1 Tim. 4:1-5). Era una bebida estándar en el mundo bíblico, su provisión a menudo se veía como una bendición de Dios (Deut. 32:14; Sal. 104:14-15; Isa. 55:1; Joel 2:24; Amós 9:13; Mat. 11:16-19; Luc. 7:33-34; Juan 2:1-10), e incluso como tratamiento medicinal (1 Tim. 5:23). Al mismo tiempo, los creyentes deben limitar su libertad cuando pueda herir las conciencias sensibles de los hermanos y hermanas más débiles (no la de los creyentes fariseos) que podrían imitar a los creyentes más fuertes y, por lo tanto, violar sus propias conciencias (Rom. 14–15; 1 Cor. 8–10).

Sin embargo, la misma Biblia condena el abuso del alcohol. Encontramos ejemplos bíblicos de embriaguez (por ej.: Noé en Gén. 9; Lot en Gén. 19; Nabal en 1 Sam. 25), prohibiciones bíblicas (Isa. 5:11; Luc. 21:34; Rom. 13:13-14; 1 Cor. 5:11; 6:10; Gál. 5:21; Ef. 5:18; 1 Ped. 4:3); y descripciones bíblicas de su impacto destructivo (Prov. 20:1; 23:19-21, 29-35; 31:4-7; Isa. 28:7-8; Hab. 2:15). Estos últimos pasajes suenan siniestramente como las descripciones de la literatura sobre adicciones. Por esta

[2] Para pensar bíblicamente sobre la adicción, comience con Edward T. Welch, *Addictions: A Banquet in the Grave: Finding Hope in the Power of the Gospel* (Phillipsburg, NJ: P&R, 2001). Véase también Mark E. Shaw, *The Heart of Addiction: A Biblical Perspective* (Bemidji, MN: Focus, 2008); Richard Baxter (1615–1691), *The Practical Works of Richard Baxter*, vol. 1, *A Christian Directory* (Ligonier, PA: Soli Deo Gloria, 1990), 309–30; y David R. Dunham, *Addictive Habits: Changing for Good* (Phillipsburg, NJ: P&R, 2018).

[3] Sobre la perspectiva bíblica acerca del alcohol y sus implicaciones para los cristianos, véase Wayne Grudem, *Christian Ethics: An Introduction to Biblical Moral Reasoning* (Wheaton, IL: Crossway, 2018), 675-96.

razón, los consejeros deben instar a los adictos a abstenerse de todas las formas de sustancias adictivas. Los creyentes deben estar llenos del Espíritu Santo, no de sustancias embriagantes, y producir el fruto del Espíritu de dominio propio y sobriedad (Prov. 25:28; Gál. 5:22-23; Ef. 5:15-18).

Definiendo la adicción

¿Cómo deberíamos entender la adicción? Ed Welch proporciona una definición teológicamente rica: «Surgiendo de nuestra alienación del Dios vivo, la adicción es la esclavitud bajo el gobierno de una sustancia, actividad o estado mental, que luego se convierte en el centro de la vida, defendiéndose de la verdad para que ni siquiera las malas consecuencias traigan arrepentimiento, y conduciendo a un mayor alejamiento de Dios».[4] Esta definición capta seis dinámicas:

1. La raíz del problema es la alienación de Dios. La adicción es principalmente un problema vertical, un trastorno de adoración, un intento de vivir independientemente del Señor.

2. La adicción incluye la esclavitud a cualquier sustancia, actividad o estado mental, incluidos los elogios humanos, la delgadez corporal o la productividad laboral. Si bien nuestra cultura utiliza predominantemente el lenguaje de la adicción para el abuso de sustancias, el término abarca las adicciones al sexo, la comida, el ejercicio, el amor, los deportes, la política, el sueño, el trabajo, la lotería, los juegos de azar, la pornografía, la televisión, los videojuegos y las compras.

3. La conducta adictiva se convierte en «el centro de la vida». Los consejeros bíblicos a veces se refieren a la adicción como un pecado «dominante de la vida», que afecta todos los aspectos de la vida diaria. Esa sustancia, actividad o estado mental atesorado magnetiza los corazones.

4. El pecado esclavizante «se defiende de la verdad», resistiendo la entrada vivificante de la Palabra de Dios. Repele todas las verdades bíblicas que podrían marchitarlo y matarlo. Pasajes como Romanos 6 se vuelven

[4] Welch, *Addictions*, 35. La primera cláusula: «Surgiendo de nuestra alienación del Dios vivo», viene de Gary S. Shogren y Edward T. Welch, *Running in Circles: How to Find Freedom from Addictive Behavior* (Grand Rapids: Baker, 1995), 27.

paradigmáticos de la lucha del reino del pecado, las tinieblas y la esclavitud contra el reino de la justicia, la luz y la libertad. También presenta la interacción vital entre la santificación inicial (por ej. nuestra nueva identidad en Cristo) y la santificación progresiva (por ej. dar muerte a la carne remanente).

5. Esta obstinada resistencia a la verdad de Dios se vuelve escandalosamente irracional cuando «ni siquiera las malas consecuencias traen arrepentimiento». A pesar de los argumentos y evidencias que podríamos (y deberíamos) reunir para persuadir a los aconsejados a que se aparten del pecado, aman su adicción más que su salud, su familia, su reputación y su trabajo, y tristemente, más que a su Dios.

6. A su vez, la oposición a la verdad de Dios conduce a «un mayor alejamiento del reino de Dios». Las conductas adictivas suelen degenerar y caer en una espiral descendente.

Por supuesto, en nuestra cultura del alcoholismo como enfermedad, los consejeros bíblicos pueden encontrar que incluso sus consultantes cristianos se resisten a la visión bíblica de la adicción como pecado. Esto nos llama a ampliar y profundizar la comprensión del pecado por parte del aconsejado como algo más que decisiones deliberadas y voluntarias (véase el cap. 6).

¿Por qué el punto de vista no bíblico del alcohol como enfermedad parece tan atractivo, incluso para aquellos que entienden que están tomando decisiones morales? Welch nos alerta de manera útil sobre dos metáforas del pecado que expresan la experiencia de la adicción: (1) el pecado como una bestia atacante que se agazapa en la puerta lista para saltar sobre ti y destrozarte (Gén. 4:7; 1 Ped. 5:7), y (2) el pecado como una enfermedad o dolencia (Isa. 1:5-7).[5] Recordemos en el capítulo 6 las imágenes que describen la naturaleza activa, degenerativa y depredadora del pecado. Esclaviza, sobrepasa y agobia a las personas. La adicción puede sentirse como si «algo fuera de [nosotros] se hubiera apoderado de [nosotros]».[6]

Una dinámica bíblica que capta la experiencia de un adicto es su condición simultánea de rebelde voluntario y esclavo involuntario. En la tabla siguiente se describen estas realidades duales y concurrentes:

---

[5] Welch, *Addictions*, 60-61.

[6] Welch, 33.

Dios ve a los adictos como rebeldes deliberados y esclavos reticentes, y responde tanto con ira como con compasión. Para aquellos que se vuelven a Cristo en la fe, Dios justifica y perdona misericordiosamente y regenera y santifica progresivamente (comp. Rom. 5:6-11).

Estrategias de consejería

¿Cómo deben los consejeros bíblicos ayudar a aquellos que buscan consejo para sus problemas de adicción, ya sea que involucren el abuso de sustancias u otras formas de pecado conductual? Se pueden emplear varios métodos:

La doble condición de los adictos: rebeldes y *esclavos*

REBELDE	ESCLAVO
La experiencia sentida del adicto	
Voluntario: «Yo quiero».	«En contra» de mi deseo, «no puedo dominarlo».
En control.	Fuera de control, controlado.
Escoger, calcular, premeditado.	Ciego, confuso, espontáneo, «victimizado», atrapado.
Reacciones exageradas en nuestra cultura y frecuentemente en la iglesia	
Moralismo, superioridad, conductismo.	Modelos de enfermedad, modelos de víctimas.
Cambio instantáneo: «Solo di ¡no!».	«Enfermedad incurable», «terapia de por vida», «una vez adicto, siempre adicto».
Actitud y respuesta de Dios	
Enojo divino, ira justa.	Lástima divina, compasión empática.

Adictos como responsables, desobedientes.	Dios regenera y santifica progresivamente.
Pasajes clave	
Isa. 53:6; 1 Cor. 6:9-11; 1 Jn. 3:4.	1 Cor. 6:12-20; 2 Tim. 2:22-26; Tito 3:3-8.
Ambas dinámicas aparecen en Prov. 5:21-23; Juan 8:12, 31-36; Rom. 6:15-23; 7:14-25; Ef. 2:1-3; 4:17-24.	

Ver a los aconsejados como compañeros de lucha y compañeros pecadores

La consejería efectiva sobre adicciones comienza cuando reconoce que usted también pelea contra el poder esclavizante del pecado; por lo tanto, usted necesita el mismo Salvador y la misma gracia que sus aconsejados. Así que, consejero, hágase estas preguntas:

- *¿Qué tan bien admito mis patrones de pecado?* Si bien sus hábitos pecaminosos pueden no tener consecuencias tan severas e incluso pueden ser socialmente aceptables, la diferencia entre usted e incluso el aconsejado más problemático es de grado, no de clase.
- *¿Qué tan bien estoy luchando en el poder del Espíritu de Dios contra mis tentaciones adictivas? ¿Qué éxito estoy experimentando?*
- *¿Hasta qué punto me veo a mí mismo como si no fuera mejor que mi aconsejado adicto? ¿Realmente creo que la única razón por la que no estoy esclavizado de manera similar es la misericordia de Dios?*

Los siguientes pasajes desafían poderosamente cualquier sentido de superioridad moral o santurronería que podamos traer inadvertidamente a las sesiones:

- Lucas 18:9-11. La superioridad moral produce crítica y menosprecio. Lo único peor que ser un ladrón, un malhechor, un adúltero o un recaudador de impuestos, o un adicto, es estar *orgulloso* de no serlo.

- Tito 3:1-3. Muestre mansedumbre a todas las personas, incluso a los adictos, porque («también nosotros», v. 3) en otro tiempo fuimos «esclavos de todo género de pasiones y placeres» (NVI).
- 1 Corintios 10:12. No suponga arrogantemente que usted es inmune a toda forma de tentación adictiva.
- 2 Timoteo 2:24-26. Solo Dios puede conceder arrepentimiento y liberar a las personas del pecado.

Dé a los aconsejados la esperanza abundante que Jesús provee

Jesús provee a cada adicto esperanza a través de Su Palabra, Su Espíritu y Su Iglesia. Trabajar a través de Juan 8 con un aconsejado que lucha con la adicción puede traer esa poderosa esperanza directamente a la sala de consejería:

- 8:1-11 ofrece un mensaje simple: el comportamiento pecaminoso es realmente pecaminoso, pero el Señor ofrece perdón y llama a las personas a detener su pecado.
- 8:12 presenta a Jesús como «la luz del mundo». La adicción, con su maldad inherente y sus negaciones y mentiras, refleja la oscuridad moral (comp. Juan 1:1-18; 1 Jn. 1:5-10).
- 8:31-36 trae cuatro verdades cruciales que resultan especialmente útiles en una primera y segunda sesión: (1) El verdadero discipulado implica perseverar en la verdad del evangelio. (2) Esta verdad del evangelio libera a las personas de la esclavitud. (3) Todo pecado tiene fuerza esclavizante. (4) Cristo, el Hijo de Dios, trae la verdadera libertad. Tanto la Palabra de Dios (v. 32) como el Hijo de Dios (v. 36) liberan a los adictos del pecado esclavizante. Como dice Pablo en 2 Corintios 3:17: «Porque el Señor es el Espíritu; y donde está el Espíritu del Señor, allí hay libertad».

Esfuércese por crear una atmósfera de esperanza, amor, aceptación y honestidad

Esta atmósfera anima a los aconsejados a ser honestos acerca de su adicción. Enfatice la insistencia de la Biblia en la veracidad (Ex. 20:16; Lev. 19:11;

Sal. 15:2-4; Prov. 6:17, 19; 12:19; 17:7; 21:6; Juan 8:44; Ef. 4:25; Col. 3:9) y en Dios como el que no miente (Núm. 23:19; Sal. 33:4-5; Tito 1:2; Heb. 6:18). Como todos los pecadores, los adictos cubren sus pecados. Para ayudarlos, debemos valorar la honestidad y la veracidad incluso por encima del «éxito» conductual de la sobriedad o pureza externas. Podríamos decirles: «Es mejor que seas honesto conmigo, incluso si tropiezas o recaes, que fingir que todo está bien. Si minimizas el alcance de tus recaídas o las ocultas, no puedo ayudarte. Si me dejas entrar, no te rechazaré. Podemos trabajar *juntos* para ayudarte a luchar contra las tentaciones».

En 1 Juan 1:5–2:2 se habla poderosamente de esta realidad, ofrece un vistazo de lo que es la responsabilidad honesta sobre el pecado y promete la esperanza del evangelio. Note dentro del pasaje a continuación mis ideas (de Bob) agregadas *entre corchetes* para consejeros bíblicos:

> Este es el mensaje que hemos oído de él, y os anunciamos: Dios es luz, y no hay ningunas tinieblas en él. [*Comience con el carácter de Dios como luz, sin tinieblas.*] Si decimos que tenemos comunión con él, y andamos en tinieblas, mentimos, y no practicamos la verdad [*Los pecados ocultos son incompatibles con caminar en la luz de Dios.*]; pero si andamos en luz, como él está en luz, tenemos comunión unos con otros, y la sangre de Jesucristo su Hijo nos limpia de todo pecado. [*Debemos caminar en la luz, con la promesa de comunión unos con otros y la limpieza de nuestros pecados.*] Si decimos que no tenemos pecado, nos engañamos a nosotros mismos, y la verdad no está en nosotros. [*Caminar en la luz requiere honestidad, no impecabilidad.*] Si confesamos nuestros pecados, él es fiel y justo para perdonar nuestros pecados, y limpiarnos de toda maldad. [*Esto incluye la confesión, ayudada por la seguridad de la gracia perdonadora y purificadora.*] Si decimos que no hemos pecado, le hacemos a él mentiroso, y su palabra no está en nosotros. [*De nuevo, honestidad, no impecabilidad.*]
>
> Hijitos míos, estas cosas os escribo para que no pequéis; [*Dios ordena pureza y sobriedad.*] y si alguno hubiere pecado, abogado tenemos para con el Padre, a Jesucristo el justo. [*Dios conoce la presencia y el poder de nuestro pecado remanente, por lo que provee un*

Salvador que aboga por Su justicia, no por nuestra bondad o sobriedad.]
Y él es la propiciación por nuestros pecados; y no solamente por los nuestros, sino también por los de todo el mundo. [*El sacrificio de ese Salvador continúa suministrando gracia a todos los que le pertenecen.*]

Comprender la naturaleza de la sustancia, el hábito o la práctica esclavizante

Si bien Internet puede proporcionar información, es más útil tener un profesional médico o un experto en adicciones para contactar. En algunos casos, la adicción física o las complicaciones médicas son tan graves que se requiere tratamiento hospitalario con supervisión médica (por ej.: por abuso de sustancias, alimentación desordenada). Si es así, los consejeros bíblicos deben continuar proporcionando supervisión espiritual y guiando a los aconsejados en las opciones como pacientes hospitalizados o ambulatorios.

En el mundo psiquiátrico, el abuso de sustancias se considera una enfermedad cerebral. Sin embargo, si bien el comportamiento adictivo que involucra sustancias puede producir consecuencias médicas, argumentar a favor de la causalidad biológica ignora nuestra naturaleza dual (corazón y cuerpo; véase el cap. 5).[7]

Comprenda los patrones específicos de las adicciones de sus aconsejados

Reúna mucha información. ¿Cuándo se dan el gusto? ¿Qué consumen? ¿Con qué frecuencia? ¿Por cuánto tiempo? ¿A qué horas del día? ¿En qué

[7] En el artículo «What Is a Substance Use Disorder?», la Asociación Psiquiátrica Americana declara esto claramente: «Los cambios en la estructura y función del cerebro son los que hacen que las personas tengan antojos intensos, cambios en la personalidad, movimientos anormales y otros comportamientos. La adicción es una enfermedad compleja, pero tratable, que afecta la función cerebral y el comportamiento» (diciembre de 2020), https://www.psychiatry.org/patients-families/addiction/what-is-addiction. Si bien la genética puede desempeñar un papel en algunos casos, hasta la fecha no hay evidencia médica sólida de que las adicciones tengan causas genéticas. Véase «Genetics of Alcohol Use Disorder», National Institute of Alcohol Abuse and Alcoholism (4 de noviembre de 2008), https://www.niaaa.nih.gov/alcohols-effects-health/alcohol-use-disorder/genetics-alcohol-use-disorder

ocasiones; cuando están solos o con otras personas? ¿Quién sabe de la adicción? ¿Qué los motiva? ¿Cuáles son sus estados de ánimo emocionales antes, durante y después de permitirse el consumo? ¿Hasta qué punto son conscientes de la presencia de Dios? Asignar y discutir un diagrama de evaluación de patrones de problemas (proporcionada al final de este capítulo) puede ayudar. Nuestro modelo de seis recuadros en el capítulo 14 puede auxiliar en la organización de la información.

Ayude a los aconsejados a ver sus adicciones con precisión

Para luchar con éxito contra el pecado, los adictos deben apropiarse personalmente de varias verdades clave:

- Mi comportamiento adictivo es algo de lo que soy moralmente responsable. No es una enfermedad o dolencia, aunque pueda sentirse así y las voces de mi cultura me dicen eso.
- Mi comportamiento adictivo proviene de mi corazón, de lo que adoro, atesoro y por lo que vivo.
- Mi comportamiento adictivo refleja tanto la naturaleza rebelde como esclavizante del pecado, y esa doble dinámica explica por qué me siento responsable e indefenso a la vez.
- Mi comportamiento adictivo trae consecuencias destructivas para mí y para los demás.
- Mi comportamiento adictivo puso a Cristo en la cruz, pero Él resucitó de entre los muertos para ofrecerme perdón y poder para romper mi pecado esclavizante.

Superar el comportamiento adictivo requiere una mentalidad de guerra. Es una lucha a largo plazo. Debemos ser activos, vigilantes y violentos contra nuestro pecado. Esto incluye la eliminación del acceso a sustancias y la implementación de otras formas de amputación radical (Mat. 5:29-30). Aprendemos a conocer al Señor más profundamente *en* la batalla, en lugar de crecer solo *después* de vencer el pecado adictivo.

Presente a Cristo y guíe a los aconsejados a confesar sus pecados, conocer el perdón de Cristo y confiar en el Espíritu y Sus provisiones

Ayude a cada persona a atesorar a Jesús para la gracia diaria y el crecimiento progresivo. A pesar de los diversos problemas con los enfoques seculares de recuperación, su mentalidad de «un día a la vez» refleja la realidad bíblica de la tentación y el pecado restante. Debemos ofrecer esperanza centrada en Cristo y la plenitud de las provisiones de la gracia de Dios (Ex. 2:23-25; 3:7-10; Rom. 5–8; 1 Cor. 6:9-11; 1 Jn. 1:5–2:2). Ayude a su aconsejado creyente a ver no solo lo que su pecado le hizo a su Salvador en la cruz, sino también lo que su Salvador le hizo a su pecado.

Ayude a los aconsejados a abordar la raíz de su pecado que subyace a su comportamiento adictivo

Dado que las palabras y acciones pecaminosas fluyen de nuestros corazones pecaminosos, no debemos conformarnos con la abstinencia simplista, los enfoques de «simplemente detente» o «solo di no». Considere cinco demandas del corazón que podrían motivar la embriaguez:

- Escapismo: los aconsejados buscan anestesiar realidades emocionalmente dolorosas o relaciones conflictivas.
- Complacer a la gente: gobernados por el miedo a la gente, los aconsejados buscan complacer a sus compañeros que los presionan para que beban.
- Venganza: los aconsejados buscan con enojo un camino egocéntrico, sabiendo que lastimará a ese amigo, padre o cónyuge que los lastimó.
- Búsqueda de placer: los aconsejados anhelan el subidón u otros componentes que acompañan la fiesta.
- Rebeldía social: los aconsejados saben que sus familias o iglesias prohíben beber, pero lo hacen de todos modos como una forma de protesta.

Uno o más de estos, o incluso varios otros que no están en la lista, podrían describir las creencias y motivos de su aconsejado. Además, sus problemas de raíz pueden cambiar a medida que el pecado esclavizante domina cada vez más.

Comprenda cómo las adicciones pueden dominar todas las esferas de la vida y trabaje para ayudar a los aconsejados a reestructurar toda su vida

¿Qué impacto pueden traer las adicciones?

- Comprometen las relaciones; la adicción afecta la forma en que los adictos se relacionan con los demás.
- En el caso de las drogas o el alcohol, ponen en peligro la salud del adicto, no solo por los productos químicos que ingieren, sino por las interrupciones del sueño y otras complicaciones físicas causadas por la adicción o incluso el tratamiento. Además, los adictos a veces no prestan suficiente atención a su bienestar físico, lo que incluye evitar las citas médicas rutinarias, para ocultar sus adicciones.
- Las adicciones ponen en peligro el empleo. Si un adicto aún no ha perdido su trabajo, los días de trabajo perdidos, la menor productividad o los resultados de las pruebas fallidas pronto podrían ponerlo en riesgo.
- Las adicciones dañan las finanzas: el alto costo de las sustancias adictivas, los gastos de tratamiento y la posible pérdida del empleo, la licencia no remunerada, etc., junto con la falta de autocontrol, pueden afectar gravemente las perspectivas financieras de una persona. Es posible que sea necesario establecer o incluso imponer salvaguardias financieros, como presupuestos fijos y límites de gastos, para asegurar provisiones para la familia del adicto (1 Tes. 4:11-12; 1 Tim. 5:8).
- Sobre todo, la relación de un adicto con Dios sufre.

La naturaleza dominante de la vida de estos pecados a menudo requiere un mayor número de sesiones de lo habitual. En casos graves, recibir atención residencial podría dar a los adictos un valioso nuevo comienzo.

Cuide y ministre a la familia de la persona adicta

Si bien es aconsejable ayudar a los miembros de la familia de cualquier aconsejado, dicha inversión es especialmente necesaria en los casos de adicción, debido al impacto extenso y dominante que tiene el comportamiento de un adicto en la vida.

Dirija a los aconsejados a participar plenamente en la vida de sus iglesias locales

Inste a los adictos a participar en la adoración colectiva centrada en Dios, junto con su inclusión en grupos pequeños y otros medios comunitarios de gracia. Los valiosos himnos y canciones del evangelio pueden encender su fe y darles una nueva visión de Alguien más glorioso que esa sustancia, actividad o estado mental que compite por su afecto. Jesús es más grande que cualquier droga.

Establezca un plan para la rendición de cuentas y movilice al Cuerpo de Cristo para ayudar

Los aconsejados deben conectarse con al menos uno o dos cristianos maduros del mismo sexo para brindarles aliento y responsabilidad, especialmente en tiempos de intensa tentación. Los consejeros bíblicos pueden ayudar a seleccionar a las personas, convocarlas a una sesión con el aconsejado y dar dirección.

Además, los grupos de apoyo a las adicciones y los programas de recuperación bien gestionados pueden proporcionar un lugar seguro para que los miembros del programa hablen de sus hábitos y tentaciones y busquen ayuda; esto los convierte en un recurso valioso para los adictos que acuden a nosotros. Los patrocinadores solidarios que son adictos recuperados brindan rendición de cuentas, apoyo y orientación a los miembros. Mientras que los grupos como Alcohólicos Anónimos y Narcóticos Anónimos proporcionan estos beneficios y son mejores que nada, su secularidad o cuasirreligiosidad pueden ser contraproducentes para el cambio centrado en Cristo. Las versiones cristianas evangélicas (por ej.: Celebremos la recuperación) que presentan a Jesús y fomentan la espiritualidad cristiana son mejores, aunque es posible que no se sincronicen completamente con un enfoque de consejería bíblica. Los ministerios basados en la iglesia que utilizan recursos de consejería bíblica proporcionan la mejor opción.[8] Oramos para que las iglesias locales comprometidas con la consejería bíblica funcionen cada vez más como hospitales espirituales para cada miembro que lucha con el pecado esclavizante.

Señale a los aconsejados la liberación futura final de Cristo

Nuestra Biblia es suficiente y reconoce la insuficiencia incluso de la mejor consejería bíblica. Afortunadamente, garantiza la transformación completa, final y futura que el Redentor traerá a Su pueblo cuando regrese (1 Ped. 1:3-5, 13; 1 Jn. 3:1-2; Apoc. 7:9-17; 21–22; véase también el cap. 10). Esta es la esperanza que podemos expresar:

> Un día, mi hermano/hermana en Cristo, tu lucha terminará. Cuando lo veas, serás como Él. Tu pecado remanente desaparecerá, tu corazón será perfeccionado, tus anhelos pecaminosos se desvanecerán. No habrá más tentaciones mundanas o satánicas. Hasta entonces, persevera por fe. Deposita tu esperanza final en el futuro, la liberación final de Cristo, y deja que esa esperanza alimente tu fe, amor y obediencia presentes.

Conclusión

A pesar de las afirmaciones de nuestra cultura, en su esencia la adicción no es un problema médico. Es un problema del corazón, el problema del pecado esclavizante (Juan 8:34). Encontramos la respuesta en el poder liberador del Hijo, Su Palabra y Su Espíritu (Juan 8:32, 36; 2 Cor. 3:17), en esta vida y, en última instancia, en la mejor vida venidera.

---

[8] Véase, por ej.: Edward T. Welch, *Crossroads: A Step-By-Step Guide Away from Addiction, Study Guide* (Greensboro: New Growth Press, 2008). También está disponible una guía para el facilitador.

Diagrama de evaluación de patrones de problemas

Nombre ____

Problema ______________________________ Fecha __________

En la siguiente tabla, coloque una T (tentación) o una O (ocurrencia) para cada tentación u ocurrencia del problema. Agregue un número junto a la T o la O para hacer referencia y evaluar esa entrada en la página siguiente (utilice páginas adicionales si es necesario). Coloque la fecha en la parte superior de cada día (por ej.: *Lunes 3/11*).

	Lun.	*Mar.*	*Mié.*	*Jue.*	*Vie.*	*Sáb.*	*Dom.*
6:00 a.m.							
7:00							
7:30							
8:00							
8:30							
9:00							
9:30							
10:00							
10:30							
11:00							
11:30							
12:00 p.m.							
12:30							

1:00							
1:30							
2:00							
2:30							
3:00							
3:30							
4:00							
4:30							
5:00							
5:30							
6:00							
6:30							
7:00							
7:30							
8:00							
8:30							
9:00							
9:30							
10:00							
10:30							
11:00							
11:30							

Evaluación de los incidentes registrados en la primera página

	Situación, desencadenantes, eventos.	Comportamiento: lo que hiciste, dijiste, sentiste (emociones), etc.	Creencias y motivos: lo que pensaste, querías, etc.	Resultados, consecuencias, lo que pasó.
1				
2				
3				
4				
5				
6				

En una página aparte, enumera tus ideas, lecciones aprendidas, desafíos y cambios que debes hacer. Luego incluye una oración escrita (y órala) pidiendo la ayuda, el perdón, la sabiduría y la fortaleza del Señor.

28

Desórdenes alimentarios

A los quince años, Tabita es una consumada bailarina de *ballet*. También es una perfeccionista. Cada movimiento que hace llama la atención sobre su cuerpo, por lo que quiere que se vea impecable. Para mantener lo que ella cree que es perfecto, comenzó a saltarse comidas. Después de unos meses de hacer eso, no podía recordar cómo era comer una comida completa tres veces al día. Su cuerpo comenzó a enfermarse, rechazando físicamente la comida cada vez que comía «demasiado».

Fede es un luchador, y uno bueno. Pero para mantener su categoría de peso, debe ser consciente de lo que come. A medida que Fede mejora y mejora, llega más presión. Se encuentra ayunando antes de los partidos, y luego vomitando después de las comidas que sí hace. Últimamente ha notado que ha tenido menos energía, pero parece un precio justo a pagar para ganar.

Brenda tiene diecisiete años, pero esencialmente ha estado sola desde que era una niña pequeña. Su padre se fue cuando ella era bebé, y su madre tuvo una serie de novios con los cuales convivió. Brenda fue frecuentemente descuidada y varios de los novios de su madre abusaron de ella cuando estaban bajo el techo de su mamá. Se sentía fuera de control y sola. A medida que crecía, se dio cuenta de una cosa que podía controlar: su aspecto; lo hizo a través de sus hábitos alimentarios. Hoy Brenda pesa solo 43 kilos (95 libras).

¿Qué califica como un trastorno alimentario?

En cada uno de los escenarios anteriores, vemos un caso de alimentación desordenada. Aunque el calor situacional en cada caso varía, el trastorno alimentario se deriva de una creencia inadecuada sobre la comida (raíz mala, recuadro 3). En los tres casos, la persona utiliza la comida para lograr algo que desea, ya sea la perfección, el éxito o el control.

Sin embargo, al considerar los casos, encontramos que cada uno de ellos es complejo. La experiencia de la alimentación desordenada es integral; hay problemas internos y externos en juego, malas raíces que conducen a malos frutos similares. En el ámbito físico, la falta de alimentación tiene consecuencias: poca energía, fatiga crónica y, en última instancia, un peso que no puede mantenerse sin riesgos. En el ámbito mental y espiritual, los pensamientos específicos y las motivaciones y deseos subyacentes contribuyen a los trastornos alimentarios. Estos a menudo se expresan emocionalmente, con ansiedad o depresión por la ingesta de alimentos.

Los trastornos alimentarios, de manera simple, son el mal uso de los alimentos para lograr algún tipo de objetivo: un cierto tipo de cuerpo o peso, control, hacer frente a emociones difíciles, una respuesta al trauma, etc. Este mal uso puede implicar comer poco o comer en exceso,[1] así como una forma de «compensación» por comer en exceso. Además, existe una alta tasa de comorbilidad con otros trastornos. Más de la mitad (56,2 %) de los encuestados diagnosticados formalmente con anorexia nerviosa, el 94,5 % con bulimia nerviosa y el 78,9 % con trastorno por atracón cumplían los criterios para al menos uno de los trastornos básicos

---

[1] Para recursos de consejería bíblica relativa a comer poco, véase Ed Welch, *Eating Disorders: The Quest for Thinness* (Greensboro, NC: New Growth Press, 2008); y John D. Street y Janie Street, «Eating Disorder: Anorexia», *The Biblical Counseling Guide for Women* (Eugene, OR: Harvest House, 2016), 135-51. Un recurso secular particularmente útil para entender ramificaciones médicas (66-79) y varios enfoques teóricos, junto con planes de tratamientos sugeridos (83-107, 150-74) es Carlos M. Grilo y James E. Mitchell, eds., *The Treatment of Eating Disorders: A Clinical Handbook* (Nueva York: Guilford Press, 2011). Aunque este capítulo se enfoca en comer menos de lo adecuado, las Escrituras dicen mucho sobre el pecado de glotonería. Para consultar un cuadernillo inicial de consejería, véase Michael Emlet, *Overeating: When Enough Isn't Enough* (Greensboro, NC: New Growth Press, 2020).

del *DSM-5*, siendo el más común algún tipo de trastorno de ansiedad.[2] Otro estudio también mostró que más de un tercio de los adolescentes estudiados con un trastorno alimentario (de doce a veintidós años, 92 % mujeres) habían experimentado algún tipo de evento traumático relacionado con el trastorno alimentario.[3] ¿Qué significa esto para los consejeros? Los trastornos alimentarios son complejos y, a menudo, van acompañados de otras luchas importantes en la vida, como la ansiedad, la depresión o una experiencia traumática. Nuestro enfoque para el cuidado de los aconsejados con trastornos alimentarios también debe ser complejo e integral.

Hay tres trastornos alimentarios comúnmente conocidos, aunque la alimentación desordenada va más allá de estos tres. En primer lugar, la anorexia nerviosa (AN) es la práctica de restringir la ingesta de alimentos; se caracteriza por una delgadez extrema, una búsqueda de una mayor delgadez y una imagen distorsionada de sí mismo muy influenciada por la percepción del peso o la forma corporal. Además de las comorbilidades mencionadas anteriormente, una tasa significativamente más alta de suicidio acompaña a la anorexia, de hecho, es más alta que con otros trastornos. Los efectos de la AN van desde problemas de salud como adelgazamiento de los huesos, anemia, debilidad muscular y presión arterial baja hasta problemas cardíacos, insuficiencia de los órganos, fatiga e infertilidad.

La bulimia nerviosa (BN) es una falta de autocontrol a través de comer en exceso grandes cantidades, seguida de un comportamiento que compensa tal exceso (vomitar, tomar laxantes, ayunar, hacer ejercicio, etc.), en el que el aconsejado mantiene generalmente un peso corporal relativamente saludable. Los efectos de la BN son similares a los de la AN, pero también incluyen problemas de garganta y dientes, reflujo ácido, problemas gastrointestinales, deshidratación y un desequilibrio electrolítico, específicamente debido a los comportamientos de purga.

---

[2] «Eating Disorders», National Institute of Mental Health, actualizado en noviembre de 2017, https://www.nimh.nih.gov/health/statistics/eating-disorders.shtml

[3] Ashley A. Hicks White, Keely J. Prat y Casey Cottrill, «The Relationship between Trauma and Weight Status among Adolescents in Eating Disorder Treatment», *Appetite* 129 (2010): 62-69.

Por último, el trastorno por atracón (BED, por sus siglas en inglés) también es una falta de autocontrol a través de comer en exceso grandes cantidades, pero no hay una purga que siga como ocurre con la BN. La mayoría de los aconsejados en esta categoría tienen sobrepeso, dada la falta de purga. Al igual que la AN y la BN, el trastorno por atracón tiene efectos secundarios significativos, aunque son menos graves que las otras formas. Incluyen comer incluso cuando se está lleno hasta el punto de sentirse incómodo, comer solo y hacer dieta con frecuencia para compensar el aumento de peso.

En las tres formas, los pacientes a menudo lucharán con problemas como la angustia, la vergüenza, la culpa, el bochorno, el retraimiento y el aislamiento.

¿Qué dice la Biblia acerca de los trastornos alimentarios?

Las Escrituras están llenas de referencias a la comida, desde la provisión de ella en el jardín del Edén hasta el banquete de bodas en Apocalipsis, y hay ideas clave importantes que la Biblia extrae sobre la comida. Más claramente, la Biblia indica que el alimento es dado como sustento físico por el Señor, para nuestro bien (Gén. 9:3; Sal. 104:14-15; Ecl. 9:7). Para el aconsejado que lucha contra los trastornos alimentarios, estas enseñanzas contradicen directamente cualquier creencia de que la comida es dañina, tóxica o algo que debe evitarse.

Además, todo lo que hacemos, lo hacemos ante un Dios santo, por lo que la forma en que vemos y comemos los alimentos puede y debe ser intencionalmente para honrar a Dios. Qué comemos y por qué lo comemos importa. Pablo escribe en 1 Corintios 10:31: «Si, pues, coméis o bebéis, o hacéis otra cosa, hacedlo todo para la gloria de Dios». Dar gloria a Dios es una parte integral de ser creyente. También debemos comer con alegría y acción de gracias, rechazando las actitudes ascéticas o legalistas (1 Tim. 4:3-5). Para el aconsejado que lucha contra los trastornos alimentarios, la enseñanza de la Biblia debe estar en el corazón de la consejería.

Si bien las Escrituras no describen directamente la anorexia o la bulimia, abordan poderosamente las creencias y los motivos del corazón que conducen a la alimentación desordenada. Tenga en cuenta estos problemas de raíz comunes:

Un sentido distorsionado del yo o del cuerpo

Muy a menudo, los consultantes que luchan contra un trastorno alimentario no se ven a sí mismos correctamente. Pueden distorsionar la forma en que se ven a sí mismos físicamente en un espejo o presionarse para ser cada vez más delgados, colocando su valor en su apariencia o peso. Un aconsejado cristiano puede ver su propio cuerpo como algo que debe ser controlado o usado para lograr algún fin, en lugar de verlo como la morada del Espíritu Santo (1 Cor. 6:19-20), comprado a un precio por Cristo (Rom. 14:7-8).

Identidad fuera de lugar

Muchos de los que luchan contra los trastornos alimentarios colocan su identidad en sus cuerpos físicos, en lugar de verse a sí mismos como cuerpo y alma. Creen erróneamente que valen menos si no se ajustan a un ideal físico deseado. Las Escrituras son claras: la identidad de uno proviene de ser portador de la imagen de Dios (Gén. 1:27); los creyentes son nuevas creaciones en Cristo (2 Cor. 5:17).

Autoidolatría

En última instancia, todo pecado se reduce a la idolatría, típicamente del yo. Los trastornos alimentarios no son una excepción. El aconsejado a menudo eleva un yo ideal por encima de un yo sano que honra a Dios. Ese yo ideal puede provenir de la propia visión del aconsejado sobre cómo debería ser o puede estar muy influenciado por los pensamientos de los miembros de la familia, los compañeros o las imágenes culturales o de los medios de comunicación.

Miedo a la gente

Muchos consejeros que luchan contra los trastornos alimentarios se sienten impulsados principalmente por lo que creen que los demás piensan de ellos. Sin embargo, Hebreos 13:6 nos recuerda a los creyentes en particular que no tenemos nada que temer de los demás (lo que piensan de nosotros o cómo podrían respondernos); más bien, «podemos decir confiadamente: "El Señor es mi ayudador"». Pablo nos da un poderoso recordatorio en Gálatas 1:10: «Si yo buscara agradar a otros, no sería siervo de Cristo» (NVI). No podemos agradar a Dios y a los demás, ni siquiera a nosotros mismos.

Falta de control, pero una sensación de estar dominado

Muchas personas con un trastorno alimentario informan que se sienten incapaces de controlar sus impulsos, particularmente con respecto a comer en exceso o purgarse. Si bien entendemos que la naturaleza pecaminosa permanece en los creyentes y, por lo tanto, la lucha contra el pecado continúa, la Biblia enseña que los creyentes son liberados de esa esclavitud (Gál. 5:1). Las Escrituras también hablan extensamente acerca de ser sobrio (1 Ped. 5:8), autocontrolado (2 Tim. 1:7; Tito 2:12) y libre de la esclavitud del pecado (Juan 8:36; 1 Cor. 6:12).

Contentamiento fuera de lugar

Al igual que muchos hábitos pecaminosos, la alimentación desordenada se deriva en muchos sentidos de la falta de satisfacción. Esa satisfacción puede hallarse en una apariencia o peso deseados o en la capacidad de controlar las circunstancias de uno, y por lo tanto solo puede encontrarse una vez que se obtienen esas metas. Este contentamiento fuera de lugar es pecaminoso, ya que suplanta a Dios como nuestro contentamiento.

Respuesta inadecuada al estrés o la ansiedad

Si bien el estrés es una parte normal de la vida, los trastornos alimentarios pueden surgir en respuesta a lo que parece ser un estrés o ansiedad abrumadores. Esto está estrechamente ligado, a veces, a la sensación de falta de control sobre las propias circunstancias. Un joven o una joven con dificultades comienza a usar habitualmente la comida para hacer frente a las emociones difíciles en lugar de lidiar con sus preocupaciones de una manera que honre al Señor.

Respuesta inadecuada a un trauma o crisis

Dado que más de un tercio de los adolescentes con un trastorno alimentario han experimentado algún evento traumático, el trastorno de su aconsejado podría haber surgido en respuesta directa a una crisis. En lugar de correr hacia el Padre, el aconsejado buscó hacer frente a la situación a través de sus hábitos alimentarios.

Si bien estas diversas creencias pecaminosas y deseos del corazón (Recuadro 3, raíces) impulsan en última instancia los trastornos alimentarios, algunos investigadores afirman que los trastornos alimentarios también podrían tener un fundamento biológico, una predisposición genética subyacente que se combina con las influencias ambientales (por ej.: eventos adversos de la vida) como dos formas de calor del Recuadro 1.[4] Algunas investigaciones muestran que para algunos que comen en exceso, el cerebro ya no desencadena la sensación de saciedad, lo que dificulta la regulación de la ingesta.[5] Para otros, especialmente después de largos periodos de no comer, la reanudación de la ingesta de alimentos causa malestar físico.

Como consejeros bíblicos, debemos ver estos estudios con cautela, dados los límites de la investigación. Sin embargo, no debería sorprendernos si surgen pruebas más claras de los vínculos entre la genética y los

---

[4] Suzanne E. Mazzeo y Cynthia M. Bullock, «Environmental and Genetic Risk Factors for Eating Disorders: What the Clinician Needs to Know», National Center for Biotechnology Information, https://www.ncbi.nlm.nih.gov/pmc/articles/PMC2719561/. Esta fuente analiza la creciente evidencia obtenida a través de estudios familiares y de gemelos de que los factores de riesgo no causan sino que aumentan la tendencia hacia un trastorno alimentario y lo que eso significa para la práctica clínica.

[5] Wade Berrettini, «The Genetics of Eating Disorders», National Center for Biotechnology Information (noviembre de 2004), https://www.ncbi.nlm.nih.gov/pmc/articles/PMC3010958/

trastornos alimentarios. Como vimos en el capítulo 6, nuestros cuerpos caídos pueden desempeñar un papel en varias luchas contra el pecado, tal vez incluso influyendo en los aconsejados hacia la alimentación desordenada. Sin embargo, no debe suponer que un *determinado* aconsejado tiene una disposición genética. Además, no debe verlo como una *causa* de un trastorno alimentario (la causalidad proviene del corazón) o verlo como algo que libera al aconsejado de la responsabilidad personal o disminuye su capacidad de cambio.

Finalmente, como declara el evangelio, el creyente ha sido liberado de la esclavitud del pecado. Aunque los efectos del pecado permanezcan y la batalla con el pecado continúe a lo largo de toda la vida, el cristiano ya no está esclavizado (1 Cor. 6:12; Gál. 5:1). El aconsejado que lucha contra el trastorno alimentario necesita no ser controlado por él; más bien, debe encontrar la esperanza que hay en el poder liberador de Jesús y el Espíritu que habita en su interior.

Pasos de consejería y procedimientos prácticos

Considere si el aconsejado necesita tratamiento médico o nutricional

En primer lugar, reconozca que un trastorno alimentario afecta a todas las partes del aconsejado que lucha, tanto la física como la espiritual. Si busca cuidar a un paciente con un trastorno alimentario más significativo, sería sabio involucrar a un profesional médico y muy probablemente a un nutricionista también.[6] Dependiendo de la gravedad de su afección, el médico podría hospitalizarlo o derivarlo a un centro residencial, ya que el tratamiento en un centro puede proporcionar una supervisión constante, la regulación de la entrada/salida de los alimentos, y la consejería continua. Estas instalaciones pueden abordar todos los aspectos del aconsejado

[6] Véase Hayley Satrom, «A Three-Pronged Team Approach When Caring for People with Eating Disorders», Biblical Counseling Coalition (3 de marzo de 2015) https://www.biblicalcounselingcoalition.org/2015/03/03/a-three-pronged-team-approach-when-caring-for-people-with-eating-disorders/

como parte del tratamiento. Sin embargo, esto no quiere decir que usted, como consejero bíblico, deba referir y no cuidar directamente a su aconsejado; en cambio, debe evaluar su papel potencial en función del nivel de competencia personal y también considerar quién más podría contribuir positivamente a la lucha.

Tenga en cuenta la ingesta y la salida

Trate de ayudar a su aconsejado a regular la ingesta y la salida de alimentos de manera *inteligente* y *adecuada*. Esto puede incluir hacer que el aconsejado coma en presencia de otras personas o que se lo acompañe a la tienda de comestibles o a los restaurantes. Eventualmente, es posible que necesiten ayuda con la regulación de la dieta o cambios en el seguimiento de la ingesta y la salida. Simplemente no será suficiente decirle a un aconsejado que «coma más» o que «deje de purgarse». Ese enfoque es en gran medida ineficaz. Más bien, es prudente ejercer una gran paciencia en esta área, centrándose primero en los patrones de pensamiento y las creencias antes de procurar cambiar radicalmente los comportamientos. Solo cuando se abordan sus raíces subyacentes (Recuadro 3) cambiarán sus frutos externos (Recuadro 2, hábitos alimentarios).

Enfóquese en las motivaciones y los deseos

Dado que el consejero bíblico estará mejor equipado para hablar a la persona interior, a los problemas del corazón, debemos enfocarnos en algunas áreas clave. En primer lugar, desafíe amorosamente los deseos y la identidad fuera de lugar del aconsejado creyente, basándose en la discusión anterior. Enfóquese en quiénes son en Cristo, el rol del Espíritu, una percepción bíblica de sí mismo y la santificación progresiva. El aconsejado puede memorizar, meditar y orar a través de pasajes como Salmos 104:14-15; Eclesiastés 9:7; Mateo 6:25-33; 1 Corintios 6:19-20; 10:31 y 1 Timoteo 4:3-5. Puede pedirle a la persona que lleve un diario o un registro de alimentos para hacer un seguimiento tanto de las expresiones externas, como las conductas (comer, purgarse y evitar situaciones), como de las expresiones internas, como los pensamientos y los deseos (impulsos, miedos, motivaciones y patrones de pensamiento). Luego, pueden trabajar juntos las áreas de lucha.

Por ejemplo, si el aconsejado tiene dificultades con el control, puede ayudarlo a reconocer esa tendencia y aprender respuestas más apropiadas. Esto, sin embargo, viene después de ayudarlos a entender el lugar apropiado de control versus confianza en el Señor. O, si el aconsejado, como Tabita y Fede presentados al comienzo de este capítulo, tiene como objetivo verse de cierta manera y mantener un cierto peso para participar en actividades que disfruta, identifique suavemente los posibles ídolos del corazón que deben dejarse de lado y arrepentirse. En cada caso, y en muchos otros ejemplos que podríamos explorar, el objetivo es llegar a los problemas del corazón que han llevado a una expresión pecaminosa en particular.

Evalúe las dificultades enumeradas anteriormente y trabaje según corresponda

Ayude a su aconsejado a identificar las luchas subyacentes, como el miedo a las personas, la sensación de falta de control o la identidad fuera de lugar. Luego tráigale verdades aplicables de la Palabra de Dios, como estas:

- No debemos temer lo que los demás piensen de nosotros; nuestro único objetivo debe ser honrar a Cristo (Sal. 118:8; Isa. 2:22; Gál. 1:10).
- El verdadero valor no proviene de las apariencias externas, sino de ser adoptado en la familia de Dios (Sal. 139:13-15; Ef. 1:3-6).
- Nuestros cuerpos externos se están consumiendo, pero los cuerpos de los creyentes un día serán restaurados (2 Cor. 4:16-18; Fil. 3:20-21).
- Nuestro Dios es soberano sobre todas las cosas; nosotros no lo somos (Job 42:2; Prov. 21:1; 19:21).

Ayude al aconsejado a pensar en las Escrituras con regularidad

Dado que los trastornos alimentarios a menudo implican pensamientos erróneos, puede usar pasajes como Filipenses 4:4-9 para ayudar a un aconsejado a pensar bíblicamente y, por lo tanto, responder adecuadamente (Recuadros 5 y 6). En el versículo 4, el apóstol invita a sus lectores a «[regocijarse] en el Señor siempre». ¿Qué tan bien comprende el evangelio su aconsejado y encuentra el gozo supremo en Jesús y Su gracia salvadora? El versículo 5 nos recuerda que «el Señor está cerca». ¿Qué tan consciente es el aconsejado de la presencia de Dios cuando se enfrenta a presiones en su vida y se siente tentado a correr hacia la comida o alejarse de ella de manera desordenada? El versículo 6 anima al aconsejado a reemplazar la ansiedad, incluso si está relacionada con los trastornos alimentarios, con oración, buscando la ayuda de Dios y agradeciéndole por Su gracia. El versículo 7 le hace una promesa: la paz de Dios guardará su corazón y su mente, trayéndole estabilidad interior en medio de su confusión. El versículo 8 le invita a enfocar su mente en «todo lo que es verdadero, todo lo honesto, todo lo justo, todo lo puro, todo lo amable, todo lo que es de buen nombre», lo que incluye las verdades bíblicas sobre la comida que vimos anteriormente. El versículo 9 agrega un llamado a la obediencia, impulsando al aconsejado a seguir a Cristo a la luz de las realidades del evangelio. Puede pasar tiempo meditando y aplicando este pasaje a su lucha.

Explore las aplicaciones prácticas de las creencias y deseos apropiados que el aconsejado puede aplicar día tras día

Partiendo del último punto, usted puede ayudar al aconsejado a tomar decisiones que honren a Dios, una a la vez, día a día. Los trastornos alimentarios afectan todas las áreas de la vida, no solo a la hora de comer: influyen en los horarios, las interacciones sociales (por ejemplo, evitar comer cerca de otras personas) y las conversaciones. Junto con su aconsejado, pueden celebrar cada victoria, por pequeña que sea, regocijándose en la obra de Dios incluso en los detalles más pequeños. Esto incluye instarle al consultante a que invite a otros a su caminar, y que usted brinde responsabilidad y aliento a medida que avanza hacia una vida piadosa. También implica llamar al arrepentimiento con regularidad y ofrecer las garantías del evangelio cuando el aconsejado no cree ni actúa correctamente.

Ayude al aconsejado a avanzar hacia el contentamiento

Si bien este punto se aplica a muchas de las luchas que aborda este libro, la alimentación desordenada a menudo fluye de la falta de satisfacción. Los aconsejados podrían experimentar descontento por las opiniones negativas de los demás hacia ellos, estrés continuo relacionado con los problemas señalados anteriormente o un sentimiento de falta de control. Recuerde lo que Pablo nos dice en Filipenses 4:11-13: «He aprendido a contentarme, cualquiera que sea mi situación. [...]; en todo y por todo estoy enseñado, así para estar saciado como para tener hambre, así para tener abundancia como para padecer necesidad. Todo lo puedo en Cristo que me fortalece». En otras palabras, en Cristo y por causa de Cristo, los creyentes tenemos todo lo que necesitamos. Por lo tanto, ayude a su aconsejado a aprender contentamiento, descansando en la provisión del Señor para él, incluso en Su diseño para su cuerpo y su sustento físico. Además, ayúdelo a aceptar las circunstancias de su vida, incluidas las bendiciones y limitaciones que Dios le ha dado.

Tenga en cuenta las luchas comórbidas o las dificultades situacionales; evalúe y cuide al aconsejado según sea necesario

Por último, tenga en cuenta el riesgo de afecciones comórbidas y abórdelas según corresponda, o reconozca que el sufrimiento (como traumas o abusos pasados) podría contribuir a los trastornos alimenticios de su aconsejado. Esté atento a problemas como la ansiedad o la depresión, y evalúe regularmente los pensamientos suicidas o las conductas autolesivas. En caso de que el aconsejado haya experimentado un sufrimiento profundo, y el trastorno alimenticio haya surgido después de esa experiencia, explore con compasión y paciencia esas posibles conexiones. El sufrimiento no alivia la responsabilidad en la respuesta de cada uno, pero nosotros, como consejeros, debemos reconocerlo y abordarlo.

Conclusión

Los trastornos alimentarios son complejos y, a menudo, requieren consejería a largo plazo. No debemos reducir a un aconsejado a sus ingestas y salidas de alimentos o a números en una balanza. Más bien, debemos entender sus factores estresantes situacionales, sus patrones pecaminosos y las raíces subyacentes de su corazón antes de traer pacientemente la Palabra de Dios para ayudarlos a avanzar hacia hábitos alimentarios piadosos. El cambio y el crecimiento son posibles con la ayuda del Señor, a medida que Él conforma a una persona para que sea más como Él en todas las áreas, incluyendo sus hábitos alimentarios.

29

El duelo

El duelo es una parte normal de la vida en nuestro planeta caído y algo que todo el mundo experimenta en algún momento. Sin embargo, aunque es típico, a menudo nos deja en un estado de confusión o agitación emocional. Y aunque el tiempo puede suavizar el impacto, no hace que las realidades actuales llenas de dolor sean más soportables. Las Escrituras tienen mucho que decir tanto de las situaciones que traen dolor, como de las respuestas apropiadas durante el duelo.

Podría ser fácil dar por sentada una comprensión adecuada de lo que realmente es el duelo, dada la multitud de definiciones disponibles.[1] Para nuestros propósitos, definiremos el duelo como una respuesta integral de tristeza o desesperación intensa de la persona a una pérdida real o percibida de algo que la persona valora.

Tipos de pérdidas y su impacto

El duelo está inextricablemente ligado a algún tipo de pérdida, tangible o intangible, real o percibida. Algunas categorías que puede encontrar al ingresar en el mundo de un aconsejado en duelo incluyen las siguientes:

[1] Véase Robert W. Kellemen, *God's Healing for Life's Losses: How to Find Hope When You're Hurting* (Winona Lake, IN: BMH Books, 2010); y Paul Tautges, *Comfort the Grieving: Ministering God's Grace in Times of Loss* (Grand Rapids: Zondervan, 2015).

- Pérdida material o física: es la pérdida de posesiones materiales o de una persona.
- Pérdida abstracta: que podría incluir la pérdida del amor, la esperanza, la ambición, o de un sueño o futuro percibido.
- Pérdida relacional: es el final de una relación, como un matrimonio, debido a la muerte o el divorcio.
- Pérdida de roles o cambios en la vida: que resultan en la pérdida de un rol social/relacional, como quedarse viudo o tener el nido vacío.
- Pérdida funcional: es la pérdida de capacidades funcionales, como la que conlleva un impedimento físico o mental.
- Pérdida ambigua: que es cualquier pérdida que trae incertidumbre o confusión, como recibir un diagnóstico de Alzheimer.

Aunque los tipos de pérdida varían, todos son impactantes. Los consejeros a menudo se enfocan en las pérdidas más tangibles; sin embargo, la pérdida de un futuro anticipado con un ser querido en realidad podría traer más dolor que perder a la persona. Al comprender no solo el tipo de pérdida, sino también su impacto en el aconsejado, podemos traerle más sensiblemente a Cristo y Sus respuestas.

Además, el duelo suele ser proporcional al valor percibido de la pérdida por parte del aconsejado. Dos personas pueden experimentar el mismo evento de duelo, pero percibir el impacto de manera diferente. Muchos factores contribuyen a la percepción de la pérdida (por ej.: la resiliencia personal, el impacto en la vida cotidiana, si fue esperado o inesperado), lo que se traduce directamente en su experiencia de duelo. El consejero sabio debe ser consciente de estos factores.

La presentación del duelo

Podríamos sentirnos tentados a creer que todo el mundo se aflige en expresiones externas obvias de tristeza, pero no siempre es así. Nuestro objetivo es ministrar a todos los aconsejados en medio de *su* experiencia de dolor. Debemos entender que, si bien el pecado puede ser un factor en su expresión, las personas varían mucho en la forma en que experimentan y expresan el dolor.

El duelo es complejo e impredecible; puede o no seguir las «etapas» observadas. Por ejemplo, Elizabeth Kübler-Ross propuso las etapas de negación, negociación, ira, depresión y aceptación como una progresión típica a través del duelo, pero no todas las personas en duelo siguen este proceso.[2] La preocupación del consejero bíblico no es la progresión en sí, sino la forma en que la persona expresa el dolor.[3] Esto podría incluir a un aconsejado que niega continuamente la pérdida, pospone el tratamiento de su dolor, o experimenta un duelo más intenso o prolongado de lo que normalmente es apropiado. Es comprensible que esta evaluación aporte un nivel de subjetividad para el orientador. Además, el consejero debe notar las respuestas pecaminosas, como la amargura o los deseos de venganza en lugar del lamento.

Una miríada de representaciones de duelo es típica, todas ellas son a menudo inesperadas. Junto con la tristeza pueden venir sentimientos de desesperación o desesperanza, de insensibilidad o vacío. A una persona en duelo le puede resultar difícil concentrarse en las tareas mundanas y cotidianas; lo que antes era automático, ya no lo es. El aconsejado puede tener fallas en la memoria, particularmente en la memoria a corto plazo, o experimentar pesadillas o recuerdos recurrentes centrados en la pérdida. Puede experimentar cambios en los patrones de sueño o alimentación o en cuánto quiere hablar o interactuar con los demás. El estrés físico del duelo puede provocar agotamiento, dolores de cabeza o incluso enfermedades por un cuerpo debilitado. El duelo es una experiencia integral de la persona, no solo un comportamiento expresado externamente. Esto es especialmente cierto en el caso de los niños, que pueden experimentar más síntomas físicos, como dolores de estómago o regresiones del desarrollo, que luchas emocionales o cognitivas.

El duelo también puede suscitar en el paciente una cantidad de preguntas teológicas, sobre todo si la pérdida fue intensamente personal e

---

[2] Elizabeth Kübler-Ross, *On Death and Dying: What the Dying Have to Teach Doctors, Nurses, Clergy, and Their Own Families* (Nueva York: Scribner, 2011). Para leer la respuesta de un consejero bíblico, véase Kellemen, *God's Healing for Life's Losses*.

[3] A menudo las expresiones del duelo están dirigidas por la cultura. Lo que es apropiado en una cultura, como la muestra pública de dolor, puede no serlo en otra. El consejero debe entender sabiamente las expresiones apropiadas de dolor para la cultura/subcultura del aconsejado, en lugar de evaluarlas únicamente desde la perspectiva del consejero.

inesperada: ¿Por qué sucedió esto? ¿Es Dios realmente bueno? ¿Es verdaderamente soberano? ¿Es digno de mi confianza? Es importante destacar que tales preguntas son normales y no deben temerse. No indican necesariamente una falta de fe; más bien, pueden indicar que uno lucha con la fe y quiere aferrarse a ella. Debemos ayudar a los aconsejados a distinguir la blasfemia de la lamentación. Mientras que la blasfemia se opone a Dios, la lamentación incluye preguntas honestas dirigidas a Dios acerca de dónde se encuentra Él en medio del dolor y por qué soberanamente permitió una pérdida (Sal. 10:1; 13:1; 22:1).

Además, las emociones de una persona en duelo pueden ir y venir, y a veces sentirse contradictorias. Un cuidador adulto, por ejemplo, puede sentir tristeza por la pérdida de uno de sus padres, pero alivio de que el padre ya no sienta dolor o de que la carga de cuidar al padre ya no recaiga sobre él. Esa sensación de alivio puede dar paso a sentimientos de culpa, como si el alivio de una carga personal indicara algo negativo sobre sus sentimientos hacia el padre fallecido. En este caso, el aconsejado doliente puede presentar sentimientos de tristeza, alivio y culpa, todo al mismo tiempo. Podemos ayudarlo a entender, ordenar y pensar bíblicamente acerca de los sentimientos encontrados y aprender a mantenerlos en conjunto.

Perspectivas bíblico-teológicas

Al entender las expresiones de dolor, primero debemos mirar las descripciones y prescripciones de las Escrituras para saber cómo debemos afligirnos. Lo más importante es la realidad de que nosotros, como personas, no estamos solos en nuestra experiencia de duelo; Dios también la experimenta. Pero al igual que con otras emociones, como la ira, debemos notar *bajo qué circunstancias* Dios se aflige y *cómo responde al dolor*. Ambos son pertinentes para consejeros y aconsejados.[4]

[4] Véase también Joni Eareckson Tada, *Tiempo de sanar: Luchando con los misterios del sufrimiento, el dolor y la soberanía de Dios* (Santo Domingo, RD: Casa Bautista de Publicaciones, 2020), y Paul Randolph, «Grief: It's Not about a Process; It's about *the* Person», *Journal of Biblical Counseling* 23, núm. 1 (invierno de 2005): 14-20.

Las expresiones de dolor de Dios

En las Escrituras, vemos el dolor de Dios principalmente hacia el pecado o los efectos/el impacto del pecado sobre Su creación. En Génesis 6:5-6, Dios se aflige por la malicia del hombre, incluida la maldad de su corazón. De hecho, se afligió por esa pecaminosidad hasta el punto de arrepentirse de haber hecho a la gente. Jesús demuestra dolor por la muerte de Lázaro junto con el dolor de sus amigas María y Marta en Juan 11:32-36. Y en Efesios 4:30, Pablo nos dice que contristamos al Espíritu Santo cuando pecamos. En cada uno de estos ejemplos, el tema resonante es que el Dios trino se aflige por el pecado mismo y el impacto de este sobre Su creación, especialmente en la humanidad. En última instancia, el pecado resulta en muerte; es la razón de nuestra muerte física, y también condujo a la muerte de Su Hijo. Dios se lamenta por estas cosas junto con nosotros.

Las Escrituras también hablan extensamente acerca de las respuestas de Dios a nuestro dolor. Isaías 53:3-5 conecta las propias experiencias de dolor de Cristo (nótese que este pasaje profetiza al Mesías) con las nuestras. Cristo no solo fue «varón de dolores, habituado al sufrimiento», sino que «cargó con nuestras enfermedades y soportó nuestros dolores» (NVI). Jesús llevó nuestro dolor junto con el suyo; Él experimenta y responde a la pena e incluso conoce nuestro dolor personalmente. Además, Hebreos 4:15-16 nos consuela al asegurarnos que Jesús ha experimentado tentaciones, incluso en el dolor, al igual que nosotros, y podemos conocer el mandamiento resultante para nosotros. Por último, las Escrituras nos muestran que el dolor no es una realidad eterna. Isaías escribió sobre el cielo nuevo y la tierra nueva en Isaías 65:17-25, y Apocalipsis 21:3-4 nos da una imagen de la eternidad: «He aquí el tabernáculo de Dios con los hombres, y él morará con ellos; y ellos serán su pueblo, y Dios mismo estará con ellos como su Dios. Enjugará toda lágrima de los ojos de ellos; y ya no habrá muerte, ni habrá más llanto, ni clamor ni dolor; porque las primeras cosas pasaron». Un día el dolor desaparecerá para siempre porque el pecado ya no existirá. Mientras tanto, Dios puede entristecerse por el sufrimiento de Su pueblo y regocijarse en los propósitos redentores que traerá para ellos (por ej.: Isa. 54–55; Rom. 8:17-39). Él siente el peso de nuestro sufrimiento, pero al mismo tiempo visualiza la gozosa resolución que vendrá. Nosotros podemos hacer lo mismo.

Estos pasajes deben traer consuelo de que Dios se aflige por el pecado y su impacto; por lo tanto, podemos llorar con razón por nuestro propio pecado y el impacto del pecado en los demás. Podemos afligirnos cuando muere un ser querido, cuando se comete una injusticia o cuando se peca contra nosotros, nada de lo cual sucedería si no fuera por la caída descrita en Génesis 3. También podemos afligirnos cuando algo bueno se pierde o se nos arrebata. Sin embargo, también debemos consolarnos sabiendo que Dios ve nuestro dolor; lo ha experimentado y se preocupa profundamente.

Cómo el dolor de Dios conforma el nuestro

Al mismo tiempo, debemos distinguir entre las expresiones de dolor de Dios y las típicas nuestras. Aunque Dios no peca, nosotros sí, lo que significa que nuestras experiencias o expresiones de dolor pueden ser pecaminosas. Ver cómo Dios experimenta el dolor nos ayuda a alinear mejor nuestras propias experiencias y expresiones con las suyas.

Primero, Dios se aflige al mismo tiempo que conoce el resto de la historia. Él conoce el desenlace de la historia. Del mismo modo, como escribió Pablo, los creyentes no debemos entristecernos como aquellos que no tienen esperanza, porque conocemos la esperanza eterna que los cristianos tenemos en Cristo (1 Tes. 4:13). Segundo, Dios es sabio y nosotros no. Como creyentes, debemos descansar sabiendo que las verdades bíblicas no dependen de nuestras pérdidas o de nuestras experiencias de duelo. Dios sigue siendo bueno, soberano y sabio. En tercer lugar, las respuestas de Dios a nuestro sufrimiento —Sus sentimientos y acciones— son siempre buenas y apropiadas. Mientras se aflige, no peca. No está ansioso, temeroso o desesperanzado. Sin embargo, estas emociones pecaminosas a menudo acompañan nuestro dolor. Por lo tanto, debemos ser conscientes de que podemos pecar en nuestro dolor y necesitamos arrepentirnos para alinearnos más estrechamente con la forma en que Dios podría responder a la misma situación.

Las enseñanzas directas de las Escrituras sobre el duelo

La Biblia a menudo explica cómo obró Dios en medio de Su pueblo afligido. La historia de Job demuestra la soberanía de Dios incluso sobre la pérdida. Job experimentó una pérdida tremenda, más de lo que muchos de nosotros podemos imaginar. Sin embargo, entre sus experiencias vemos no solo las respuestas inapropiadas de quienes lo rodeaban, sino también la respuesta de Dios al final del libro. En los últimos capítulos, Dios proporciona la respuesta al dolor de Job: recuerda mi soberanía, sabiduría y provisión. Y después del arrepentimiento de Job, Dios revierte y restaura abundantemente sus pérdidas (Job 42); esta es una imagen de la promesa que nos espera a los creyentes a medida que perseveramos en la fe al estilo de Job hasta el regreso de Cristo (Sant. 5:7-11).

El dolor de David por su pecado proporcionó una oportunidad para la provisión y la gracia de Dios. Después de que Natán confrontó a David por su pecado sexual con Betsabé y por haber mandado a matar a su esposo, se sintió abrumado por el dolor. El Salmo 51 lo muestra derramando ese dolor y arrepintiéndose ante el Señor. En 2 Samuel 12, vemos las expresiones externas de dolor de David cuando se enteró de la enfermedad terminal de su hijo pequeño: se negó a comer, se tiró en el suelo, sin deseos de participar en sus deberes de rey. Tales respuestas son típicas del duelo, incluso hoy en día. Sin embargo, al enterarse de que su hijo había muerto, David encontró fuerzas en el Señor (comp. 2 Sam. 12:20-24) y pudo levantarse del piso, lavarse, comer, adorar al Señor y ministrar a su afligida esposa. Dios proveyó para David y fue misericordioso con él en cada una de estas situaciones.

Las Escrituras también animan a los que se afligen recordándoles la presencia del Señor. El Salmo 34:18 dice: «Cercano está Jehová a los quebrantados de corazón; y salva a los contritos de espíritu». Los que están afligidos pueden saber que el Señor está cerca de ellos. El Salmo 23 nos recuerda que, aunque caminemos por el «valle de sombra de muerte», no debemos temer porque el Señor está con nosotros. Muchos de los que sufren se sienten como si estuvieran caminando por un valle de muerte; de nuevo, pueden descansar sabiendo que Dios está siempre presente. Además,

Isaías 40 habla de la necesidad de fortaleza en el dolor a medida que nos desmayamos y nos cansamos; sin embargo, nosotros, los seguidores de Cristo, podemos encontrar consuelo en nuestro Dios.

Finalmente, pasajes como 2 Corintios 4:17 y Romanos 8:18 nos recuerdan a los creyentes que tenemos la esperanza de que la gloria futura superará con creces el sufrimiento actual. La muerte es mala, un enemigo, un resultado de la maldición de Dios sobre la humanidad (Gén. 2:17; 3:19; Rom. 8:18-39), pero Dios un día revertirá esa maldición y pondrá fin a la muerte para siempre para beneficio de Su pueblo (1 Cor. 15; Apoc. 21–22). Podemos animar a nuestros aconsejados cristianos a tener una perspectiva piadosa y eterna en lugar de una temporal: recordar el resultado futuro que Dios garantiza, la realidad de que Dios establecerá Su reino, que será libre de culpa y dolor.

Acciones de consejería

El duelo y el proceso de superarlo son altamente individualizados. La pérdida a menudo magnifica la necesidad de sensibilidad y paciencia. Sin embargo, los problemas comunes suelen estar presentes. Si bien las siguientes acciones son buenas prácticas para cualquier situación de consejería, son especialmente valiosas para ministrar a los aconsejados en duelo.

Afirme la realidad de la pérdida y el dolor del aconsejado

Si bien los consejeros en algún momento pueden discutir la idoneidad de la respuesta, usted debe afirmar inmediatamente la realidad de cada pérdida, la experiencia del aconsejado y las emociones resultantes. También puede reconocer los posibles recordatorios o desencadenantes y los desbordes de emociones resultantes que podrían surgir incluso mucho después de que ocurriera la pérdida.

Sea paciente

El duelo es complejo y, a menudo, llega a las personas de forma inesperada. Los recordatorios de una pérdida y la revisión mental del duelo también pueden llegar de forma inesperada. No existe un cronograma establecido para el momento en que el duelo debe completarse.

Llore con los que lloran

La empatía es una habilidad esencial para la consejería, especialmente para acompañar a alguien a través del dolor y la pérdida. Los consejeros deben entrar intencionalmente en el mundo del aconsejado, comprender la pérdida desde la perspectiva de él y sentir esa pérdida junto a él. Solo cuando lo hace usted puede llorar verdaderamente con alguien, comprendiéndolo.

Sea rápido para escuchar, lento para hablar y lento para responder

Santiago 1:19 recuerda a todos los creyentes que «deben estar listos para escuchar, pero no apresurarse para hablar ni para enojarse» (NVI). El punto más importante de Santiago es que debemos controlarnos en nuestras respuestas emocionales, pensando claramente sobre la idoneidad de nuestras propias respuestas. Lo mismo es cierto para aconsejar el duelo: debemos escuchar bien, hablar con sabiduría y prestar atención a nuestras propias respuestas al dolor de los demás.

Sirva de maneras prácticas

Considere maneras en que puede hacer que la iglesia se involucre en la práctica de amar a un hermano o hermana en sufrimiento, ya sea ofreciendo comidas, haciendo mandados, visitándolos regularmente o dándoles regalos de conmemoración. A través de demostraciones de afecto como estas, el aconsejado recibe el mensaje de que es cuidado y su dolor no se olvida. Tales actos prácticos de amor y servicio pueden decir mucho a alguien que se siente solo en su dolor, y también hablan a quienes lo rodean que observan el cuidado cristocéntrico de la iglesia.

Fomente formas apropiadas y útiles de conmemorar la pérdida

A menudo es difícil pensar en formas prácticas de dar conclusión a una pérdida. Si bien eventos como un funeral ayudan en el caso de perder a un ser querido, las pérdidas intangibles son más difíciles de cerrar. Ayude a su aconsejado a pensar en formas apropiadas de conmemorar una pérdida particularmente significativa, para comunicar que el recuerdo todavía está allí, a pesar de la sensación de pérdida que se siente.

Recuerde la fecha de aniversario

Una forma en que mostramos amor continuo es expresando nuestro cuidado y oraciones por la persona afligida en los meses y años venideros. Los aniversarios pueden traer nuevas olas de dolor, pero la conexión y el recuerdo ayudan. Mantenga las fechas pertinentes relacionadas con la pérdida de su aconsejado (por ej.: la fecha de muerte o cumpleaños de un ser querido) en su calendario y envíe una tarjeta de recuerdo cada vez que se acerque un aniversario.

Desafíe sabia y gentilmente las creencias falsas y los comportamientos pecaminosos

Tenemos la capacidad de pecar en medio de la experiencia y la expresión de dolor, como cuando respondemos con amargura o atacamos. Por lo tanto, en términos de nuestro modelo de seis recuadros del capítulo 10, nosotros, los consejeros bíblicos, debemos escuchar cualquier respuesta de los Recuadros 2 o 3. En algunos casos, el dolor en sí mismo puede ser pecaminoso, como cuando se llora la pérdida de una relación adúltera. O el aconsejado podría tener una falsa comprensión de dónde estaba Dios en su pérdida y culpar a Dios. Es posible que se responsabilice indebidamente de una pérdida o que se lamente por la pérdida de algo que atesoraba desmesuradamente. En tales casos, trate cuidadosamente de corregir y liberar al aconsejado de las creencias falsas, animándolo a afligirse y responder de manera apropiada y que honre a Dios.

Anime al aconsejado a mirar hacia afuera

Pablo nos dice en 2 Corintios 1:3-4 que el «Padre de misericordias y Dios de toda consolación [...] nos consuela en todas nuestras tribulaciones, para que podamos también nosotros consolar a los que están en cualquier tribulación, por medio de la consolación con que nosotros somos consolados por Dios». Él recuerda a sus lectores que su sufrimiento no se trata solo de ellos; deben ministrar a otros como consecuencia. Por lo tanto, puede animar a un aconsejado creyente a ser la iglesia de otra persona, ya que todos experimentan dolor y sufrimiento y, a menudo, necesitan ayuda para atravesarlo.

Asegúrese de que su aconsejado tenga una teología adecuada del sufrimiento

Si bien el sufrimiento es una realidad en esta vida, Dios sigue siendo soberano, omnipotente, omnisciente, justo, misericordioso y compasivo. En medio del dolor o de las pruebas, un aconsejado puede tener dificultades para aferrarse a estas verdades, ya que las circunstancias parecen desafiar estos rasgos. Sin embargo, las circunstancias no determinan la verdad de la Palabra de Dios. Usted debe ayudar a los aconsejados a afirmar las verdades bíblicas (Recuadro 4) mientras reconoce sus circunstancias (Recuadro 1) y los anima a dar una respuesta adecuada (Recuadros 5 y 6).

Asignaciones de crecimiento sugeridas

Las siguientes tareas de crecimiento pueden ser útiles para el consultante en duelo:

- Orar, meditar y escribir un diario sobre el duelo. Usted puede indicar a los aconsejados que busquen en las Escrituras ejemplos de aflicción, y luego oren y escriban un diario a la luz de esos pasajes. Algunos lugares para comenzar pueden ser Isaías 40; 53; el Salmo 23, o varios pasajes en los que Jesús consuela a los afligidos (por ej.: Luc. 7:11-17; Juan 11; 14–16).

- Escribir un salmo, centrándose tanto en el lamento como en la adoración. Al escribir un salmo, siguiendo principalmente los ejemplos del Salmo 6, 42 u 88, los aconsejados no solo expresan cómo se sienten y sus puntos de vista acerca de Dios o de los demás, sino que se animan a sí mismos a recordar a Dios en medio de sus luchas. Además, un aconsejado puede usar tales salmos como oraciones. Los salmos de lamento nos ayudan a expresar nuestros sentimientos al Señor y a enmarcarlos con las perspectivas de Dios.
- Preservar recuerdos útiles. Un aconsejado puede beneficiarse de ejercicios prácticos como crear un libro de recuerdos o escribir un tributo conmemorativo. Tales ejercicios pueden traer un cierre y ayudar al aconsejado a aceptar la permanencia de la pérdida.
- Compartir la pérdida con alguien, de manera transparente y abierta. Compartir las pérdidas dentro del cuerpo de Cristo, en lugar de solo discutirlas con un consejero, nos permite llorar y regocijarnos unos junto a otros. Minimiza cualquier sensación de aislamiento.
- Conectarse con el cuerpo comunitario. Recibir atención comunitaria continua puede ayudar a un aconsejado a sentirse menos aislado en su dolor. También puede animarlo a recordar las verdades bíblicas sobre el dolor y la pérdida. Este tipo de atención puede venir de múltiples maneras, por ejemplo, a través de grupos pequeños, grupos de apoyo, ministerios basados en la iglesia o incluso a través de la lectura de los testimonios de otras personas que han pasado por experiencias similares.[5]
- Dar seguimiento al duelo. Anotar diariamente sus niveles de dolor y cualquier expresión de este (emocional, espiritual o física) puede

[5] Por ejemplo, véase el currículo My Grief Share de Church Initiative. www.griefshare.org; Paul Tautges, *A Small Book for the Hurting Heart: Meditations on Loss, Grief, and Healing* (Greensboro, NC: New Growth Press, 2020); Joni Eareckson Tada, *Cuando Dios llora: La importancia que nuestros sufrimientos tienen para el Todopoderoso* (Miami, FL: Editorial Vida, 2000); Bob Kellemen, *Grief: Walking with Jesus*, 31-Day Devotionals for Life (Phillipsburg, NJ: P&R, 2018); John Piper, *Cuando no se disipan las tinieblas* (Grand Rapids, MI: Editorial Portavoz, 2017).

ayudar a los aconsejados a comprender más fácilmente el impacto de su duelo. El diario de seguimiento puede discutirse en sesiones y revisarse a lo largo del tiempo, revelando el impacto a largo plazo de su pérdida.

Conclusión

La información contenida en este capítulo no ha hecho más que arañar la superficie de la atención a un consultante de luto; después de todo, el amor es maravillosamente creativo. Aunque el duelo es complejo y a menudo complicado, es algo de lo que nadie puede escapar. En algún momento u otro, todos experimentaremos la pérdida de algo precioso. Y la mayoría de las veces, esas pérdidas serán inesperadas. Los consejeros deben estar listos para hablar la verdad bíblica con sensibilidad y sabiduría. Solo el evangelio puede transformar una experiencia de duelo.

30

Trauma y abuso

El trauma y el abuso son más comunes de lo que queremos admitir, y a menudo los eventos iniciales, así como los efectos continuos, están ocultos. Si bien nuestras Biblias en español no usan estos términos, la Biblia no guarda silencio sobre el abuso y el trauma. Las Escrituras no solo registran una miríada de dificultades y aflicciones, muchas veces describiendo la respuesta del carácter piadoso involucrado,[1] sino que hablan extensamente sobre los efectos del pecado, el sufrimiento en un mundo caído y la futura redención que espera a los creyentes. Este capítulo se centrará en abordar el trauma con un enfoque especial en el abuso.

¿Qué son el trauma y el abuso?

Los escritores varían en la forma en que definen el trauma y el abuso, y en la forma en que distinguen o, a veces, subordinan los dos. Veremos el abuso como una categoría que puede superponerse con la categoría de trauma, así que imagine la intersección de un diagrama de Venn. Al hablar de abuso, hablaremos principalmente de lo que podríamos llamar *abuso traumático.* La mayoría de las formas de trauma, incluido el abuso traumático, siguen un patrón típico aplicable a muchos escenarios diferentes.

[1] Véase, por ejemplo, las respuestas de David (tanto inmediatas como continuas) a sus luchas (Sal. 31); las respuestas de Pablo a su prisión y tortura (Fil. 4:11-13); y la respuesta de Elías ante su persecución (1 Rey. 19).

La Biblia proporciona un marco útil para entender lo que podríamos llamar trauma. Consta de tres componentes clave: un evento (o eventos) desencadenante, la experiencia de uno sobre ese evento y los posibles efectos adversos continuos del mismo y experiencia, que llamamos trauma.[2] Primero, hay un evento precipitante (Recuadro 1 en nuestro modelo de seis recuadros): una prueba grave o severa, dificultad, sufrimiento, aflicción o adversidad, que trae o amenaza con daño, ya sea físico o de otra manera. Este evento puede ser algo así como un accidente automovilístico, un incendio en una casa o un desastre natural. O, como nos centraremos en este capítulo, el evento podría ser un caso de abuso o un intercambio violento visto o experimentado. En pocas palabras, en estos casos se peca severamente contra la persona.

En segundo lugar, hay algún tipo de experiencia o reacción. Esta respuesta suele implicar tanto aspectos físicos (por ejemplo, una respuesta de lucha o huida) como no físicos (una interpretación subjetiva y una respuesta volitiva). Puede ser piadoso, impío o una combinación de ambos en función de cómo el individuo entiende y asigna significado al evento (comportamientos de los Recuadros 2 o 6 basados en las respuestas del corazón de los Recuadros 3 o 5).

En tercer lugar, en los casos que llamamos trauma, hay efectos continuos que afectan a toda la persona (emociones, funcionalidad, procesos de pensamiento, relaciones, fisiología), comúnmente de manera duradera. En algunos casos, el evento o eventos precipitantes del maltrato severo (Recuadro 1) pueden producir directamente efectos corporales (por ej.: lesiones cerebrales con impacto cognitivo)[3] o indirectamente invitar o

---

[2] La US Substance Abuse and Mental Health Services Administration se hace eco de este marco. Véase «SAMHSA's Concept of Trauma and Guidance for a Trauma-Informed Approach» (julio de 2014), https://store.samhsa.gov/sites/default/files/d7/priv/sma14-4884.pdf

[3] Discernir la ausencia o presencia de problemas corporales, sus causas y cómo nosotros, como consejeros, debemos ayudar a una persona no siempre es fácil. En ausencia de evidencia médica sobre un aconsejado, debemos ser cautelosamente agnósticos, sin suponer ni descartar la posibilidad de problemas corporales. Al mismo tiempo, debemos prestar atención a la investigación neurológica válida y relevante, a pesar de sus límites (véase la explicación que sigue).

provocar respuestas psicosomáticas, como ansiedad, dependiendo de cómo la persona procese el abuso (Recuadro 3 o 5). Estos efectos corporales, a su vez, se convierten en un nuevo factor adicional de calor/dificultad del Recuadro 1, creando un bucle de retroalimentación y agregando complejidad a la respuesta de la persona abusada. Con el tiempo, estos efectos continuos tienen el potencial de conducir a respuestas infames como amargura, creencias erróneas y deseos de venganza, o a respuestas piadosas como la santificación, el crecimiento espiritual y el ministerio a los demás.

La triple comprensión anterior no significa que experimentar un evento severo producirá un trauma o que la persona quedará *traumatizada*. Estos eventos precipitantes solo son potencialmente traumáticos, dependiendo de cómo respondan las personas a ellos. Dos personas pueden experimentar el mismo evento de diferentes maneras con diferentes efectos. El simple hecho de experimentar un evento no requiere una respuesta disruptiva particular o un impacto negativo continuo. Mucho entra en la experiencia y los efectos de un evento; específicamente, el corazón humano es impactado por el pecado en todas sus formas, pero también puede ser fortalecido por la gracia empoderante de Dios. Afortunadamente, las Escrituras dan múltiples ejemplos de personas que sufrieron severamente, pero, por la gracia de Dios, no fueron traumatizadas.

De igual manera, abuso significa maltrato o mal uso de algo. Cuando se aplica a una persona, es un conjunto de acciones entre personas que está marcado por el maltrato, el poder o el control en lugar del honor y el valor mutuos. Típicamente, una persona con relativo poder o autoridad maltrata a una persona en una posición de debilidad o subordinación.[4] Una persona es severamente ofendida u oprimida por otra. Hay una variedad de categorías tanto con respecto a la edad (niño versus adulto) como al tipo (físico versus no físico). Por ejemplo, el abuso infantil es el maltrato de alguien menor de dieciocho años; incluye la negligencia o el abandono

---

[4] Véase John Henderson, *Abuse: Finding Hope in Christ* (Phillipsburg, NJ: P&R, 2012); Robert W. Kellemen, *Sexual Abuse: Beauty for Ashes* (Phillipsburg, NJ: P&R, 2015); y David Powlison, *Sexual Assault: Healing Steps for Victims* (Greensboro, NC: New Growth Press, 2010).

y se rige por las leyes de denuncia obligatoria en todos los estados.[5] Por el contrario, la violencia doméstica es la violencia o el abuso dentro del hogar, que suele ocurrir entre cónyuges o parejas adultas.

En esencia, el abuso implica poder y control. Un abusador ejerce un poder y control indebidos sobre otro ser humano a expensas directas de esa persona. El abusador peca directa y significativamente contra la víctima. El abuso no trata a los portadores de la imagen con dignidad y honor, y a menudo implica dolor y manipulación.

La siguiente lista de diversas formas de abuso no es exhaustiva; sin embargo, proporciona un punto de partida para comprender las diferentes categorías.

Formas físicas	Formas no físicas
• Lesiones corporales como golpes, puñetazos o mordiscos. • Delitos de contacto sexual como violación o abuso sexual.	• Ataques verbales como poner apodos, insultos, palabras degradantes. • Intentos de manipular o coaccionar para beneficio personal a expensas del otro. • Distorsiones de la enseñanza religiosa para elevarse a sí mismo, degradar a otro o exigir sumisión. • Delitos sexuales sin tocamiento, como comentarios sexuales verbales u observación forzada.

Por supuesto, estas formas pueden superponerse; una no excluye a la otra. Cada caso involucra a dos partes (un abusador y una víctima) y una injusticia o violación. El Salmo 58:2 da una imagen útil: «¡No! Ustedes a

---

[5] Véase nuestro cap. 20 para conocer los estatutos de presentación de informes de su estado. Véase también Brad Hambrick, ed., *Becoming a Church that Cares Well for the Abused* (Nashville,TN: Lifeway, 2019), 181-242.

plena conciencia cometen injusticias, y la violencia de sus manos se esparce en el país» (NVI). Mientras que la idea de justicia del Antiguo Testamento es hacer algo correcto o como debería ser, los abusadores hacen lo contrario. En lugar de vivir correctamente con Dios y con los demás, los abusadores violan a sus compañeros portadores de la imagen. Son retorcidos, se alejan de Dios en todos sus caminos. Contrariamente a lo que Isaías 1:17 dice que las personas piadosas deben hacer, el abusador no hace el bien, no busca la justicia, no corrige su propia conducta opresiva ni defiende a los que no pueden defenderse a sí mismos.

Impacto de las dificultades graves en una persona

Si no se responde de manera que honre a Dios, el hecho de que se peque severamente contra alguien puede tener un impacto tremendo, a menudo de por vida, en toda la persona. Por ejemplo, puede comenzar a tener patrones de pensamiento distorsionados, creencias erróneas en respuesta al abuso repetido (síndrome de Estocolmo; malentendidos sobre las relaciones adecuadas) o vivir perpetuamente en un estado de miedo, preocupación y ansiedad. Estar expuesto a un trauma, especialmente si es continuo o se intensifica en gravedad, aumenta en gran medida la tentación de responder erróneamente. Además, la persona traumatizada puede retirarse o aislarse relacionalmente, o no entender cómo vivir en una relación correcta con los demás. Pueden surgir preguntas acerca de la soberanía o bondad de Dios.

Gran parte de la investigación reciente se ha centrado en las implicaciones físicas y neurofisiológicas del trauma. Si bien debemos reconocer sus límites (por ej.: su exclusión del corazón y la interacción bíblica corazón/cuerpo) y evaluar sabiamente su confiabilidad y relevancia para un aconsejado específico (vea el cap. 9), debemos dar la bienvenida a sus ideas válidas. En un nivel básico, el trauma puede incluir lesiones físicas; pero en un nivel más complejo, la evidencia demuestra que puede afectar las estructuras cerebrales, provocando cambios físicos que afectan el funcionamiento, el comportamiento y los patrones de pensamiento. Esta realidad no alivia la responsabilidad personal, sino que demuestra que los efectos del trauma son más penetrantes de lo que se conocía anteriormente y nos llama a abordar a la persona en su totalidad en lugar de simplemente sus patrones de pensamiento o comportamiento. El consejo bíblico debe incorporar una comprensión apropiada tanto del corazón como del cuerpo en la respuesta del aconsejado al sufrimiento. Nuestros cuerpos, por ejemplo, no estaban destinados a vivir en un estado perpetuo de miedo o peligro. Cuando lo hacemos, nuestro sistema nervioso simpático se acelera y permanece allí; la adrenalina continúa siendo liberada, nuestros corazones continúan acelerados y los centros de pensamiento de nuestros cerebros (es decir, la corteza prefrontal) luchan por funcionar.[6] Si bien no podemos saber si tal cambio ha ocurrido en algún aconsejado individual, ser conscientes de estas posibles dinámicas nos ayuda a aconsejar a la *persona en su totalidad.*

Lo que a menudo complica el abuso es su nivel de secretismo. Con frecuencia, el abusador utiliza el secreto para continuar infligiendo un trauma a la víctima. El abuso secreto, por definición, está oculto, pero puede estar presente. Mantener el secreto puede implicar manipulación («Si alguien se entera, serás tú el que esté en problemas») o mentiras descaradas («Esto es tu culpa»). Las palabras de Proverbios 10:11 suenan verdaderas: «Manantial de vida es la boca del justo; pero violencia cubrirá la boca de los impíos». Las palabras de un abusador no dan vida; esconden violencia y drenan la vida.

A pesar del complejo impacto que puede tener el maltrato severo, las respuestas de una persona también pueden ser complejas. Numerosos «factores protectores» pueden disminuir el impacto del abuso y proteger a una persona de traumatizarse. Entre ellos se encuentran:

- fuertes creencias acerca de Dios y Su soberanía y bondad;
- un sólido sistema de apoyo, incluyendo a un consejero y una iglesia saludable;
- experiencia previa en el trabajo a través del sufrimiento;
- resiliencia general a los desafíos;
- un entorno estable (es decir, las dificultades no son recurrentes).

---

[6] Bessel van der Kolk omite el componente espiritual del trauma, pero describe extensamente su impacto en el cerebro y el cuerpo en van der Kolk, *The Body Keeps the Score: Brain, Mind, and Body in the Healing of Trauma* (Londres: Penguin Books, 2015).

Si bien ninguno de estos factores garantiza que una persona no quede traumatizada inicialmente, generalmente disminuyen y acortan el impacto de los eventos precipitantes.

En última instancia, la persona que ha experimentado un evento horrible y sus efectos está sufriendo; debemos anticiparnos a ello. Si bien pueden ocurrir respuestas pecaminosas (vea más abajo), es probable que el aconsejado traumatizado necesite ayuda en muchas áreas de la vida (espiritual, física, emocional, relacional, etc.). Muy a menudo, su vida se siente fuera de control; necesita ayuda para descubrir cómo el Señor habla a su sufrimiento y le ofrece Su consuelo.

Perspectivas bíblicas y teológicas

Las Escrituras dan múltiples ejemplos de graves dificultades y abusos. El asesinato, la violación, la guerra, el genocidio, la esclavitud y otros temas trágicos llenan muchas páginas de la Biblia debido a la profundidad y presencia constante del pecado en nuestro mundo caído. Un hermano asesina a otro por celos (Gén. 4), un hombre viola a su medio hermana por lujuria (2 Sam. 13), y tres hombres son arrojados a un horno candente por el deseo de un rey de poder total (Dan. 3). En cada caso, ocurre un pecado grave porque una persona desea algo que no debería y maltrata severamente a otro para obtener lo que quiere. La noticia que trae el evangelio es que todos estos individuos contra los cuales se pecó podrían haber respondido a su maltrato de manera piadosa y muchos de ellos lo hicieron, brindándonos ejemplos, esperanza y un camino de avance cristocéntrico para nuestros aconsejados.

La Biblia está llena de enseñanzas pertinentes a esta conversación. Por ejemplo, muchos pasajes nos muestran cómo responder bien al abuso. Los Salmos 27 y 55–57, por ejemplo, nos enseñan cómo ver a los opresores y cómo clamar a Dios por ayuda mientras confiamos en Su presencia, poder y promesas. El poder de Dios es suficiente para nosotros en nuestra debilidad, a pesar de cualquier pecado cometido contra nosotros. En medio de las pruebas, podemos correr y descansar en el poder de nuestro Padre que brinda consuelo y justicia. Jesús a menudo instruyó a Sus discípulos sobre cómo manejar la persecución; los vemos vivir eso en Hechos. Pablo nos da una directriz clara en Romanos 12:12: «Gozosos en la esperanza; sufridos en la tribulación; constantes en la oración». Toda la carta de 1 Pedro nos enseña cómo manejar el maltrato. Debemos responder a él de maneras que honren a Dios (Recuadros 5 y 6), en lugar de honrarnos a nosotros mismos (Recuadros 3 y 4).

La Biblia también nos dice cómo tratar a nuestros enemigos y aclara el papel de las autoridades civiles. El apóstol Pablo nos enseña cómo ver a los enemigos y la sorprendente forma en que Dios quiere que los tratemos (Rom. 12:14-21). También arroja luz sobre el papel apropiado que el gobierno civil podría desempeñar en los casos en que las víctimas deben buscar ayuda de las fuerzas del orden (Rom. 13:1-5; comp. Hech. 16:35-40). Nosotros, los seguidores de Cristo, tenemos la libertad, y el mandato, donde lo indique la ley, de involucrar a las fuerzas del orden público en casos de abuso, como un esfuerzo hacia la justicia. Sin embargo, Dios nos manda que no «[paguemos] a nadie mal por mal», sino hacer lo que es bueno (Rom. 12:17). Esto no evita las consecuencias de ciertas acciones abusivas; en cambio, prohíbe la retribución.

La sabiduría es una necesidad cuando se habla del perdón bíblico y la reconciliación. Por ejemplo, un niño mayor puede perdonar a su abusador, pero ese abusador permanece bajo las leyes que castigan el comportamiento abusivo. Además, a pesar del perdón, generalmente sería imprudente que un niño pasara tiempo sin supervisión con un abusador. Hay consecuencias para los comportamientos, incluso cuando haya perdón y reconciliación.

A continuación, la Biblia enseña que podemos elegir cómo responder a las dificultades. Las personas son seres morales. Esto significa que podemos elegir respuestas pecaminosas y no pecaminosas a las pruebas, por severas que sean, aunque siempre habrá algún tipo de respuesta. Como vimos en las Escrituras en el capítulo 1 y en nuestro modelo de seis recuadros en el capítulo 10, nuestros corazones activos pueden producir buenos o malos frutos en respuesta al calor de ser objetos del pecado. Por ejemplo, ante el inmenso sufrimiento (la pérdida de sus hijos, sus posesiones y su salud), Job respondió de manera piadosa (Job 1:20-22; 2:10) mientras que su esposa respondió de manera impía (Job 2:9). Cuando estaba «angustiado» por la devastación amenazante de un ejército invasor, el rey Acaz «añadió mayor pecado contra Jehová» (2 Crón. 28:22), mientras que el rey Manasés «oró a Jehová su Dios, humillado grandemente» (2 Crón. 33:12). El sufrimiento se convierte en la ocasión de buenas o malas respuestas, no en la causa de ellas.

Afortunadamente, las Escrituras proveen muchos ejemplos de aquellos que respondieron al maltrato impío de maneras piadosas. En los Salmos, David clamó a Dios en medio de su aflicción; corrió a la fuente apropiada de ayuda en su momento de necesidad (Sal. 40; 69). De manera similar, en medio de las repetidas pruebas que se analizan en Génesis 37 hasta el final de ese libro, José indicó constantemente que el Señor estaba cerca de él, que dependía del Señor y que le hablaba directamente a él. Jesús, en Su sufrimiento, clamó al Padre (Mat. 27:46; Luc. 23:34, 46). Pablo eligió confiar en la soberanía del Señor en sus aflicciones (Hechos 14:21-22; 2 Cor. 1:8-10). En cada caso, la persona eligió honrar al Señor a pesar del grave pecado contra ella.

Las Escrituras también aseguran a los creyentes que nuestra esperanza final está en la promesa de «cielos nuevos y tierra nueva» donde Dios morará con nosotros (2 Ped. 3:12-13). De hecho, parte del mensaje del evangelio es que un día nuestro Señor hará nuevas todas las cosas. Como Apocalipsis 21:4 nos recuerda: «Enjugará Dios toda lágrima de [nuestros] ojos [...]; y ya no habrá muerte; ni habrá más llanto, ni clamor, ni dolor; porque las primeras cosas [habrán pasado]». Eso significa que llegará un momento en el que no habrá más trauma, no habrá más abuso. Por lo tanto, podemos lamentar los efectos del sufrimiento en nuestras vidas, aun los efectos severos, e incluso así aferrarnos a la esperanza (1 Tes. 4:13). Por ejemplo, aunque Pablo enfrentó un inmenso maltrato, mantuvo una perspectiva eterna que trajo gran esperanza (2 Cor. 4; 12:1-10). Basado en la descripción al final de Hechos y su testimonio y perspectiva en su última carta (2 Timoteo), estas realidades del evangelio aparentemente evitaron que quedara traumatizado.

Finalmente, las Escrituras presentan a Jesús como nuestro ejemplo perfecto de cómo responder al maltrato severo. Considere la cruz: Cristo soportó un intenso sufrimiento físico y no físico (golpizas, agresiones verbales) mientras era ejecutado de la manera más vergonzosa posible en ese momento. Sin embargo, respondió con rectitud y honor. No hay duda de que sufría un gran dolor, tanto físico como espiritual; sin embargo, en medio de su sufrimiento, no pecó. Jesús no estaba traumatizado por el severo abuso que recibió. Incluso aprovechó la ocasión para auxiliarse en enseñarnos cómo ver y tratar a nuestros enemigos (Mat. 27:27-31; Luc. 6:27-36; 1 Ped. 2:21-23). Señalar tales cosas durante las sesiones puede llevar a los aconsejados a dos verdades necesarias: Jesús conoce nuestro sufrimiento y no estamos solos en él. La compasión de nuestro Señor por nosotros en nuestras tentaciones y Su provisión de ayuda, como se discute en Hebreos 4:14-16, se vuelven mucho más conmovedoras a la luz de la cruz.

Al mismo tiempo, esto no significa que no debamos tratar de evitar o escapar del sufrimiento innecesario o de no buscar ayuda. El sufrimiento de nuestro Señor involucró algunos aspectos únicos: vino voluntariamente a la tierra para expiar nuestros pecados y eligió sufrir en nuestro lugar. Sin embargo, cuando nos enfrentamos al maltrato pecaminoso de otros, el Nuevo Testamento presenta repetidamente a Cristo como nuestro ejemplo, quien nos mostró cómo manejarlo de manera piadosa.

Pasos de consejería y procedimientos prácticos

Antes de considerar algunos enfoques prácticos de consejería para tratar el trauma, incluido el abuso, debemos centrarnos en dos puntos preliminares. En primer lugar, debido a la complejidad potencial del trauma, en particular el abuso repetitivo, la consejería sabia requiere competencia y sabiduría. Ayudar a las personas que han sufrido traumas complejos o abusos recurrentes, y a veces incluso casos sencillos de trauma o casos únicos de abuso, requerirá algo más que una habilidad de nivel básico. La consejería mal hecha puede hacer mucho daño. Un consejero debe estar debidamente equipado para manejar tales casos, lo que podría requerir buscar más capacitación o consultas continuas con consejeros bíblicos más experimentados que entiendan mejor la complejidad del pecado y el sufrimiento. En algunos casos, también puede implicar consultar con profesionales seculares.

En segundo lugar, debido a la naturaleza de la consejería sobre trauma y abuso, los consejeros con antecedentes personales de este tipo deben ser conscientes de los posibles desencadenantes cuando trabajan con personas traumatizadas. El no trabajar lo suficiente su propio trauma o abuso puede afectar su ministerio con un aconsejado que sufre (vea el cap. 11).

Como consejeros, debemos procurar proporcionar niveles de ayuda. En primer lugar, debemos asegurarnos de que el aconsejado esté seguro y de que se satisfagan sus necesidades físicas básicas. Si el aconsejado no está seguro o carece de provisiones esenciales, la consejería podría no ser eficaz.[7] El objetivo preliminar en tal caso es obtener el apoyo del aconsejado para la vida diaria, lo que puede requerir la participación de la iglesia o de los recursos de la comunidad. El consejero también debe preguntar sobre el suicidio o la autolesión y responder adecuadamente. Además, este paso implica discernir cuándo aconsejar a una víctima que denuncie el abuso a la policía (Rom. 13:1-6) y a los líderes de la iglesia (Heb. 13:17), así como cuándo buscar atención médica o asesoramiento legal.

A continuación, debemos abordar el trauma/abuso más directamente, pero de una manera que considere la totalidad de la experiencia del aconsejado y los efectos del trauma en su vida. Como consejeros bíblicos, debemos pasar mucho tiempo escuchando la historia de cada uno de los aconsejados, llevando con compasión esa carga con ellos, y señalando continuamente las verdades bíblicas sobre la bondad, la compasión, la soberanía, la presencia, el amor y otras características de Dios directamente relacionadas con alguien que está sufriendo. Debemos lamentar las ofensas cuando sea apropiado y reconocer el pecado cuando esté presente, tanto en el ofensor como en el ofendido. También debemos trabajar a través de cualquier problema del corazón, incluyendo tentaciones, deseos o cualquier pregunta o lucha espiritual que puedan surgir en nuestros aconsejados, trayendo aliento frecuente y verdad bíblica (por ej.: Sal. 9:9: «El Señor es refugio de los oprimidos; es su baluarte en momentos de angustia» (NVI).

[7] Note que Jesús satisfizo las necesidades físicas (mediante la alimentación o la sanación; véase Mat. 15:29-37) junto con Sus enseñanzas.

Dentro de este paso, un consejero también debe reconocer las posibles respuestas fisiológicas traumáticas al maltrato que están produciendo dificultades adicionales del Recuadro 1. Dios creó nuestros cuerpos para responder de maneras particulares a las experiencias, y una de ellas involucra amenaza y peligro. Dios creó lo que conocemos como el «sistema de lucha o huida» (nuestro sistema nervioso simpático). Cuando se emplea correctamente, nos lleva a protegernos sin depender del pensamiento lógico antes de la respuesta. Sin embargo, en el caso de un trauma, este sistema puede verse abrumado. En lugar de ser un estado temporal, el sistema de lucha o huida permanece activado, para lo cual no fue creado. Lo que este efecto secundario de la caída significa para los consejeros es que no podemos ignorar las respuestas fisiológicas de nuestros aconsejados; en cambio, debemos reconocerlas y ayudar a las personas a trabajar hacia la restauración del funcionamiento adecuado en estas áreas.

Un consejero puede utilizar varias actividades para abordar el trauma y su impacto en el aconsejado. Por ejemplo, un aconsejado puede leer y meditar en el Salmo 10:17-18: «El deseo de los humildes oíste, oh Jehová; tú dispones su corazón, y haces atento tu oído, para juzgar al huérfano y al oprimido, a fin de que no vuelva más a hacer violencia el hombre de la tierra». Ese ejercicio es un recordatorio de que el Señor es justo y escucha nuestro clamor, y también nos da fortaleza.[8] Otros pasajes para estudiar podrían incluir los Salmos 3–5; 55–57 y el libro de Job. El consejero también puede optar porque el aconsejado tome nota durante la semana de cualquier conexión entre las emociones angustiosas, los pensamientos problemáticos y el comportamiento resultante para que pueda explorar cómo las experiencias pasadas o las motivaciones y deseos presentes están afectando la lucha del aconsejado. También pueden construir juntos una línea de tiempo visual o narrativa para ayudar al aconsejado a comprender mejor los eventos y su impacto. Para abordar las respuestas fisiológicas, como la sensación de lucha o huida, el consejero también puede enseñar

---

[8] Para más información sobre el uso del Salmo 10, véase David Powlison, *Why Me? Comfort for the Victimized* (Phillipsburg, NJ: P&R, 2003).

habilidades prácticas, como la respiración controlada y la relajación, los momentos enfocados en la oración o la meditación, y la mitigación del impacto de las emociones negativas en la vida cotidiana.[9]

En tercer lugar, el consejero debe ayudar al aconsejado a adoptar actitudes correctas (Recuadro 5). Existen varias tentaciones cuando ocurre un trauma o abuso. Estas incluyen abrazar una «mentalidad de víctima», exhibir ira santurrona y albergar amargura o falta de perdón. Estas son acciones pecaminosas que van en contra de las directivas de Dios para nosotros, incluso en medio de un grave pecado contra nosotros (Mat. 18:21-22; Luc. 18:9-14; Ef. 4:31; Sant. 1:20). Si vemos estas tendencias en nuestros aconsejados, debemos abordarlas. Sin embargo, corregir las actitudes pecaminosas no tiene por qué socavar la empatía por su sufrimiento; en cambio, ayude pacientemente a su aconsejado a ser más como Cristo, quien, incluso en su sufrimiento severo y multifacético, no pecó (1 Ped. 2:21-23).

En cuarto y último lugar, el consejero debe ayudar al aconsejado a vivir sabiamente ante el Señor (Recuadro 6). Esto significa enseñar respuestas apropiadas a los eventos pasados o presentes para contrarrestar los sentimientos injustificados de peligro o miedo. También debemos ayudar a los aconsejados a aprender cómo son las relaciones que honran a Dios, especialmente si no han sido modeladas en sus vidas. Basándonos en 1 Corintios 13:4-7, por ejemplo, podemos guiar a los demás a través de lo que significa amarse unos a otros, cómo es el amor auténtico que honra a Dios. También podemos trabajar presentando estas luchas al Señor en oración mientras pensamos en la verdad como Filipenses 4:6-8 en lugar de las incertidumbres, llevando cautivos los pensamientos para pensar en Cristo y Su bondad (2 Cor. 10:5). Al hacer todo esto, el objetivo es romper los patrones malsanos o pecaminosos que se han desarrollado en respuesta al maltrato. Por último, con gran sabiduría y paciencia, es posible que tengamos que explorar el perdón y la reconciliación entre nuestros aconsejados y sus ofensores.

---

[9] Algunos consejeros bíblicos podrían considerar maneras de apropiarse, con cautela, de varias técnicas terapéuticas efectivas de especialistas en trauma (por ej.: terapias de exposición narrativa).

Conclusión

Si bien aconsejar a las víctimas de abuso severo es difícil y, a menudo, agotador, también es una oportunidad para ver un crecimiento tremendo. Por la gracia de Dios, con la ayuda de Su Espíritu y la verdad de Su Palabra, podemos estar al lado de los hermanos y hermanas en la fe que han sido maltratados y consolarlos en su aflicción. Podemos señalarles al «Padre de misericordias y Dios de toda consolación», que puede ofrecer un nivel de ayuda como ningún otro en medio de las luchas más duras (2 Cor. 1:3-6).

31

Pornografía y masturbación

El sexo vende. Siempre lo ha hecho y lo hará hasta que Jesús regrese. Tal vez esa sea una de las razones por las que la Biblia enseña acerca del sexo con tanta frecuencia. De forma trágica, en la lujuria de nuestra cultura por todo lo sexual, los temas de la pornografía y la masturbación (el sexo con uno mismo) distorsionan aún más el plan de Dios para el sexo. Por lo general, estos pecados van juntos.

A lo largo de los años, la pornografía se ha vuelto más fácil de conseguir que en el pasado. Hoy en día las personas pueden encontrarla de forma gratuita en cualquier dispositivo que acceda a Internet.

En nuestros ministerios de consejería hemos visto a personas hacer todo lo posible para alimentar sus deseos, ya sea adquiriendo un dispositivo separado, utilizando una vía a Internet que no sea fácilmente rastreable, o yendo a una biblioteca o universidad. Cuando se trata de acceder a la pornografía, donde hay un deseo, hay un camino.

Lamentablemente, las distorsiones del plan de Dios para el sexo y la intimidad afectan tanto a hombres como a mujeres. Si bien los hombres tienden a ser los objetivos publicitarios más frecuentes de la pornografía y se identifican con mayor frecuencia con este problema, las mujeres también luchan.[1] La pornografía y la masturbación son problemas comunes entre

[1] Apreciamos especialmente a las mujeres que ayudan a otras mujeres a luchar contra estos pecados. Si bien los pastores quieren, correctamente, pastorear a todos los miembros de sus rebaños, la sabiduría dicta que las mujeres que luchan contra el pecado sexual son mejor ministradas por mujeres piadosas.

los solteros, y su uso es desenfrenado entre los estudiantes de secundaria y universitarios, tanto seculares como cristianos. También son sorprendentemente populares entre las parejas casadas, incluso entre aquellos que son miembros activos de la iglesia. Es desgarrador recordar a las muchas parejas que se han sentado en mi sala (la de Rob) para explicar cómo la pornografía y la masturbación afectaron sus relaciones no solo con el Señor sino entre sí.

Si aconseja durante mucho tiempo, se encontrará con estos problemas.

Entendamos los problemas

Al comenzar, sepa que los aconsejados pueden estar en conflicto sobre si es correcto o incorrecto el uso de la pornografía y la masturbación. Algunos cristianos, por ejemplo, creen sinceramente que la masturbación es un regalo de Dios para los solteros. Sin embargo, muchos luchan con la culpa por ello. Creemos que sus conciencias están funcionando correctamente, que sus sentimientos de culpa los están guiando en la dirección correcta. Creemos que la pornografía y la masturbación distorsionan el buen diseño de Dios para el sexo y, por lo tanto, son pecaminosas. Entonces, en lugar de aliviar la culpa de alguien por este tipo de indulgencia, esperamos abordar con ellos sus causas para que puedan llevar una vida más agradable a Dios.

Un problema del corazón

Es posible que el punto de entrada de un aconsejado en la pornografía haya sido involuntario; tal vez escribieron mal una palabra en una búsqueda en Google o hicieron clic en un anuncio engañoso que luego los expuso a contenido inapropiado. Sin embargo, incluso esa inocente entrada puso en marcha una serie de pasos que comenzaron con la experimentación y condujeron a elecciones conscientes. En el momento en que un aconsejado se comunica con usted sobre el asunto, su uso de la pornografía ya no puede describirse como accidental.

Jesús enseñó: «Porque del corazón salen los malos pensamientos, los homicidios, los adulterios, las fornicaciones» (Mat. 15:19). Eso significa que los temas de este capítulo son fundamentalmente problemas del corazón, sin importar cómo comenzaron. Por lo tanto, cuanto más consumo de pornografía o masturbación haya en la vida de un aconsejado, más preguntas usted debe hacer. También debe ser sabio en la profundidad de la información que recopila. Por ejemplo, debe saber que aquellos que miran pornografía en video y se masturban con ella entran en un mundo de fantasía que ellos mismos crean. En él, «controlan» la situación y fingen que lo que ven les está pasando a ellos. Su experiencia es intensa y requiere muy poco trabajo. Hoy en día, un aconsejado puede incluso participar en experiencias sexuales virtuales con otra persona en vivo a través de videoconferencias. La amplia gama de experiencias sexuales pecaminosas accesibles a los aconsejados es asombrosa.

Aunque tales cosas distorsionan terriblemente el diseño de Dios, el placer físico asociado con ellas es a la vez agradable y embriagador. Los aconsejados a menudo dirán que no quieren involucrarse en la pornografía y la masturbación, que saben que está mal y se sienten culpables, pero siguen haciéndolo. No te dirán que sus corazones anhelan el placer asociado con la selección de los actores, la elección de los videos y el disfrute de las escenas en parte imaginarias y en parte reales. Cuando los aconsejados describen el atractivo irresistible de la pornografía, sepa que quieren decir que eso tiene control en sus corazones. Lo que sigue trayéndolos de vuelta al pozo es la sensación de placer que proporciona el pozo.

Una cuestión de afectos

Los seres humanos son pensadores, sensibles y amantes. El Señor nos animó a amarlo primero a Él y a nuestro prójimo como a nosotros mismos (Mat. 22:37-40). Desafortunadamente, los aconsejados a los que se refiere este capítulo aman su pecado. Sí, podemos oír hablar de culpa y de un deseo repetidamente declarado de cambiar; no obstante, hay un amor por todo lo que su pecado proporciona. Para la persona soltera, a menudo es la emoción del placer sexual sin compromiso marital. Para la persona casada, es la alegría del placer sexual fácil sin cultivar la intimidad relacional, o tal vez es una forma de satisfacer el deseo de algo/alguien diferente a su cónyuge. Cuanto más tiempo haya estado un aconsejado en este tipo de pecado y cuanto más intensas sean sus experiencias con él, más amará lo que proporciona. Será relativamente fácil volver a su pecado porque lo aman.

Un problema de autoengaño y engaño a los demás

«El Señor está de acuerdo con esto»; «Esto no le hace daño a nadie»; o «Nadie sabe de esto» son todas las declaraciones que los aconsejados usan para justificar sus acciones y encubrir su culpa y vergüenza. De hecho, se engañan a sí mismos con estos dichos.

Muchos de los que luchan con los problemas mencionados aquí también engañan regularmente a sus cónyuges, padres, amigos o compañeros de rendición de cuentas. Debemos hacer preguntas acerca de tales engaños y su frecuencia para comprender mejor a cada uno de los aconsejados. También debemos ser conscientes de que algunos pacientes incluso tratarán de engañar a sus consejeros.[2] He estado en la sala de consejería con un joven adicto a la pornografía que me miró a los ojos y me mintió en la cara ocho sesiones seguidas, tal como lo había hecho con todas las personas de su pasado a las que había pedido que lo ayudaran. Yo era una víctima más de sus engaños bien ensayados. Sus mentiras solo fueron expuestas por la mano del Señor.

Como consejeros bíblicos, debemos darnos cuenta de que nuestros aconsejados rara vez nos cuentan toda la historia al principio. Esto se vuelve aún más obvio con aquellos que luchan en esta área del pecado sexual, especialmente si saben que enfrentan graves consecuencias si no hay un cambio (por ej.: la pérdida del empleo o del ministerio/servicio misionero, o la disolución de una relación).

[2] Esto no tiene por qué hacernos cínicos. Podemos elegir creer lo mejor de nuestros aconsejados sin ser ingenuos ante sus tendencias. Además, los consejeros bíblicos pueden despertarse cada día creyendo que hoy podría ser el día en que el Señor obre poderosamente y cambie el corazón de un aconsejado.

Un problema de hábito

Aquellos que recurren a la pornografía y la masturbación a menudo han desarrollado una serie de hábitos en torno a su pecado. Hay tiempos estructurados para su pecado, ciertos senderos para acceder a su pecado y tipos específicos de días o momentos que conducen a él. Su pecado se ha convertido en parte de su rutina.

Romper con el pecado de la pornografía y la masturbación puede ser muy desafiante. Los consejeros bíblicos deben saber a qué nos enfrentamos. Cuanto más tiempo y más profundo ha ido el aconsejado en este pecado, más difícil es romperlo.[3] Por lo tanto, tenemos que pensar en la solución a través de muchos aspectos diferentes.

En busca de soluciones

Me gusta usar la analogía de la guerra cuando hablo con un aconsejado sobre la pornografía y la masturbación. Tales pecados no van a cambiar porque hablemos de ellos o porque se sientan culpables. El proceso de superación implica la guerra. Así como en un conflicto militar real uno pone todos los recursos en la lucha, así también necesitamos todos los recursos para luchar contra la pornografía y la masturbación.[4] Y como en el caso de toda consejería bíblica, los aconsejados deben crecer en su amor por el Señor y desear honrarlo y glorificarlo en sus vidas, incluso mientras toman medidas prácticas para vencer estos pecados. El tema del crecimiento cristiano (Ef. 4:17-24; Col. 3:5-17) se aplica a cada aspecto de la batalla.

La importancia de perseguir las alegrías más grandes

Si el corazón ha aprendido a amar y disfrutar de los pecados de la pornografía y la masturbación, entonces el antídoto implica buscar un gozo

[3] En algunos casos, programas residenciales como Pure Life Ministries (www.purelifeministries.org) y Restoration Ministry (www.faithlafayette.org/restoration) pueden ayudar.

[4] Véase Heath Lambert, *Finally Free: Fighting for Purity with the Power of Grace* (Grand Rapids, MI: Zondervan, 2013).

mayor.[5] Dios nos diseñó para amar, desear y experimentar gozo.[6] Él desea que lo amemos primero, que queramos lo que Él quiere y que experimentemos deleite a través de la relación con Él. Parte de la forma en que los aconsejados pueden luchar contra su pecado, entonces, es ver que Dios ofrece algo mejor. ¿Por qué conformarse con pollo del contenedor de basura cuando Dios ofrece filete mignon cortado a pedido?

Es insuficiente hablar simplemente de la importancia de amar a Dios más que a una indulgencia. Más bien, ayude a sus aconsejados a que «Prueben y vean que el Señor es bueno» (Sal. 34:8, NVI). La mayoría de nosotros admitiríamos que damos por sentadas las bendiciones del Señor. En lugar de buscarlas intensamente, nos acostumbramos al hecho de que Dios cuida de nosotros. Por lo general, nuestros aconsejados prestan poca atención a la bondad de Dios. Su deseo de su próximo golpe de placer pornográfico los ciega a las bendiciones del Señor.

Por lo tanto, parte de nuestra tarea en estos casos es trabajar con los aconsejados para ver las muchas formas en que el Señor los amó primero, los ama más y expresa continuamente ese amor. Esto podría incluir la asignación de la escritura de diarios sobre la obra del Señor durante la semana, reflexiones sobre el amor de Dios durante varios momentos de su vida y la asistencia de las personas más cercanas a ellos para ayudarlos a concentrarse en las bendiciones que el Señor les ha dado. Una guía devocional puede ayudar con esto.[7]

---

[5] Los no creyentes también pueden renunciar al pecado analizado en este capítulo, pero el deseo de cambio normalmente resulta de la idea de perder algo. Un esposo incrédulo, por ejemplo, podría renunciar a su pornografía porque su esposa amenaza con divorciarse. Una madre incrédula podría renunciar a su pornografía porque su hijo la sorprendió usándola. En tales casos, los aconsejados juzgan que hay algo más importante que lo que están dejando. Recuerde, el mero cambio en el comportamiento no es el cambio que buscamos.

[6] Considere asignar uno o más de estos recursos para ser leídos entre sesiones: John Piper, *Sed de Dios: Meditaciones de un hedonista cristiano*, ed. rev. (Barcelona, España: Editorial Andamio, 2011); Milton Vincent, *A Gospel Primer for Christians: Learning to See the Glories of God's Love* (Bemidji, MN: Focus Press, 2013); J. I. Packer, *Conocer a Dios* (Envigado, Colombia: Publicaciones Poiema, 2023); y Jerry Bridges, *La disciplina de la gracia: El rol de Dios y el nuestro en la búsqueda de la santidad* (Bogotá, Colombia: Editorial CLC, 2004).

[7] Por ejemplo, véase Deepak Reju, *Pornografía: Luchando por la pureza* (Sebring, FL: Editorial Bautista Independiente, 2019).

La importancia del arrepentimiento, no solo de la culpa

Todas las personas a las que he aconsejado con respecto a esta área han expresado su culpa. Muchos dicen que se sienten culpables inmediatamente después de cada sesión de pecado; otros describen un sentimiento general de culpa por su patrón de comportamiento. Esa culpa les ha molestado y los ha llevado a buscar ayuda y, posiblemente, a rendir cuentas, pero no ha dado lugar a ningún cambio. Entonces, ¿por qué no?

Hay una diferencia entre la culpa y el arrepentimiento. Solo el arrepentimiento produce el cambio. La culpabilidad es un estado objetivo y judicial. El sentimiento de culpa a veces acompaña ese estado, pero ni el estado ni el sentimiento conducen automáticamente al arrepentimiento. Las personas pueden alejar la culpa y seguir pecando.

Por lo tanto, al aconsejar, debemos desafiar a los aconsejados a que se arrepientan; también tenemos que pedirle a Dios que les conceda el arrepentimiento. Grandes confesiones como las del Salmo 51 y Daniel 9:1-19 describen ciertas características presentes en aquellos que se arrepienten. Primero, las personas arrepentidas no excusan su pecado. El usuario de pornografía tiende a decir: «No le hace daño a nadie», pero los que se arrepienten no ponen excusas. En segundo lugar, las personas arrepentidas están dispuestas a ver su pecaminosidad históricamente. Pueden ver momentos en los que el Señor estaba obrando en sus corazones y rechazaron Su obra. Si están dispuestos, incluso pueden relatar una serie de rampas de salida que el Señor les proporcionó y notar cómo responder semanas, meses, años o incluso décadas antes habría puesto sus vidas en un camino diferente. Tercero, las personas arrepentidas están dispuestas a aceptar las consecuencias de un Dios recto y justo. Pueden entender el daño que han causado al Señor, a sí mismos y a los demás, y están dispuestos a soportar las consecuencias de su pecado. Cuarto, las personas arrepentidas dependen de la naturaleza misericordiosa y compasiva de Dios para conceder el perdón. Lo piden porque saben que su Padre celestial se deleita en perdonar a Sus hijos. Quinto, las personas arrepentidas cambian. Están dispuestas a hacer lo que sea necesario para abandonar su pecado y vestirse de justicia.

Francamente, es difícil arrepentirse. Aparentemente, David tardó al menos un año en arrepentirse de su pecado con Betsabé (2 Sam. 11:27–12:13). Por lo tanto, vaya despacio y sea minucioso al animar a sus aconsejados a arrepentirse. Y recuerde que ser impulsado a arrepentirse es diferente a arrepentirse realmente. (Sepa también que la consejería ejerce presión, y algunos aconsejados responderán positivamente a la presión sin arrepentimiento genuino). Cuando un aconsejado ha trabajado a través del arrepentimiento en su corazón, entonces puede haber muchas personas que deberían escuchar su confesión significativa y creíble. Sin un verdadero arrepentimiento, los aconsejados no cambiarán.

La importancia de la transparencia y la rendición de cuentas

Otra característica de los que están en pecado sexual es su tendencia a ocultarlo, incluso cuando se establecen estructuras de rendición de cuentas para ayudarlos. La transparencia debe ser una alta prioridad. Además, debemos esforzarnos por ayudar a aquellos a quienes aconsejamos a admitir honestamente sus pecados sexuales para que puedan conocer el perdón del Señor (por ej.: David en Sal. 32:3-5). Luego, no es solo la rendición de cuentas, sino la transparencia.

Al mismo tiempo, cuando pensamos en la rendición de cuentas, debemos distinguirla de la amistad. La rendición de cuentas efectiva ocurre cuando hay algo que perder. Si una persona decide no ir a trabajar, se toman medidas disciplinarias (por ej.: una sanción, la pérdida de un sueldo, incluso el despido). Entonces, ¿dónde está la pérdida para aquellos que esconden el pecado sexual? En demasiados casos de consejería no ha habido ninguna, porque la gente confundió la amistad entre las partes con la responsabilidad genuina. En la amistad, no esperamos pérdidas; más bien, esperamos que los amigos nos alienten, nos animen y nos hagan la vida más fácil. Eso no es rendición de cuentas.

Por lo tanto, lo alentamos a considerar algunas posibles pérdidas que su aconsejado debería enfrentar si continúa empleando una falta de transparencia con usted u otra persona que tenga la tarea de ayudarlo a rendir cuentas. Tal vez sea la pérdida de una posición ministerial, una relación, un privilegio o incluso la membresía en la iglesia (1 Cor. 5:11-13). Busque traer un sentido de responsabilidad genuina a la ecuación.

La importancia de reducir el acceso

Los aconsejados que han visto imágenes o videos provocativos no olvidan rápidamente lo que han visto. A menudo, incluso pueden reproducirlo en sus mentes. Sin embargo, eso no debe disuadirnos de ayudarlos a reducir su acceso a nuevo material. Si bien los televisores, las computadoras y los teléfonos inteligentes son parte de la vida diaria, no todos los aconsejados necesitan acceso libre a ellos. Limitar en gran medida el tiempo que se pasa en dichos dispositivos e incluso cambiar la ubicación de un teléfono y una computadora ayudará a los aconsejados que quieran cambiar, al igual que agregar programas que bloqueen o reporten sitios inapropiados.

Si bien muchos aconsejados encuentran frustrante aplicar estas recomendaciones, creemos que su uso refleja la verdad bíblica. Jesús enseñó en Mateo 5:28-30: «Pero yo os digo que cualquiera que mira a una mujer para codiciarla, ya adulteró con ella en su corazón. Por tanto, si tu ojo derecho te es ocasión de caer, sácalo, y échalo de ti; pues mejor te es que se pierda uno de tus miembros, y no que todo tu cuerpo sea echado al infierno. Y si tu mano derecha te es ocasión de caer, córtala, y échala de ti; pues mejor te es que se pierda uno de tus miembros, y no que todo tu cuerpo sea echado al infierno». El lenguaje es metafórico; enfatiza los pasos radicales que debemos dar en nuestra batalla contra el pecado. Si bien limitar o eliminar el acceso a un televisor, teléfono inteligente o computadora dificulta ciertas tareas, es otra arma para la guerra.

La importancia de odiar el pecado

Algunos aconsejados se dicen a sí mismos que sus pecados lujuriosos son inofensivos. No reconocen cómo una visión del sexo egocéntrica y basada en imágenes entrena a una persona para conectar el sexo con sensaciones de placer al margen de un cónyuge dado por Dios, lo que puede dañar los matrimonios presentes y futuros.[8] También ignoran el daño causado a los modelos y actores involucrados en la industria de la pornografía. Esa industria viola lo que significa ser una persona hecha a imagen de Dios. ¡Qué retorcido y triste que alguien vea cómo se realiza un acto sexual y se masturbe con él como si estuviera incluido! Tal acción egoísta reduce a los otros individuos involucrados a esclavos sexuales diseñados solo para beneficio personal. Esto es aún más trágico cuando lo hacen los cristianos, que tienen la tarea de ayudar a un mundo que necesita desesperadamente un Salvador y escuchar las buenas nuevas de Jesús. Los consejeros deben ayudar a los aconsejados a odiar todos los aspectos de este pecado.

Con esto en mente, les he preguntado a los padres pecadores: «Si esa fuera tu hija en ese video, ¿te gustaría que alguien compartiera a Cristo con ella o que continuara explotándola?». Les he preguntado a jóvenes en edad universitaria: «Si esa mujer en la foto fuera tu madre, hermana o novia, ¿te gustaría que alguien la codiciara o compartiera a Cristo con ella?». En todos los casos, debemos ayudar a los aconsejados a odiar la forma en que la industria de la pornografía maltrata a las mujeres y daña las relaciones.

Si bien estos asuntos pueden desafiar la conciencia, en última instancia, los aconsejados aprenden a odiar su pecado solo al ver cómo ofende a un Dios santo. La industria distorsiona el diseño de Dios para lograr su propio beneficio financiero. Darse cuenta de esto debería provocar una ira productiva y significativa que aleje a los cristianos en particular del pecado y los lleve al propósito que Dios tiene para ellos.[9] Cuanto más crezca su odio hacia este pecado, más probable será que se alejen de él cuando llegue el próximo momento de tentación.

---

[8] La Biblia advierte sobre el autoengaño que lleva a creer mentiras sobre la experiencia sexual (por ej.: Prov. 5:1-14, 6:23-35; 7:1-27). En años recientes, la neurociencia ha ilustrado el poder esclavizante del pecado sexual (Prov. 5:21-23) y las consecuencias del daño a uno mismo que produce la pornografía. Véase William M. Struthers, *Wired for Intimacy: How Pornography Hijacks the Male Brain* (Downers Grove, IL: InterVarsity Press, 2010).

[9] Véase Powlison, *Good and Angry* (cap. 21, n.1).

La importancia de construir una teología bíblica adecuada del sexo

En mi consejería, rara vez encuentro aconsejados que puedan dar una teología bíblica significativa del sexo y la expresión sexual. Ellos recibieron sus enseñanzas sobre el sexo a través de sus amigos, del entretenimiento y, sobre todo, a través de la pornografía. La Biblia contiene una gran riqueza de información sobre nuestra vida sexual, así que destaquemos tres verdades.

Primero, Dios diseñó el sexo para que fuera bueno y placentero. El sexo apropiado no produce culpa ni vergüenza. Honra al Señor y produce gozo en nuestros cuerpos y corazones. Dios lo diseñó como un acto de procreación y placer. Desde el principio de la creación, fue una cuestión relacional que nunca tuvo que ver con el desempeño. Esa es una de las razones por las que Dios dice: «Por tanto, dejará el hombre a su padre y a su madre, y se unirá a su mujer, y serán una sola carne» (Gén. 2:24).

En segundo lugar, Dios diseñó el matrimonio monógamo como el lugar apropiado para el sexo (Heb. 13:4). En 1 Tesalonicenses 4:3-5 Pablo escribió: «Pues la voluntad de Dios es vuestra santificación; que os apartéis de fornicación; que cada uno de vosotros sepa tener su propia esposa en santidad y honor; no en pasión de concupiscencia, como los gentiles que no conocen a Dios».

La Biblia, como sabemos, revela la voluntad de Dios. Él desea que Su pueblo se abstenga de toda forma de inmoralidad sexual. En 1 Corintios 6:18 dice: «Huid de la fornicación. Cualquier otro pecado que el hombre cometa, está fuera del cuerpo; mas el que fornica, contra su propio cuerpo peca». El maravilloso don del sexo que Dios le dio a Su pueblo creado fue diseñado para existir solo dentro de los límites del matrimonio. La pornografía y la masturbación violan esta norma.

Tercero, Dios diseñó el sexo para el beneficio mutuo. En 1 Corintios 7:2-5 se explica la igualdad en el dormitorio. Cada línea describe el servicio y autoridad mutuos para alentar a cada persona a concentrarse en el otro. La pornografía y la masturbación, por el contrario, enseñan que los demás están diseñados para *mi* placer y *mi* satisfacción. Por lo tanto, el sexo con uno mismo viola los propósitos de Dios para el sexo. Es la forma más rápida de dañar un matrimonio incluso antes de que comience.

Ministrar a la esposa de un usuario de pornografía

Si bien una mujer también puede participar en los pecados de la pornografía y la masturbación, la experiencia de consejería más común involucra a los hombres. Por lo tanto, queremos proporcionarle a usted, como consejero, ayuda y recursos iniciales para ministrar a la esposa de un hombre involucrado en los pecados sexuales discutidos.[10] Las esposas cariñosas a menudo se sienten abatidas cuando se enteran del pecado sexual de sus esposos. Pueden sentirse profundamente traicionadas por su impureza y engaño, rechazadas y abandonadas por imágenes en una pantalla, y confundidas sobre qué hacer a continuación.

Tenga en cuenta al menos cinco prioridades cuando atienda a estas personas.

En primer lugar, proporcione acceso a otras personas que puedan ayudar. Por ejemplo, si usted es un consejero varón que trabaja no solo con un hombre pecador, sino también con su esposa herida, es sabio involucrar a una mujer cristiana madura también como consejera o asistente. La mayoría de las esposas aprecian tener una presencia femenina de apoyo en estas sesiones.

Segundo, enfatice que (si ella es creyente) su identidad principal está en Cristo. Ella es hija de un Padre solícito, y está unida para siempre a su fiel Salvador, cuya muerte desinteresada por ella demostró Su amor constante. Mantenga el evangelio delante de sus ojos.

Tercero, asegúrele que el uso de la pornografía por parte de su esposo no es culpa de ella, a pesar de cualquier intento que él pueda hacer para minimizar su pecado o culparla. No deje que ella acepte la culpa por las decisiones de él. Si descubre que ella ha asumido la responsabilidad de «causar» el pecado de él, ayúdela a abandonar esa mentira y a desalojar su culpa confusa (recuerde el cap. 7).

Cuarto, involúcrela en el proceso de consejería, teniendo en cuenta sus deseos. Tenga en cuenta que algunas esposas prefieren estar presentes

[10] Por ejemplo, véase Vicki Tiede, *When Your Husband Is Addicted to Pornography: Healing Your Wounded Heart* (New Growth Press, 2012); y Kathy Gallagher, *When His Secret Sin Breaks Your Heart: Letters to Hurting Wives* (Dry Ridge, KY: Pure Life Ministries, 2019).

en todas las sesiones, mientras que otras prefieren estar presentes solo en ciertas sesiones. Permítale que le dé su opinión sobre la actitud y el comportamiento de su esposo, hable con ella sobre su rol actual con su esposo y ayúdela mientras procesa sus propias motivaciones y deseos. El objetivo es cuidarla y ministrarla.

Por último, y sobre todo, ayúdela a acercarse a Dios y a profundizar su comunión con Él. Las tentaciones la rodean: amargarse, buscar venganza, alejarse de su esposo o renunciar a su matrimonio. De hecho, las debilidades en su relación con el Señor podrían quedar expuestas como resultado de su terrible experiencia. Por lo tanto, ayúdela a ver esas debilidades y a edificar su vida en Jesús, Su amor y Sus promesas (Sal. 73:23-28; 2 Tim. 4:17). Consuélela, ayúdela a volver a anclar su corazón en Jesús y enséñele a amar, perdonar y ayudar a su esposo a luchar contra su pecado.

Conclusión

Aconsejar a quienes luchan contra la pornografía y la masturbación es común. Los aconsejados están en guerra. Ministrarles bien implica comprender la poderosa atracción del pecado sexual a nivel físico y del corazón; llamar a los aconsejados a un arrepentimiento genuino y enseñarles verdades bíblicas sobre las actitudes y acciones sexuales. Por fortuna, el Señor es capaz de producir un cambio duradero en cada aconsejado (1 Cor. 6:9-11). Por la gracia de Dios, veremos que la demanda y el deseo de las cosas de Dios aumentan para que los aconsejados vivan para Cristo, la industria de la pornografía cierre por falta de negocios, los involucrados sean salvos y la verdad bíblica sobre el sexo domine nuestros corazones y comportamiento.

32

Atracción hacia personas del mismo sexo y disforia de género

La cultura estadounidense actual, como la mayor parte de Occidente, celebra la individualidad y la felicidad personal. No es de extrañar que estas celebraciones también se produzcan en el ámbito de la sexualidad. A diferencia de hace un siglo, o incluso hace cincuenta años, nuestra cultura ahora afirma y a veces fomenta cosas como la homosexualidad y una identidad de género fluida.

A pesar de esto, la Iglesia se ha mantenido bastante honesta sobre estos temas, afirmando que mientras Dios ha creado el género y la sexualidad como cosas buenas dentro de los límites adecuados, el pecado los ha distorsionado inmensamente. Pero ¿dónde deja esto al cristiano que está luchando con la atracción homosexual o la disforia de género? ¿Cómo podemos aconsejar de una manera que lleve fiel y misericordiosamente la Palabra de Dios al aconsejado?

Definiciones y descripciones

Las definiciones claras son esenciales para esta discusión. Debemos distinguir entre *atracción* (o *sentimiento*) e *identidad*, es decir, entre un estado interno versus un comportamiento externo y un estilo de vida. Si bien esto puede parecer una sutileza, es muy importante. Por ejemplo, considere el paralelismo entre alguien que *desea* dañar a otra persona frente a alguien que *realmente lastima* a alguien versus alguien que *se identifica* como un asesino. Si bien los tres son impactados y, en última instancia, impulsados por corazones pecaminosos, el comportamiento y la afirmación de identidad son tremendamente importantes.

La atracción hacia personas del mismo sexo (AMS) es esencialmente lo que parece: interés sexual y atracción hacia personas del mismo género, con o sin atracción hacia el género opuesto también.[1] Esto incluye a aquellos que actúan o se identifican con la atracción (es decir, se consideran homosexuales y viven un estilo de vida homosexual) y aquellos que no lo hacen (es decir, aquellos que sienten la atracción, pero no se identifican como homosexuales y no actúan en consecuencia). La diferencia es la voluntad de actuar e identificarse con el conflicto interno.

Numerosas luchas vienen con la AMS, algunas paralelas a las luchas de aquellos que no la tienen. Estas incluyen lidiar con pensamientos impuros, sentirse diferente, sentirse avergonzado, afligirse por la incapacidad de ser «normal», establecer límites físicos apropiados y el conflicto interno de la aceptación de algunos junto con el rechazo de otros. Los cristianos con AMS también pueden luchar con la duda de si la atracción que sienten es pecaminosa o no, por qué Dios permitiría su AMS, la seguridad de su salvación y cómo responder cuando otros reaccionan mal.

La disforia de género (DG) es una incongruencia sentida entre el sexo biológico y el género que se siente: por ejemplo, nacer mujer, pero tener un sentido interno de ser hombre. Al igual que la AMS, la DG

[1] Para más información sobre la atracción hacia personas del mismo género, véase Rosaria Champagne Butterfield, *The Secret Thoughts of an Unlikely Convert: An English Professor's Journey into Christian Faith* (Pittsburgh, PA: Crown & Covenant, 2012); Rosaria Champagne Butterfield, *Openness Unhindered: Further Thoughts of an Unlikely Convert on Sexual Identity and Union with Christ* (Pittsburgh: PA, Crown & Covenant, 2015); Wesley Hill, *Washed and Waiting: Reflections on Christian Faithfulness and Homosexuality* (Grand Rapids: Zondervan, 2016); Denny Burk y Heath Lambert, *Transforming Homosexuality: What the Bible Says about Sexual Orientation* (Phillipsburg, NJ: P&R, 2015); y R. Nicholas Black, *Homosexuality and the Bible: Outdated Advice or Words of Life?* (Greensboro, NC: New Growth Press, 2014).

no requiere que alguien actúe sobre los sentimientos internos. En otras palabras, la disforia de género es independiente de ser transgénero (vivir e identificarse como el género opuesto). A menudo incluye cosas como disgusto por el propio cuerpo (más allá de los genitales), trastornos emocionales, sentimientos de aislamiento o «sentirse diferente», confusión y ansiedad. Si bien cada aconsejado es un individuo, encontramos que estos sentimientos de incongruencia generalmente comienzan entre los ocho y los catorce años. Las luchas son muy similares a las de la AMS: conflicto interno y sufrimiento (lucir de una manera en lo exterior, pero sentir que esa apariencia es incorrecta y difícil de cambiar), confusión sobre los límites para el comportamiento y la vestimenta, sentirse diferente o avergonzado, dolor por esas diferencias y la incapacidad de ser «normal», y las preguntas espirituales mencionadas anteriormente.

El punto de vista bíblico sobre la sexualidad y el género[2]

Las Escrituras hablan claramente sobre la homosexualidad y el género. Podemos considerar los siguientes pasajes al pensar tanto en la AMS como en la DG:

- Génesis 1:27: «Y creó Dios al hombre a su imagen, [...] varón y hembra los creó». La creación de Adán y Eva indica tanto el diseño de Dios para el matrimonio (entre un hombre y una mujer) como para el género (Adán creado como «varón/marido» y Eva como «hembra/esposa»).
- Levítico 18:22: «No te acostarás con un hombre como quien se acuesta con una mujer. Eso es una abominación» (NVI). Este pasaje habla particularmente del diseño de Dios para las relaciones sexuales entre las personas.

---

[2] Véase Kevin DeYoung, *What Does the Bible Really Teach about Homosexuality?* (Wheaton, IL: Crossway, 2015); Sam Allberry, *Is God Anti-Gay? and Other Questions about Homosexuality, the Bible and Same-Sex Attraction*, ed. rev. (Epsom, UK: The Good Book Company, 2015); y R. Nicholas Black, *Homosexuality and the Bible: Outdated Advice or Words of Life?* (Greensboro, NC: New Growth Press, 2010).

- Deuteronomio 22:5: «No vestirá la mujer traje de hombre, ni el hombre vestirá ropa de mujer; porque abominación es a Jehová tu Dios cualquiera que esto hace». Dios ha establecido un claro binario hombre-mujer. Los sexos no deben confundirse entre sí.
- Romanos 1:26-28: «Por esto Dios los entregó a pasiones vergonzosas; pues aun sus mujeres cambiaron el uso natural por el que es contra naturaleza, y de igual modo también los hombres, dejando el uso natural de la mujer, se encendieron en su lascivia unos con otros, cometiendo hechos vergonzosos hombres con hombres, y recibiendo en sí mismos la retribución debida a su extravío». Frases como «pasiones vergonzosas», «contra naturaleza» y «hechos vergonzosos» indican la posición de Dios sobre los deseos sexuales y el comportamiento que caen fuera de Sus normas y límites establecidos.
- 1 Corintios 6:9-10: «¿No sabéis que los injustos no heredarán el reino de Dios? No erréis; ni los fornicarios, ni los idólatras, ni los adúlteros, ni los afeminados, ni los que se echan con varones, ni los ladrones, ni los avaros, ni los borrachos, ni los maldicientes, ni los estafadores, heredarán el reino de Dios». Varios de los pecados de esta lista involucran la mala conducta sexual; su resultado final es la separación de Dios.

Estos textos enseñan que, en última instancia, la homosexualidad y la identidad de género atípica son productos del pecado en el sentido más amplio de la palabra: toda la persona (ya sea que entre en estas categorías o no) está caída y afectada por él. Esto incluye los aspectos físicos y no físicos del propio ser (véanse los caps. 5 y 6). Todas las personas tienen pasiones que no se alinean con los deseos de Dios, y para muchos estas pasiones son sexuales. Pero incluso a la luz de las pasiones, nosotros *elegimos* actuar en consecuencia. Aquí el evangelio nos trae buenas noticias: En Cristo tenemos una nueva identidad como hijo o hija del Dios vivo. Tenemos un nuevo poder provisto por Su Espíritu para luchar contra esas pasiones pecaminosas y vivir célibes, incluso si esos deseos nunca cambian en esta vida.

Las Escrituras también hablan de varios temas clave relacionados con la AMS y la DG de maneras menos explícitas. En primer lugar, los que luchan con cualquiera de los dos experimentan sufrimiento. A medida que yo (Kristin) me he sentado repetidamente con los aconsejados que luchan en estas áreas, me ha sorprendido la profundidad de su sufrimiento. Puede deberse al rechazo de los seres queridos, incluidos los de la iglesia, a un sentimiento constante de desconexión de sus propios cuerpos o a la desesperanza. Aunque la AMS y la DG son sus «problemas actuales», sus sentimientos generalizados implican sufrimiento, que la Biblia aborda con gran detalle. Dios sabe lo que es sufrir (Isa. 53:3), consuela a los creyentes en todas sus aflicciones (2 Cor. 1:4), nos restaurará y fortalecerá (1 Ped. 5:10), y nos garantiza una gloria futura que supera cualquier sufrimiento actual (Rom. 8:18).

Además, la Palabra de Dios debe ser la autoridad del creyente a pesar de los sentimientos, incluso en estas áreas. Su Palabra, no nuestras experiencias o cualquier emoción que podamos tener, es la verdad (Juan 17:17). Su Palabra habla a toda la vida (2 Ped. 1:3) a medida que los creyentes avanzamos hacia la piedad. Para el aconsejado que lucha con la AMS o la DG (o cualquier otra cosa), las Escrituras deben ser la voz de la verdad que contrarreste cualquier sentimiento o deseo interno que no se alinee con el diseño de Dios.

Finalmente, Dios sigue siendo soberano a pesar de los sentimientos de incongruencia dentro de uno mismo. El aconsejado que lucha con AMS o DG, particularmente si inicia la consejería, rara vez desea sentirse de la manera en que se siente o tener los deseos que tiene. Puede sentirse tentado a pensar, o incluso se le ha dicho, que Dios no lo habría creado «de esa manera» si no se suponía que debía vivir esos deseos. Pero estas condiciones no formaban parte del diseño original de Dios para los hombres y las mujeres; son productos de la influencia penetrante del pecado en el mundo. Sin embargo, Dios sigue siendo soberano sobre cómo fue creada cada persona, y ha dado directivas claras sobre cómo debemos vivir dentro de Su creación.

¿Qué significa esto para nuestras conversaciones de consejería con respecto a la AMS y la DG? Significa que, por el Espíritu de Dios, los creyentes tienen el poder de obedecer a Dios a pesar de sus pasiones, incluso si eso significa luchar contra ellas día tras día. Significa que nuestros comportamientos e identidad importan inmensamente y que en Cristo ya nadie tiene que ser esclavizado por deseos incorrectos (Rom. 6). Además, aunque Dios tiene el poder de cambiar las pasiones y otros deseos pecaminosos que tengamos en esta vida, a veces elige no hacerlo. Pablo, por ejemplo, vivía con una «espina»; y fuera lo que fuese, Dios la dejó en su vida para ayudar a recordarle a Pablo que cuando se sintiera débil, Cristo dentro de él demostraría ser fuerte (2 Cor. 12:7-10). La identidad del creyente se encuentra en Cristo. Él, más que nuestros sentimientos o luchas, determina lo que somos.

Pasos de consejería y procedimientos prácticos

Antes de discutir los procedimientos de consejería, debemos tener en cuenta que la AMS y la DG son luchas distintas. Un consejero no debe suponer que alguien que lucha con la DG también tiene problemas con la AMS. Sin embargo, las personas con DG, que pueden verse a sí mismas como del género opuesto, pueden sentirse atraídas por alguien de su propio género biológico y esa atracción se «sentirá» apropiada, aunque técnicamente es atracción hacia personas del mismo sexo. Si bien este asunto deberá abordarse *en algún momento* de la consejería, la AMS del aconsejado en estos casos es secundaria a su DG.

Consejería sobre la atracción hacia personas del mismo sexo

Al aconsejar a alguien con atracción hacia el mismo sexo,[3] el consejero primero debe tratar de entender a la persona aconsejada lo más completamente posible. Si el consejero tiene poca o ninguna experiencia con la

[3] Véase Edward T. Welch, *Homosexuality: Speaking the Truth in Love* (Phillipsburg, NJ: P&R, 2000); David White, *Can You Change If You Are Gay?* (Greensboro, NC: New Growth Press, 2013); David Longacre, ed., *First Steps of Compassion: Helping Someone Who Struggles with Same-Sex Attraction* (Boone, NC: L'Edge Press, 2009); y varios recursos de Harvest USA (www.harvestusa.org).

AMS, se necesitará un esfuerzo adicional por adelantado para comprender las perspectivas y las luchas de la persona. Podemos demostrar el amor y la gracia de Jesús entrando en el mundo del aconsejado y tratando de entender el peso de su lucha. No solo tenemos que escuchar la evidencia del sufrimiento que está experimentando, sino que debemos tener en cuenta su responsabilidad personal ante un Dios santo.

En segundo lugar, el consejero debe hablar sobre la identidad personal y de dónde proviene. Para hacer eso, podríamos incluir una tarea asignada que le pida al aconsejado que inicialmente escriba quién es y cómo determinó cada aspecto de su identidad, y luego trabajar con él para desafiar el pensamiento erróneo o hacer cualquier adición o cambio a la luz de lo que enseña la Biblia. En todos los casos, el consejero debe sacar a la luz lo que las Escrituras dicen acerca de la identidad humana. Todos somos portadores de la imagen, y los seguidores de Cristo deben procurar ser semejantes a Cristo. Además, puede resultar útil para un aconsejado estudiar lo que la Palabra de Dios tiene que decir acerca de la sexualidad y la expresión sexual. Pedirle que lea pasajes como Génesis 1, Romanos 1 y 1 Corintios 6, y luego registre sus ideas y aplicaciones, le dará un punto de partida para tener una conversación informada con Dios sobre su lucha.

En tercer lugar, el consejero puede tratar de caminar con el aconsejado para determinar cómo elige vivir a la luz de su lucha, centrándose mucho más en la respuesta que en la lucha en sí. Los cristianos somos responsables de obedecer las directivas del Señor a pesar de cualquier deseo incorrecto, y debemos arrepentirnos de aquellos deseos y acciones que no se alinean con el diseño de Dios. Los cristianos podemos obedecer a Dios por el Espíritu de Dios que vive dentro de nosotros, pero a veces primero necesitamos un poco de amable ayuda para ver hacia dónde nos estamos desviando del rumbo.

Cuarto, el consejero no debe hacer falsas promesas sobre el cambio. Aunque Dios puede elegir aliviar a un aconsejado de sus deseos y alinear sus deseos con los suyos, también puede optar por no aliviar la carga de la lucha en este lado de la eternidad. Por lo tanto, si bien podemos animar al aconsejado a lamentar este aspecto de su condición caída y pedirle a Dios que transforme sus deseos, no debemos garantizar que Dios lo hará. Una persona puede tener problemas con la AMS por el resto de su vida. Debe enfocarse en caminar con Cristo y depender del poder de Dios para vivir correctamente en un mundo caído.

Quinto, el consejero debe discutir con el aconsejado la soberanía de Dios y el sufrimiento, reconociendo el sufrimiento de su aconsejado mientras mantiene la soberanía de Dios en medio de él. Esto incluiría tener las discusiones necesarias acerca de Dios que permite nuestro sufrimiento, Su creación de personas que viven bajo el impacto del pecado,[4] y Su diseño para una soltería prolongada, a pesar del deseo de matrimonio y compañía. También puede implicar tener una conversación sobre los sentimientos de tener que «probarse» a uno mismo intensificando la propia masculinidad o feminidad.

Finalmente, el consejero debe proclamar las buenas nuevas del evangelio, que el Señor Jesús ya pagó el precio de todos los pecados en la cruz. Incluso si un aconsejado en particular es un creyente en Cristo desde hace mucho tiempo, se beneficiará de un nuevo recordatorio de que el evangelio impacta la vida a diario. Los seguidores de Cristo han sufrido y muerto con Cristo; le pertenecemos a Él, incluso con nuestros deseos desordenados. Él nos llama a mortificar los deseos de la carne, y debemos procurar honrarlo. *Todas* las luchas son temporales; un día terminarán. Mantener una perspectiva eterna es clave para vivir en la victoria diaria.

Consejería sobre disforia de género

¿Cómo deben abordar los consejeros bíblicos la DG? Dado que pocos consejeros de este tipo han escrito sobre este tema hasta la fecha, debemos encontrar ayuda en el mundo más amplio de la consejería cristiana evangélica.[5] Al aconsejar a los padres de niños más jóvenes que podrían expresar

---

[4] Nótese que la humanidad no fue diseñada para vivir bajo los efectos del pecado. La desobediencia de Adán nos llevó a ese trágico estado. La obediencia de Cristo, en contraste, ofrece a los humanos el camino para salir de la maldición (Juan 3:16-17; Apoc. 21:3-4). Para mayor estudio, véase nuestro Apéndice: Recursos recomendados sobre el sufrimiento.

[5] Por ejemplo, véase Mark Yarhouse, un consejero cristiano integracionista, en su *Understanding Gender Dysphoria: Navigating Transgender Issues in a Changing Culture*

DG, la «espera vigilante», combinada con una enseñanza bíblica positiva y no controvertida sobre el género, parece sabia.[6] En muchos casos, el género del niño se resolverá por sí mismo a medida que el niño crezca. Con niños mayores, adolescentes y adultos, el enfoque más sabio parece ser la espera vigilante que permite al aconsejado explorar sus luchas sin que el consejero refuerce la identidad no bíblica. Después de que hayan entrado en la lucha del aconsejado y hayan tratado de entender su sufrimiento, los padres o consejeros deben presentar la enseñanza bíblica cristocéntrica de manera sabia y oportuna. Por supuesto, es posible que cada padre deba decidir cuánta libertad de exploración debe dar a sus hijos menores de edad más grandes que viven bajo su techo. Dado que la lucha puede consumir a los que sufren día tras día, debemos mostrarles gracia, compasión y sabiduría. Si bien cada consejero puede decidir cómo se ve esto en la práctica, algunas cuestiones a considerar son el momento y el contenido de las conversaciones y si se debe usar el nombre preferido del aconsejado o el identificador de género («él» o «ella») en las conversaciones que mantengan.[7]

Para aquellos que ayudan a las personas que luchan contra la DG, gran parte de los mejores consejos se hacen eco de los enumerados anteriormente en la consejería de la AMS, aunque tienen matices para las luchas de género. Ciertamente, el consejero debe ser rápido para escuchar y lento para hablar (Sant. 1:19), tomándose un buen tiempo para entender al aconsejado y su lucha, especialmente si el consejero no ha luchado

---

(Downers Grove, IL: IVP Academic, 2015). Él resume cuatro enfoques que usan los consejeros seculares. Los consejeros bíblicos podrían afirmar los primeros dos: intervención directa y espera vigilante, pero no la facilitación psicosocial ni la supresión de la pubertad. Otro útil recurso para la consejería de aquellos con DG es Andrew T. Walker, *Dios y el debate transgénero: ¿Qué dice realmente la Biblia sobre la identidad de género?* (Grand Rapids, MI: Editorial Portavoz, 2018).

[6] Para obtener recursos para padres o líderes juveniles, véase Tim Geiger, *What to Do When Your Child Says, «I'm Gay»* (Greensboro, NC: New Growth Press, 2013); Ben Marshall, *¡Ayuda! Mi adolescente dice ser gay* (Envigado, Colombia: Publicaciones Poiema, 2020); y Cooper Pinson, *Jóvenes atraídos por el mismo sexo* (Sebring, FL: Editorial Bautista Independiente, 2020).

[7] Los consejeros varían en cuanto a si deben usar el nombre o el identificador de género preferidos del aconsejado. Algunos argumentan que hacerlo aprueba el género preferido. Un tercer enfoque evita el uso de pronombres específicos de género o cualquier nombre para evitar afirmar u ofender innecesariamente a una persona.

personalmente con la DG. Debemos trabajar para comprender bien a cada individuo, incluyendo dónde se encuentran en la lucha (es decir, cuándo notó por primera vez los sentimientos y si ha pensado ampliamente en la cirugía de reasignación de género) y qué es lo que desea de la consejería.

Al igual que cuando se aconseja a las personas con AMS, los consejeros deben discutir la identidad y la fuente de la identidad del creyente, ayudando a los aconsejados a estudiar las enseñanzas de las Escrituras sobre la sexualidad y el género por sí mismos. También debemos afirmar sabia y graciosamente la realidad de las Escrituras sobre los deseos distorsionados debido a la caída. Esto, por supuesto, parecerá diferente para un creyente que para un incrédulo que probablemente no verá las Escrituras como una autoridad sobre la identidad de género. Por lo tanto, desde el principio, debemos tratar de entender el peso que el aconsejado le da a la Palabra de Dios.

A la luz del enfoque sugerido anteriormente, la espera vigilante equilibrada con la enseñanza bíblica y la confrontación afectuosa, el consejero debe decidir cómo seguir estos principios mientras tiene cuidado de no afirmar el comportamiento. De hecho, los consejeros deben resolver este asunto en sus propias mentes, de acuerdo con su conciencia ante el Señor, temprano, incluso antes de que comience la consejería. No es amoroso ni amable con un aconsejado tener un consejero que no esté preparado para discutir las luchas de manera apropiada, especialmente asuntos tan importantes como estos.

Finalmente, el consejero debe sufrir la lucha junto con el aconsejado. Ninguna persona que pasa por la DG o por cualquier lucha se deleita en el sufrimiento. Tampoco el Señor. Él es misericordioso y bondadoso en medio de las luchas, y las usa para lograr Sus propósitos, pero las luchas con la identidad de género son otro producto del pecado en sus muchas expresiones, y eso es digno de lamento. Además, nos afligimos con los aconsejados cuando se dan cuenta de que podrían lidiar con estos sentimientos por el resto de sus vidas y, en consecuencia, nunca casarse ni tener hijos.

Al aconsejar a los padres de niños con DG, el consejero puede capacitarlos sobre las dificultades de sus hijos (vea la nota al pie núm. 6 anterior). Se trata de algo más que de comportamientos o sentimientos y sus implicaciones prácticas (como vestirse de manera diferente o el conflicto que surge); las luchas emocionales vienen a la par. El consejero también debe reconocer la lucha de los padres. Por lo general, la DG se expresa hacia el exterior, lo que puede llevar a la vergüenza o a preguntas incómodas por parte de los extraños. Los consejeros pueden ayudar a los padres a pensar en cómo amar bien a sus hijos sin afirmar sus comportamientos; pueden ayudarlos a equilibrar la gracia y la firmeza que no se derivan de sus propias frustraciones, vergüenza o legalismo.

Por último, el consejero debe afirmar el evangelio. En medio de las luchas sobre la identidad de género, debemos recordar que la esperanza y la verdadera identidad se encuentran en Cristo, que el poder salvador de Dios es poderoso y que todos los que confían en Jesús como Señor y Salvador tendrán la victoria eterna sobre el pecado. Incluso una lucha que puede durar toda la vida no es eterna.

Conclusión

Es probable que la necesidad de aconsejar a aquellos con problemas de atracción hacia personas del mismo sexo y disforia de género aumente en los próximos años, sobre todo teniendo en cuenta el clima cultural actual. Por lo tanto, los consejeros bíblicos deben estar preparados para entrar en estas luchas con sus aconsejados, entender tanto el pecado como la dinámica del sufrimiento, y traer el poder y la esperanza del evangelio de Cristo para ayudarlos.

33

Abuso y agresión sexual

En el principio, Dios creó la intimidad sexual para que fuera algo bueno expresado de maneras particulares. Él diseñó la expresión sexual para un marido y una esposa dentro del pacto del matrimonio (Gén. 2:24-25; Heb. 13:4). La entrada del pecado en la creación distorsionó la sexualidad y la expresión sexual; una distorsión es el pecado de abuso o agresión sexual, que apareció ya en los tiempos del Antiguo Testamento.

Los consejeros deben estar preparados para abordar este trágico problema tanto con niños como con adultos, y tanto con las víctimas recientes como con aquellos que han estado lidiando con los efectos de la agresión durante décadas. Si bien este capítulo se aplicará a tres categorías: niños y adolescentes abusados recientemente,[1] adultos abusados en el presente,[2] y adultos abusados en el pasado,[3] nos centraremos en la consejería para los adultos que han experimentado abuso sexual en algún momento.

---

[1] A veces los padres nos traen a un niño abusado o buscan nuestra ayuda para saber cómo atender a ese niño. Véase el cap. 37 para más información sobre ministrar a niños después del abuso.

[2] Para más información sobre la agresión sexual, véase David Powlison, *Abuso sexual: Pasos para la sanidad de las víctimas* (Sebring, FL: Editorial Bautista Independiente, 2020); Justin S. Holcomb y Lindsey A. Holcomb, *Rid of My Disgrace: Hope and Healing for Victims of Sexual Assault* (Wheaton, IL: Crossway, 2011).

[3] Véase David Powlison, *Recovering from Child Abuse: Healing and Hope for Victims* (Greensboro, NC: New Growth, 2008); John Henderson, *Abuso: Encontrando esperanza en Cristo* (Graham, NC: Publicaciones Faro de Gracia, 2020); Robert W. Kellemen, *Sexual Abuse: Beauty for Ashes* (Phillipsburg, NJ: P&R, 2013); y Pamela Gannon y Beverly Moore, *In the Aftermath: Past the Pain of Childhood Sexual Abuse* (Bemidji, MN: Focus Publishing, 2017).

Como consejeros, podemos encontrar a los aconsejados en cualquier punto relacionado con su experiencia de abuso. Es posible que conozca a una mujer joven que haya sido violada recientemente o se encuentre con una adulta que acaba de darse cuenta del impacto que el abuso infantil ha tenido en su vida. En todos los casos, debe prestar atención a la lucha individual de cada persona. Si bien gran parte de lo que se indica a continuación se aplica a varias categorías, notaremos los matices de categorías particulares cuando surjan.

Entendiendo el abuso sexual

El abuso sexual es cualquier acción relacionada con el sexo en contra de la voluntad de otra persona (es decir, sin su consentimiento explícito) a través de la fuerza o la coerción, a menudo por parte de una persona con poder o autoridad sobre la víctima. Incluye tanto el contacto físico (con o sin penetración) como el comportamiento sexual no físico, sin contacto (habla, visualización forzada de actividad sexual). Estos términos intencionalmente amplios y generales abarcan una variedad de conductas sexuales inapropiadas. Si bien el abuso y la agresión sexual pueden incluir un componente de satisfacción del deseo sexual, principalmente involucran poder y fuerza. En última instancia, el abusador tiene como objetivo dominar o controlar a la víctima. Otras formas de abuso, de hecho, a menudo lo acompañan. Estas incluyen la violencia física, el abuso verbal o la manipulación.

La mayoría de las víctimas son mujeres, y la abrumadora mayoría de los perpetradores (más del 90 %) son hombres. Aproximadamente el 80 % de las veces, una persona es abusada por alguien que conoce.[4] El abuso y la agresión sexual son comunes: una de cada tres mujeres y uno de cada seis hombres serán víctimas de abuso o agresión sexual, generalmente antes de los dieciocho años. Los expertos estiman que no se denuncia con frecuencia. Peor aún, vemos casos de abuso sexual que surgen incluso dentro de la iglesia.[5]

---

[4] «Statistics . . . Sexual Violence by Any Perpetrator», National Sexual Violence Resource Center, https://www.nsvrc.org/statistics

[5] Véase «Sexual Misconduct and Churchgoers: National Survey of Protestant Church Goers», LifeWay Research, http://lifewayresearch.com/wp-content/uploads/2019/06/Sexual-Misconduct-and-Churchgoers-Report-6.14.2019.pdf

¿Qué podríamos ver como consejeros?

El abuso o la agresión sexual pueden ser difíciles de detectar a menos que la víctima lo denuncie. Sin embargo, ciertos comportamientos deben animarnos a preguntar sobre ello como una posibilidad, incluso cuando no es el problema que presenta el aconsejado. En los adultos, las señales de alerta incluyen aversión a las personas o lugares, retraimiento repentino o hematomas o lesiones físicas inexplicables. Es posible que veamos comer compulsivamente o consumir drogas/alcohol para controlar o liberarse de la ansiedad o la depresión. Los recuerdos recurrentes o desencadenantes pueden estar presentes, incluso si el abuso o la agresión ocurrieron hace años. Sin embargo, ninguno de estos síntomas por sí solo debe llevarnos a suponer que se ha abusado de un aconsejado. Por ejemplo, la promiscuidad sexual, que también puede ser una señal de alerta, podría ser simplemente el patrón de pecado de un adolescente. Sin embargo, los cambios en el comportamiento o la aparición repentina de estas cosas deberían precipitar una mayor reflexión y, potencialmente, una mayor recopilación de datos. Un consejero debe ser consciente de que *podría* haber ocurrido abuso o agresión y debe tratar sabiamente de determinar si ese es el caso y si está relacionado con los problemas que se presentan actualmente. A menudo, debido a la vergüenza, es posible que los aconsejados no compartan detalles de eventos pasados. Por lo tanto, si un consejero sospecha de abuso sexual, debe generar confianza, ejercitar la paciencia y orar para que el Señor ayude al aconsejado a sacar a la luz la información cuando esté listo.

Dada la naturaleza holística de una persona, el impacto del abuso o la agresión sexual puede aparecer en una víctima en muchas facetas de su vida (recuerde el cap. 5). Los siguientes son algunos efectos comunes en una persona:

- sentimientos tales como tristeza, ira o miedo;
- una sensación de culpa o vergüenza;
- culparse a uno mismo por el abuso o la agresión;
- ansiedad, depresión, síntomas postrauma, abuso de sustancias, trastornos alimentarios e intentos de suicidio;[6]

[6] El Instituto Nacional de Salud reporta correlaciones estadísticamente significativas entre el abuso y la agresión sexual y el desarrollo de estos problemas. Véase Laura P.

- confusión;
- luchas relacionales con otros, incluyendo una pérdida de confianza en la gente, aislamiento o asuntos de intimidad;
- aumento de promiscuidad;
- preocuparse exageradamente por el peligro o aumentar el miedo;
- perturbación de la alimentación o del sueño, incluidas pesadillas o miedo a la vulnerabilidad mientras duerme;
- enfermedades físicas tales como las enfermedades o infecciones de transmisión sexual, embarazo, o heridas del evento;
- una respuesta de lucha o huida hiperactivada o sentirse constantemente en alerta;
- niveles de estrés más elevados;
- cuestionamiento acerca de la bondad y soberanía de Dios;
- dificultades para entender a Dios como un buen Padre (particularmente si el abusador es su propio padre);[7]
- luchas con las relaciones dentro de la iglesia (ya sea que la iglesia local conociera sobre el abuso o no).

Cada uno de estos efectos es algo que un consejero bíblico debe explorar y estar listo para abordar amorosamente usando las Escrituras apropiadas.

Finalmente, debemos recordar que es apropiado para el desarrollo y común que un niño victimizado luche con el abuso regularmente a medida que crece y puede comprender más. Es probable que reviva el abuso mentalmente varias veces a lo largo de la adolescencia y la edad adulta. Esto no indica una falta de perdón o que una víctima no haya superado el abuso. Más bien, es natural volver a luchar con lo que sucedió a la luz de la creciente comprensión. Esto, de hecho, es la razón por la que los aconsejados a veces esperan hasta la edad adulta para buscar consejería.

Chen y otros: «Sexual Abuse and Lifetime Diagnosis of Psychiatric Disorders: Systematic Review and Meta-analysis», National Institute of Health, Julio de 2010, https://www.ncbi.nlm.nih.gov/pmc/articles/PMC2894717/

[7] Véase David Powlison, *Life beyond Your Parents' Mistakes: The Transforming Power of God's Love* (Greensboro, NC: New Growth Press, 2010).

La perspectiva de la Biblia

La Biblia incluye varios casos de abuso sexual, a saber, violación (Gén. 34; Jue. 19; 2 Sam. 13).[8] En Génesis 34, la hija de Jacob, Dina, fue violada por Siquem, el hijo de un gobernante vecino. Sus hermanos lo mataron a él, a su padre y a todos los hombres de su ciudad en venganza. Esta historia no es más que un recordatorio de que las Escrituras toman en serio las violaciones sexuales, en parte porque todas las personas, incluidas las mujeres y los niños, son sujetos de dignidad, honor y respeto como portadoras de la imagen de Dios. Debido a que las personas son portadoras de la imagen, de hecho, la persona completa es sagrada, incluido el cuerpo. Dios condena toda inmoralidad sexual (Rom. 1:24-27; 1 Cor. 6:18-20; 1 Tes. 4:3-5), sin duda en parte porque el cuerpo, una vez que uno confía en Cristo, se convierte en el templo del Espíritu Santo (1 Cor. 6:19). En última instancia, las violaciones contra las personas son violaciones contra el Creador.

La Biblia también nos recuerda que la víctima de abuso o agresión sexual no es responsable de las acciones del perpetrador. Por ejemplo, Deuteronomio 22:25-27 dice:

> Mas si un hombre hallare en el campo a la joven desposada, y la forzare aquel hombre, acostándose con ella, morirá solamente el hombre que se acostó con ella; mas a la joven no le harás nada; no hay en ella culpa de muerte; pues como cuando alguno se levanta contra su prójimo y le quita la vida, así es en este caso. Porque él la halló en el campo; dio voces la joven desposada, y no hubo quien la librase.

Nótese esa última frase, que habla de una situación bastante común en casos de abuso o agresión. Para la mayoría de los hombres, mujeres y niños abusados, las violaciones ocurren en secreto; no hay ningún rescatador o ayudante que los pueda oír. Al igual que la mujer en el campo, cada uno está esencialmente indefenso contra los ataques. Esto debería

[8] Los eruditos difieren en si el primer encuentro sexual del rey David con Betsabé, su súbdita real casada, califica como violación (véase 2 Sam. 11).

entristecernos; sabemos con certeza que entristece a Dios. Note también el severo castigo (la muerte) para el hombre que viola a una mujer de esta manera. Si bien hoy en día tendemos a pensar en todos los temas pecaminosos a la luz de la gracia que Cristo ofrece a los pecadores, la ley de Dios toma estos pecados sexuales muy en serio y coloca toda la responsabilidad en el ofensor en lugar del ofendido. Las Escrituras nos llaman a «[Defender] la causa del débil y del huérfano; [hacer] justicia al pobre y al oprimido» (Sal. 82:3, NVI).

Además, es posible que los consejeros y las víctimas tengan que luchar con la idea de que Dios pueda ser soberano sobre todas las cosas —que lo es— y al mismo tiempo permitir el pecado. En Su infinita sabiduría, Dios permite el pecado en este mundo. Y no podemos entender completamente por qué no interviene contra él más a menudo, particularmente en situaciones de abuso y agresión sexual. Es útil recordar que Dios se aflige por el pecado, tanto que envió a Su Hijo para redimirnos de nuestro propio pecado y prometernos un mañana glorioso y libre de pecado.

El provechoso ejemplo de Tamar en 2 Samuel 13

Consideremos un pasaje más extenso sobre la agresión sexual y extraigamos algunas implicaciones de consejería. En 2 Samuel 13, la hija del rey David, Tamar, es violada por su medio hermano Amnón algún tiempo después del incidente de Betsabé. Debido a que Tamar es una hermosa virgen y Amnón está tan enamorado de ella (vv. 1-4), acuerda un plan para engañarla para que lo cuide (vv. 5-10). Una vez tendida la trampa, la domina (vv. 11-14). Después, la despide porque la odia (v. 15). Las secuelas de estos eventos involucran a un hermano que mata a un hermano y años de turbulencia familiar (vv. 21-38), como lo muestra el resto de 2 Samuel.

Podemos ofrecer seis principios de este relato a un aconsejado que ha sido abusado sexualmente. En primer lugar, cada persona es una preciosa portadora de la imagen de Dios. Y al igual que Tamar, todas las personas deben ser altamente valoradas y protegidas, especialmente aquellas que son vulnerables y débiles. En segundo lugar, los perpetradores son engañosos y a menudo tienen malas compañías que los influencian en direcciones pecaminosas (vv. 3-5). El pecado de Amnón fue premeditado e involucró mentiras, algo muy común entre los perpetradores. Esto, sin embargo, de ninguna manera se refleja en Tamar, la víctima inocente. En tercer lugar, este pecado en particular a menudo afecta más que solo a la víctima inicial. Toda la familia real tuvo que lidiar con los resultados de la violación y las respuestas a ella (vv. 20-38). El pecado de abuso/agresión puede afectar a los miembros de la familia, amigos, futuros cónyuges y otros.

En cuarto lugar, como dice nuestra definición de agresión, las víctimas son impotentes para detenerla. Tamar le suplicó a Amnón, incluso ofreciéndole una forma adecuada de conseguirla, pero él la dominó egoístamente (vv. 12-13). Las víctimas son impotentes y no tienen ninguna culpa por el abuso o la agresión. Quinto, el pecado a menudo trae resultados devastadores. Muchas relaciones se rompieron, y Amnón murió como resultado de sus acciones. Incluso si hay arrepentimiento y perdón y nadie más que la víctima y el abusador saben lo que sucedió, es muy probable que la relación entre el perpetrador y la víctima cambie permanentemente. Al final, ser víctima puede traer vergüenza, desesperación y desesperanza duraderas. Tamar «se quedó desconsolada» por el resto de su vida (v. 20). La vergüenza, la desesperación y la desesperanza son respuestas comunes a las violaciones sexuales. Pueden ser duraderas.

Todo el trágico evento apunta a la gran necesidad del mundo de que venga un Redentor, como describe la narración más amplia de 2 Samuel.

Pasos de consejería y procedimientos prácticos

El primer componente de la consejería a raíz de un abuso o agresión sexual, independientemente de cuándo ocurrieron los hechos, es estar presente. Los consejeros deben afirmar su presencia, y la del Señor, continuamente durante todo el proceso de consejería. Esto brinda consuelo, calma y coherencia en un momento en que un aconsejado puede sentirse violado, herido y temeroso. Como parte de este paso, debemos animar a los aconsejados a que se conecten con sus iglesias locales para establecer un sistema de apoyo o un grupo de respaldo que los acompañe en el proceso de curación. Es posible que también tengamos que ayudar a instruir a los amigos, familiares y miembros de la iglesia de un aconsejado sobre cómo amarlo bien.

Debemos garantizar la seguridad de los aconsejados, involucrando a las autoridades correspondientes en caso de que las situaciones lo requieran. Si el abuso/agresión se cometió recientemente contra un adulto, o contra un adulto cuando era niño, incluso podemos ayudar al aconsejado a considerar opciones legales (por ej.: informar a la policía) y ayudarlo a tomar decisiones sabias basadas en lo que sucedió. Si bien los escenarios potenciales varían, tanto el consejero como el aconsejado deben comprender el valor de sacar el pecado a la luz, para proteger a otras víctimas potenciales y asegurar las consecuencias de las acciones del perpetrador y tal vez incitar a esa persona a arrepentirse. Un estudio bíblico de las respuestas de Dios al maltrato y del papel de las autoridades gobernantes podría ayudar a medir la sabiduría de informar apropiadamente. Al mismo tiempo, debemos estar preparados para ayudar a los aconsejados a manejar las posibles repercusiones de la denuncia.

Una vez que se establece nuestra presencia y su seguridad, una parte clave de la consejería inicial y continua es escuchar y recopilar información sabiamente. Debemos centrarnos en las cuestiones clave, ejercitando la paciencia y discerniendo cuidadosamente cuándo el aconsejado podría estar abrumado. Los factores clave a explorar incluyen los detalles básicos del evento (qué sucedió, cuándo y por quién), la frecuencia y duración del incidente o incidentes, el tiempo transcurrido desde que ocurrieron los incidentes, la relación del aconsejado con el perpetrador y si hay o no una interacción continua con él, la participación de otros (que fueron cómplices o ignoraron el evento, o trataron de ayudar a su aconsejado), y las emociones resultantes tanto entonces como ahora. Muchos aconsejados se benefician de tener a alguien que realmente escuche y afirme la realidad de su sufrimiento, mientras ejercen paciencia al permitirles trabajar en los detalles de sus historias. Es posible que el consejero solo obtenga partes de la historia poco a poco. No debemos suponer que el aconsejado está reteniendo información o mintiendo; esto puede reflejar la velocidad a la que está entendiendo y reconstruyendo lo que sucedió.

A medida que avanza la consejería, debemos ser sensibles a cualquier efecto continuo del abuso o agresión. Debemos afirmar continuamente la dignidad del aconsejado, que la violación contra él fue pecaminosa y de ninguna manera su culpa. Debemos abordar cualquier sentimiento de culpa, bochorno o vergüenza, sabiendo que la curación de tales problemas probablemente será un proceso largo. Del mismo modo, debemos lidiar con los pensamientos y emociones resultantes del aconsejado. Esto podría incluir trabajar a través de cualquier culpa contra sí mismo, resentimientos hacia Dios, recuerdos recurrentes de los eventos, repetir el evento con diferentes resultados o cosas que el aconsejado podría haber hecho de manera diferente, aferrarse a la amargura o la ira, o el miedo a que el abuso/agresión vuelva a suceder. Podríamos pedirles a los aconsejados que lleven un diario de sus pensamientos o emociones en estas áreas (si es posible, escribir un diario de oración) y alentarlos a enfocarse en la Palabra de Dios en lugar de en sentimientos, temores o creencias erróneas (Deut. 31:6; Sal. 56:3-4; 62; Isa. 41:10; Lam. 3:24; Rom. 12:12; Fil. 4:8; 2 Tim. 1:7; Tito 2:11-14).

A continuación, debemos afligirnos con nuestros aconsejados (Rom. 12:15). Los consejeros y aquellos a quienes ayudan pueden lamentar la realidad del pecado y su impacto personal, reconociendo tanto su profundidad como su duración. Debemos tratar de enmarcar los eventos a la luz de las Escrituras, recordando, cuando corresponda, las implicaciones de 2 Samuel 13 mencionadas anteriormente.

Además, debemos recordar que la esperanza final no proviene de la capacidad de un aconsejado para ayudarse a sí mismo o de nuestras habilidades como consejeros. Dado que la esperanza solo se encuentra en Cristo, debemos trabajar con cada aconsejado para explorar la esperanza que tienen los creyentes a través de Su obra en la cruz, Su obra en nuestras vidas y el poder de Su Espíritu que vive dentro de nosotros. Debemos dar a los aconsejados esta verdadera esperanza, aunque todavía lamentemos el impacto del pecado. Puede resultar útil examinar en profundidad los relatos de José (Gén. 37–50; véase más adelante) o Job, o pasajes como Hebreos 4:14-16; 1 Pedro 1:3-9 o Romanos 5:1-5 para ayudar a los aconsejados a darse cuenta de cómo Dios quiere que manejen el sufrimiento y crezcan en Su gracia.

Además, podemos asignar a los aconsejados tareas de crecimiento para explorar áreas en las que su identidad percibida no se alinea con la Palabra de Dios. O podríamos inducirlos a pensar en las formas en que no están viviendo a la luz de Su verdad. Recuerde que cuando se trata de consejería formal, la confrontación consigo mismo guiada por el Espíritu suele ser más efectiva que la confrontación directa. Nuestro objetivo debe ser ayudar a que cada aconsejado pueda llegar a sus propias conclusiones sobre las creencias erróneas personales o las respuestas incorrectas. Esto no significa que no debamos señalar directamente el pecado si el aconsejado está ciego a él. Más bien, dada la sensibilidad de la lucha discutida en este capítulo, debemos ayudarlos a mirarse en el espejo de la Palabra de Dios para ver con sus propios ojos lo que Dios les dice (Sant. 1:22-25).

En algún momento, por lo general al final del proceso, el consejero debe ayudar con delicadeza y tacto a la persona adulta a reconocer y asumir la responsabilidad personal por las formas en que podría haber contribuido al abuso (por ej.: a través de un comportamiento permisivo o un discurso pecaminoso) o por las formas pecaminosas en que podría haber respondido al abuso (por ej.: amargura, venganza, ira injusta o creencias erróneas). A pesar de una violación cometida en su contra, una aconsejada sigue siendo responsable de sus pensamientos, emociones y comportamientos antes, durante o después del evento o eventos (Rom. 12:19). Si bien es probable que la aconsejada no haya tenido control o culpabilidad por el abuso en sí, puede controlar su respuesta a él. Podemos ayudar a los aconsejados a vivir de tal manera que lo que les sucedió ya no los controle.

En algún momento, un consejero y su aconsejado deben considerar qué cosa buena podría salir del mal que se experimentó y cómo el aconsejado podría ministrar a otros de este lado (2 Cor. 1:3-6). Debemos analizar cómo sería avanzar hacia el perdón y la reconciliación (Ef. 4:31-32). La reconciliación no requiere que el ofensor no se enfrente a ramificaciones legales por sus acciones (véase el cap. 20); sin embargo, es bueno señalar a los aconsejados cristianos que la restauración entre dos partes refleja la restauración que tenemos con el Padre gracias a Cristo.[9]

---

[9] El ideal: la restauración es el resultado del verdadero arrepentimiento de la parte ofensora por sus acciones y el perdón que otorga la parte ofendida. Sin embargo, cuando esta reconciliación bidireccional no es posible, ya sea debido a la falta de arrepentimiento por parte del ofensor o porque no hay capacidad para comunicarse con él, el consejero igual debe guiar al aconsejado a través del proceso de perdón actitudinal unidireccional.

Conclusión: Inspiración de José

Echar un vistazo a la historia de José junto a su aconsejado puede proporcionarle un poderoso ejemplo del sorprendente bien que Dios puede sacar de las cenizas del abuso. Génesis 37–50 relata cómo se pecó severamente contra José cuando era adolescente: sus hermanos se burlaron de él, lo arrojaron a un pozo y luego lo vendieron como esclavo. Poco después, la esposa de su amo intentó seducirlo en repetidas ocasiones, y cuando él no cumplió con sus exigencias, lo acusó de violarla a *ella*. Esa injusticia quedó impune cuando el inocente José fue encarcelado. Sin embargo, en cada momento de su historia, José confió en que el Señor estaba con él. José escogió ver Su bondad, aferrarse a Sus promesas y confiar en Sus provisiones.

Cuando llegó el momento adecuado, Dios elevó a José a una posición de increíble autoridad. Tan grande era su poder, de hecho, que podría haberlo usado para ejecutar a la mujer cuya lujuria y mentiras lo llevaron a prisión y para vengarse de sus hermanos. Sin embargo, José optó por extender el perdón, la gracia y la bondad (véanse especialmente Gén. 49:22-26; 50:19-20). Al final, José se dio cuenta de que Dios había dado vuelta todo su sufrimiento para que cumpliera Sus propósitos divinos. De hecho, miles de años después, los cristianos se sienten inspirados por sus palabras a sus hermanos: «Ustedes se propusieron hacerme mal, pero Dios dispuso todo para bien» (Gén. 50:20, NTV). No hay duda de que José carecía de entendimiento en algunos momentos del camino, pero su fe permaneció en su Dios soberano y bueno. Como consejeros, podemos invitar a nuestros aconsejados a seguir su ejemplo.

La incapacidad de reconciliarse no exime a la víctima de la responsabilidad de perdonar. Para obtener ayuda sobre estos asuntos complejos, véase Ken Sande, *Pacificadores: Guía bíblica para la resolución de conflictos personales*, 3.ª ed. (Ada, MI: Baker, 2004); y Robert D. Jones, *Pursuing Peace* (cap. 7, n. 2).

Orientación y toma de decisiones

Javier quiere obedecer a Dios. Le gusta su novia, Amanda, pero no está seguro de que ella sea «la indicada» para él. Definitivamente quiere evitar el tipo de matrimonio infeliz que experimentaron sus propios padres, por lo que realmente quiere saber si el Señor quiere que se case con ella o no.

Juana ama a los niños y admira a varias maestras que ha tenido. Juana, que ahora está en el último año de la escuela secundaria, está pensando en ir a la universidad para estudiar educación primaria. Pero como también le gusta la ciencia, está considerando la posibilidad de formarse para una carrera en el campo de la medicina, en cambio. Se pregunta qué quiere Dios que siga.

Tomás y Amalia vacilan sobre las opciones de escolarización para sus hijos. Son padres piadosos con amigos piadosos que abogan de diversas maneras por la educación en el hogar, la educación pública y la educación privada. La pareja no sabe cuál es la mejor decisión, aunque ambos quieren que su elección tenga la bendición de Dios.

Todo el mundo se enfrenta a decisiones como estas, algunas son importantes, otras menores; algunas impactan a largo plazo, otras solo a corto plazo. ¿Cómo podemos nosotros, como consejeros bíblicos, ayudar a las personas a tomar decisiones? Consideremos algunas perspectivas teológicas vitales, seguidas de seis pasos prácticos.[1]

Distinguir la voluntad soberana de Dios y la voluntad revelada de Dios

Entendiendo la distinción bíblica

La Biblia distingue entre la voluntad soberana de Dios y Su voluntad revelada. Deuteronomio 29:29 presenta la distinción: «Las cosas secretas pertenecen a Jehová nuestro Dios; mas las reveladas son para nosotros y para nuestros hijos para siempre, para que cumplamos todas las palabras de esta ley». Existen dos tipos de conocimiento: las cosas secretas que se nos ocultan y las cosas reveladas que se nos han dado. O considere las palabras de José en Génesis 50:20: «Vosotros pensasteis mal contra mí, mas Dios lo encaminó a bien, para hacer lo que vemos hoy, para mantener en vida a mucho pueblo». Note dos intenciones distintas envueltas en una serie de acontecimientos. La voluntad soberana de Dios en la vida de José coexiste con la desobediencia de sus hermanos a la voluntad revelada de Dios y, sin embargo, anula misteriosamente la de ellos.

La voluntad *soberana* de Dios (también llamada su voluntad decretada, secreta o providencial) implica todos los planes de Dios y, finalmente, se lleva a cabo a medida que guía y usa soberanamente cada parte de Su universo, incluso el mal, para lograr Su propósito eterno. La voluntad *revelada* de Dios (también llamada Su voluntad directiva,

---

[1] Para obtener más recursos sobre estos mismos temas, véase Garry Friesen y J. Robin Maxson, *Decision Making and the Will of God: A Biblical Alternative to the Traditional View*, ed. rev. (Colorado Springs: Multnomah, 2004). Véase también Kevin DeYoung, *Just Do Something: A Liberating Approach to Finding God's Will* (Chicago: Moody Press, 2009); Sinclair B. Ferguson, *Discovering God's Will* (Carlisle, PA: Banner of Truth, 1982); John MacArthur, *Found: God's Will: Find the Direction and Purpose God Wants for Your Life*, ed. rev. (Elgin, IL: David C. Cook, 2012); y James C. Petty, *Step by Step: Divine Guidance for Ordinary Christians (*Phillipsburg, NJ: P&R, 1999). Véase también el detallado estudio bíblico sobre orientación en Wayne A. Mack, *Homework Manual for Biblical Living: Family and Marital Problems*, vol. 1 (Phillipsburg, NJ: P&R, 1979), 86-92.

moral, preceptiva o deseada) implica todo lo que Dios requiere que hagamos: lo que Él ha revelado en las Escrituras como Su voluntad directiva para que obedezcamos a medida que observamos, interpretamos y aplicamos adecuadamente Su Palabra. En la siguiente tabla se resumen estas distinciones:

Voluntad soberana de Dios	Voluntad revelada de Dios
Pasajes clave Gén. 50:20b; Deut. 29:29a; Job 1–2; 42; Prov. 16:9, 33; 20:24; Jer. 10:23; Dan. 4; Rom. 8:28; 11:33-36; Ef. 1:10-11; Sant. 4:13-18; Apoc. 5.	Pasajes clave Gén. 50:20a; Deut. 29:29b; Sal. 19:7-11; Prov. 2:1-6; Juan 17:17; Col. 1:9-12; 2 Tim. 3:14-17.
1) Determinada desde la eternidad pasada.	1) Escrita en la Biblia, en la historia espacio-temporal.
2) Vista en lo que sucede en eventos específicos.	2) Vista en las directivas/ mandamientos generales de las Escrituras.
3) Incluye el mal.	3) Nunca incluye el mal.
4) Incognoscible de antemano (más allá de lo que la Biblia promete que sucederá).	4) Conocible de antemano y en todo momento.

En busca de la voluntad revelada y cognoscible de Dios

¿Cuál es la voluntad revelada de Dios para una persona a la que usted aconseja? La Biblia dirige a cada persona a amar a Dios y al prójimo (Mat. 22:36-40), obedecer a Jesús (Mat. 28:20), adorar a Dios (Juan 4:23-24), glorificar a Dios (1 Cor. 10:31), temer a Dios (Ecl. 12:13), agradar a Dios (2 Cor. 5:9), vivir para Cristo (2 Cor. 5:15) y caminar en el amor, la luz y la sabiduría de Dios (Ef. 5:1-2, 8, 15-18).

¿Cómo sabe alguien cómo amar a Dios, obedecer a Jesús y agradar al Señor? Pablo nos dice: «Por lo demás, hermanos, os rogamos y exhortamos en el Señor Jesús, que de la manera que aprendisteis de nosotros cómo os conviene conduciros y agradar a Dios, así abundéis más y más. Porque ya sabéis qué instrucciones os dimos por el Señor Jesús» (1 Tes. 4:1-2). Los lectores de Pablo sabían cómo agradar a Dios basándose en las instrucciones apostólicas de Pablo. De hecho, Dios nos manda a conocer y hacer Su voluntad revelada, que se encuentra en Su Palabra.

¿Qué implica esto? Basado en un estudio de palabras de la voluntad revelada de Dios, John MacArthur ofrece un resumen útil. Es la voluntad de Dios que cada aconsejado, por ejemplo, sea salvo (2 Ped. 3:9), lleno del Espíritu (Ef. 5:17-18), santificado progresivamente (1 Tes. 4:3-8), sumiso (1 Ped. 2:13-18), viva en servicio a Dios (Hech. 16:6-10) y dé gracias (1 Tes. 5:18). Si estos descriptores realmente marcan su caminar con el Señor, diría MacArthur, entonces haga lo que quiera (Sal. 37:4).[2]

¿Qué papel desempeña el Espíritu de Dios en la guía y la toma de decisiones? Algunos creyentes enseñan que el Espíritu de Dios le da a Su pueblo una guía directa para la toma de decisiones aparte de la Biblia. Después de todo, el Espíritu «llevó» (Mat. 4:1; Luc. 4:1) e «impulsó» (Mar. 1:12) a Jesús al desierto para ser tentado por Satanás. Sin embargo, Jesús tuvo una relación íntima única con el Espíritu (Luc. 3:22), y este evento de tentación parece ser un componente explícito y exclusivo de Su misión redentora. Mientras que Romanos 8:14 y Gálatas 5:18 describen a los creyentes siendo «guiados por el Espíritu», ambos pasajes se refieren al crecimiento cristiano, no a la toma de decisiones.[3]

¿Cómo, entonces, guía el Espíritu Santo a Su pueblo? Podemos identificar tres formas indispensables, todas relacionadas con la Palabra de Dios: (1) *inspiración*: en un sentido, el Espíritu escribió la Biblia (2 Tim. 3:16; 2 Ped. 1:19-21); (2) *iluminación*: el Espíritu abre nuestros ojos para entender la Biblia (1 Cor. 2:6-16; Sal. 119:18); y (3) *santificación progresiva*: el

---

[2] MacArthur, *La voluntad de Dios.*

[3] En Romanos 8:14 el Espíritu nos ayuda a hacer morir nuestro pecado restante, confirmando nuestra identidad como hijos de Dios. En Gál. 5:18 el Espíritu nos capacita para producir el fruto del Espíritu y servir a otros.

Espíritu nos da el deseo y el poder de creer y obedecer la Biblia (Zac. 4:6; Ef. 5:18; Fil. 2:12-13), incluyendo servir a los demás con los dones ministeriales que nos ha dado el Espíritu (1 Cor. 12:1-11). Nunca debemos reducir la guía bíblica a un racionalismo desnudo o a un formalismo frío. Involucra a una Persona, el Espíritu Santo; obra activamente en nosotros, en y a través de Su Palabra.[4]

Resistirse a un enfoque popular alternativo

Varios componentes suelen marcar el enfoque alternativo más común al nuestro. Primero, Dios tiene una voluntad específica e individual para cada persona más allá de la Palabra escrita. En segundo lugar, somos responsables de discernir esa voluntad. Tercero, Dios nos revelará a nosotros esa voluntad específica e individual. Cuarto, lo hará a través de varios medios, tales como la oración, el consejo de otros, las circunstancias, puertas abiertas y cerradas, señales o vellones.

Por mucho que los que apoyan este enfoque busquen honrar a Dios y ayudar a las personas a seguirlo, se queda corto en la enseñanza bíblica de muchas maneras.[5]

Primero, no distingue entre la voluntad soberana de Dios y Su voluntad revelada. Supone la existencia de un tercer sentido de la voluntad de Dios, una voluntad individual y revelada.

En segundo lugar, no proporciona criterios bíblicos para distinguir las decisiones importantes, como la selección de la pareja de matrimonio, de las decisiones menores, como qué calcetines usar. Supone que Dios tiene una voluntad directiva para nosotros en cada área específica de la vida.

---

[4] Reconocemos que hay eruditos evangélicos que sostienen nuestro mismo alto punto de vista de las Escrituras y estarían de acuerdo en esencia con este capítulo, pero cuyo punto de vista de los dones espirituales (por ej.: la profecía) involucra una comprensión más amplia de la guía del Espíritu. Por ejemplo, véase Wayne A. Grudem y otros, *¿Son vigentes los dones milagrosos? Cuatro puntos de vista* (Grand Rapids: Zondervan, 1996).

[5] Para un resumen y una crítica, véase Friesen y Maxson, *Tus decisiones y la voluntad de Dios*; Bruce K. Waltke, *Finding the Will of God: A Pagan Notion?* (Grand Rapids: Eerdmans, 2002).

En tercer lugar, minimiza la agenda de Dios para hacernos hijos e hijas sabios y maduros y para santificar nuestras creencias y deseos. Supone que los creyentes en la Biblia y llenos del Espíritu necesitan algo más que el Espíritu de Dios obrando a través de Su Palabra. Dios nos ha dado Su Palabra y por medio de Su Espíritu nos está entrenando para aplicar esa Palabra en nuestra vida diaria, mientras buscamos Su ayuda. Ese proceso requiere más fe de nuestra parte que esperar que Dios nos envíe un mensaje con un plan detallado de qué hacer en cada situación. Así como los adultos maduros ya no necesitan que sus padres les digan qué decisiones tomar, los hijos e hijas de Dios entrenados por Su Palabra pueden discernir qué caminos le agradan.

En cuarto lugar, socava la confianza del creyente en los propósitos futuros y soberanos de Dios en su vida. Supone que las elecciones equivocadas podrían hacernos perder el «plan A» de Dios y condenarnos al «plan B».

Quinto, nos aísla de las preguntas legítimas que amigos sabios podrían plantear acerca de nuestras decisiones. Después de todo, ¿cómo puede alguien atreverse a cuestionarnos si declaramos: «El Señor me guio a hacer X»? (Un enfoque más humilde exige incertidumbre e invita a los hermanos creyentes a sondear nuestro pensamiento).

Sexto, niega la única autoridad y suficiencia de las Escrituras. Supone que necesitamos revelación aparte de Su Palabra, a menudo a través de las siguientes actividades o experiencias:

- Oración. La Biblia presenta la oración como la manera de hablar con Dios, no de que Dios nos hable. Hablamos con Dios en oración; Dios nos habla en Su Palabra. Por esa razón, debemos pedirle a Dios que nos ilumine el sentido y la aplicación de Su Palabra (Sal. 119:18; Prov. 2:1-6), y debemos entender la súplica de sabiduría en Santiago 1:5 a la luz de su contexto inmediato (con respecto a las pruebas) y de la Palabra revelada de Dios en Santiago 1:18-25 y 3:13-18. Por supuesto, mientras oramos, el Espíritu de Dios podría guiarnos a pensar más claramente acerca de la verdad bíblica.

- El consejo de otros. Si ciertamente Dios usa consejeros sabios, no los usa para revelar una decisión, sino para ayudarnos a pensar con mayor precisión, a la luz de Su Palabra, acerca de Dios, de nosotros mismos y de nuestras situaciones.
- Circunstancias y puertas abiertas o cerradas. El principal problema de permitir que esto determine una decisión es que las circunstancias no se interpretan por sí mismas; requieren de nuestra interpretación falible. Pablo, por ejemplo, pasó por alto una puerta abierta para el ministerio debido a una prioridad más sabia (2 Cor. 2:12-13). Como otros han señalado, las puertas abiertas pueden conducir a huecos de ascensores.
- Señales y vellones. El uso de este enfoque es una forma específica del enfoque circunstancial anterior que negocia con Dios para revelarnos algo a través de algún evento venidero. En Jueces 6, Gedeón extendió un vellón para obtener la seguridad de que Dios lo ayudaría en la batalla. Sin embargo, este no fue un ejemplo de Dios revelando Su voluntad por medio del vellón. Gedeón ya sabía lo que Dios quería; Dios se lo había dicho directamente. El vellón de Gedeón expresó su fe débil. Dios en Su gracia se acomodó a este hombre dubitativo.

Ayudar a los aconsejados a tomar decisiones agradables a Dios

¿Cómo pueden los consejeros bíblicos guiar a las personas en la toma de decisiones? Veamos un proceso práctico paso a paso, que se indica a continuación en términos del consejo real que le daríamos a alguien.

1. Comprométase con Dios y ore

La toma de decisiones piadosas comienza con una condición personal apropiada del corazón y una postura correcta ante Dios. Hágase preguntas como estas:

- ¿Estoy comprometido a agradar a Dios (2 Cor. 5:9)? ¿Quiero hacer X (o no hacer X) por razones piadosas o por razones egocéntricas?
- ¿Es la Palabra de Dios mi autoridad final en todos los aspectos de la vida (1 Tes. 4:1-2)?
- ¿Estoy clamando a Dios por sabiduría (Sant. 1:5), humillándome ante Dios, sabiendo que Él «resiste a los soberbios, y da gracia a los humildes» (Sant. 4:6)?
- En las áreas de decisión necesaria sobre las cuales los cristianos difieren, ¿estoy tratando de amar, servir y preferir a mis hermanos y hermanas creyentes, al limitar voluntariamente mi propia libertad para buscar la unidad y no dañar a los que tienen conciencias más débiles (Rom. 14:1–15:7; 1 Cor. 8:1-13; 10:23–11:1; Fil. 2:1-4)?[6]
- ¿Someteré cualquier decisión que tome al Señor?

En lugar de nosotros tomar decisiones aparte del Señor, Santiago advierte: «[Deberíamos] decir: Si el Señor quiere, viviremos y haremos esto o aquello» (Sant. 4:15). Por lo tanto, vuelva a comprometerse con Dios según sea necesario y pídale que lo guíe en su toma de decisiones.

2. Estudie las Escrituras

Estudie cuidadosamente y en oración los pasajes bíblicos relevantes que se refieren a su área de decisión específica. Busque y escudriñe la Palabra de Dios. No suponga que la Biblia no tiene nada que decir al respecto: asegúrese. Consulte a su pastor y use herramientas de estudio bíblico y obras de referencia confiables para obtener la máxima luz.

(Consejero, debido a que las siguientes cuatro viñetas abordan temas comunes de orientación sobre los que se les pide a los consejeros que opinen, hemos incluido referencias a pie de página a recursos útiles que brindan una visión bíblica:

---

[6] Véase Friesen y Maxson, 374-419; Ferguson, *Discovering God's Will*, 66–70; Andrew David Naselli y J. D. Crowley, *Conscience: What It Is, How to Train It, and Loving Those Who Differ* (Wheaton, IL: Crossway, 2016); Joe Aldrich, *Lifestyle Evangelism: Crossing Traditional Boundaries to Reach the Unbelieving World* (Portland: Multnomah, 1981).

- Soltero versus matrimonio: «¿Me está llamando Dios a quedarme soltero o a casarme?».[7]
- Cónyuge: «¿Con quién debo casarme?».[8]
- Opciones educativas y vocacionales: «¿Debo encontrar un trabajo después de la escuela secundaria, seguir un campo vocacional-técnico o ir a la universidad? Si es esto último, ¿dónde? ¿Qué carrera debo seguir?».[9]
- Ministerio o misiones vocacionales cristianas: «¿Soy llamado?».[10]

3. Reúna la información necesaria, explore las opciones y examine su corazón

¿Cuáles son los hechos relevantes sobre usted y la situación que se aplican a esta decisión? ¿Tiene suficiente información? ¿Necesita investigar algo? ¿Con quién debería hablar? ¿Ha explorado las diferentes opciones? ¿Qué preguntas quedan sin respuesta? Después de abordar todo eso, considere este método sugerido que incluye escudriñar sabiamente su corazón:

1. Haga una lluvia de ideas y redacte una lista de dos columnas de los factores a favor y en contra relacionados con cada opción que esté considerando.
2. Reordene cada factor dentro de cada columna en el orden de importancia para usted.

---

[7] Véase Friesen y Maxson, 289-99; Ferguson, 90-101; Ernie Baker, *Marry Wisely, Marry Well: A Blueprint for Personal Preparation* (Wapwallopen, PA: Shepherd Press, 2016).

[8] Véase Friesen y Maxson, 300-16; Ferguson, 90-101.

[9] Véase Friesen y Maxson, 342-54; Ferguson, 75-89; Os Guinness, *The Call: Finding and Fulfilling the Central Purpose of Your Life* (Nashville: Thomas Nelson, 2003); Ralph T. Mattson y Arthur F. Miller, *Finding a Job You Can Love* (Phillipsburg, NJ: P&R, 1999).

[10] Véase Friesen, 317-30; Dave Harvey, *¿Soy llamado?* La convocatoria para el ministerio pastoral (Nashville, TN: B&H Español, 2018); Robert D. Jones, «Avoiding Infinite Mischief: Assessing Your Calling to Pastoral Ministry», *Journal of Modern Ministry* 6, núm. 3 (otoño de 2009): 9-23; Sebastian Traeger y Greg D. Gilbert, *The Gospel at Work: How Working for King Jesus Gives Purpose and Meaning to Our Jobs*, ed. rev. (Grand Rapids, MI: Zondervan, 2018).

3. Asigne un peso porcentual a cada elemento para que la lista total de pros y la lista total de contras sean iguales al 100 %. Oblíguese a preguntar honestamente qué factores a favor y en contra valora más.
4. Considere honestamente y en oración sus motivos piadosos, impíos o mixtos para incluir cada elemento a favor y en contra. (Consejero, sepa que su capacitación en consejería bíblica para abordar los motivos del corazón puede traer un enfoque de evaluación que a menudo está ausente en otros enfoques).
5. En las decisiones conjuntas que involucren a otra persona (por ej.: su cónyuge o colíder), aliente a esa otra persona a tomar los mismos pasos descritos anteriormente, por separado de usted. Luego, discutan juntos sus respectivas listas y los análisis que cada uno hizo sobre la clasificación, los pesos porcentuales y los motivos de cada factor. Asegúrese de que usted y la otra persona se escuchen tan bien que cada uno pueda resumir con precisión las perspectivas del otro y pueda trabajar hacia la unidad amorosa en su decisión (Rom. 12:10; Fil. 2:2-4).

4. Busque el consejo de otros

El libro de Proverbios exalta repetidamente el valor de buscar el consejo piadoso:

- Proverbios 11:14: «Donde no hay dirección sabia, caerá el pueblo; mas en la multitud de consejeros hay seguridad».
- Proverbios 12:15: «El camino del necio es derecho en su opinión; mas el que obedece al consejo es sabio».
- Proverbios 13:10: «Ciertamente la soberbia concebirá contienda; mas con los avisados está la sabiduría».
- Proverbios 15:22: «Los pensamientos son frustrados donde no hay consejo; mas en la multitud de consejeros se afirman».
- Proverbios 27:17: «Hierro con hierro se aguza; y así el hombre aguza el rostro de su amigo».

- Proverbios 24:6: «Porque con ingenio harás la guerra, y en la multitud de consejeros está la victoria».

Considere buscar el consejo de aquellos que se preocupan por usted, que son en lo espiritual maduros y bíblicamente sabios, y que están disponibles para ayudar, especialmente aquellos que tienen conocimientos específicos para su área de decisión. Comience con los ancianos de su iglesia y sus compañeros miembros de la misma. Tenga en cuenta que en las decisiones importantes (por ej.: cambios de trabajo, decisiones de carrera, compromiso, matrimonio), invitar a personas clave a una reunión de asesoramiento grupal puede darle acceso a la sabiduría colectiva. Si la decisión requiere el acuerdo de alguien con autoridad sobre usted, discuta sus conclusiones y la decisión prevista con esa persona de manera respetuosa.

Si las dudas continúan, si una elección implica un área gris, o si una decisión sigue sin estar clara, practique lo que Jay Adams llama el «principio de retención»: si es posible retrasar la decisión, no actúe hasta que esté seguro en su conciencia de que es correcto seguir adelante.[11] Como enseña Romanos 14:22-23: «¿Tienes tú fe? Tenla para contigo delante de Dios. Bienaventurado el que no se condena a sí mismo en lo que aprueba. Pero el que duda sobre lo que come, es condenado, porque no lo hace con fe; y todo lo que no proviene de fe, es pecado». En pocas palabras, en asuntos que pueden esperar, no se mueva. En los asuntos que no pueden, tome la mejor decisión posible según los pasos a continuación.

5. Decida y actúe

Habiendo hecho lo anterior en oración y con base en la información que tiene, decida. Tome la que crea que es la decisión más sabia y espiritualmente conveniente. Dentro de los límites de la Biblia, Dios le da libertad. Si está buscando agradar a Dios obedeciendo Su Palabra, haga lo que crea que es mejor y confíe a Dios los resultados. No deje que el miedo le impida actuar.

---

[11] Jay E. Adams, «Counseling and Special Revelation», en *More than Redemption: A Theology of Christian Counseling* (Baker, 1979), 31-34.

6. Confíe sus sabias decisiones en las manos de Dios y viva para Él

Una vez que tome la decisión, no mire atrás. Confíe su elección a Dios. Si las cosas no salen como esperaba, se sentirá tentado a arrepentirse o a dudar de su decisión. A pesar del cuidado que tuvo anteriormente, un resultado no deseado lo tentará a decepcionarse o enojarse con Dios o con aquellos que lo aconsejaron. No ceda a esa tentación.

En lugar de eso, confíe en su Padre soberano, sabio y bueno en cualquier consecuencia que se derive de su decisión. Después de todo, «el corazón del hombre piensa su camino; mas Jehová endereza sus pasos» (Prov. 16:9). Los propósitos de Dios para Su pueblo son siempre positivos. Como nos recuerda Pablo: «Y sabemos que a los que aman a Dios, todas las cosas les ayudan a bien, esto es, a los que conforme a su propósito son llamados» (Rom. 8:28); parte de ese «bien» que describe el versículo 29 es hacernos más semejantes a Cristo, incluso en medio de las dificultades. Como el Antiguo y el Nuevo Testamentos nos recuerdan repetidamente, tomar decisiones sabias no garantiza los resultados deseados; sin embargo, sí trae placer a Dios, paz interior y la perspectiva de tesoros celestiales por venir. Por lo tanto, confíe en que el Señor estará con usted y le ayudará a manejar cualquier resultado adverso. Y recuerde que parte de confiar en el Señor es aprender de sus decisiones y crecer en madurez. Él está con usted y para usted, incluso si los resultados esperados nunca llegan.

Conclusión

Para los consejeros bíblicos, el objetivo final es ayudar a los aconsejados a caminar en el sendero de la sabiduría divina y tomar las decisiones que mejor agraden al Señor. Recordar las verdades bíblico-teológicas anteriores, junto con nuestro énfasis en los motivos del corazón a lo largo del libro (por ej.: los caps. 1 y 10), le permitirá ofrecer a los aconsejados un enfoque más cristocéntrico para la guía y la toma de decisiones que el que la mayoría de ellos practicaría sin su ayuda.

35

Enfermedades físicas, lesiones y discapacidades

La mayor parte de este libro ha abordado problemas que son principalmente espirituales, relacionados directamente con el corazón. Pero ¿qué pasa con aquellos relacionados con el cuerpo? En este capítulo nos centraremos en los problemas corporales diagnosticados médicamente. Como vimos en el capítulo 5, la gente consiste de una persona interna (corazón, alma o espíritu) y una externa (cuerpo) que existen juntas como una unidad de alma/espíritu encarnada. Citamos el resumen cuádruple de Ed Welch sobre cómo las dos partes pueden influirse mutuamente: (1) Los problemas del corazón pueden afectar el cuerpo con consecuencias psicosomáticas. (2) Los problemas corporales pueden afectar el corazón limitando su expresión. (3) Los problemas del corazón no necesariamente afectan el cuerpo (es decir, las personas impías pueden disfrutar de buena salud y las personas piadosas pueden sufrir mala salud). (4) Los problemas corporales no necesariamente afectan el corazón.[1]

¿Cómo pueden los consejeros bíblicos, teniendo estas dinámicas en mente, ayudar a la gente que enfrenta un problema físico como una enfermedad, una

[1] Welch, *Counselor's Guide to the Brain*, 29-36 (véase cap. 5, n. 7).

lesión o una discapacidad?[2] Consideremos nueve estrategias para entretejer en nuestro ministerio.[3]

1. Comprender la naturaleza y el impacto del problema físico de la persona

El punto de partida es la autodescripción por parte del aconsejado de los síntomas y los diagnósticos que haya recibido. Usted debe escuchar no solo los detalles del problema, sino también cómo ese problema le está afectando. Un sitio web médico de buena reputación puede brindarle información general sobre la enfermedad, sugerirle preguntas aclaratorias para hacer y alertarlo sobre los efectos que podría enfrentar su aconsejado. Sin embargo, ningún sitio web puede informarle sobre los síntomas específicos, el diagnóstico, el tratamiento o las conversaciones compartidas con su médico de una persona en particular.

Trate de averiguar lo que su aconsejado está experimentando. ¿A qué consecuencias se enfrenta? Por ejemplo, las personas que padecen una enfermedad crónica suelen ser más propensas a la tristeza y la depresión por varias razones. (1) La enfermedad misma puede afectar las funciones cognitivas del cerebro y el estado de ánimo. (2) Los síntomas de la enfermedad pueden alterar el estilo de vida de la persona. El letargo y la discinesia (es decir, el movimiento involuntario) afectan la marcha, los niveles de energía, la participación social y la productividad. Agregue a eso los costos financieros, los inconvenientes y la incomodidad física asociados con múltiples visitas al médico o el hospital y tratamientos constantes. El mal manejo espiritual de estas presiones invita a la depresión.

---

[2] Por *discapacidades* nos referimos a condiciones físicas permanentes, limitantes y atípicas que resultan de una enfermedad, lesión o anormalidad genética. Para obtener ayuda para aconsejar a aquellos con una discapacidad, véase Paul Tautges y Joni Eareckson Tada, *When Disability Hits Home* (Wapwallopen, PA: Shepherd Press, 2020). Sobre la relación entre enfermedad, discapacidad y varios trastornos, véase John C. Kwasny, *Suffering in 3-D: Connecting the Church to Disease, Disability, and Disorder* (Wapwallopen, PA: Shepherd Press, 2019).

[3] Junto con nuestro Apéndice de recursos recomendados sobre el sufrimiento, véase Kelly M. Kapic, *Embodied Hope: A Theological Meditation on Pain and Suffering* (Downers Grove, IL: InterVarsity Press, 2017).

(3) Si la enfermedad es progresiva e incurable, esta dimensión añadida de desesperanza invita aún más a la depresión. Las enfermedades crónicas y degenerativas, sin remedio médico, pueden tentar incluso al corazón más piadoso a la desesperación. Debemos animar a los aconsejados a vivir por fe en las verdades objetivas de la Palabra de Dios mientras aprenden a abordar los sentimientos que surgen de la dinámica cuerpo-corazón relacionados con sus enfermedades.

Dada la correlación entre las enfermedades crónicas y el suicidio, los consejeros bíblicos también deben evaluar la posibilidad de suicidio. También debemos explorar el impacto del problema físico de la persona en su matrimonio y otras relaciones. Invitar al cónyuge de un aconsejado a una sesión demuestra preocupación por ambas personas.

Por último, pregunte sobre los efectos secundarios o las reacciones adversas que la persona pueda estar experimentando por cualquier medicamento recetado. Esto es especialmente importante si el aconsejado está tomando varios medicamentos, ya que puede haber interacciones farmacológicas desconocidas o dañinas. Aliente al aconsejado a informar al médico que se las prescribió de estos síntomas adicionales.

2. Muestre compasión a la persona en su sufrimiento y aflíjase con ella por cualquier limitación o pérdida que resulte de sus problemas físicos

Las enfermedades, las lesiones y las discapacidades, especialmente las que son a largo plazo, a menudo traen consigo la pérdida de expectativas y sueños. Desentrañe esas pérdidas y llore con los aconsejados cuando se entere de ellas. La mujer con una lesión crónica en la espalda podría haber perdido un trabajo que amaba. El hombre con esclerosis múltiple probablemente nunca lleve a su hija al altar ni cargue a su primer nieto.

Usted puede ayudar al menos de dos maneras. Primero, eleve su compasión. En el capítulo 13 describimos la compasión como esa respuesta emocional interna y profundamente sentida de lástima por la difícil situación de una persona que sufre, junto con el deseo de aliviarla. Dedicar tiempo a escuchar a su aconsejado permitirá que sus adversidades lo atrapen emocionalmente. Por lo tanto, revise la compasión de nuestro Señor hacia aquellos que están lidiando con enfermedades (Mar. 1:41), discapacidades (Mat. 20:34) o lesiones (Luc. 10:33) y pídale a Su Espíritu que despierte dentro de su alma la misma actitud.

Segundo, enséñele a la persona a lamentarse. Indíquele los salmos de lamento (por ej.: Sal. 3–5; 9–10; 13; 77; 88), el libro de Lamentaciones u otros pasajes (por ej.: Job) que describan a aquellos que sufrieron y expresaron su dolor crónico. Ayudar a los aconsejados a ver en la Palabra de Dios que Dios los conoce, los escucha y siente su difícil situación puede ayudar a dirigirlos hacia Él, invitarlos a hablar con Él y permitirle replantear sus dificultades desde Su perspectiva de esperanza.

3. Asegúrele a la persona que las personas piadosas sufren, y que no deben suponer que sus problemas físicos son un juicio divino directo

La Biblia registra casos del juicio directo de Dios que trajo dolor físico o muerte a individuos, grupos y naciones que lo desobedecieron. Vemos esto incluso en el Nuevo Testamento con Ananías y Safira (Hech. 5:1-11), el rey Herodes (Hech. 12:22-24) y algunos creyentes en Corinto que abusaron de la Cena del Señor y sufrieron enfermedad o muerte (1 Cor. 11:28-30).

Sin embargo, ninguno de estos eventos da a los aconsejados una razón para ver sus problemas físicos personales como el juicio directo de Dios sobre ellos. Después de todo, la enfermedad y la discapacidad y todas las demás dificultades entraron en nuestro mundo como resultado de la caída descrita en Génesis 3; de hecho, toda la creación gime bajo los efectos del pecado (Rom. 8:20-22). Por lo tanto, si un aconsejado expresa la idea de que su condición física es el resultado de la ira de Dios sobre él, debemos preguntar por qué. Y luego debemos señalarle las palabras de nuestro Señor en Juan 9:3 concernientes al ciego de nacimiento o a la enfermedad de Lázaro en Juan 11:4. En lugar de presumir de conocer la mente no revelada de Dios, los aconsejados deben ser animados a encontrar esperanza y misericordia en la Palabra de Dios. Dado que el sufrimiento físico puede agregar niebla mental, ayude pacientemente a sus aconsejados a resolver su culpa clara y su culpa confusa (recuerde el cap.

7) y acudir a Cristo en busca de perdón y libertad de cualquier suposición o mentira paralizante.

Al mismo tiempo, recuérdeles a sus aconsejados creyentes los muchos ejemplos bíblicos de personas justas que sufrieron enfermedades físicas, lesiones y discapacidades. Job, Asaf (Sal. 73), Pablo, Timoteo y otros, incluyendo a nuestro Señor Jesús, están entre ellos.

4. Anime a la persona a orar por sanidad física y por la gracia de Dios para manejar el problema físico si Dios no sana en este momento

Afortunadamente, Dios puede sanar y a veces lo hace de este lado del cielo de maneras milagrosas, a menudo junto con la oración. Santiago 5:14-15 dice: «¿Está alguno enfermo entre vosotros? Llame a los ancianos de la iglesia, y oren por él, ungiéndolo con aceite en el nombre del Señor. Y la oración de fe salvará al enfermo, y el Señor lo levantará; y si hubiere cometido pecados, le serán perdonados». La escena habla de creyentes gravemente enfermos que buscan las oraciones de los ancianos y Dios que honra sus peticiones. Compare eso con el rey Asá, quien «se enfermó de los pies; y aunque su enfermedad era grave, no buscó al Señor, sino que recurrió a los médicos» (2 Crón. 16:12, NVI). Aunque Dios usa médicos y medicamentos, no debemos poner nuestra esperanza en ellos.

Sin embargo, Dios no promete sanar milagrosamente a todos los que oran, ni siquiera a las personas más piadosas. Si bien no sabemos si el aguijón en la carne de Pablo fue físico, sabemos que oró tres veces, presumiblemente de manera intensa, y tal vez incluso durante tres temporadas de oración, pero el Señor decidió no sanarlo (2 Cor. 12:7-10; comp. 2 Tim. 4:20). Para Su gloria y nuestro bien, Dios podría elegir no intervenir. ¿Cómo, entonces, debemos orar por un consultante enfermo? Considere este ejemplo de oración para una mujer cristiana con cáncer terminal:

> Padre celestial, ruego por mi hermana Tania, tu hija, que te ama y procura confiar en ti y seguirte. Ella y yo sabemos que eres

> más que capaz de curarla, por lo que te pedimos humildemente que quites el cáncer o hagas efectivos los medios médicos con los que ya se está tratando. Por favor, restaura su cuerpo a la salud.
>
> Sin embargo, Padre, no presumimos conocer tu voluntad. Por lo tanto, sometemos nuestro deseo al tuyo. Si decides no curarla todavía, ayuda a Tania y a todos los que nos preocupamos por ella a descansar en eso. Dale habilidad a su equipo médico mientras la tratan y concédele comodidad física durante esta difícil temporada.
>
> Más que nada, ayúdala a confiar en ti y a amarte. Dale resistencia para pelear la buena batalla de la fe, para ver que su mayor enemigo no es el cáncer, sino la incredulidad y el miedo. Ayúdala a amar a [nombres de su esposo e hijos, si corresponde] y a mostrarles cómo es confiar en Dios en tiempos difíciles. Y Señor Jesús, ayúdala a anhelar las glorias del cielo, incluyendo el cuerpo perfecto y libre de cáncer que recibirá, y a ver tu rostro, el rostro de su Redentor.

Orar por su aconsejada de esta manera sirve como modelo del cual ella y otros pueden aprender a orar de manera más efectiva.

Pero ¿qué pasa con los casos de dolor crónico en los que no hay cura ni expectativa inminente de muerte? Uno de esos enfermos observó:

> El dolor crónico es diferente de muchas enfermedades o discapacidades. Normalmente es invisible. El tratamiento no hará que el problema desaparezca. Muchos tipos van y vienen en diferentes momentos de la vida, pero son completamente impredecibles, por lo que no puedes decir «tendrás esto toda tu vida» o «es casi seguro que lo superarás en unos años». La incertidumbre y el fracaso de la gente en su sociedad para darle credibilidad se suman a una condición que es difícil de manejar.

En tales casos, ore para que la persona que sufre experimente alivio del dolor, para que conozca la presencia especial de Dios cuando estalle un episodio, para que persevere en la fe y crezca en la semejanza a Cristo.

5. Anime a la persona a buscar atención médica especializada para gestionar sabiamente el cuerpo que Dios le ha dado

Si bien Dios puede sanar a las personas milagrosamente, por lo general usa medios médicos. La existencia de la atención médica nos muestra la gracia de Dios en medio del sufrimiento físico, y debemos ayudar a los aconsejados a verla y agradecer a Dios por ella, especialmente cuando trae algún alivio o respuestas. Desde el principio, los consejeros debemos determinar si una persona está recibiendo la atención médica adecuada. De lo contrario, podemos indicarle un médico de cabecera que pueda proporcionarle la atención necesaria o derivarlo a un especialista. En ningún momento, por supuesto, los consejeros bíblicos deben dispensar consejos médicos.

Además, debemos ayudar a los aconsejados a buscar atención médica por las razones correctas, no solo para sentirse mejor, desempeñarse de manera más efectiva, vivir más tiempo, reducir los costos médicos a largo plazo o verse en forma, sino porque nuestros cuerpos pertenecen a Dios. Él es el Creador, dueño y sustentador de cada ser humano; y para el cristiano, es también el Redentor. Tanto por derecho de creación como de redención, Dios es dueño de nuestros cuerpos y espera que los cuidemos. Cada uno es un miembro de Cristo y un templo del Espíritu Santo (1 Cor. 6:15, 19). Esto también significa buscar atención médica para servir al Señor de la manera más eficaz. Nuestros cuerpos, después de todo, son el medio por el cual lo obedecemos, adoramos, servimos y glorificamos (Rom. 6:11-14; 12:1; 1 Cor. 10:31; Fil. 1:20). Servimos a Dios como personas encarnadas. El médico y consejero bíblico Robert Smith resume estos temas:

> Cuidar bien el cuerpo… es la MAYORDOMÍA apropiada del templo del Espíritu Santo. Un cristiano debe ir al médico no principalmente para curarse, sino para ser un buen mayordomo… Si recuperarse es el objetivo y se le dice que no puede recuperarse, la visita al médico se considera infructuosa. Sin embargo, una visión bíblica de la enfermedad evitará que la visita sea infructuosa. Si a una persona se le dice que no puede recuperarse y su objetivo es servir y glorificar a Dios, incluso a través de una

> enfermedad incurable, no será devastada por la información. De hecho, la visita puede ser vista como muy exitosa, ya que le dio información que puede ser utilizada para su beneficio espiritual. El motivo marca la diferencia.[4]

De hecho, incluso la razón por la que buscamos atención médica es un asunto del corazón.

6. Dé a la persona una esperanza cristocéntrica, no una esperanza temporal o mundana

Mientras que los médicos solícitos ofrecen su propia forma de esperanza a los pacientes, los consejeros bíblicos proporcionan una esperanza mucho más profunda que no depende de la mejora médica temporal.

En 2 Corintios 4:7-18 el apóstol Pablo reflexiona sobre su propia mortalidad y decadencia física. Su cuerpo, su persona exterior, es un vaso de barro (v. 7), que significa su condición terrenal, de debilidad y fragilidad. Lleva las marcas de la muerte y la mortalidad (vv. 8-12). El v. 16 dice que «se va desgastando», refiriéndose al creciente precio que sus aflicciones han cobrado sobre su cuerpo. Pablo estaba lejos de estar sano.[5] Sin embargo, en medio de su sufrimiento físico, Pablo no se desesperó ni se dio por vencido (vv. 7-9,16). ¿Por qué no? ¿A qué esperanza se aferró y, por extensión, podemos ofrecer a nuestros aconsejados? Dios da a los creyentes tres seguridades en medio del sufrimiento físico.

Primero, Cristo puede mostrar Su vida en nosotros y a través de nosotros a los demás. El poder de Dios irradia del cuerpo débil y frágil de Pablo (v. 7). La vida de Jesús crucificado y resucitado «se manifiest[e] en [su] cuerpo», dando vida a aquellos a quienes Pablo sirve (vv. 9-12, NVI). La debilidad corporal ofrece a los creyentes nuevas oportunidades para que el poder de Cristo surja y se perfeccione en ellos (2 Cor. 12:9-10). Además,

---

[4] Robert D. Smith, *The Christian Counselor's Medical Desk Reference* (Stanley, NC: Timeless Texts, 2000), 5.

[5] Véase también Hech. 14:19; 2 Cor. 11:23-27; Gál. 4:13-14 y, posiblemente, 2 Cor. 12:7-10. (Los eruditos debaten si «el aguijón en la carne» de Pablo era una enfermedad, una lesión o la intensa persecución misma).

la gracia consoladora de Dios permite que un aconsejado ofrezca esa misma gracia a otros que sufren (2 Cor. 1:3-11).

En segundo lugar, Dios levantará nuestros cuerpos terrenales y mortales y los transformará en cuerpos gloriosos e inmortales, que es la sanidad última, final e irreversible que ningún medicamento, cirugía o terapia puede producir. Pablo nos asegura: «Pues sabemos que aquel que resucitó al Señor Jesús nos resucitará también a nosotros con él y nos llevará junto con ustedes a su presencia» (2 Cor. 4:14, NVI). Unos versículos más adelante amplía esta promesa, refiriéndose a nuestros cuerpos: «Porque sabemos que si nuestra morada terrestre, este tabernáculo, se deshiciere, tenemos de Dios un edificio, una casa no hecha de manos, eterna, en los cielos» (2 Cor. 5:1; comp. 1 Cor. 15:50-55; Fil. 3:20-21). Por esta razón, Pablo llama a la aflicción «momentánea» y «leve» (2 Cor. 4:17). Él confía, y sus aconsejados pueden compartir esa confianza, de que un día Dios *va a* sanar para siempre el cuerpo quebrantado de cada creyente.

Tercero, Dios puede renovar y fortalecer nuestros corazones. Pablo testifica en 2 Corintios 4:16: «Por tanto, no desmayamos; antes aunque este nuestro hombre exterior se va desgastando, el interior no obstante se renueva de día en día». La persona exterior de uno, su cuerpo deteriorado, puede estar enferma, pero su persona interior puede crecer de todos modos. Aunque las pruebas físicas nos tientan, no pueden hacernos pecar. La enfermedad puede ser el terreno para un crecimiento espiritual significativo a medida que conversamos con Cristo y elegimos comprender «la profundidad y la altura» de Su amor por nosotros (Ef. 3:16-19).[6]

Los consejeros bíblicos no tienen por qué conformarse con ofrecer una esperanza insignificante o un optimismo ilusorio. Podemos dar garantías firmes como el granito a cada aconsejado afligido.

---

[6] Para obtener una versión de estas garantías escritas al paciente, véase Robert D. Jones, «Three Hope-Giving Guarantees When You Face Illness, Injury, or Disability», Biblical Conseling Coalition, 21 de agosto de 2020, https://www.biblicalcounselingcoalition.org/2020/08/21/three-hope-giving-guarantees-when-you-face-illness-injury-or-disability/

7. Ayude a la persona a abrazar los propósitos soberanos, sabios y amorosos de Dios al usar su problema físico para hacer que se parezca más a Cristo

En Romanos 8:17-39, el apóstol describe los propósitos salvadores de Dios para Su pueblo en medio de la creación caída y gimiente, que incluye nuestra decadencia física (vv. 21-23). Los versículos 28-29 nos aseguran que tales sufrimientos tienen un propósito; Dios los está usando para conformarnos a nosotros, los creyentes, a la imagen de Cristo. ¿Cómo sucede esto? ¿De qué maneras específicas usa Dios las pruebas para lograr eso? Aliente a sus aconsejados a considerar y orar acerca de estas siete maneras (véase el cap. 16) en que Dios usa las dificultades, incluido el sufrimiento físico, para hacernos semejantes a Cristo: para mejorar y profundizar nuestra relación con Dios; para experimentar una medida de los sufrimientos de Cristo; exponer el pecado que nos queda; involucrarnos más activamente en el cuerpo de Cristo; mostrar a los demás la obra de Cristo en nosotros; equiparnos para un ministerio personal más sabio y compasivo; y elevar nuestro anhelo por el regreso de Cristo.[7]

Consideremos dos ejemplos de esta mentalidad. En primer lugar, Jay Adams ofrece consejos útiles sobre cómo prepararse para una estadía en el hospital. Escribe: «Una de las razones por las que los creyentes no manifiestan una actitud cristiana en determinadas situaciones de la vida es la falta de preparación previa». Luego nos recuerda cómo el hospital es un lugar para (1) la recuperación (evitar el hospital para un procedimiento necesario es una decisión peor que ir), (2) la meditación, (3) la oración y (4) dar testimonio. Adams concluye: «Es posible que espere la hospitalización con alegre anticipación. Probablemente sepa de antemano que esta será una experiencia bendita. No tiene por qué temerse como una grave intrusión en su vida, sino recibirla como una oportunidad muy especial dada por Dios para el beneficio espiritual personal y el evangelismo».[8] Yo (Bob)

---

[7] Véase el cap. 16 para más detalles, junto con Jones, *When Trouble Shows Up* (cap. 16, n. 3).

[8] Jay E. Adams, «The Christian and the Hospital», *Journal of Biblical Counseling* 8, nro. 1 (1985): 11–15.

a menudo pienso en varias visitas al hospital que realicé a mis miembros cuando serví como pastor vocacional. A veces visitaba a cristianos mayores y experimentados para ministrarles, solo para encontrarlos mostrándome amor, cuidado y aliento como su joven pastor. En tales casos, salía de sus habitaciones de hospital preguntándome: *¿Quién acaba de ministrar a quién?* Los consejeros atentos dan a las personas una visión del tamaño de Dios, incluso de una hospitalización inminente.

En su artículo «No desperdicies tu cáncer», John Piper y David Powlison, ambos supervivientes de cáncer, presentan diez perspectivas audaces pero transformadoras para ver una enfermedad tan terminal. He aquí su bosquejo: «Desperdiciarás tu cáncer [...]

- si no crees que está diseñado para ti por Dios.
- si crees que es una maldición y no un regalo.
- si buscas consuelo en tus probabilidades en lugar de en Dios.
- si te niegas a pensar en la muerte.
- si piensas que "vencer" al cáncer significa permanecer vivo en lugar de apreciar a Cristo.
- si pasas demasiado tiempo leyendo sobre el cáncer y no suficiente tiempo leyendo sobre Dios.
- si dejas que te conduzca a la soledad en lugar de profundizar tus relaciones con afecto manifiesto.
- si te afliges como aquellos que no tienen esperanza.
- si tratas el pecado tan casualmente como antes.
- si no lo usas como medio de testimonio de la verdad y gloria de Cristo».[9]

Por supuesto, Piper y Powlison no niegan el impacto desastroso de la caída o el terrible sufrimiento que trae el cáncer. Pero incrustan esas realidades en la narrativa más amplia de los propósitos redentores de Dios. Muestran

---

[9] John Piper, con David Powlison. «No desperdicies tu cáncer», *Journal of Biblical Counseling* 24, núm. 2 (primavera de 2006): 2-8. Un amigo sugirió perspicazmente un undécimo punto: «Desperdiciarás tu cáncer si crees que tu sufrimiento es solo tuyo y no parte del plan de Dios para Su Iglesia». Los que sufren tienen mucho que enseñar al cuerpo de Cristo.

cómo nuestro Dios soberano, sabio y amoroso capacita a los creyentes para redimir su cáncer y vivir diariamente la vida abundante que Cristo les ha dado. Si bien debemos ser sensibles a la capacidad de cada aconsejado para manejar perspectivas tan audaces, estas verdades conllevan el potencial de transformar la vida cuando se presentan oportunamente. Refuerzan las otras perspectivas cristocéntricas de este capítulo.

8. Ayude a la persona a caminar con Cristo y a manejar la vida a la manera de Dios, sin dejar que los problemas físicos se vuelvan excesivamente centrales o que los distraigan

Los aconsejados que sufren problemas físicos se enfrentan a la tentación de dejar que su adversidad física los consuma y los defina. Como observó una persona: «Cuando tu dolor físico te grita constantemente, es difícil que no sea el centro de tu pensamiento». Alguien más comparó su dolor crónico con la tortura del agua que gotea lentamente sobre el mismo lugar cada vez.[10] Incluso ofrecer a los aconsejados la enorme cantidad de verdad bíblica de los puntos anteriores, aunque está diseñado para ayudar a las personas, puede llevarlos inadvertidamente a obsesionarse con su problema físico, a pensar con reiterada frecuencia y demasiado en él. Aun los amigos bien intencionados que piden cariñosamente una actualización («¿Cómo está tu dolor de espalda hoy?») pueden contribuir involuntariamente a esto centrándose únicamente en ese aspecto de la vida de la persona. Los consejeros bíblicos deben ayudar a los aconsejados a adoptar la agenda más grande: cada uno debe amar a Dios y a su prójimo y buscar el reino de Dios hoy.

9. Ayude a la persona a amar a sus amigos, familiares y cuidadores y a demostrar el fruto del Espíritu en cada relación

Si bien lidiar con problemas físicos no puede hacer que sus aconsejados pequen, puede tentarlos. Gálatas 5:13-21 advierte de varias respuestas relacionales carnales que pueden exacerbarse cuando uno se enfrenta a una

[10] Sobre el dolor crónico, véase Michael R. Emlet, *Chronic Pain: Living by Faith When Your Body Hurts* (Greensboro, NC: New Growth Press, 2010).

aflicción física. Sus aconsejados pueden volverse centrados en sí mismos, irritables o impacientes. Pueden volverse relacionalmente perezosos o aislados y excusar sus fracasos para amar activamente a los demás, «debido» a sus luchas. Es posible que se sientan con derecho a recibir atención y se vuelvan desagradecidos, críticos o exigentes con los cuidadores.[11] Pueden sentir celos de las personas sanas y en buena condición física o mostrar diversas cepas de descontento, tristeza/depresión, aislamiento, soledad e ira. Incluso podrían dirigir esa ira a amigos que no han sido compasivos, a un médico que pasó por alto un diagnóstico grave o a un cirujano cuyo error significó toda una vida en una silla de ruedas. Peor aún, podrían estar enojados con Dios o alejarse de Él, especialmente si entienden la doctrina de la soberanía de Dios sobre cada movimiento, momento y molécula.

Entonces, ¿cuál es la respuesta de Dios? «Andar en el Espíritu», ser «guiados por el Espíritu», «vivir por el Espíritu» (Gál. 5:16, 18, 25). ¿Cómo contrarrestará una vida tan llena del Espíritu las tendencias pecaminosas mencionadas? «Mas el fruto del Espíritu es amor, gozo, paz, paciencia, benignidad, bondad, fe, mansedumbre, templanza» (Gál. 5:22-23). Debemos ayudar a los aconsejados a acercarse al Señor en oración, meditar en Su Palabra, participar activamente con otros creyentes tanto como sea posible y buscar conscientemente la ayuda de Su Espíritu para reemplazar sus respuestas carnales con el fruto relacional del Espíritu.

Conclusión

Al aconsejar a personas con enfermedades, lesiones o discapacidades, los consejeros bíblicos aportan esperanza, significado y dirección que ningún profesional médico puede proporcionar. A través de nuestro cuidado personal, la verdad de la Palabra de Dios y el ministerio de la iglesia, podemos ayudar a los que sufren físicamente a seguir a Cristo en esta vida, experimentar Su gracia interior renovadora y prepararse para la vida venidera.

---

[11] Sobre ayuda para los cuidadores, véase Michael R. Emlet, *Help for the Caregiver: Facing the Challenges with Understanding and Strength* (Greensboro, NC: New Growth Press, 2008).

Atención médica, derivaciones médicas y medicamentos psicotrópicos

En nuestro capítulo anterior abordamos la consejería de personas con enfermedades físicas, lesiones o discapacidades diagnosticadas y demostrables. Este capítulo analiza el rol de la atención médica en situaciones de consejería que no involucran ningún problema médico conocido, aunque la evaluación de un médico sería prudente. Consideraremos cuándo alentar a los aconsejados a ver a un médico y cómo pensar en el tratamiento médico subsecuente, incluidos los casos en que se puedan recetar medicamentos psicotrópicos. Si bien no queremos que los consejeros actúen como profesionales médicos, queremos que cuiden bien a cada individuo en su totalidad, ya que las personas son una unidad compleja de corazón y cuerpo (según el cap. 5). Hacerlo implica identificar cuándo la asistencia médica puede ayudar como parte del plan de atención del aconsejado. El consejero puede ayudar al aconsejado a entender el lugar del tratamiento médico en su cuidado.

Pecado versus enfermedad

Si bien, en última instancia, todas las luchas son el resultado de nuestra condición caída, es útil discernir en la medida de lo posible si una lucha de vida en particular es el resultado de problemas corporales, problemas «del corazón» o alguna combinación de ambos. Esta tarea no es fácil; es posible que la causa o causas de algunas luchas no estén claras. Por ejemplo, alguna persona que lucha contra la depresión puede encontrar un fuerte factor fisiológico en juego (por ej.: la depresión posparto), mientras que otras depresiones se derivan de expectativas insatisfechas y patrones de pensamiento problemáticos.

Los consejeros deben recordar que, si bien *puede* haber un factor biológico en juego en la situación de cualquier aconsejado, *siempre* hay un componente espiritual. Cada persona tiene la opción de interpretar y responder a un evento. Por un lado, los aconsejados son responsables ante Dios de amarlo y obedecerlo aun cuando enfrentan enfermedades físicas y discapacidades. Las Escrituras nos llaman a honrar al Señor en todas las cosas, incluso en nuestras creencias, motivos, patrones de pensamiento y conducta. Por otro lado, el Espíritu de Dios hace que los cristianos sean capaces de responder y responsables para hacerlo. En Cristo, la gracia de Dios nos motiva y nos da poder para manejar las dificultades (Fil. 4:11-13; Heb. 4:16). Si bien la mujer creyente que sufre de depresión posparto severa puede estar fuertemente influenciada por sus hormonas, ella es responsable y capaz de responder por la forma en que reacciona a esos cambios físicos.

El consejero, entonces, debe tratar de discernir con sabiduría qué aspectos de la lucha de un aconsejado son espirituales, pero cuáles también podrían deberse en parte a un cuerpo caído y quebrantado. Recursos como *¿Es el cerebro el culpable?*[1] y *Una guía para el consejero sobre el cerebro y sus trastornos*[2] de Ed Welch pueden ayudarnos. En el primer texto, Welch da ejemplos como la enfermedad de Alzheimer y la lesión cerebral traumática como asuntos claros de «enfermedad», pero reconoce que luchas como la ansiedad, la depresión y el TDAH también pueden tener componentes fisiológicos subyacentes.

Con respecto a los síntomas más graves, como alucinaciones auditivas o visuales, episodios maníacos, trastornos alimentarios graves y asuntos similares, el consejero debe estar al tanto de las investigaciones actuales y válidas sobre los factores biológicos que pueden estar involucrados. En la última

[1] Welch, *¿Es el cerebro el culpable?* (véase cap. 5, n. 7).
[2] Welch, *Una guía para el consejero sobre el cerebro y sus trastornos* (véase cap. 5, n. 7).

década se han realizado muchas investigaciones sobre estos trastornos y su conexión con la anatomía cerebral y la neurofisiología; algunas investigaciones también se centran en las conexiones entre los trastornos anteriores y cosas como el trauma o el abuso. En estos casos graves, los consejeros deben considerar los posibles factores biológicos y derivar adecuadamente a los aconsejados a proveedores médicos como parte de la atención general.

¿Qué pasa si llegamos a una conclusión equivocada aquí? Si suponemos que una enfermedad es un problema de pecado conductual y volitivo, colocamos una carga indebida de responsabilidad y posible culpa en los aconsejados más allá de lo que ya podría estar presente. Pueden creer erróneamente que si tan solo oran más, leen más las Escrituras, confiesan lo suficiente o actúan mejor, pueden superar una lucha. Es posible que carezcan de un tratamiento legítimo para un problema corporal. Sin embargo, si suponemos que una lucha contra el pecado es una enfermedad, podríamos relevar la responsabilidad apropiada y arriesgarnos a que el aconsejado adopte una visión inapropiada de su papel en la lucha. El tratamiento físico puede aliviar algunos síntomas, pero es posible que no se aborden los problemas de corazón subyacentes. Las suposiciones erróneas en cualquiera de estos sentidos pueden dañar a un aconsejado.

Dados estos riesgos, el consejero debe guiar a cada aconsejado hacia Cristo y los asuntos de fe, arrepentimiento y obediencia, pero recomendar una evaluación médica complementaria cuando puedan existir posibles factores biológicos.

Atención médica, incluidos medicamentos, para tratar enfermedades físicas

El tratamiento médico y la curación en nuestra cultura

En muchos lugares del mundo, particularmente en los Estados Unidos, la gente está inundada con el mensaje de que la medicina solucionará cualquier tipo de problema de la vida. Esto surge del modelo médico: la teoría filosófica de que todas las luchas de la vida, incluidos los problemas de consejería, son de naturaleza biológica, causadas por alguna enfermedad. Puesto que somos vistos solo como cuerpos físicos, la «solución» suele ser alguna píldora para tratar ese problema. La mayoría de los profesionales médicos tienen este punto de vista y tratan a los pacientes a la luz de estas creencias.

Si a esto le sumamos la mentalidad de «solución rápida» o de víctima, que también abunda en nuestra cultura, es fácil entender por qué la medicación se convierte en la respuesta a la cual acudir incluso para los problemas de consejería. Nuestra cultura valora la productividad y el alto funcionamiento, por lo que cualquier cosa que bloquee esos objetivos es un déficit que debe ser tratado lo más rápido posible. En lugar de trabajar en los problemas subyacentes, uno toma una pastilla.

A pesar de la enseñanza bíblica que se opone a estas falsas creencias, nuestros aconsejados viven en este contexto y operan en gran medida dentro del mismo sistema de creencias. Incluso los seguidores de Cristo tienden a ver el sufrimiento como algo innecesario en lugar de redentor, y el quebrantamiento como algo que debe ser compadecido en lugar de algo que nos insta a anticipar una realidad futura de restauración. Como consejeros, debemos reconocer estas posibles distorsiones de creencias dentro de nuestros aconsejados e incluso dentro de nosotros mismos. Los medios de comunicación y el mundo médico envían estos mensajes día tras día. Por lo tanto, debemos explorar una comprensión bíblica adecuada del tratamiento médico y la sanidad física.

Medicina y sanidad física en las Escrituras

Si bien la Biblia no proporciona una teología explícita del tratamiento médico o una lista de medicamentos y sus usos, sí habla de la sanidad física. Dado que la curación es el objetivo de la medicina, el concepto de curación física en las Escrituras es pertinente. En el principio, Dios creó los cuerpos como buenos; el pecado y la enfermedad se desvían de esa bondad. Por lo tanto, la sanidad en esta vida dirige a los hombres y mujeres de regreso a ese estado original de bondad y demuestra la gracia de Dios hasta que finalmente Él restaure los cuerpos de los creyentes.

Sin embargo, aunque la medicina puede *asistir* con la curación, la sanidad en última instancia viene de Dios. Él podría sanar de forma sobrenatural y directa, como Jesús demostró a menudo en los Evangelios; pero también podría curar a través de medios físicos como medicamentos, cirugía o la capacidad creada naturalmente del cuerpo para recuperarse. Todas las vías involucran a Dios, aunque Su método de intervención difiere. El Señor ha establecido cuerpos humanos para que funcionen de maneras particulares, por lo que cualquier tipo de intervención médica simplemente ayuda en ese proceso. Nunca es el médico el que cura; es el Señor. Así como Jesús trajo sanidad física y espiritual, como una imagen de la restauración venidera, así también nosotros podemos buscar la sanidad a través de estas diversas vías, incluyendo la medicación. Si bien ningún pasaje bíblico claro aboga o prohíbe el uso de tratamientos medicinales para dolencias físicas, vemos ejemplos de métodos medicinales en la Biblia, como el uso de una torta de higos para el rey Ezequías en Isaías 38:21, vino para el estómago de Timoteo en 1 Timoteo 5:23, y aceite y vino para sanar al hombre que fue golpeado en la historia de Jesús del buen samaritano en Lucas 10:30-36.

Limitaciones

A pesar de que las Escrituras mencionan las intervenciones médicas, existen limitaciones significativas para el tratamiento. En primer lugar, la finitud, falibilidad y caída de los seres humanos como intérpretes está presente tanto en la ciencia en general como en la medicina en particular. Esto añade más espacio para malentendidos y errores. Segundo, la creación está corrompida; por lo tanto, el tema de la medicina también está distorsionado. En tercer lugar, el estudio de la medicina se ha divorciado del alma y de los asuntos de Dios y la religión, un movimiento que tiene implicaciones significativas para su práctica. La gente ahora generalmente piensa que los problemas de consejería son físicos, y las dolencias físicas son cosas que deben erradicarse por completo, en lugar de ser oportunidades para desarrollar el carácter cristiano.

En cuarto lugar, en la cultura estadounidense contemporánea, la gente ve la medicina como una panacea para la mayoría de los problemas de la vida, incluso aquellos que históricamente no se consideraban físicos. Si bien la ciencia puede lograr avances significativos, muchos medicamentos siguen siendo el resultado de la observación, el ensayo y el error. La ciencia médica a menudo solo puede demostrar correlación, no causalidad. Finalmente, fuera del regreso de Cristo, la muerte sigue siendo la realidad última para cada persona. Si bien se han logrado avances significativos en el campo de la medicina, no han eliminado esta eventualidad. Tampoco lo harán.

Gracia a pesar de las limitaciones

A pesar de las limitaciones, la gracia común de Dios fluye a través del campo de la medicina. En primer lugar, los cuerpos humanos siguen funcionando en gran medida de la manera que Dios pretendía. Mientras la muerte y la enfermedad continúan, el cuerpo sigue curando los arañazos, responde a las bacterias y repara los huesos. Por lo tanto, la medicina sigue siendo útil. La sanidad presagia el futuro que Dios traerá cuando no haya más dolor ni más muerte. Hay gracia en la demostración de Dios de esa realidad futura y en el uso de la medicina como parte de esa demostración.

Dado que la medicina surge del estudio científico, el descubrimiento de hechos empíricos a través de la observación demuestra una consistencia y un orden inherentes incluso a la creación caída de Dios. Dios no es un Dios de caos sino de orden, y la medicina refleja esta realidad. Al igual que la ciencia, la medicina se basa en la racionalidad que Dios ha establecido y hace uso de ella para ayudar a la curación.

Además, los cristianos tienen mandatos para ejercer dominio sobre la creación (Gén. 1:28), incluso sobre las enfermedades, que son el resultado de la caída, y para amarse y cuidarse unos a otros (Juan 13:34-35; Fil. 2:4). Esto incluye esfuerzos sabios para aliviar el sufrimiento, como Jesús lo hizo a menudo.[3] La medicina es parte de esa sanidad apoyada en las Escrituras y refleja la restauración futura de Dios. Al mismo tiempo, debemos mantener la medicina en el lugar que le corresponde, no convertirla en una panacea, no darle más autoridad de la debida y no olvidar la soberanía de Dios sobre

[3] En Marcos 1, por ejemplo, Jesús echó fuera demonios, sanó enfermedades físicas, y predicó las buenas noticias, todo lo cual representa el alivio del sufrimiento al que Su reino marca el comienzo.

la salud de las personas. Debemos ver la medicina apropiadamente, dentro de sus límites, como un medio para honrar al Señor.

¿Qué significa esto para los medicamentos psicotrópicos?

Señalamos anteriormente que las Escrituras no son explícitas acerca de si es apropiado o no tomar medicamentos. Ciertamente no menciona el uso de medicamentos para tratar luchas del corazón (espirituales), por graves que sean. Sin embargo, proponemos estas perspectivas:

1. Dado que las Escrituras no abordan explícitamente los medicamentos psicotrópicos, su uso cuidadoso parece ser una cuestión de sabiduría en la que los cristianos tienen libertad. Tomar un antidepresivo no siempre es pecaminoso y no siempre es correcto.
2. La ciencia en esta área es útil y no lo es. Durante muchos años, por ejemplo, se supuso que los desequilibrios químicos eran factores importantes que contribuían a luchas como la depresión o la ansiedad. Recientemente, esa teoría ha sido descartada en gran medida. La evidencia demuestra que los medicamentos antidepresivos y ansiolíticos con base en sustancias químicas pueden, en algunos casos, aliviar los síntomas, pero no siempre sabemos por qué.[4] A medida que avanza la investigación sobre el cerebro y el cuerpo y aprendemos más sobre estas luchas, las teorías y los tratamientos cambian. Debemos reconocer humildemente nuestra comprensión incompleta del cerebro.
3. Debemos tener precaución con respecto a los medicamentos psicotrópicos, pero también tenemos cierta libertad en su uso. Como consejeros, debemos convertirnos en mejores estudiantes del cuerpo y no solo estudiantes del alma. Parte de esto es aprender más, pero parte es reconocer nuestras propias áreas de deficiencia y dirigir humildemente a los aconsejados hacia aquellos con más experiencia y conocimientos.

---

[4] Joseph J. Schildkraut, «The Catecholamine Hypothesis of Affective Disorders: a Review of Supporting Evidence», *American Journal of Psychiatry,* 1 de abril de 2006, https://psychiatryonline.org/doi/10.1176/ajp.122.5.509

Evaluación del «éxito» de la medicación

¿Qué tan probable es que los medicamentos psicotrópicos produzcan resultados y qué pueden esperar los consultantes? De forma consistente, la evidencia demuestra que los medicamentos psicotrópicos tienen tasas de respuesta significativas, en su mayoría en el rango del 40 al 60 %, particularmente para problemas como la depresión, la ansiedad y la estabilización del estado de ánimo.[5] Estas tasas de eficacia están en aproximadamente el mismo rango que la mayoría de los medicamentos generales. Sin embargo, la alta tasa de respuesta a un placebo sugiere que los efectos de la medicación no están simplemente en la medicación en sí. En cambio, la *expectativa* de resultados a menudo se presta a la *percepción* de una disminución de los síntomas. Esto no socava los resultados, pero debe establecer expectativas adecuadas de ayuda.

Además, puede ser muy difícil determinar el éxito real de los medicamentos psicotrópicos porque su éxito no puede separarse de todos los demás factores, como el entorno y otras formas de atención. Los estudios de investigación no miden el impacto de Cristo, Su Palabra, Su Iglesia y la consejería bíblica. En última instancia, no conocemos la causa de muchos trastornos mentales. A medida que buscamos evaluar bíblicamente las luchas de las personas, Michael Emlet nos recuerda: «Queremos que las categorías y temas bíblicos den sentido a lo que observamos en los demás. Incluso entonces, debemos permanecer humildes, dándonos cuenta de que una compleja serie de factores que muchos no entendemos completamente podría contribuir a la lucha de la persona. La tarea diagnóstica, ya sea utilizando categorías bíblicas o seculares, nunca es como seguir una receta sencilla. La sabiduría es la clave».[6] Al tratar de entender mejor a las personas a través de la lente de las Escrituras, los consejeros deben reconocer plenamente que las personas son complejas; esto incluye las formas en que funcionan el cerebro y la mente. Los

[5] Véase en particular Stefan Leucht y otros, «Putting the Efficacy of Psychiatric and General Medicine Medication into Perspective», *British Journal of Psychiatry* 200 (2012); como así también Arif Khan y Walter A. Brown, «Antidepressants versus Placebo in Major Depression: An Overview», *World Psychiatry*, 25 de septiembre de 2015, https://www.ncbi.nlm. nih.gov/pmc/articles/PMC4592645/

[6] Michael R. Emlet, *Descriptions and Prescriptions: A Biblical Perspective on Psychiatric Diagnoses and Medications* (Greensboro, NC: New Growth Press, 2017), 42.

consejeros también deben comprender la multitud de factores que contribuyen a las luchas de cualquier aconsejado y actuar para cuidarlos en consecuencia.

Criterios

¿Cómo debe un consejero bíblico determinar cuándo recomendar a un aconsejado que vea a un médico para una evaluación médica? Además, si un consultante ve a un médico y recibe un diagnóstico psiquiátrico y se le prescribe un medicamento psicotrópico, ¿cómo debe aconsejarle ese consejero que piense en el diagnóstico y en tomar el medicamento? Los siguientes criterios, aunque no son exhaustivos, pueden orientar estas decisiones. (Algunos de estos criterios podrían aplicarse de manera más explícita a una de estas preguntas que a la otra).

Cuando la enseñanza bíblica ha sido abordada a fondo

Los consejeros bíblicos generalmente son buenos en el uso de las Escrituras para hablar la verdad en la vida de los aconsejados. Al considerar una derivación médica o el uso de medicamentos psicotrópicos, no debemos descuidar hacer lo que hacemos bien. En *Blame it on the Brain*, Ed Welch observa que la mayoría de los problemas psiquiátricos son tanto espirituales como físicos. Él señala: «Nunca encontrarás un problema psiquiátrico en el que el consejo bíblico —el consejo dirigido al corazón— sea algo menos que esencial».[7] No podemos divorciarnos del consejo continuo de la Palabra de Dios, aun cuando haya evidencia de una causa física. Cada problema de consejería que encontremos tendrá al menos algún componente espiritual que debemos abordar.

El objetivo del consultante para el tratamiento médico es apropiado y se han abordado los asuntos del corazón

El consejero también debe abordar los problemas del corazón y la motivación, específicamente en lo que se refiere al tratamiento médico. ¿Qué busca

[7] Welch, *Blame it on the Brain*, 106.

el aconsejado: una «solución rápida» o ayuda para abordar de manera integral los problemas que presenta? Además, el consejero debe determinar si la motivación del aconsejado para trabajar en problemas del corazón continuará en caso de que el tratamiento médico resulte útil. ¿Supondrá que su problema era puramente biológico, y por lo tanto no sentirá más razón para seguir ocupándose de los asuntos espirituales? ¿Está buscando una manera fácil de lidiar con sus luchas? El consejero debe evaluar estos puntos y comunicar al aconsejado la necesidad de continuar abordando los problemas centrales, a pesar de cualquier alivio proporcionado por el tratamiento médico.

Es razonable concluir que puede haber un componente biológico

Dado que la determinación de la posibilidad de un componente biológico se encuentra fuera de la capacitación y pericia del consejero bíblico, es esencial trabajar con un médico para determinar qué contribución, si es que hay alguna, podría estar haciendo el cuerpo. Los indicadores de una preocupación biológica pueden incluir delirios, cambios de personalidad, confusión o cambios en los patrones de alimentación o sueño.[8] Estos pueden ser indicios de que hay un factor corporal que contribuye a las luchas de un aconsejado. Podemos recomendar una evaluación médica general para descartar o señalar un problema biológico, como efectos secundarios de medicamentos, trastornos metabólicos, infecciones, trastornos endocrinos o deficiencias vitamínicas.

Cuando los pensamientos suicidas están presentes

En los casos de pensamientos suicidas, activos o pasivos, se debe considerar la medicación para estabilizar los pensamientos o conductas para la seguridad del aconsejado. En tales casos, el medicamento podría calmar al paciente, aportar claridad y estabilidad a su pensamiento, o reducir la ansiedad más rápidamente, restringiendo así potencialmente los comportamientos dañinos. El uso de medicamentos no garantiza que las luchas

[8] Para obtener una lista de potenciales indicadores biológicos, véase Smith, *Counselor's Medical Desk Reference*, 376-77 (cap. 35, n. 4).

disminuyan; más bien, la propensión al suicidio simplemente nos lleva a acelerar nuestra consideración de una derivación médica en caso de que pueda resultar útil.

Cualquier experiencia previa con tratamientos médicos o medicación ha sido positiva

Al comienzo de un caso de consejería, los consejeros deben explorar la condición médica y el historial de una persona, incluidos los medicamentos pasados y presentes. Si usaron medicamentos en el pasado, ¿fue útil? Si es así, existe una posibilidad significativa de que pueda ser útil nuevamente.

Además, ¿cuáles fueron las razones del aconsejado para buscar tratamiento médico en el pasado? ¿El aconsejado se resistió a la atención médica, incluida la medicación? Si es así, ¿por qué? El consejero puede usar la información recopilada para determinar cualquier impacto que el tratamiento anterior pueda haber tenido y cualquier posible área que deba abordarse antes de que se haga una derivación.

Se presenta una disminución significativa en el nivel de funcionamiento

Algunos aconsejados experimentarán un cambio en el funcionamiento como resultado de sus dificultades por las cuales consultan. Esto puede presentarse como dificultad para realizar tareas diarias como ducharse o cocinar, pero puede ser más grave: como la incapacidad de mantener un trabajo estable. En esos casos, puede ser útil considerar un tratamiento médico, incluida la medicación, para restaurar la funcionalidad. El *DSM-5* y otras guías a menudo utilizan un cambio en la funcionalidad para desencadenar la preocupación o determinar la presencia de un trastorno.

Una comparación útil aquí es el tratamiento estándar para el dolor de cabeza común. Para algunos, un dolor de cabeza no conduce a ningún cambio en la funcionalidad. Otros, es decir, aquellos que experimentan migrañas, pueden verse debilitados por el dolor. No pueden levantarse de la cama ni mantener una conversación normal. En esos casos, el tratamiento de la fuente del dolor permite que la persona que lo padece funcione con mayor normalidad.

El sufrimiento puede reducirse o eliminarse

Muchas veces, en la consejería vemos a personas que están sufriendo tremendamente por sus luchas. Hablando de esto, Michael Emlet escribe: «Es el diseño de Dios aliviar el sufrimiento que surgió como resultado de la caída», y señala numerosos pasajes sobre las obras de sanación de Jesús como ejemplos.[9] Al mismo tiempo, Emlet observa: «Si bien aliviar el sufrimiento es una prioridad del reino, buscar un mero alivio sin una visión de la agenda transformadora de Dios en medio del sufrimiento puede provocar un cortocircuito en todo lo que Dios quiere hacer en la vida de la persona».[10] Además, hay casos en los que Dios elige no sanar para lograr un propósito mayor (Sal. 119:67, 71; 2 Cor. 12:8-9). El consejero debe evaluar el sufrimiento experimentado por un aconsejado para aconsejarle acerca de ver a un médico. En algunos casos, una reducción del sufrimiento puede dar cabida a nuevos esfuerzos para identificar y abordar los problemas fundamentales de un aconsejado. En otros casos, el Señor está usando el sufrimiento para lograr Sus propósitos en un aconsejado.

Después de orar y considerar, parece una sabia elección bajo la dirección del Espíritu Santo

Necesitamos que el Espíritu nos ayude a pensar bíblicamente para discernir cuándo es apropiado una derivación para una evaluación médica. Él, en Su gracia, da sabiduría. El consejero que esté considerando emitir una derivación de este tipo debe orar por la decisión y buscar activamente la guía del Espíritu Santo durante todo el proceso de toma de decisiones y como parte general de la conversación.[11]

---

[9] Emlet, *Descriptions and Prescriptions*, 73.

[10] Emlet, 76.

[11] Para mayor información sobre derivaciones médicas, véase Welch, *Una guía para el consejero sobre el cerebro y sus trastornos;* y Charles Hodges, «When Medication Is Helpful in the Life of a Counselee», Biblical Counseling

Conclusión

Si bien los criterios anteriores no son exhaustivos y es posible que no se apliquen a todos los escenarios, ayudarán al consejero a guiar a los aconsejados en la toma de decisiones. En última instancia, el trabajo del consejero es simplemente recomendar una evaluación médica cuando parece prudente. No podemos actuar como profesionales médicos; nuestro consejo solo puede llegar hasta cierto punto. Sin embargo, el consejero bíblico puede sentirse confiado al considerar una derivación para una evaluación médica, sabiendo que buscamos cuidar a la persona en su totalidad.

Coalition, 14 de agosto de 2019, https://www.biblicalcounselingcoalition.org/2019/08/14/when-medication-is-helpful-in-the-life-of-a-counselee

PARTE CINCO

CONSEJERÍA A GRUPOS DE EDAD ESPECÍFICA

37

Consejería de niños

Esta sección contiene varios capítulos diseñados para ayudar a los consejeros a comprender los matices particulares en los enfoques de consejería o las luchas típicas de la vida para varios grupos de edad. El presente capítulo trata sobre la consejería de niños de tres a doce años de edad, lo que comúnmente se considera primera infancia e infancia media.

Si bien Dios tiene la intención de que los padres aconsejen a sus hijos y que la iglesia ayude a esos padres y ministre de otras maneras a los niños, varios factores pueden requerir que los consejeros intervengan para ayudar a los niños directamente. Muchos padres, incluso algunos cristianos, carecen de las habilidades o el compromiso para aconsejar a sus hijos con dificultades. En algunos casos, los padres son parte del problema y también necesitan consejos o asesoramiento sobre la crianza de los hijos. A veces, los niños presentan problemas inusuales que van más allá del conocimiento o la experiencia de un padre promedio. Los padres solteros, los padres sustitutos y los padres adoptivos a veces necesitan ayuda especial. Además, los niños en hogares grupales a menudo necesitan consejería.

Dado que cada vez más niños son llevados a terapia, los consejeros deben comprender los problemas únicos que presentan y ser capaces de abordarlos adecuadamente. Los consejeros seculares y cristianos entienden que no debemos tratar a ningún aconsejado aislado del mundo en el que vive. Aunque no vamos a repetir la discusión del capítulo 5 acerca de quiénes somos como personas que portan la imagen de Dios, los consejeros deben tener en cuenta la complejidad de cada niño. Al igual que los adultos, los niños tienen cuerpo y alma; cada uno tiene una personalidad, emociones y un corazón pecaminoso; cada uno vive en un contexto relacional particular.

A pesar de esto, un niño no es simplemente un adulto pequeño. Eso significa que para que la consejería sea efectiva, debemos considerar los factores de desarrollo. No solo debemos tratar de entender a estos aconsejados, sino también aprender a comunicarnos claramente de maneras comprensibles que expresen amor por estos jóvenes prójimos. Comprender las complejidades del contexto, el desarrollo y la comunicación le sirve al consejero bien para guiar a las personas de este grupo de edad.

Breve teología de la familia

Para aconsejar a los niños, el consejero debe entender el contexto normal y primario en el que los niños suelen vivir, la familia. Si bien es útil comprender las relaciones y dinámicas familiares, la familia va más allá de simples títulos como padre, madre, hija o hijo. Los consejeros deben entender los propósitos de la familia como representantes de la familia espiritual de Cristo y como el contexto para el aprendizaje, la corrección y la formación de discípulos.

Muchas de las luchas que los consejeros encuentran con los jóvenes aconsejados y sus familias se relacionan con la falta de reconocimiento o de vivencia de estos principios teológicos. Por ejemplo, cuando los padres no disciplinan ni enseñan los caminos del Señor, es más probable que los hijos (pecadores) sean desobedientes y desafiantes, ya que la crianza piadosa es un medio de gracia para el niño. Esto no elimina la responsabilidad del niño, pero reconoce la dificultad adicional («calor») involucrada. Cuando un padre es demasiado duro, los niños pueden retraerse y aislarse emocionalmente de su familia. Los padres no solo deben entender la importancia del contexto que proporcionan a sus hijos, sino que también deben trabajar como el Señor los dirija.

La siguiente sección trata de cómo vivir dentro de los roles adecuados, así como de las pautas para los miembros de la familia.

Funciones y responsabilidades dentro de la familia

Dios ha establecido roles particulares tanto para los padres como para los hijos dentro de la familia,[1] los cuales están diseñados para reflejar la relación con nuestro Padre celestial. Estas responsabilidades, entonces, no son opcionales; son parte de su buen diseño para los padres y sus hijos.

Dios asigna a los padres estas responsabilidades principales:[2]

1. Enseñar a sus hijos (Deut. 6:4-25; Ef. 6:4)
2. Disciplinar a sus hijos (Prov. 13:24; 19:18; 22:6,15; 23:13-14; 29:15; Ef. 6:4)
3. Actuar como autoridad delegada (Ef. 6:1)
4. Tratar a los niños con amor y honor como a su prójimo (Ef. 6:4)
5. Proveer para su familia (1 Tim. 5:8)

Junto con estas directivas claras para los padres, Dios llama a los hijos a honrar (Ex. 20:12), obedecer (Ef. 6:1; Col. 3:20; 2 Tim. 3:2), y escuchar y aprender de sus padres (Prov. 1:8), llevándoles alegría y no angustia y desgracia (Prov. 10:1; 28:7; 29:15).

Las luchas familiares a menudo surgen cuando los padres o los hijos no cumplen con su papel dentro de la familia, o cuando uno o ambos tienen expectativas del otro que van más allá de estas responsabilidades. A menudo, varias personas dentro de la familia están fallando simultáneamente. Los consejeros deben entender las enseñanzas de las Escrituras sobre las responsabilidades tanto de los padres como de los hijos para ofrecer un buen consejo bíblico sobre una lucha familiar determinada.

---

[1] Véase Andreas J. Köstenberger y David W. Jones, *Marriage and the Family: Biblical Essentials* (Wheaton, IL: Crossway, 2012).

[2] Véase Paul David Tripp, *La crianza de los hijos: 14 Principios del evangelio que pueden cambiar radicalmente tu familia* (Graham, NC: Publicaciones Faro de Gracia, 2019); Tedd Tripp, *Cómo pastorear el corazón de su hijo* (Envigado, Colombia: Publicaciones Poiema, 2016).

Consideraciones notables

Etapas de desarrollo

Hay aspectos significativos del desarrollo infantil que afectan directamente la consejería.[3] Comprender el desarrollo infantil les da a los profesionales una conciencia básica de las habilidades y limitaciones dentro de esos grupos de edad y ayuda a determinar estrategias de consejería apropiadas para la edad.

Primera infancia (3-6 años)

La primera infancia es una etapa de crecimiento y cambio significativos. En ella se produce una enorme cantidad de aprendizaje, pero también hay claras limitaciones físicas, mentales, emocionales y morales en el trabajo. Cada niño es diferente, pero las siguientes consideraciones generales pueden ayudarnos a entender a los niños de tres a seis años de edad.

Infancia media (6-12 años)

La etapa de la infancia media está marcada por un crecimiento continuo, pero más lento. Los niños continúan desarrollándose en todos los aspectos enumerados anteriormente. Algunos de estos son particularmente significativos para los consejeros.

La importancia de la relación: entrar y entender el mundo del niño

En los capítulos 13 a 15, presentamos el modelo Entrar-Entender-Traer para la consejería. El modelo no es diferente cuando aconsejamos a los niños, aunque el proceso puede parecer diferente. Antes de hablar de métodos específicos

---

[3] Véase Julie Lowe, «Counseling Children of Different Age Groups: Ages and Stages of Development», en *Caring for the Souls of Children: A Biblical Counselor's Manual*, ed. Amy Baker (Greensboro, NC: New Growth Press, 2020), 33-52; James R. Estep y Jonathan H. Kim, *Christian Formation: Integrating Theology and Human Development* (Nashville: B&H, 2010); y Robert S. Feldman, *Desarrollo en la infancia* (Londres: Pearson, 2018).

para entrar, entender y traer la aplicación de la verdad de Dios, exploremos brevemente el papel del consejero. Tenga en cuenta estos puntos clave:

Estructura de autoridad

Al aconsejar a los niños, la estructura de autoridad incorporada presente en toda la consejería se amplifica en parte porque es una relación adulto-niño. El consejero debe tener en cuenta esta estructura mientras busca entrar y comprender el mundo del niño. Una forma sencilla en que el consejero puede conectarse con el niño es ponerse constantemente a la altura de sus ojos, tal vez incluso sentarse en el suelo con él. Esto ayuda al niño a ver al consejero como alguien que presta atención y se toma el tiempo para conectarse.

Establecer confianza y comodidad

Muchos niños son tímidos por naturaleza, y puede tomar más tiempo para que se abran para presentar sus dificultades. Las técnicas que se detallan a continuación pueden ayudar a superar eso. Además, el consejero puede expresar interés en las cosas que le interesan al niño: sus amigos, sus actividades favoritas, mascotas o las materias escolares. Además, si el consejero está relajado, es más probable que el niño esté relajado.

Entrar en el mundo del niño en lugar de exigirle que entre en el nuestro

En Filipenses 2:5-8, Pablo nos recuerda que Jesús fue condescendiente con nosotros, entrando en nuestro mundo para salvarnos. De manera similar, Pablo señala en 1 Corintios 9:22: «A todos me he hecho de todos, para que de todos modos salve a algunos». Esto sigue a sus declaraciones de que se hizo como los griegos para ministrar a los griegos, y como los judíos para ministrar a los judíos. El punto es que Jesús y Pablo conocían a sus audiencias y lo que necesitaban para responder al evangelio. Como consejeros, particularmente cuando tratamos con niños, debemos entrar en su mundo, comprender su desarrollo, hablar en sus términos y adaptarnos a su nivel. No podemos exigirles que se ajusten al método de consejería de un adulto.

	Desarrollos notables	Impacto en la consejería
Físico	• Aumento de las habilidades motoras, pero aún tiene alguna dificultad con las habilidades motoras finas, como dibujar o escribir. • Por lo general, tienen mucha energía. • Avances en el lenguaje, la lógica, la cognición social y la conciencia de los demás. • La corteza prefrontal aún se está desarrollando; dificultad para planificar, priorizar y reflexionar.	• Minimice las actividades que precisen motricidad fina, ya que requieren mucha energía mental. • Utilice actividades que permitan espacio para moverse. • Enseñe directamente en lugar de pedirle al niño que reflexione por sí mismo.
Cognitivo	• La mayoría sigue utilizando principalmente el pensamiento concreto. • Habilidades lingüísticas aún en desarrollo (el vocabulario aumenta rápidamente) • La falta de desarrollo de la corteza prefrontal conduce a la impulsividad. • Puede tener dificultades para concentrarse en las tareas durante largos periodos de tiempo.	• Evite las historias que incluyan analogías o simbolismos. • Use palabras fáciles de entender; minimice las preguntas. • Planifique actividades con límites de tiempo más cortos.

	Desarrollos notables	**Impacto en la consejería**
Emocional	• Expresan y comprenden una amplia gama de emociones, pero apenas están comenzando a aprender respuestas emocionales adecuadas (la observación es significativa); los berrinches pueden surgir de la incapacidad de expresarse o entenderse a sí mismos. • Comienzan a experimentar estrés. • Comienzan a desarrollar empatía.	• Pueden hablar sobre las emociones y las respuestas emocionales, pero el consejero también debe ayudar a los padres a modelar una expresión emocional adecuada. • Busque respuestas al estrés y enseñe técnicas básicas para la reducción del estrés, como la respiración profunda. • Identifique y afirme la empatía.
Moral	• Decidir lo que está bien y lo que está mal tiende a provenir de algo o alguien externo al niño, basándose principalmente en las consecuencias de la conducta. • Los niños son pecadores (Gén. 8:21; Prov. 22:15) y esclavizados a su pecado separados de Cristo.	• Los consejeros pueden ayudar a los padres a modelar el comportamiento correcto y animarlos a hablar de ello con frecuencia (Deut. 6:6-10), así como ayudarlos a navegar por la disciplina apropiada para la edad. • Los consejeros pueden ayudar a los padres a tener expectativas apropiadas de que su hijo pecará, pero conserva la responsabilidad personal.

	Desarrollos notables	Impacto en la consejería
Físico	• Mejora continua de la motricidad gruesa y fina. • La pubertad suele comenzar entre los 8 y los 14 años, lo que provoca un aumento en la producción de hormonas que afecta el hambre, el sueño, el estado de ánimo, el estrés y el desarrollo de las características sexuales. • Aumento de la capacidad cerebral, lo que conduce a los desarrollos cognitivos siguientes.	• Actividades que requieren habilidades motoras más finas, como dibujar, escribir o juegos más complejos. • La pubertad trae más comparaciones con sus pares y un reconocimiento de sus propios cuerpos; los consejeros deben reconocer estos cambios y su impacto potencial en las luchas del aconsejado. • Los consejeros deben tener en cuenta los avances, pero también las limitaciones cognitivas continuas.
Cognitivo	• Mejor capacidad para tomar decisiones, planificar con anticipación y analizar las consecuencias. • Aumenta la capacidad lingüística. • Capaz de concentrarse más fácilmente y por periodos de tiempo más largos. • Más enseñables a medida que entienden más. • Aumenta la capacidad de memoria.	• Los consejeros pueden trabajar a través de ejercicios de autorreflexión y usar historias más simbólicas. • Pueden usar un lenguaje más avanzado en las conversaciones. • Las actividades pueden ser más duraderas. • Las intervenciones pueden ser más creativas y extensas, o basarse en actividades anteriores. • Las luchas pueden ser más complejas, con más factores influyentes a considerar.

	Desarrollos notables	Impacto en la consejería
Emocional	• Mayor capacidad de empatía. • Mejor regulación emocional, aunque sigue siendo una lucha, a veces. • Capaz de evaluar cómo los demás reciben sus expresiones emocionales y puede adaptarse en respuesta. • Para algunos, la identidad comienza a provenir de los compañeros más que de la familia. • Comienzan las comparaciones sociales.	• Puede afirmar y discutir la empatía. • Los consejeros pueden ayudar a los padres a comprender las dificultades con el autocontrol y la autoexpresión, modelando el comportamiento adecuado. • Necesidad de comprender las fuentes de identidad y ayudar al aconsejado a trabajar a través de esto adecuadamente.
Moral	• Comienza a hacer juicios y evaluaciones morales basados en la equidad y las experiencias personales. • Pasan del sistema basado en el castigo al énfasis en las reglas sociales y los principios morales. • Comienzan a entender su propio quebrantamiento moral y juicio ante Dios. • Sienten culpa porque quebrantaron la ley moral en lugar de sentir culpa por el miedo a recibir un castigo inminente.	• Puede tener más conversaciones sobre las verdades de las Escrituras, usando la lógica y la razón. • Mayor comprensión del evangelio y de su necesidad de un Salvador; los consejeros pueden analizar el evangelio directamente y desafiar de forma apropiada para obtener una respuesta.

Confidencialidad versus privacidad

La confidencialidad en la consejería es un requisito ético básico. La confianza es una parte esencial de la consejería, incluso entre un consejero y un niño. Es más probable que los pequeños compartan abiertamente sus luchas y respondan a las instrucciones si sienten que pueden confiar en sus consejeros. Al mismo tiempo, los menores deben saber que su consejero y su padre o tutor se reservan el derecho de hablar en privado entre sí sobre el menor, según el acuerdo de consentimiento informado de consejería.

Debido a esto, la *privacidad* es un concepto importante. Los consejeros deben tener algún privilegio para mantener las conversaciones con los niños en privado en lugar de compartir cada detalle con los padres. Como vimos en el capítulo 20, hay límites claros a nuestra confidencialidad (por ej. si el niño está lastimándose a sí mismo o planea hacerlo), y la necesidad de privacidad disminuye para los niños más pequeños, pero es útil proporcionar un espacio donde un niño pueda expresarse sin temor a que un padre sepa todo lo que dijo. Esto requiere un nivel de madurez, sabiduría y discernimiento por parte del consejero. Los asuntos pertinentes a los padres deben ser compartidos, y los padres deben poder confiar en el consejero para tomar estas decisiones. Una conversación previa a la consejería entre el consejero y los padres puede ayudar. En cualquier momento, aparte de un acuerdo previo entre el consejero y el padre, el padre puede pedir detalles específicos y se le deben dar. La confidencialidad pertenece a los padres.

Luchas comunes para los niños

Si bien podríamos abordar muchos asuntos, consideremos varios problemas frecuentes (véase también el siguiente capítulo sobre la consejería de adolescentes) y cómo podemos aportar la verdad de las Escrituras a estas luchas.[4]

---

[4] Para obtener más información sobre estos tópicos, véanse los capítulos apropiados en la parte cuatro de nuestro libro, particularmente para instrucción bíblica aplicable y técnicas de consejería más allá de aquellas dadas aquí.

Conflicto familiar y desobediencia

Muy a menudo, los padres llevan a sus hijos a recibir consejería debido a conflictos familiares.[5] Esto puede incluir peleas con hermanos o padres, desobediencia constante o rechazo a un tema en particular relacionado con las reglas del hogar. Si bien el consejero debe explorar los detalles de cada situación, recordemos estos puntos clave.

En primer lugar, los padres son responsables de modelar el comportamiento adecuado y la respuesta a los conflictos y de hablar claramente de manera comprensible, estableciendo consecuencias para las acciones y modelando el autocontrol (Deut. 6:7; Prov. 22:6; Ef. 6:4). En segundo lugar, los hijos son responsables de honrar y obedecer a sus padres. A pesar de los límites de desarrollo señalados anteriormente, los niños pueden tomar decisiones; sin embargo, separados de Cristo, todavía están esclavizados a su pecado y continuarán eligiendo el pecado, incluso después de llegar a la fe salvadora (Ex. 20:12; Ef. 6:1).

Emociones problemáticas, como ansiedad o depresión

Ciertamente, los niños experimentan emociones y, a veces, desordenadas. Si bien las fluctuaciones del estado de ánimo son naturales, un estado de ánimo persistentemente deprimido o ansioso que dura varias semanas, junto con otros síntomas como irritabilidad, cambios de humor, retraimiento/aislamiento, cambios en los patrones de alimentación o sueño, o dificultades escolares, puede indicar un problema más profundo. Los niños suelen experimentar más síntomas somáticos (por ej.: malestar estomacal, cambios en el sueño o la alimentación) que los adultos, por lo que el consejero debe ir más profundo si se presentan. También deben ayudar a los padres a identificar y aliviar los posibles factores contribuyentes en el niño y dentro de él, como el conflicto, la intimidación (*bullying*), las falsas creencias o las presiones académicas o sociales.

---

[5] Un buen recurso sobre el conflicto familiar y la desobediencia es el libro de Corlette Sande, *The Young Peacemaker: Teaching Students to Respond to Conflict God's Way* (Wapwallopen, PA: Shepherd Press, 2010).

Ajuste a las transiciones

La infancia, especialmente de tres a doce años, puede incluir muchas transiciones; estas pueden llevar a sentimientos de confusión, miedo o una serie de otras emociones. Si bien las transiciones son una parte normal del crecimiento, la estabilidad y la previsibilidad son importantes para un niño. Las transiciones pueden alterar eso. Al aconsejar a los niños que enfrentan transiciones, debemos demostrar una mayor paciencia, normalizar sin disminuir los cambios, escuchar bien y abordar cualquier inquietud.

Situaciones de crisis o eventos traumáticos

Desafortunadamente, no es raro que los niños estén sujetos a algún tipo de crisis o situación traumática, incluido el abuso o la muerte de un ser querido. Si bien los capítulos 29 y 30 sobre el duelo y el trauma ayudarán, hay cosas específicas que se deben recordar al aconsejar a un niño a través de tales eventos. Antes que nada, hay que establecer la seguridad. Además, el consejero debe recordar que un niño no puede entender al mismo nivel que los adultos, lo que hace que su comprensión sea más difícil de aconsejar. Un niño que es abusado repetidamente, por ejemplo, por lo general llegará a pensar que así es simplemente como funcionan las relaciones. El abuso puede abrumar, confundir y distorsionar lo que es bueno y puede afectar todas las áreas de la vida en el futuro. Esta es una de las razones por las que las víctimas de violencia o abuso infantil tienen más probabilidades de estar en relaciones violentas o abusivas cuando son adultas si no reciben ayuda centrada en Cristo. Es importante tener un apego seguro a un cuidador seguro. La investigación secular sugiere que los niños que no lo desarrollan debido a la negligencia, el abuso o los eventos traumáticos a menudo tienen dificultades para controlar sus emociones y desarrollar relaciones seguras más adelante en la vida. Por ejemplo, el estudio «Experiencias adversas de la niñez» (ACE, por sus siglas en inglés),[6] junto con las investigaciones resultantes, ha demostrado una alta correlación entre

---

[6] «Preventing Adverse Childhood Experiences», Centers for Disease Control and Prevention, actualizado al 3 de abril de 2020, https://www.cdc.gov/aces/prevention/index.html

las experiencias traumáticas en la infancia y el aumento de las enfermedades mentales, las tasas de suicidio y autolesiones, el consumo de drogas y alcohol, y diversos problemas de salud física. Aparte de la gracia de Dios, incluida la intervención de la consejería bíblica, el trauma infantil puede afectar la salud a largo plazo del individuo de varias maneras. Sin embargo, dicha investigación no necesariamente tiene en cuenta el impacto positivo de la conversión cristiana genuina, la consejería bíblica cristocéntrica y la membresía activa en una iglesia saludable a medida que los niños crecen. Sin embargo, la falta de relaciones alineadas bíblicamente puede crear un calor adicional en la vida del niño que lo influencia a medida que crece.

Por último, el consejero debe recordar que los niños confían en la regularidad y la previsibilidad. Los eventos de crisis y las experiencias traumáticas alteran eso, lo que podría tener implicaciones para las expectativas del niño en el futuro. El consejero y los padres deben ejercitar la paciencia (sin dejar de mantener la disciplina y la instrucción), mientras el niño supera este tipo de eventos. Es mucho más probable que los niños experimenten síntomas somáticos como dificultad para dormir, malestar estomacal u otras molestias corporales, así como apego o retraimiento. Un niño también puede dar pistas, como crear dibujos que representen el comportamiento sexual u ocultar información. Un niño puede expresar nuevos temores a personas o lugares, personas o lugares particulares relacionados con los eventos. Estos son difíciles pero típicos; el consejero puede ayudar a los padres a adaptarse y apoyar a su(s) hijo(s) de una manera que afirme las dificultades que están experimentando y, al mismo tiempo, brindar consuelo a través de la enseñanza bíblica.

Enfoques únicos y ejercicios prácticos para aconsejar a los niños[7]

Un consejero debe tener en cuenta que la terapia conversacional tradicional tiene algunas limitaciones significativas con muchos niños, particularmente

[7] Véase también Julie Lowe, *Building Bridges: Biblical Counseling Activities for Children and Teens* (Greensboro, NC: New Growth Press, 2020).

los menores de diez años. Imagínese tratar de dialogar con un niño de ocho años durante treinta minutos o más; la capacidad de atención del niño por sí sola creará barreras. Además, desde el punto de vista del desarrollo, el vocabulario del niño, así como su capacidad para articular detalles sobre una situación o sus emociones, se adquieren con la edad. El vocabulario emocional de un niño de ocho años sigue siendo limitado.

Sin embargo, no debemos llegar a la conclusión de que los niños no necesitan consejería simplemente porque se ve diferente a la terapia de conversación tradicional. Ciertamente, la consejería de niños debe incorporar regularmente el consejo con los padres, así como obtener su retroalimentación sobre lo que está sucediendo en la vida del niño, pero no podemos suponer que todos los problemas de consejería con los niños se «arreglarán» con una mejor crianza. Los niños son pecadores necesitados de salvación con la misma certeza de que son portadores de la imagen dignos de respeto. Pueden comunicarse y recibir consejería.

La forma principal de ofrecer eso es contextualizar el mensaje y su entrega de una manera apropiada para cada niño, como Pablo contextualizó el evangelio para diferentes audiencias. Como se analizó anteriormente, Pablo se hizo como otros para comunicarles claramente el evangelio. Ciertamente, parte del mensaje del consejero bíblico es el evangelio, de alguna forma o manera. Deberíamos aplicar este concepto para ayudar a varios grupos de edad, incluidos los niños.

Por último, los padres deben participar regularmente en las reuniones con sus hijos. Yo (Kristin) tengo la política de que debo reunirme con un padre o tutor en cada sesión, ya sea antes o después de reunirme con el niño individualmente; el niño no puede simplemente ser traído a nuestra sesión. Muy a menudo, aconsejar a los niños es tanto como aconsejar a sus padres junto a ellos. No podemos hacer esto si los padres no están presentes.

Estrategias de intervención apropiadas para la edad

¿Cómo se ve esta contextualización en la práctica? Específicamente, esto significaría emplear enfoques orientados a la actividad. Algunos pueden llamar a esto terapia de juego; esencialmente, se trata de utilizar técnicas creativas (a menudo no verbales) para comprender al niño y comunicarse con él de una manera apropiada para su desarrollo.[8] A continuación se presentan algunos ejemplos:

- Juego de roles/modelaje (usando títeres o muñecas): esto permite que el niño demuestre o actúe cosas de una manera en que puede comunicarse.
- Crear historias juntos: el consejero participa, pero deja que el niño dirija. El consejero observa los temas que surgen.
- Dibujar/colorear/arte creativo: el niño puede expresar emociones sin palabras para que el consejero las observe.
- Juegos u hojas de trabajo: el uso de hojas de trabajo establecidas aporta estructura, pero también ayuda a extraer información específica cuando es necesario.

En todos estos ejemplos, la dinámica no es la típica de la terapia de conversación. En cambio, el consejero involucra al niño en una actividad que el niño disfruta y que le brinda al consejero oportunidades para observar y hacer algunas preguntas. Aun así, se utilizan menos palabras. En cambio, el niño puede expresar sus sentimientos y describir su situación de una manera que sea cómoda y familiar. Esto requiere mucha sabiduría y paciencia por parte del consejero, pero trae grandes resultados cuando se hace bien.

Llevar a los padres a estos momentos de terapia expresiva puede ayudarlos a incorporar tales actividades en su propia crianza. Demostrar formas apropiadas para la edad de entender y comunicarse con un niño puede ayudar a los padres a llevar a cabo su responsabilidad parental, fomentar su relación y ayudarlos a liderar en su hogar. Esto podría significar hacer un escenario de juego de roles familiar o hacer arte juntos, para que los padres puedan ver de primera mano cómo se expresa su hijo y qué está compartiendo.

---

[8] Véase Daniel S. Sweeney, *Counseling Children through the World of Play* (Carol Stream, IL: Tyndale House, 1997).

Conclusión

La consejería bíblica para niños es un área del ministerio en expansión y muy necesaria, de la que no debemos rehuir. Los niños experimentan luchas que a menudo son como las que experimentan los adultos, pero los consejeros deben cambiar de enfoque para entrar efectivamente en su mundo, comprenderlos bien y traer la verdad apropiada a su nivel.

38

Consejería de adolescentes

Un cambio notable marca la etapa de la adolescencia (de los trece a los diecinueve años), cuando el joven pasa de ser un niño para convertirse en un adulto. Las experiencias y decisiones en estos años pueden cambiar la vida. Los consejeros no deben pasar por alto las dificultades significativas que pueden enfrentar las personas de este grupo de edad. Este capítulo, con su enfoque especial en las consideraciones de desarrollo, proporciona una base introductoria para aconsejar a los jóvenes. Al igual que los adultos, necesitan consejo, dirección y, a veces, confrontación.

Pensar bíblicamente acerca de los adolescentes

Dado que las Escrituras asignan a los padres el privilegio y el deber de enseñar a sus hijos (Deut. 6:6-7; Ef. 6:4),[1] una iglesia que equipe activamente a los padres para que pastoreen y aconsejen mejor a sus hijos y adolescentes sigue siendo el ideal bíblico. Sin embargo, las Escrituras también describen a la iglesia con un papel más amplio en la enseñanza, instrucción y corrección de todos los que forman parte de ella. Pablo anima a los adultos mayores maduros a enseñar y capacitar a los más

[1] Para obtener una teología bíblica básica de la familia, véase Andreas Köstenberger y David Jones, *Marriage and the Family: Biblical Essentials* (Wheaton, IL: Crossway, 2012); o su obra más extensa, *Dios, matrimonio y familia: Recuperando los fundamentos bíblicos*, 2.º ed. (Córdoba, Argentina: Publicaciones Kerigma, 2023).

jóvenes o menos maduros (2 Tim. 2:1-2; Tito 2:1-6). Además, como vimos en el capítulo 37, hay muchas razones por las que necesitamos consejeros bíblicos entrenados para trabajar con niños y adolescentes. Y dado que los padres desempeñan un papel tan fundamental que Dios les ha dado en el hogar, quienes aconsejan a los adolescentes también deben tratar de involucrar a los padres y ayudarlos a equiparse mejor para la crianza.[2]

Al aconsejar a los adolescentes, los consejeros deben tener en cuenta algunos puntos en común fundamentales de los seres humanos. Dios creó a los adolescentes, y ellos portan Su imagen. Sin embargo, separados de Cristo, son pecadores (Gén. 8:21; Sal. 58:3; Prov. 22:15), esclavizados a su pecado. Los adolescentes no salvos no solo pecarán, sino que no tienen la capacidad de elegir lo que agrada al Señor. Segundo, en última instancia es la obra del Espíritu Santo atraerlos a la salvación. El papel del consejero bíblico incluye compartir el mensaje del evangelio con un aconsejado incrédulo, pero nadie puede forzar a un joven a aceptarlo. Los aconsejados se enfrentarán a luchas significativas si no reconocen su necesidad del Señor o que el poder supremo le pertenece a Él. Dado que muchos niños y adolescentes son incrédulos, no debemos descuidar esta importante realidad.

La Palabra de Dios proporciona a los consejeros verdades oportunas para ministrar a los adolescentes. En ella, vemos imágenes esperanzadoras de adolescentes que vivieron correctamente en medio de diversas presiones: José (en Génesis), Samuel, David, Daniel, María la madre de Jesús y Timoteo están entre ellos. Los Salmos abarcan el espectro de emociones que conforman los sentimientos variados y cambiantes de un adolescente. El libro de Proverbios puede ayudar especialmente a los adolescentes y a sus consejeros. Se dirige al «hijo mío» veintitrés veces y habla de docenas de temas a menudo relevantes para todos los

---

[2] Para obtener recursos generales sobre criar adolescentes, véase Paul David Tripp, *Edad de oportunidad: Una guía bíblica para educar a los adolescentes*, (Graham, NC: Publicaciones Faro de Gracia, 2019), y Tripp, *La crianza de los hijos: 14 principios del evangelio que pueden cambiar radicalmente a tu familia* (cap. 37, n. 2); y Tedd Tripp, *Cómo pastorear el corazón de su hijo* (Envigado, Colombia: Publicaciones Poiema, 2016).

adolescentes: el dinero, el sexo, el trabajo, lidiar con la autoridad, la ira, la escucha, el habla piadosa, el autocontrol, las habilidades sociales, la relación con los padres, los amigos, la presión de los compañeros, la tentación, la codicia, la pereza, el corazón, la gula, la envidia, la disciplina, la mentira, el chisme, el engaño, la fanfarronería, la oración, las prioridades, la embriaguez, el conflicto, la paciencia y más. Proverbios también habla del gozo y el deleite que los hijos piadosos traen a sus padres y el dolor, la deshonra y la vergüenza que los impíos traen a sus familias (Prov. 10:1; 15:20; 17:21, 25; 19:13, 26; 23:24-25; 28:7; 29:3, 15). Y, por supuesto, aceptar y aplicar toda la sabiduría piadosa de Proverbios fluye de una relación correcta con Dios («el temor del Señor», 1:7; 9:10) y se centra en nuestros corazones (4:23). Como vimos en el capítulo 5, todos los portadores de la imagen divina están ineludiblemente relacionados con Dios.

Consideraciones sobre el desarrollo

La adolescencia está marcada por el cambio y el crecimiento físico, cognitivo, emocional y moral. Los adolescentes saben que ya no son niños, pero tampoco adultos. Este grupo de edad se caracteriza por una mayor independencia, aunque los que lo integran siguen creciendo en capacidad física y cognitiva.[3]

Destacan algunas ideas clave para relacionarse con este grupo de edad:

- A medida que los niños se convierten en adolescentes, desean cada vez más la independencia y la individualidad; esto a veces contribuye a su desobediencia pecaminosa, a un aumento de los conflictos y las discusiones. Dios manda repetidamente a los

[3] Como en el cap. 37 sobre la consejería de niños, este capítulo solo da un entendimiento inicial del desarrollo de los adolescentes. Recomendamos fuertemente a los profesionales consultar textos más detallados como Lowe, «Counseling Children», 33-52 (véase cap. 37, n. 3); Estep y Kim, *Christian Formation* (véase cap. 37, n. 3); y Feldman, *Desarrollo en la infancia* (Londres: Pearson, 2018). La siguiente información se saca de esas fuentes como también de la observación personal y profesional.

niños y adolescentes que obedezcan a sus padres, y con frecuencia les advierte sobre los peligros de desobedecer y rebelarse contra sus padres (Ex. 20:12; Deut. 21:18-21; Prov. 20:20; 30:17; Ezeq. 18:1-20; Ef. 6:1-3; Col. 3:20). Al final del día, la rebelión adolescente es simplemente una rebelión hecha por adolescentes, es una rebelión contra Dios, los padres y, a veces, otras autoridades dadas por Dios.[4]

- Los padres conservan la responsabilidad de enseñar y guiar a sus hijos en el Señor, lo que incluye ayudar a los adolescentes a pensar con más complejidad acerca de los conceptos espirituales.
- Los adolescentes son cada vez más capaces de actuar intencionadamente con buenos o malos motivos, pero todavía carecen de un poco de autorregulación. Debemos abordar el corazón de la desobediencia o falta de respeto, no solo las acciones.
- Esta etapa es un momento privilegiado para continuar la enseñanza sobre el autocontrol y la regulación emocional. Los jóvenes están aprendiendo a conectar las enseñanzas espirituales con las experiencias de la vida y el lugar de la disciplina y la instrucción.
- Los jóvenes en esta etapa son mucho más conscientes del trato que reciben los demás y siguen evaluando aspectos como la justicia y la equidad. Esta conciencia, a veces, puede contribuir al conflicto, ya que los adolescentes pueden ser más propensos que los niños a ver un trato preferencial, rechazo o hipocresía.

---

[4] Véase también Rick Horne, *Get Outta My Face! How to Reach Angry, Unmotivated Teens with Biblical Counsel* (Wapwallopen, PA: Shepherd Press, 2009), y su *Get Offa My Case: Godly Parenting of an Angry Teen* (Wapwallopen, PA: Shepherd Press, 2012); Barbara Miller Juliani, *Cómo lidiar con tu hijo rebelde: Ayuda para padres preocupados* (Sebring, FL: Editorial Bautista Independiente, 2020); y Elyse Fitzpatrick, Jim Newheiser y Laura Hendrickson, *When Good Kids Make Bad Choices: Help and Hope for Hurting Parents* (Eugene, OR: Harvest House, 2005).

	Desarrollos notables	Impacto en la consejería
Físico	• La pubertad continúa, pero finalmente termina. • Aumento de las características sexuales y del interés/actividad sexual.	• El aconsejado puede luchar con los cambios en el cuerpo y la imagen. • El aconsejado puede considerar su propia identidad y comportamiento sexual; el consejero debe estar preparado para entablar este tipo de conversaciones.
Cognitivo	• Mayor uso de la lógica y el pensamiento abstracto. • Todavía con frecuencia se guía más por impulsos que por pensamiento lógico. • Más consciente y preocupado por las evaluaciones de los demás. • Permanece centrado en sí mismo, a menudo con una visión más amplia de sí mismo que la que tienen los demás.	• Mejor capacidad para pensar por medio de analogías o ser autorreflexivo/solucionador de problemas. • El aconsejado puede actuar por impulso en lugar de considerar las consecuencias de la conducta o las elecciones. • Puede dar más valor a la opinión o percepción de los compañeros que a la de los padres/consejeros. • Puede traducirse en egocentrismo o creencias de que sus acciones importan más de lo que realmente importan.

	Desarrollos notables	Impacto en la consejería
Emocional	• El sistema límbico (emociones) se desarrolla antes que la corteza prefrontal (regulación y control de impulsos), por lo que a veces la lógica es secundaria a los sentimientos o impulsos. • Las partes de recompensa del cerebro son más fuertes que los centros de inhibición, por lo que es más difícil equilibrar el riesgo frente a la recompensa.	• Los comportamientos parecen (y son) impulsivos más que lógicos y apropiados; es posible que el consejero tenga que ayudar al adolescente a superar esta diferencia y ejercer el autocontrol. • Las emociones son a veces abrumadoras porque son nuevas e intensas; es posible que el consejero tenga que ayudar al aconsejado a navegar esos sentimientos.
Moral	• La fe es egocéntrica y egoísta desde el principio, como un conjunto de códigos morales o una forma de ganar aceptación. • A medida que el adolescente crece, la fe se convierte en una elección personal, así como la capacidad de batallar con conceptos más difíciles como el problema del mal o la injusticia.	• Las conversaciones espirituales tienden a operar dentro de este sistema en lugar de ser algo personal más allá de cómo les sirve. • La fe en muchos sentidos se convierte en algo propio, más que algo heredado de sus padres; los consejeros pueden enfatizar la elección personal y la propiedad de su fe.

Luchas comunes

Consejos generales para trabajar con adolescentes

El consejero debe tener en cuenta las siguientes pautas:

- La confianza puede ser más difícil de desarrollar con un adolescente, pero es igual de importante. Establecerla puede llevar más tiempo, pero debe procurarse.
- La motivación para asistir a la consejería puede ser menor para los adolescentes, especialmente si la asistencia es requerida por sus padres. Es posible que el consejero tenga que ser más diligente para involucrar al adolescente.
- Cuanto más joven es la persona, más difícil es para ella pensar de manera abstracta, por lo que es posible que el consejero deba ser creativo.
- Cada adolescente es un individuo, por lo que la consejería debe modificarse en consecuencia, reflejando al aconsejado en lo particular y sus necesidades sentidas y reales.
- A menudo se necesita consejería debido a conflictos dentro del hogar que se derivan de las malas decisiones que toma el adolescente. En tales casos, los consejeros deben tratar de cuidar tanto a los padres como al adolescente; esto incluye ofrecer sesiones individuales y con toda la familia.[5]

A continuación, se presentan ideas útiles relacionadas con temas comunes que surgen al aconsejar a los adolescentes.

Depresión

La depresión en los adolescentes a menudo se parece a la depresión en los adultos en términos de componentes emocionales y cambios en el sueño y la alimentación. Sin embargo, normalmente vemos más alteraciones del

[5] Véase Fitzpatrick, Newheiser, y Hendrickson, *Good Kids Make Bad Choices*, y C. John Miller y Barbara Miller Juliani, *Come Back, Barbara: A Father's Pursuit of a Prodigal Daughter* (Phillipsburg, NJ: P&R, 1997).

pensamiento y del comportamiento en comparación con los adultos. Los pensamientos y las emociones pueden fluctuar más alto o más bajo de lo normal y a un ritmo más rápido. Los adolescentes pueden carecer de motivación o interés en lo que alguna vez tuvieron, alejarse de amigos y familiares, o disminuir su rendimiento académico y tener cada vez más dificultades para mantener el éxito académico. La depresión no es simplemente tristeza; se presenta en una variedad de formas debilitantes. Este espectro de síntomas es tan amplio para los adolescentes como para los adultos.

Otro distintivo de la depresión adolescente es que a menudo es más fácil conectarla con factores estresantes situacionales. Estas emociones pueden estar influenciadas (no causadas)[6] por cosas como el rechazo de sus compañeros, el bajo rendimiento escolar o deportivo, el fracaso de los padres o un evento traumático. El consejero debe tratar de comprender cualquier conexión entre estas circunstancias de la vida y las respuestas resultantes, incluidos los pensamientos, las conductas y las emociones, ya que muchos casos de depresión adolescente involucran directamente circunstancias de la vida. (Para más información sobre la depresión, véase el cap. 24).

Ansiedad y estrés

Si bien las luchas emocionales pueden ocurrir en la infancia, los adolescentes a menudo experimentan niveles elevados de diversas emociones, incluyendo la ansiedad y el estrés, por primera vez. Si bien estas emociones son comunes y nuestros cuerpos están diseñados para manejarlas en pequeñas dosis, su regulación también está parcialmente influenciada por los centros de regulación emocional en el cerebro (que aún se están desarrollando en los adolescentes). Como resultado, la ansiedad y el estrés pueden sentirse más abrumadores o durar más en una persona joven que en un adulto. El calor del Recuadro 1 puede ser más impactante para un adolescente que para el adulto que puede clasificar más fácilmente los Recuadros 1 a 3.

[6] Recuérdese la distinción en el cap. 10 entre los factores que contribuyen (Recuadro 1, calor) y las causas del corazón (Recuadro 3). Si bien muchos factores pueden contribuir al comportamiento de los adolescentes, en última instancia, sus respuestas incorrectas provienen de sus corazones, no del calor situacional.

Las ansiedades en la adolescencia suelen estar bien enfocadas, e involucran el rendimiento escolar, las situaciones con los amigos y las preocupaciones sobre los padres y los hermanos. Al evaluar la ansiedad de un adolescente, el consejero debe determinar si el nivel de preocupación del adolescente es inapropiado para sus circunstancias o si simplemente necesita aprender las respuestas adecuadas. Debemos ayudar a los adolescentes a responder adecuadamente a los sentimientos, de la misma manera que guiaríamos a los adultos. Debemos evaluar y abordar los sentimientos de ansiedad y sus respuestas resultantes en todos los aspectos de la vida: sus corazones, pensamientos y comportamientos. (Para más información sobre la preocupación, la ansiedad y el miedo, véase el capítulo 22).

Problemas de identidad

La adolescencia trae consigo un cambio en la identidad que se aleja de los padres y se acerca a los compañeros, así como un aumento de la independencia y el pensamiento abstracto. Los adolescentes pueden experimentar luchas con su propia identidad: quiénes son, qué creen, quiénes quieren ser frente a cómo los ven los demás. Si bien los adolescentes no suelen verbalizar estas luchas explícitamente, pueden interpretarlas en lo externo de muchas formas. Los adolescentes pueden experimentar con grupos de amigos, opciones de ropa o incluso sexualidad. Cuando son rechazados por un grupo de amigos, pueden mudarse rápidamente a otro grupo, incluso alterando su comportamiento o apariencia para encajar. Pueden experimentar con la expresión sexual, especialmente si sus compañeros perciben esto positivamente. A veces, los comportamientos particulares son incluso una reacción contra la enseñanza y los valores de los padres para expresar independencia. Por último, muchos adolescentes, conscientemente o no, eligen a alguien a quien parecerse o imitar; puede ser cualquiera, desde un amigo hasta una celebridad. Su percepción de esa persona se convierte en su identidad idealizada.

Como consejeros, debemos transmitir a los aconsejados una fuente bíblica de identidad. La verdadera identidad no radica en cómo uno se ve o lo que hace (*per se*), sino en quién es como portador de la imagen de Dios (ver cap. 5). Por lo tanto, la identidad de uno está en Cristo o no está en Cristo; cada uno es un hijo de Dios o un huérfano descarriado. Esta realidad apunta hacia la permanencia de la identidad frente a una que es fugaz y transitoria. El consejero debe comunicar estas verdades de una manera que cada adolescente aconsejado entienda. Las conversaciones pueden incluir la evaluación de sus valores y el pensamiento a través de las implicaciones de su identidad, extrayendo verdades de la Palabra de Dios sobre quiénes son y qué les proporciona Cristo.

Suicidio y autolesiones

Las tasas de suicidio y autolesiones están aumentando entre los jóvenes. Las películas, los programas de televisión y otros medios de comunicación han atraído una atención significativa sobre el suicidio, por lo que no es sorprendente que más jóvenes elijan intentarlo o emplear conductas de autolesión. Los adolescentes a menudo carecen de regulación emocional, pero experimentan niveles más altos de estrés, ansiedad y depresión que nunca. Además, pueden tener dificultades con situaciones que los adultos no podrían tener, como el hostigamiento (*bullying*) o las emociones abrumadoras con las que simplemente no tienen la experiencia para lidiar. (Para más información sobre el suicidio y las autolesiones, véase el cap. 26).

Ira y agresión

Desafortunadamente, la ira y la agresión en los adolescentes son comunes. Si bien esto suele ser manejable sin consejo externo, los padres a veces reconocen que estos asuntos se están saliendo de control y buscan un consejero para que les brinde apoyo adicional a ellos u orientación para su hijo adolescente. La regulación emocional puede ser un factor en algunos de estos casos, pero la ira y la agresión finalmente emergen de los problemas del corazón del Recuadro 3. Por ejemplo, el adolescente puede sentir que tiene derecho, que «merece» algo como la independencia, la capacidad de tomar sus propias decisiones sin consecuencias o de poseer un objeto tangible como un teléfono celular. O el adolescente puede tener un sentido elevado de sí mismo. Cuando se le desafía, puede sentirse violado y, subsecuentemente, responder con ira o agresión. En todos los casos, los consejeros bíblicos deben enfocarse en la responsabilidad personal y el dominio propio. Si bien reconocemos los posibles desafíos de desarrollo que los adolescentes pueden estar enfrentando, debemos ayudarlos a abordar su ira pecaminosa y enfatizar lo que la Biblia enfatiza. El corazón humano es intrínsecamente pecaminoso; el evangelio provee el remedio.

Además, a veces los padres no modelan el autocontrol a un adolescente en particular, lo que influye en las respuestas del hijo. De todos modos, los problemas de ira y agresión causan dificultades tanto para los padres como para los adolescentes. Como consejeros, debemos reconocerlo y tratar de comprender tanto a los adolescentes como a sus padres, aconsejando a ambos mientras trabajan para resolver los problemas de ira. Con los padres, el consejero debe enfocarse en una crianza consistente y predecible, de modo que continuamente modelen el comportamiento y las respuestas controladas, incluso cuando el niño los ponga a prueba (Ef. 6:4; Col. 3:21). Esto busca reflejar la respuesta del Señor a nuestro propio pecado, un recordatorio que puede ayudar a los padres. Con el adolescente, el consejero debe abordar la fuente de la ira, centrándose en las creencias y motivos del corazón en lugar de simplemente en las expresiones conductuales. Para todos los involucrados, el consejero puede trabajar en actitudes y patrones de pensamiento como la amargura, la frustración, la falta de autocontrol, la elevación de sí mismo y el derecho. (Para más información sobre la ira y la agresión, véase el cap. 21.)

Trauma

Al igual que los aconsejados de todas las edades, los adolescentes pueden experimentar traumas o abusos. No son inmunes al abuso sexual, la intimidación, la muerte de un ser querido o el suicidio de un amigo. Si bien la respuesta de un adolescente a un evento traumático suele ser similar a la de un adulto y reactiva a una situación particular, los niños mayores o los adolescentes también pueden mostrar conductas autolesivas, promiscuidad sexual, miedo a la intimidad o cercanía, uso de drogas o comer compulsivamente. Si bien la falta de experiencia en la vida y un cerebro aún en desarrollo pueden influir en estas respuestas extremas, siguen siendo reacciones pecaminosas a situaciones que se sienten fuera de control o abrumadoras.

En tales casos, el consejero hace bien en explorar el sufrimiento mientras trabaja sabiamente a través de las creencias, actitudes o comportamientos del adolescente (Recuadros 2 y 3), siempre trayendo la verdad bíblica (Recuadro 4) para influir en la situación y en las respuestas del aconsejado. Dada la naturaleza del trauma, la consejería de este tipo de caso puede llevar tiempo y requerir que usted revise estos temas varias veces a medida que el joven continúa creciendo y entendiendo mejor su trauma y cómo pensar bíblicamente al respecto. (Para más información sobre el trauma y el abuso, véase el cap. 30). A través del Espíritu, la Palabra y la Iglesia de Cristo, los consejeros bíblicos pueden ayudar a los adolescentes a manejar el sufrimiento de maneras transformadoras.

Consideraciones adicionales

Resistencia

Es común que los adolescentes se resistan a recibir consejería, especialmente cuando no entienden la necesidad de ello o cuando sus padres los obligan a ir en contra de su voluntad. Es posible que los adolescentes se nieguen a participar en el proceso de consejería por diversas razones, como las siguientes:

- No ven ningún valor en la consejería.
- No se conectan con usted como consejero.
- No quieren estar ahí.
- Simplemente no se sienten bien ese día.

Al aconsejar a adolescentes resistentes, debemos desarrollar pacientemente la relación y construir un capital relacional. Esto a menudo lleva mucho más tiempo que con un adulto. Una vez que se construye la relación, la resistencia generalmente comienza a disminuir y la consejería puede avanzar. La confianza y la confidencialidad son importantes para un joven aconsejado. Si bien la confidencialidad de una persona menor de dieciocho años pertenece en última instancia a los padres o tutores (véase el cap. 37), es mucho menos probable que un adolescente aconsejado comparta información personal sobre sus luchas si cree que se ha violado la privacidad. Tener una conversación inicial y clara con ambas partes, adolescentes y padres, es esencial; debemos articular cómo se manejará la confidencialidad. Recomendamos que los adolescentes firmen los mismos acuerdos de consentimiento informado que los padres (para obtener más información sobre la confidencialidad, consulte el cap. 20).

Un deseo de independencia

Es ampliamente conocido que los adolescentes buscan la independencia. La humanidad en su conjunto comparte este deseo; Adán y Eva buscaron la independencia de Dios cuando tomaron el fruto en el jardín. Sin embargo, no toda la independencia es mala; al fin y al cabo, queremos que los adolescentes maduren y despeguen con el tiempo. Es posible que los consejeros deban ayudar a las familias a determinar el papel de la independencia adecuada de los padres, para cada adolescente en particular. Lograr esto puede parecer diferente para cada adolescente en cada familia, pero un consejero puede ayudar a los padres a encontrar formas de generar confianza de manera segura y adecuada. A veces, los padres solo necesitan ayuda para recordar que Dios es soberano y ellos no.

Inclusión de tratamiento médico

Como se discutió en el capítulo anterior, algunos padres pueden mencionar el uso de tratamientos médicos (incluidos los medicamentos) para los adolescentes en relación con una variedad de dificultades. Una vez más, esto requiere sabiduría. Al igual que con la consejería a los niños, el consejero hará bien en discutir con los padres la conveniencia de consultar a un médico de familia o pediatra con experiencia en el tratamiento de adolescentes para determinar si hay un contribuyente fisiológico, como los niveles hormonales, obrando en un problema específico que enfrenten. Pero específicamente para la medicación, surgen algunas preocupaciones adicionales; pueden traer efectos secundarios significativos que deben ser monitoreados cuidadosamente. Los niños y adolescentes todavía están desarrollándose física y cognitivamente, por lo que los consejeros deben alentar a los padres a tener conversaciones claras con sus médicos sobre los efectos a largo plazo del uso de medicamentos recetados.

Uso de intervenciones creativas

Si bien muchos jóvenes son capaces de participar en intercambios típicos de terapia conversacional, el consejero puede encontrar útil el uso de técnicas o intervenciones no tradicionales con algunos adolescentes. Este enfoque puede provenir de la resistencia del aconsejado, de la falta de comprensión o simplemente de su capacidad de atención. Un consejero podría considerar usar lo siguiente:

- Métodos creativos modificados, como el uso de juegos, hojas de trabajo o una pizarra.
- Arte u otros métodos visualmente creativos.
- Actividades para construir relaciones, como jugar un juego o salir a caminar.

El objetivo es crear una relación genuina entre el consejero y el adolescente aconsejado. Estas técnicas pueden ayudarlo a entrar en el mundo de un adolescente, entender sus necesidades reales y sentidas, y traerle a Cristo y Sus respuestas.

Conclusión

Los años de la adolescencia se encuentran entre los años más formativos en la vida de una persona. Durante este periodo, los adolescentes pueden establecer relaciones piadosas con sus compañeros, aprender y practicar la resolución de conflictos, y crecer significativamente en su caminar con el Señor. Este capítulo sirve como base para saber *cómo* trabajar con adolescentes. Al igual que en el caso de cualquier otro aconsejado, debemos procurar guiarlos a un caminar nuevo o más profundo con el Señor y a crecer en semejanza a Cristo. Entenderlos mejor es un factor clave para hacerlo.

39

Consejería de adultos de mediana edad

Es comprensible que los consejeros más jóvenes se sientan intimidados cuando Dios les abre la puerta para aconsejar a personas mayores que ellos. Comprender algunos de los desafíos comunes en el grupo demográfico de la siguiente edad puede ayudar a reducir esa brecha de experiencia y aumentar la confianza.

Este capítulo resume muchas de las presiones a las que se enfrentan las personas en los años intermedios de sus vidas, aquellos en el rango de los 40–65 años. A veces estos desafíos se convierten en el problema que se presenta en una sesión; como veremos, todos tienen el potencial de elevarse a ese nivel. En otras ocasiones, siguen siendo realidades de fondo que simplemente añaden presión al aconsejado de mediana edad, cualquiera que sea el problema que se presente. Así pues, conocer estas categorías puede ayudarnos a entrar más sabiamente en el mundo de estos hombres y mujeres y comprender mejor sus experiencias diarias.

Después de examinar los desafíos comunes, nos centraremos en dos de los principales problemas de consejería que pueden presentar las personas de mediana edad. Le daremos ayuda para lidiar con esos problemas y también modelaremos formas de pensar bíblicamente sobre otros problemas que se presentan en la mediana edad para que pueda ministrar sabiamente a estas personas.

Desafíos comunes que enfrentan los adultos de mediana edad

Podemos agrupar muchas de las preocupaciones de los hombres y mujeres de mediana edad en torno a cuatro categorías:

Salud física

Los consultantes de mediana edad son personas que comienzan a experimentar signos de deterioro físico. Esto puede incluir una disminución general de la fuerza y la energía y la aparición gradual o repentina de nuevas enfermedades o discapacidades. Además, sus heridas y enfermedades pueden curarse más lentamente, lo que añade la expectativa de impaciencia a los problemas de salud. Además, las mujeres de mediana edad experimentarán la menopausia, y eso podría traer sofocos (junto con temores de vergüenza pública), tristeza por el final de sus años fértiles y afectar sus relaciones sexuales. Los hombres de mediana edad pueden experimentar disfunción eréctil y disminución del deseo sexual, lo que posiblemente amenace sus definiciones de hombría derivadas de la cultura.

Todos estos cambios llaman a las personas de mediana edad a reconocer su propia mortalidad y a nosotros que les aconsejamos a ayudarles a afrontar las realidades futuras de la muerte. Después de todo, debido a la caída, la vida «ciertamente es neblina que se aparece por un poco de tiempo, y luego se desvanece» (Sant. 4:14). Esta exhortación de Eclesiastés 12 habla en voz alta: «Acuérdate de tu Creador en los días de tu juventud [...]. El fin de todo el discurso oído es este: Teme a Dios, y guarda sus mandamientos; porque esto es el todo del hombre» (Ecl. 12:1, 13).

Soltero, matrimonio o nuevo casamiento

Ya sea que nunca se hayan casado o se hayan casado anteriormente, los adultos solteros de mediana edad a veces pueden perder las esperanzas de casarse o volver a casarse, ya que con la edad la probabilidad de contraer matrimonio disminuye estadísticamente, el número de solteros elegibles disminuye y entrar en el mundo de las citas se vuelve más incómodo.

Las parejas casadas que se enfrentan a un nido vacío se encuentran con nuevas dinámicas matrimoniales, para bien o para mal. Las personas de mediana edad que han dejado que sus vidas giren en torno a sus hijos, por ejemplo, pueden experimentar repentinamente soledad y falta de propósito, especialmente las madres que se quedan en casa o educan en el hogar, pues pueden sentir una pérdida del propósito de la vida o el desafío de reingresar a la fuerza laboral. Las parejas con patrones de comunicación deficientes pueden comenzar a sufrir conflictos previamente desconocidos.

Los consejeros pueden ayudar a las parejas de mediana edad a establecer o reparar la intimidad marital, a buscar amistades nuevas y cada vez más profundas, y a dedicarse a las oportunidades ministeriales, incluso a las nuevas aventuras que no podían emprender mientras los niños estaban en casa.

Hijos y nietos

Los padres de mediana edad tienen preocupaciones legítimas acerca de las condiciones espirituales, las relaciones sociales y las direcciones vocacionales de sus hijos adolescentes y adultos jóvenes. Lamentablemente, a medida que su control directo disminuye, estas preocupaciones pueden llegar a ser desmesuradas, especialmente si los hijos o hijas no parecen estar resultando como sus padres esperaban. Tal vez los padres cuestionan la relación de sus hijos con Dios y sus compromisos de buscar a Cristo y priorizar la iglesia. Tal vez se sientan incómodos con la elección de amigos de su hijo, en particular con la elección de un cónyuge. Tal vez incluso se sientan ansiosos por las opciones universitarias o la dirección de carrera profesional de sus hijos, o por la falta de ellas.

Los consejeros bíblicos pueden ayudar a estos padres cristianos de dos maneras. Primero, podemos ayudarlos a confiar en Dios por lo que Dios les ha prometido *a ellos*. Dios no ha prometido a los padres los resultados positivos que ellos imaginaron para sus hijos; los resultados dependen de la providencia de Dios y de la relación que cada niño tenga con Él. En segundo lugar, a la luz de esto, podemos ayudarlos a confiar a sus hijos en las manos de Dios, especialmente si esos hijos se alejan del Señor y viven de manera desagradable.[1] Los padres no deben asumir la responsabilidad de las decisiones que pertenecen a sus hijos adultos.

La misma dinámica se extiende a las preocupaciones que los padres de mediana edad tienen por sus nietos. Su deseo legítimo de que sus hijos adultos se casen bien podría convertirse en una demanda dominante del corazón de tener nietos después de que lo hagan. Esa demanda puede llevarlos a entrometerse y presionar a sus hijos para que tengan descendencia. Una vez que se satisface ese deseo, sus preocupaciones sobre cómo se están criando sus nietos y cómo resultarán pueden llegar a ser agotadoras. También en este caso debemos ayudar a los aconsejados a confiar en Dios por lo que Él les promete y ayudarles a confiar sus nietos al Señor. Si bien pueden ofrecer consejos a sus hijos adultos, deben permitirles criar a la próxima generación sin interferencias no solicitadas.

Vocación, finanzas y jubilación

Para la mayoría de las personas en la mayoría de las vocaciones, los años de la mediana edad son los años de trabajo más productivos y agradables. Una persona ha adquirido una experiencia valiosa, ha perfeccionado sus habilidades, ha logrado al menos cierto éxito y ha aumentado sus ingresos. Al mismo tiempo, aquellos que no han experimentado tal satisfacción pueden anhelar prematuramente la jubilación. En lugar de trabajar duro para usar sus habilidades y experiencia acumuladas para avanzar en su productividad y terminar con fuerza, haciendo su trabajo de todo corazón como para el Señor (Col. 3:17, 22-25), pueden volverse complacientes y pasar sin pensar hacia la jubilación.

Peor aún, en una cultura de empleo orientada a los jóvenes, aquellos que pierden su trabajo en la mediana edad a menudo tendrán más dificultades para conseguir uno nuevo, al menos uno en el mismo campo o con el

---

[1] Para obtener recursos sobre este problema, véase Fitzpatrick, Newheiser, y Hendrickson, *Good Kids Make Bad Choices* (cap. 38, n. 4); Jim Newheiser y Elyse Fitzpatrick, *Nunca dejas de ser padre: Cómo mejorar tu relación con tus hijos adultos* (Envigado, Colombia: Publicaciones Poiema, 2018); Miller y Juliani, *Come Back, Barbara* (cap. 38, n. 5); y Robert D. Jones, *Hijos pródigos: Esperanza y ayuda para los padres* (Graham, NC: Publicaciones Faro de Gracia, 2021).

mismo nivel salarial. La aparición de una discapacidad dentro de su hogar puede tener un impacto similar. Es posible que las parejas deban reducir su estilo de vida, reducir el tamaño de sus hogares, reducir sus donaciones a su iglesia o a sus hijos y, como resultado, hacer otros ajustes no deseados.

Todas estas circunstancias pueden generar crecientes presiones financieras a medida que las personas piensan en el futuro, especialmente si tienen pocos ahorros y deudas que debilitan sus finanzas. Algunos aconsejados se enfrentarán a temores sobre si, cuándo y cómo podrán enfrentar la jubilación y la atención médica en sus últimos años. Es posible que se sientan desanimados o culpables por no poder ayudar a sus hijos adultos con los gastos de la universidad, los pagos del automóvil, los gastos de la boda o el pago inicial de la casa.[2]

Ayudar a los aconsejados a manejar la crisis de la mediana edad

Habiendo considerado algunos desafíos comunes que experimentan las personas de mediana edad, consideremos dos problemas principales específicos que podrían llevarlos a buscar consejería. El primero de ellos es la *crisis de la mediana edad*.

Acuñado en 1965, este término se refiere a ese periodo de la mediana edad «cuando los adultos caen en cuenta de su mortalidad y su sensación de que les queda un número cada vez menor de años de vida productiva. Si bien la mayoría de las personas no experimentan una crisis grave durante la mediana edad, algunos desarrollan afecciones como depresión y ansiedad».[3] Se caracteriza por un descontento fuerte o paralizante o una duda sobre sí mismo, que surge de la conclusión de una persona de que no ha logrado alcanzar sus metas de vida más preciadas y encuentra que su vida actual no le satisface. Tiende a suceder cuando muchos de los desafíos comunes

---

[2] Para obtener una guía práctica basada en la Biblia sobre estos y otros asuntos financieros, véase Jim Newheiser, *Money, Debt, and Finances: Critical Questions and Answers* (Phillipsburg, NJ: P&R Publishing, 2021).

[3] «Midlife», *Psychology Today*, última actualización 22 de febrero de 2019, https://www.psychologytoday.com/ca/conditions/midlife

anteriores convergen y se intensifican más allá de la capacidad de la persona para manejarlos.

Entonces, ¿cómo pensamos bíblicamente acerca de este fenómeno?[4]

Definición del problema

La autoevaluación de una persona implica dos componentes clave. Primero, evalúan sus objetivos de vida. Por lo general, esto implica analizar los objetivos profesionales, pero también puede incluir objetivos familiares, financieros, de aptitud física, ministeriales, de ocio o de viajes. Estos objetivos reflejan lo que una persona valora. Pueden ser metas piadosas o impías. Las Escrituras, por supuesto, definen cuál debe ser el objetivo de la vida: agradar a Dios (2 Cor. 5:9), amar a Dios y a los demás (Mat. 22:36-40), buscar Su reino (Mat. 6:33), vivir para Cristo (2 Cor. 5:15) y cosas por el estilo. En segundo lugar, evalúan su desempeño en el logro de esos objetivos. Para los creyentes, la actuación puede ser considerada piadosa o impía, exitosa o fracasada, obediente o desobediente a Dios, y con frecuencia se ve como una mezcla de ambas. Una evaluación decepcionante del desempeño de una persona puede dar lugar a estos síntomas, comúnmente conocidos como crisis de la mediana edad:

- Culpa o autorrecriminación («Lo he echado a perder. He fracasado. He desperdiciado mi vida»).
- Enojo hacia cualquiera que haya frustrado las metas: uno mismo, los demás o incluso Dios («No puedo creer que él haya hecho eso. Si tan solo ella no lo hubiera hecho... Si el Señor no...»).
- Dolor, desesperación, desesperanza, depresión, pensamientos suicidas («La vida no resultó como yo quería»).
- Incertidumbre sobre el futuro («¿Y ahora qué? ¿A dónde voy desde aquí?»).
- Disminución de la energía o la productividad («¿De qué sirve trabajar duro?»).

[4] Para obtener perspectivas bíblicas adicionales, véase Elyse Fitzpatrick, *The Afternoon of Life: Finding Purpose and Joy in Midlife* (Phillipsburg, NJ: 2004); y Paul David Tripp, *Lost in the Middle: Midlife and the Grace of God* (Wapwallopen, PA: Shepherd Press, 2004).

- Imprudencia o irresponsabilidad que resulta en un comportamiento de alto riesgo, como una aventura sexual («Me merezco una aventura»).

Los síntomas pueden variar de una persona a otra, pero se derivan de metas no bíblicas o de un desempeño no bíblico.

Consideremos los cuatro escenarios de casos de la mediana edad que se presentan a continuación, que ilustran cuatro posibles combinaciones de objetivos y evaluaciones del desempeño. Tenga en cuenta que, si bien usamos cuatro hombres para ahorrar espacio y hacer que las categorías contrastantes sean lo más claras posible, las mujeres pueden expresar y experimentar dinámicas similares.

		METAS	
		No bíblicas	**Bíblicas**
Desempeño	Fracaso	1 Alejandro (crisis de mediana edad) Mala meta (no bíblica) Mal desempeño (fallido)	3 Carlos (crisis de mediana edad) Buena meta (bíblica) Mal desempeño (fallido)
	Éxito	2 Ben (crisis de mediana edad) Mala meta (no bíblica) Buen desempeño (logrado)	4 Patricio (mediana edad bíblica ideal) Buena meta (bíblica) Buen desempeño (logrado)

Como indica el gráfico, Alejandro se fijó metas altas: ascender en la escalera de la empresa para convertirse en vicepresidente, jubilarse anticipadamente y mudarse a Florida para disfrutar de su bien ganada vida de golfista. Para su consternación, su jefe lo pasó por alto por tercera vez en el ascenso. Le dio el puesto deseado, el que podría haber hecho realidad todos los sueños de Alex, a su colega más joven.

La de Ben es la clásica historia de la pobreza a la riqueza. A diferencia de Alex, logró sus objetivos. Pero los encontró insatisfactorios. Poco después de la escuela secundaria, su trabajo de verano lo llevó a un puesto de gerente de restaurante. A través del trabajo duro y algunas circunstancias providenciales, ahora es dueño de tres restaurantes exitosos. Pero en el fondo, Ben sabe que le falta algo. «Estoy abatido por dentro», confiesa. «Todas las noches pregunto: "¿Es esto todo lo que hay? ¿Por qué mi increíble éxito no me hace feliz?"».

Carlos tiene un matrimonio feliz, un trabajo bien remunerado que disfruta y buena salud. «Pero cuando miro a mi alrededor a los otros hombres de mi iglesia», dice, «me siento como un fracaso total. He sido cristiano por cuarenta años y he desperdiciado mi vida cristiana. Mi esposa ha sido la líder espiritual en nuestro hogar». A diferencia de Alejandro y Ben, Carlos comenzó con metas centradas en Cristo. Lamentablemente, no ha estado a la altura de ellas.

Contraste las experiencias de estos tres hombres con la de Patricio, quien se convirtió al cristianismo en la escuela secundaria y fue discipulado durante la universidad a través de una iglesia local saludable. Estudió mucho, se graduó, aceptó un trabajo en el gobierno estatal y se casó con una mujer comprometida con Jesús. Así es como valora su mediana edad:

> He permanecido en el mismo trabajo durante casi treinta años. La paga es buena, aunque no es excelente, y el trabajo tiene algunas espinas como todos los trabajos en esta vida. Pero es donde el Señor me ha colocado, soy capaz de servir a la gente y he aprendido a estar contento. Carina y yo hemos formado algunas amistades cada vez más profundas en nuestro grupo pequeño, y disfrutamos enseñando una clase de escuela dominical para niños. Nos hemos enfrentado a los desafíos habituales de la mediana edad en un mundo caído; mi mamá murió recientemente de forma

inesperada. Pero la vida es buena para nosotros y doy gracias a Dios por Sus fieles provisiones.

La autoevaluación de Patricio expresa metas piadosas bien redondeadas. Incluían no solo su vida laboral, sino también su vida familiar y eclesiástica. Hoy siente gratitud hacia Dios y mantiene un compromiso activo de servirle. Si bien sus presiones de la mediana edad son reales, no han llevado a ninguna crisis. En cambio, demuestra el fruto del Espíritu a medida que se enfrenta a ellas. No hay nada inevitable en una crisis de la mediana edad para aquellos que siguen a Jesús.

Ayudar a las personas en crisis de la mediana edad

¿Cómo podemos ayudar a las personas que se encuentran en la crisis de la mediana edad? En primer lugar, ayude al aconsejado a identificar y rechazar las frecuentes mentiras que se encierran en el análisis del mundo acerca de este problema. Son cuatro.

Mentira 1: «La crisis de la mediana edad es inevitable». Si bien todas las personas de mediana edad experimentarán algunos de los desafíos mencionados antes, una respuesta a la crisis no es ineludible.

Mentira 2: «La crisis de la mediana edad es causada por cambios fisiológicos». Si bien ocurrirán varios cambios físicos, son oportunidades para acercarse al Señor o alejarse de Él, para hacer evaluaciones sabias o imprudentes, y para responder con fe y obediencia o con desesperanza y acción impía. Los cambios hormonales no causan ni justifican emociones, pensamientos o comportamientos impíos.[5] Las respuestas siempre provienen del corazón del aconsejado.

Mentira 3: «La crisis de la mediana edad es causada por cambios circunstanciales». Si bien las personas en la mediana edad pueden experimentar los desafíos anteriores, y deben provocar nuestra compasión, tales cambios no pueden crear respuestas equivocadas. Como vimos en el capítulo 10, las respuestas conductuales (Recuadro 2) provienen del corazón (Recuadro 3), no del calor (Recuadro 1).

[5] Welch, *Una guía para el consejero sobre el cerebro y sus trastornos*, 151 (véase cap. 5, n. 7).

Mentira 4: «La buena vida consiste en la felicidad personal, la alta autoestima y el orgullo de los propios sueños y logros». Una crisis de la mediana edad surge cuando una persona se da cuenta de que no ha experimentado o no experimentará sus metas egocéntricas. Tales metas tienden a justificar en sus mentes lo que sea necesario para encontrar la felicidad, incluido el comportamiento irresponsable o imprudente (por ej.: «Puedo agotar mis ahorros y viajar por el mundo»).

En segundo lugar, ayude a su aconsejado a identificar y arrepentirse de cualquier meta de desempeño no bíblica o de cualquier fracaso en vivir a la altura de las metas de Dios. Aunque sean creyentes o no, anímelos a recibir el perdón de Dios en Jesucristo. La revisión de los cuatro escenarios de caso anteriores puede guiarlo en el discernimiento de sus objetivos y sus desempeños. A partir de esa evaluación, puede asistirlos para acercarse al trono de la gracia de Dios para confesar sus pecados y encontrar el perdón y la gracia para ayudarlos a seguir adelante (Heb. 4:16; 1 Jn. 1:9).

En tercer lugar, ayude a su aconsejado a identificar y perseguir las metas de Dios para su vida basadas en la Palabra de Dios, junto con pasos prácticos que reflejen esas metas. ¿Cómo será para un aconsejado en particular, en su situación específica, agradar a Dios, caminar sabiamente y buscar Su reino y Su justicia a partir de este momento (Mat. 6:33-34; Ef. 5:8-20; 1 Tes. 4:1-2)? Podría asignar a la persona que medite en esos pasajes, que escriba en un diario sus oraciones y aplicaciones, y que elabore un plan de nuevas respuestas a su situación. Conectar a un aconsejado con su iglesia puede ayudar, ya que Dios usa sus medios comunitarios de gracia, como la adoración, la enseñanza y el aliento (apoyo y exhortación mutuos), para ayudar a los creyentes a perseguir metas piadosas. Si es posible, junte a su aconsejado con una o dos personas que hayan navegado por desafíos similares de la mediana edad de manera agradable a Dios.

Asegúreles a los aconsejados que Cristo, a través de Su Espíritu, Su Palabra y Su iglesia, puede ayudarlos a manejar bien cualquier estrés de la mediana edad que encuentren.

Ayudar a los aconsejados a cuidar de sus padres ancianos o moribundos

El segundo problema importante específico que abordaremos consiste en ayudar a los aconsejados a cuidar de sus padres a medida que envejecen, experimentan un deterioro de la salud o se aproximan a la muerte. Junto con nuestros componentes normales de consejería bíblica sabia y compasiva, considere dos categorías para ayudar a estas personas de mediana edad.

Espere varias formas de conflicto

En estos casos, los aconsejados a veces experimentarán algún tipo de conflicto familiar, ya que los deseos individuales de cada miembro de la familia pueden aumentar y convertirse en exigencias. Cada persona puede tener fuertes preferencias sobre cómo se debe cuidar al padre anciano, especialmente cuando se trata de la difícil decisión sobre la atención domiciliaria frente a la atención en un centro. Consideremos la gama de posibles conflictos:

- Su aconsejado frente al padre que necesita atención. El padre envejeciente del aconsejado puede querer o no que su aconsejado brinde el cuidado primario, por varias razones.
- Su aconsejado frente al cónyuge del padre o la madre (es decir, el otro padre biológico o padrastro o madrastra de su persona aconsejada). Suponiendo que el cónyuge sea capaz de brindar atención y tomar decisiones competentes, ese cónyuge podría hacer valer su voluntad contra su aconsejado. Además, el padre envejeciente y el cónyuge pueden estar en desacuerdo entre sí.
- Su aconsejado versus el cónyuge de su aconsejado, especialmente si la decisión implica mudar al padre necesitado a su hogar.
- Su aconsejado frente a los hijos de su aconsejado que podrían estar en desacuerdo con la decisión de traer al o los abuelos a su hogar, especialmente si un niño debe renunciar a un dormitorio.
- Su aconsejado frente a los hermanos de su aconsejado. Dependiendo de las relaciones de su aconsejado con sus padres y hermanos, pueden estar más o menos involucrados en la toma de

> decisiones relacionadas con el cuidado de un padre necesitado. La rivalidad entre hermanos y los celos del pasado pueden volver a erupcionar cuando surgen decisiones sobre el cuidado de los padres.

Al igual que con cualquier caso de consejería, sus tareas iniciales como consejero implican entrar en el mundo de un aconsejado y entender sus necesidades sentidas y reales conectadas con los problemas relacionales anteriores. Esto incluye comprender las respectivas posiciones e intereses de cada parte en el conflicto, mientras se recuerda que solo se está escuchando un lado de la historia (Prov. 18:17).

Traer a Cristo a su aconsejado implica ayudarlo a navegar estas relaciones incómodas, tensas o incluso hostiles de manera amable, sabia y agradable a Dios a través de los pasos bíblicos para hacer la paz.[6] Esto comienza con ellos captando la gracia de Dios (Su amor y Su presencia y poder prometidos para ellos en los conflictos) y buscando complacerlo en respuesta a ello. Luego deben identificar, arrepentirse y confesar las formas en que contribuyeron a la ruptura relacional. Después de eso, deben tratar de amar, perdonar y servir al padre necesitado y a otras personas involucradas.

Entrenamiento para los aconsejados en las decisiones de atención

Después de haber ayudado a su aconsejado a lidiar con los conflictos antes mencionados, debe estar listo para ayudarlo a guiar a su padre anciano y a cualquier otra persona involucrada en el proceso de toma de decisiones para evaluar y determinar la mejor manera de cuidar a ese padre. El proceso de orientación del capítulo 34 describe un sendero paso a paso.[7]

Al mismo tiempo, sepa que cualquiera de las dos opciones puede convertirse en la ocasión para una mayor supervisión de la consejería. Si su

---

[6] Véase Jones, *Pursuing Peace* (cap. 7, n. 2); y Ken Sande y Tom Raabe, *Peacemaking for Families: A Biblical Guide to Handling Conflict in Your Home* (Carol Stream, IL: Tyndale House, 2002).

[7] Para obtener una guía útil para evaluar las opciones de atención domiciliaria frente a la atención en hogares de ancianos, consulte Howard A. Eyrich, *The Art of Aging: Preparing and Caring* (Birmingham: Growth Advantage Communications, 2018).

aconsejado opta por un centro de atención para su(s) padre(s) anciano(s), prepárese para ayudarlo a lidiar con la culpa confusa que podría sentir cuando surjan dudas sobre si ha hecho lo correcto, especialmente si algunos miembros de la familia lo acusan de no ser amoroso. Por otro lado, si los aconsejados optan por la atención domiciliaria, ayúdelos a encontrar maneras de obtener un respiro, apoyo, compañerismo cristiano y otras formas de cuidado para sí mismos o para los otros cuidadores, ya que este arreglo puede suponer un gran estrés para el matrimonio y la vida familiar del cuidador.[8] Discutan preguntas como estas: ¿Tendrán días libres o se tomarán vacaciones? En caso afirmativo, ¿cómo? El cuidado de los padres puede ser una ocasión frecuente de conflicto matrimonial, incluso de separación. Tome nota si los cuidadores reducen la asistencia a la iglesia, la participación en grupos pequeños o en el ministerio.

Además de la cuestión de la atención en el hogar frente a la atención en el centro, sus aconsejados y sus familias podrían enfrentarse a otras decisiones relacionadas con sus padres ancianos:

- ¿Debemos dejar a nuestros hijos al cuidado de nuestros padres ancianos por una noche o un fin de semana?
- ¿Cuándo deben dejar de conducir? ¿Lo harán de buena gana o tendremos que quitarles las llaves del coche?
- ¿Qué papel específico desempeñará cada hermano en el plan de atención continua?
- ¿Quién supervisará los asuntos legales de los padres ancianos con respecto a su poder notarial, última voluntad y testamento, el nombramiento de un albacea, la distribución de la herencia y un testamento vital?
- ¿Quién es responsable de las decisiones sobre la atención en los últimos días de vida?[9]

---

[8] Véase Michael Emlet, *Help for the Caregiver: Facing the Challenges with Understanding and Strength* (Greensboro, NC: New Growth Press, 2008).

[9] Véase Bill David, *Departing in Peace: Biblical Decision-Making at the End of Life* (Phillipsburg, NJ: P&R, 2017).

Conclusión: Una lección de Timoteo

Terminamos con un estímulo para los consejeros más jóvenes que aconsejan a personas mayores, y a veces significativamente mayores, que ellos (véase nuestro próximo capítulo). Recuerde las palabras de Pablo a su hijo menor en la fe, Timoteo, que probablemente tenía poco más de treinta años en ese momento: «Ninguno tenga en poco tu juventud, sino sé ejemplo de los creyentes en palabra, conducta, amor, espíritu, fe y pureza» (1 Tim. 4:12; comp. 5:1-2). Aunque Timoteo no podía controlar cómo lo percibían los demás, podía vivir una vida tan ejemplar que las personas mayores pasarían por alto su edad y aceptarían su ministerio piadoso en sus vidas. Afortunadamente, las categorías de habla, conducta, amor, fe y pureza no dependen de la edad. De hecho, al aconsejar a personas mayores que nosotros, podemos obtener confianza del testimonio del salmista en el Salmo 119:99-100: «Más que todos mis enseñadores he entendido, porque tus testimonios son mi meditación. Más que los viejos he entendido, porque he guardado tus mandamientos». La Palabra de Dios nos da la sabiduría que necesitamos para ayudar a cualquiera.

Por lo tanto, a medida que busca la santidad práctica y crece en su sabiduría de consejería bíblica a través de las Escrituras, una mayor capacitación y la lectura atenta de este libro, creemos que puede brindar una consejería bíblica fructífera a aquellos mayores que usted.

40

Consejería de adultos mayores

Aquellos en el grupo demográfico de 65 años o más representan un porcentaje cada vez mayor de la población estadounidense.[1] A medida que aumenta la edad y la esperanza de vida de la considerable generación de *baby boomers* (los nacidos entre 1946 y 1964), lo que se denomina «el envejecimiento de Estados Unidos» se convierte en un asunto cada vez más relevante no solo para los responsables de las políticas sociales, sino también para los consejeros.

Tal vez el término más aceptable para aquellos en el grupo de edad discutido aquí es «adultos mayores», seguido de «adultos *séniores*», aunque ningún término evita nuestra antipatía hacia el envejecimiento.[2] Cualquiera que sea el término que usemos, nuestra cultura tiende a asociarlo con discapacidades variadas, deterioro de la salud, degradación de la apariencia física, dependencia de los demás y creciente irrelevancia. Como señalamos en el capítulo 39 sobre la mediana edad, esta fase de la vida a menudo ejerce presión sobre los hijos adultos cuidadores, especialmente cuando la persona mayor se enfrenta a discapacidades o enfermedades graves.

---

[1] «Stats for Stories: National Senior Citizens Day: August 21, 2021», United States Census Bureau, 1 de agosto de 2020, https://www.census.gov/newsroom/stories/senior-citizens-day.html

[2] Ina Jaffe, «Times Have Changed; What Should We Call 'Old People'?», entrevista de Scott Simon, *Weekend Edition Saturday*, NPR, 6 de febrero de 2016, https://www.npr.org/2016/02/06/465819152/times-have-changed-what-should-we-call-old-people. Descripciones como «ancianos» no son preferibles.

Ver y ministrar correctamente a los adultos mayores

Exploremos varias formas bíblicas de considerar y ministrar a hombres y mujeres envejecientes.[3]

Considere la vejez como una bendición de Dios

La Biblia habla del envejecimiento como un don divino, una señal del favor de Dios que muestra Su fiel provisión y preservación de los creyentes que envejecen tanto en su alma como en su cuerpo. Proverbios incluso nos recuerda: «Corona de honra es la vejez que se halla en el camino de justicia» (Prov. 16:31; comp. 20:29; Dan. 7:9). En Isaías 46:3-4, Dios asegura a los creyentes que envejecen: «Oídme [...] y todo el resto de la casa de Israel, los que sois traídos por mí desde el vientre, los que sois llevados desde la matriz. Y hasta la vejez yo mismo, y hasta las canas os soportaré yo; yo hice, yo llevaré, yo soportaré y guardaré». El testimonio del salmista se hace eco de esto: «Joven fui, y he envejecido, y no he visto justo desamparado» (Sal. 37:25).

La vejez en los cristianos muestra la gracia sustentadora de Dios a los espectadores, animando a los creyentes más jóvenes a la fidelidad de Dios y a su propia capacidad para perseverar. Vemos de manera más conmovedora este estatus bendito cuando la Biblia describe la muerte de ancianos piadosos. Abraham «exhaló el espíritu, y murió Abraham en buena vejez, anciano y lleno de años» (Gén. 25:8). También: «Y exhaló Isaac el espíritu, y murió, y fue recogido a su pueblo, viejo y lleno de días» (Gén. 35:29). Y después de que Dios lo humilló y luego lo restauró, «murió Job viejo y lleno de días» (Job 42:17).

John Piper resume magníficamente este bendito estado: «Resistirse [a envejecer] me parece una especie de incredulidad de que el cielo es

[3] Véase también Jay E. Adams, *Wrinkled But Not Ruined: Counsel for the Elderly* (Stanley, NC: Timeless Texts, 1999); *Shepherding God's Flock: A Handbook on Pastoral Ministry* (Grand Rapids, MI: Zondervan, 1975), 262-71; Tim Challies, *Aging Gracefully* (Minneapolis, MN: Cruciform Press, 2018); Eyrich y Dabler, *The Art of Aging* (cap. 39, n. 6); J. I. Packer, *Finishing Our Course with Joy: Guidance from God for Engaging with Our Aging* (Wheaton, IL: Crossway, 2014); y John Piper, *Rethinking Retirement: Finishing Life for the Glory of Christ* (Wheaton, IL: Crossway, 2009).

realmente bueno, y vivir mucho tiempo con Dios es bueno, y tener la experiencia y la edad para cuidar de manera más profunda a los jóvenes y compartir la sabiduría de la vida con ellos es bueno. [...] Es bueno envejecer con Dios».[4] Envejecer bajo el cuidado de Dios es tanto un don como algo que anhelar.

Honrar y respetar a los adultos mayores

Los verbos gemelos honrar y respetar resumen cómo las personas deben tratar a los adultos mayores. Pensamos inmediatamente en el quinto mandamiento del Decálogo: «Honra a tu padre y a tu madre» (Ex. 20:12; comp. Ef. 6:1). Pero una lectura atenta de las Escrituras revela que el llamado trasciende la relación entre padres e hijos, extendiéndose al tratamiento adecuado de todos los adultos mayores. Moisés instruye a Israel: «Delante de las canas te levantarás, y honrarás el rostro del anciano» (Lev. 19:32).

Al mismo tiempo, respetar y honrar a los padres o adultos mayores no debe elevarse a la veneración, la adoración o la obediencia ciega. En la celebración de bodas descrita en Juan 2:1-11, por ejemplo, la madre de Jesús le notificó que el vino se había acabado, sugiriéndole que hiciera algo para solucionarlo. Mientras Jesús accede a su petición y realiza un milagro, también pronuncia una suave reprimenda: «Mujer ¿eso qué tiene que ver conmigo? [...] Todavía no ha llegado mi hora» (v. 4, NVI). El término «mujer» sugiere respeto, pero mantiene cierta distancia e independencia, ciertamente no veneración. Como Juan revela en el versículo 11, el motivo de nuestro Señor en esa situación no era obedecer ciegamente a Su madre, sino revelar Su gloria e invitar a Sus discípulos a creer en Él. Además, Jesús enseñó que seguirlo podría requerir lo opuesto a obedecer a nuestros padres (Mat. 10:34-39; Mar. 10:28-31; Luc. 14:25-27).

---

[4] John Piper, «Is It Okay for a Christian to Have Cosmetic Surgery to Counteract Some Aspects of Aging?» YouTube, 26 de agosto de 2009, https://www.desiringgod.org/interviews/is-it-okay-for-a-christian-to-have-cosmetic-surgery-to-counteract-some-aspects-of-aging

Cuidar y proveer a los adultos mayores

Dentro de la economía de Dios, la responsabilidad del cuidado y la provisión de los adultos mayores pertenece primero a sus hijos adultos. En Mateo 15:3-6, Jesús reprende a algunos fariseos y maestros de la ley por quebrantar los mandamientos de Dios justificando, por motivos hipócritas y pseudorreligiosos, la retención de la ayuda financiera a sus padres.

En 1 Timoteo 5, el apóstol Pablo dio instrucciones específicas sobre el cuidado físico y financiero de las viudas dentro de la Iglesia: «Pero si una viuda tiene hijos o nietos, que estos aprendan primero a poner en práctica su religión, cumpliendo sus obligaciones con su propia familia y correspondan así a sus padres y abuelos, porque eso agrada a Dios» (v. 4, NVI). Unos versículos más adelante refuerza este principio advirtiendo severamente a los hijos adultos: «El que no provee para los suyos, y sobre todo para los de su propia casa, ha negado la fe y es peor que un incrédulo» (v. 8). Las mujeres también deben mantener a sus parientes viudas (v. 16). Sin embargo, si la viuda es piadosa y no tiene una familia biológica que la cuide, entonces la familia de la iglesia debe proveer para ella (vv. 8-16). El acto de Jesús de confiar a su madre al cuidado de su amado discípulo Juan refleja este mismo patrón (Juan 19:26-27).

Ministrar la Palabra de Dios a los adultos mayores

¿De qué maneras necesitan los adultos mayores la Palabra de Dios? En primer lugar, si aún no son creyentes, necesitan ser evangelizados y traídos a la fe en Cristo. La Gran Comisión en Mateo 28:19-20 no hace excepciones de edad. Desafortunadamente, algunas iglesias evangélicas enfatizan alcanzar a los niños y adolescentes para Cristo ante el aparente descuido de los adultos mayores. Sin embargo, a medida que los no cristianos de edad avanzada se acercan a la muerte y a la perspectiva de una eternidad incierta, a veces cargan con preocupaciones religiosas intensificadas que los hacen maduros para responder al evangelio. Su mayor necesidad, después de todo, es Cristo. En última instancia, solo hay dos maneras de morir: en el Señor (Apoc. 14:13) o en los propios pecados (Juan 8:21-24). Esta vida no es el fin de la existencia de nadie, ni estos cuerpos presentes están en su forma final (Mat. 10:28; 25:46; Heb. 9:27).

En segundo lugar, una vez que creen, los adultos mayores necesitan que se les enseñe a seguir Cristo diariamente. Debemos desarmar el mito de que la vejez y la experiencia de la vida traen automáticamente la sabiduría divina. De hecho, a menudo ocurre lo contrario. A medida que algunas personas envejecen, se endurecen más contra el evangelio. Su receptividad espiritual se fosiliza. Considere estos ejemplos bíblicos:

- Eclesiastés 4:13 observa: «Mejor es el muchacho pobre y sabio, que el rey viejo y necio que no admite consejos».
- 1 Reyes 11:4 habla de que cuando Salomón era viejo, su corazón se apartó para seguir a otros dioses. Solo la devoción fiel al Señor puede salvaguardar el corazón de alguien, incluso si alguna vez se contó entre las personas más sabias que jamás hayan vivido.
- En Job 32:4-9 el joven Eliú llegó más cerca de la verdad que los tres consejeros de Job. Por respeto a la edad de los demás, Eliú espera para hablar y luego responde: «Yo soy joven, y vosotros ancianos; por tanto, he tenido miedo, y he temido declararos mi opinión. Yo decía: Los días hablarán, y la muchedumbre de años declarará sabiduría. Ciertamente espíritu hay en el hombre, y el soplo del Omnipotente le hace que entienda. No son los sabios los de mucha edad, ni los ancianos entienden el derecho». La sabiduría viene de Dios, no de la edad.[5]

El problema de basar la sabiduría en la experiencia es que la experiencia siempre debe ser interpretada. En la Biblia, los tontos repiten sus patrones porque ven la vida a través de sus lentes no bíblicos. Las presuposiciones no bíblicas producen interpretaciones no bíblicas que las personas refuerzan cada año de sus vidas. Como declaró Aslan sobre la malvada reina Jadis en *El sobrino del mago* de C. S. Lewis: «La duración de los días con un corazón malvado es solo la duración de la miseria».[6] Dicho de otra manera, no hay

[5] Consideramos más ejemplos: 1 Rey. 13:11-32 y Esd. 3:12 (con Hag. 2:1-5).
[6] C. S. Lewis, *The Magician's Nephew* (Harper Collins, 1955), 174.

necio como el viejo necio. La sabiduría divina no proviene de la vejez y la experiencia de la vida; proviene de conocer y vivir la Palabra de Dios (Sal. 19:7-11; Prov. 1:1-7; 9:10; 2 Tim. 3:14-17).

En 1 Timoteo 5:1-2, Pablo logra un equilibrio útil que puede guiar a los consejeros bíblicos. Habiendo animado a Timoteo en los versículos anteriores (4:12-16) a no permitir que su relativa juventud le impidiera ministrar la Palabra de Dios, le aconseja: «No reprendas al anciano, sino exhórtale como a padre; a los más jóvenes, como a hermanos; a las ancianas como a madres; a las jovencitas, como a hermanas, con toda pureza». Por un lado, no debemos «reprender» a un anciano: aquí el verbo implica censura o dureza (por ej. NVI: «No reprendas con dureza»). Al aconsejar a los adultos mayores, debemos mostrarles respeto y honor. Por otro lado, tenemos que exhortar a los hombres y mujeres mayores, como lo haríamos con alguien de cualquier edad. Los adultos mayores necesitan el consejo de Dios para hacer frente a los problemas y las tentaciones que se mencionan a continuación. Dios no retiene Su Palabra vivificante que los ayudará ni les da un pase libre para vivir de manera impía solo porque son viejos.

Si bien debemos hacer adaptaciones y aplicaciones adecuadas para la Iglesia y la cultura de la sociedad en la que Dios nos ha colocado, aquí hay algunas sugerencias para aconsejar a los adultos mayores: (1) Levántese cuando entren en el salón (Lev. 19:32).[7] (2) Diríjase a ellos respetuosamente en la sesión; por ejemplo, use «señor» o «señora», a menos que prefieran lo contrario. (3) Reconozca humildemente su relativa juventud donde sea apropiado, sin comprometer la verdad de Dios ni exagerar su edad. (4) Tenga mucho cuidado de basar su consejo directamente en las Escrituras. (5) Dé directivas y tareas de crecimiento asignadas con un tono de recomendación («¿Puedo sugerirle algo que le ayudaría?») en lugar de como órdenes («Esto es lo que tiene que hacer...»), incluso si usted es un pastor que lleva la autoridad pastoral dada por Dios.

---

[7] David W. Baker, «Leviticus», en *Cornerstone Biblical Commentary*, ed. Philip W. Comfort, vol. 2, *Leviticus, Numbers, Deuteronomy* (Carol Stream, IL: Tyndale House Publishers, 1996), 149.

Anime a los adultos mayores a ministrar a los demás

Aconsejar a los creyentes mayores que continúen sirviendo al Señor activamente significa desafiar el mito de «soy demasiado viejo para servir». Aunque los métodos y el ritmo de su ministerio tengan que cambiar un poco, los creyentes nunca son demasiado viejos para servir a Cristo. Esto también significa confrontar la mentalidad de «dejar que la generación más joven se involucre»; debemos recordar a los creyentes mayores que todavía son parte del cuerpo de la iglesia, que están dotados para servir y que son capaces de proporcionar a las generaciones más jóvenes conocimiento de una valiosa experiencia de vida y habilidad acumulados. De hecho, el ministerio más efectivo proviene de hombres y mujeres experimentados que han caminado con Dios y han seguido Su Palabra durante muchas décadas, personas como el salmista que comparte esta visión ministerial: «Oh Dios, me enseñaste desde mi juventud, y hasta ahora he manifestado tus maravillas. Aun en la vejez y las canas, oh Dios, no me desampares, hasta que anuncie tu poder a la posteridad, y potencia a todos los que han de venir» (Sal. 71:17-18).

Pablo ciertamente entendió la importancia de los adultos mayores dentro del cuerpo de Cristo. En Tito 2:2-4, le dijo a Tito que los hombres mayores deben ser «sobrios, serios, prudentes, sanos en la fe, en el amor, en la paciencia» y que las mujeres mayores deben ser «reverentes en su porte; no calumniadoras, no esclavas del vino». Los pastores y consejeros deben enseñar a las personas mayores cómo aplicar el evangelio en la vida diaria. Además, las mujeres mayores deben ser «maestras del bien, que enseñen a las mujeres jóvenes a amar a sus maridos y a sus hijos». Presumiblemente, Pablo animaría a los hombres mayores a tener relaciones de mentoría similares con los hombres más jóvenes.

Dos personajes bíblicos en particular pueden proporcionar ejemplos de diferentes formas de servicio activo. El relato de Caleb, de 85 años, en Josué 14:6-15 nos muestra a un hombre que siguió al Señor «cumplidamente» (NVI: «fiel»), incluso cuando era impopular (vv. 6-8, 14), creyó y buscó las promesas del Señor con energía (vv. 9-12), y dependió de la fuerza del Señor para el éxito (vv. 12b). ¡Josué tenía ochenta años cuando luchó para ganar la tierra que se le había prometido! Considere también la conmovedora descripción de la profetisa Ana en Lucas 2:36-37: «Estaba también allí Ana, profetisa, [...] de edad muy avanzada, pues había vivido con su marido siete años desde su virginidad, y era viuda hacía ochenta y cuatro años; y no se apartaba del templo, sirviendo de noche y de día con ayuno y oraciones». Servir al Señor en los últimos años no requiere puestos de alto perfil, sino ministerios firmes y fieles, como el ayuno y la oración.[8]

Las Escrituras no reconocen ninguna forma de retiro del servicio al Señor, incluso si una persona debe descontinuar alguna manera específica de ministerio. Los consejeros bíblicos deben animar a los aconsejados mayores a servir activamente a Cristo. Los ancianos marginados, por sí mismos o por los líderes, privan a la iglesia de sus preciadas abuelas y abuelos espirituales.[9] Como intencionadamente dice J. I. Packer, los dones espirituales y las habilidades ministeriales no se marchitan con la edad; se atrofian por el desuso.[10]

Problemas comunes que enfrentan los adultos mayores

Los creyentes de todas las edades a menudo enfrentan los mismos desafíos. Tanto los jóvenes como los mayores lidian con la tristeza, la ira, la ansiedad, el conflicto e incluso las adicciones. De hecho, los consejeros no deben suponer automáticamente que los problemas de consejería que enfrentan los adultos mayores están necesariamente relacionados con la edad. Los capítulos precedentes de este libro se aplican también a los hombres y mujeres de edad avanzada.

Al mismo tiempo, ciertos tipos de problemas son más comunes en los adultos mayores o al menos se ven exacerbados por el envejecimiento. Los consejeros bíblicos deben estar al tanto de siete categorías:

---

[8] Considere también que Abraham tenía 75 años cuando salió de Harán, 86 cuando nació Ismael y cien cuando nació Isaac. (Sara tenía 90). Además, Moisés tenía 80 y Aarón 83 cuando se enfrentaron a Faraón.

[9] Para obtener un desafío útil sobre este punto, véase James M. Houston y Michael Parker, *A Vision for the Aging Church: Renewing Ministry for and by Seniors* (Downers Grove, IL: IVP Academic, 2011).

[10] Packer, *Finishing Our Course with Joy*, 64.

Deterioro físico acelerado

Si bien el deterioro físico comienza en la mediana edad, el proceso continúa a un ritmo mayor entre los adultos mayores. Además de su mayor probabilidad de desarrollar enfermedades graves como cáncer, accidentes cerebrovasculares o enfermedades cardíacas, incluso aquellos con cuerpos sanos notan desgaste. El deterioro neurológico implica pérdida de memoria y, a veces, demencia. El deterioro de los huesos significa que estos se rompen y los tejidos se desgarran con más frecuencia y se reparan más lentamente. Los cortes, las abrasiones y las distensiones en los tendones no se curan tan rápido. La fuerza muscular se debilita, el metabolismo se ralentiza, y la audición y la visión se desvanecen. Eclesiastés 12:1-7 resume este declive con sorprendentes imágenes figurativas[11] que podrían ayudar a los adultos mayores a ver cómo la Biblia habla de sus luchas. Concluye con un guiño al sentido del escritor de la continua inutilidad de vivir en este mundo caído (v. 8). Sin embargo, el versículo 13 subraya la importancia de temer a Dios y guardar Sus mandamientos desde el comienzo de la vida hasta su final; hacerlo es lo que da propósito a la vida.

Los consejeros pueden señalar a los cristianos de edad avanzada el tipo de dependencia de Dios que se ve en el Salmo 71:8-9: «Sea llena mi boca de tu alabanza, de tu gloria todo el día. No me deseches en el tiempo de la vejez; cuando mi fuerza se acabare, no me desampares». Reconociendo este declive físico, J. I. Packer escribe:

> Mantener el celo hacia Dios a medida que nuestros cuerpos se desgastan es la disciplina especial a la que estamos llamados los cristianos que envejecen. El realismo requiere que recordemos que la memoria, particularmente la memoria a corto plazo, se debilitará; la tensión lógica del habla se aflojará; disminuirán los poderes de concentración; el agotamiento físico se apoderará de nosotros

---

[11] Los eruditos difieren sobre qué líneas entender literalmente versus figurativa, simbólica, metafórica o alegóricamente. Véase Tremper Longman III, *The Book of Ecclesiastes*, New International Commentary on the Old Testament (Grand Rapids: Eerdmans, 1998), 262-73.

> tarde o temprano, y los niveles de energía seguirán bajando. Sin embargo, el celo debe ser incansable todos los días, todo el día y toda la vida.[12]

En medio del deterioro corporal, el perecimiento del cuerpo externo, Dios puede energizar el ser interior (2 Cor. 4:7-16).

Duelo por la muerte de un cónyuge, amigos cercanos y familiares

En algunos casos, los creyentes de edad avanzada, si están casados, pueden sufrir al ver el declive físico y la muerte de su cónyuge y todo el dolor y la soledad asociados con la viudez.[13] Pero ya sean solteros, casados o viudos, los adultos mayores enfrentarán la pérdida de amigos y familiares. Los obituarios sobre los seres queridos pueden llegar a ser frecuentes y angustiantes. Analizar pasajes como 1 Tesalonicenses 4:13-18 con los creyentes durante una sesión puede brindar consuelo a los aconsejados con respecto al destino de sus cónyuges, amigos y familiares fallecidos que pertenecen a Jesús y la esperanza de una futura reunión con ellos. También podemos ayudar a los aconsejados a navegar por su dolor más profundo con respecto a la muerte de seres queridos incrédulos.[14]

Manejo de los cambios relacionados con la jubilación

Las personas que se acercan y entran en la jubilación se enfrentan a muchos cambios. La planificación de la jubilación implica decisiones financieras sobre las cuentas de jubilación y el seguro social, decisiones sobre dónde vivirá la persona o la pareja, cambios en el estilo de vida y ajustes maritales, incluidos los conflictos relacionales que surgen de estar juntos las 24 horas del día, los 7 días de la semana. Con respecto a los asuntos financieros y legales, los consejeros bíblicos deben recomendar a los aconsejados que se jubilan que busquen asesoramiento profesional, según sea necesario. En el

---

[12] Packer, *Finishing Our Course with Joy*, 76-77.

[13] Véase Carol W. Cornish, *The Undistracted Widow: Living for God After Losing Your Husband* (Wheaton, IL: Crossway, 2010).

[14] Véase el cap. 29 sobre el duelo.

caso de los conflictos relacionales y los cambios en el estilo de vida (por ej. terminar una carrera laboral o mudarse), debemos ayudarlos a buscar la paz relacional con los miembros de su familia (Rom. 12:18) y a vivir contentos sean cuales sean sus circunstancias (Fil. 4:10-13).

Enfrentar una pérdida percibida de propósito, control y utilidad

La jubilación sin actividad significativa, combinada con el deterioro físico, indica una pérdida de significado y propósito en la vida. El dominio gobernante concedido por Dios a Adán y a Eva (Gén. 1:28), ahora mucho más difícil debido al pecado y a la maldición de un terreno espinoso, se vuelve todavía menos fácil debido al envejecimiento. Diversas presiones culturales contribuyen a la sensación de falta de propósito. Los adultos mayores pueden sentirse cada vez más obsoletos y funcionalmente disminuidos en el mundo cambiante de la tecnología informática, la electrónica digital y los rápidos giros sociales, políticos y culturales.

Otro factor de control importante surge cuando un adulto mayor o una pareja ya no pueden vivir solos. Ya sea que la familia opte por reubicar a la(s) persona(s) anciana(s) a la casa de un hijo adulto o a un hogar de ancianos o centro de atención, es comprensible que el o los adultos mayores sientan una pérdida de independencia.[15] Y con la reubicación de la vivienda viene la pérdida de conexión social. Otras formas de dependencia no deseada incluyen la pérdida de los privilegios de conducir, la toma de decisiones financieras, el poder notarial y el cuidado personal y la higiene.

No es de extrañar que las tasas de suicidio entre los adultos mayores sean más altas que entre los adultos de mediana edad y aumenten con los años vividos.[16] Los consejeros tienen la oportunidad de entrar en el mundo de una persona mayor de manera sensible para comprender sus necesidades reales y sentidas, y traerles a Cristo en medio de sus pérdidas.

---

[15] Para obtener perspectivas útiles sobre opciones de vivienda, consulte Eyrich, *The Art of Aging: Preparing and Caring.*

[16] Ismael Conejero y otros, «Suicide in Older Adults; current Perspectives», Clinical Interventions in Aging, 20 de abril de 2018, https://www.ncbi.nlm.nih.gov/pmc/articles / PMC5916258/

Un par de autores se refieren a la etapa de retiro como el «tercer llamado» del creyente. Hablan de ella como de una nueva etapa de la vida en la que los cristianos deben considerar lo que Dios les llama a hacer.[17] Aunque los creyentes que llegan a la edad de jubilación pueden discontinuar su empleo remunerado habitual, no deben dejar de trabajar para el Señor. Ya sea remunerado o no, nos retiramos para hacer un nuevo trabajo.[18]

Culpa o arrepentimiento por el pasado

Las luchas de la mediana edad señaladas en nuestro capítulo anterior, si no se resuelven, solo se intensifican en la vejez. Los problemas de la mediana edad se convierten en crisis de la vejez. La culpa no resuelta por los pecados pasados, los remordimientos por las decisiones imprudentes y las relaciones no reconciliadas con hijos, nietos y amigos continúan atormentando a un creyente que envejece, especialmente cuando las esperanzas de reconciliación disminuyen. El viejo adagio «el tiempo cura todas las heridas» es una mentira. Los consejeros bíblicos deben ayudar a los aconsejados mayores a lidiar con los problemas del pasado que obstaculizan su gozo y fructificación presentes.

Cargas por el bienestar de los hijos y nietos

Los adultos mayores pueden tener profundas preocupaciones y, a veces, un temor pecaminoso acerca de sus hijos y nietos, con respecto a todo, desde sus condiciones espirituales, carreras, finanzas, salud marital y prácticas de crianza hasta muchas cosas más.[19] Como vimos en el capítulo 39, la tarea del consejero es afirmar las preocupaciones de los aconsejados, llevar sus cargas con ellos y ayudarlos a lidiar con las preocupaciones, incluso cuando los anima a confiar sus hijos y nietos al cuidado de nuestro soberano, sabio y buen Dios.

---

[17] Richard Bergstrom y Leona Bergstrom, *Third Calling: What Are You Doing the Rest of Your Life?* (Edmonds, WA: ChurchHealth, 2016).

[18] Adams, *Wrinkled but Not Ruined*, 269.

[19] Para ver un recurso útil, consulte Larry E. McCall, *Grandparenting with Grace: Living the Gospel with the Next Generation* (Greensboro, NC: New Growth Press, 2019).

Presiones financieras

Si no se anticipa y planifica adecuadamente, la interrupción de los ingresos regulares, combinada con gastos adicionales, puede hacer que los años de jubilación sean un desafío fiscal. El deterioro físico también puede incurrir en gastos médicos adicionales para ambos cónyuges. Encontrarse con reparaciones inesperadas y necesidades de mantenimiento de la casa, y tener menos energía para abordarlas personalmente, podría agregar más gastos. Los consejeros pueden ayudar a las personas que enfrentan estas presiones a obtener una visión bíblica del dinero y las posesiones, buscar ayuda para la planificación financiera o el presupuesto según sea necesario, y confiar en Dios sin temor.

Miedo a la muerte y a morir

La muerte misma vino como parte de la maldición de Dios sobre el mundo después del pecado de Adán. Dios había emitido una clara prohibición y advertencia a Adán en Génesis 2:17: «Mas del árbol de la ciencia del bien y del mal no comerás; porque el día que de él comieres, ciertamente morirás». Los teólogos evangélicos entienden correctamente que la muerte incluye no solo la mortalidad física (Gén. 3:19: «polvo eres, y al polvo volverás»), sino también la muerte espiritual (separación de Dios) y la muerte eterna (condenación final). Si bien la muerte expiatoria y la resurrección de Cristo resolvieron inmediatamente el problema de la muerte espiritual y eterna para los creyentes, debemos esperar su aplicación futura al problema de la muerte física. Un día Dios resucitará nuestros propios restos de entre los muertos, dándonos en cambio cuerpos incorruptibles e inmortales como el de Cristo (Fil. 3:21; 1 Cor. 15:50-53). Hasta entonces, cada uno de nosotros debe enfrentar la muerte física y la decadencia y corrupción que la acompañan (2 Cor. 4:7-18).

Mientras que las verdades del evangelio anteriores resuelven la cuestión del temor a la condenación (Rom. 8:1; Heb. 2:14-15) para el creyente envejecido, no previenen momentos o temporadas de duda. Además, incluso si el creyente se aferra fuertemente a la promesa del cielo, eso no elimina el temor del proceso de muerte física. Los consejeros deben ayudar a los cristianos a lidiar con los temores y las dudas tanto sobre la muerte como sobre el morir. Pasajes como Lucas 23:43; 1 Corintios 15:20-58; 2 Corintios 5:1-8; Filipenses 1:23; 3:20-21; 1 Tesalonicenses 4:13-18; y Hebreos 2:14-15 pueden brindar a los aconsejados un sólido consuelo, seguridad y esperanza en esta vida y en la venidera.

Conclusión

El sufrimiento de los adultos mayores suele ser mayor en tipo y grado. Por lo tanto, junto con una sólida teología bíblica del envejecimiento, los consejeros bíblicos necesitan una sólida teología bíblica del sufrimiento. (Véase el Apéndice). Debemos estar preparados para ayudar a los adultos mayores a aprender a lamentarse, a expresar a Dios sus luchas sobre el envejecimiento, en lugar de quejarse a sí mismos y a los demás.

Esta visión esperanzadora y cautivante de Salmos 92:12-15 es justa para estudiar y asignar a los creyentes de edad avanzada, para que aprendan a aferrarse a ella:

> El justo florecerá como la palmera;
> Crecerá como cedro en el Líbano.
> Plantados en la casa de Jehová,
> En los atrios de nuestro Dios florecerán.
> Aun en la vejez fructificarán;
> Estarán vigorosos y verdes,
> Para anunciar que Jehová mi fortaleza es recto,
> y que en él no hay injusticia.

CONCLUSIÓN

Entre en su mundo. Entienda su necesidad. Tráigales a Cristo. Este sencillo proceso de tres pasos resume la visión ministerial impartida en este libro. La consejería bíblica cristocéntrica significa traer a Jesús y Su Palabra, el evangelio y todas sus implicaciones, a las vidas desordenadas de las personas que pecan y sufren. Cada capítulo nos ha llamado como consejeros a priorizar la pasión de nuestro Salvador por ayudar a las personas lastimadas.

Este libro representa la sabiduría colectiva de tres profesores de seminarios evangélicos comprometidos con la enseñanza y práctica de la consejería bíblica cristocéntrica. Sin embargo, también representa otro fruto del movimiento moderno de consejería bíblica.

El crecimiento de la consejería bíblica

En los últimos cincuenta años, hemos visto un crecimiento masivo en nuestro movimiento; esto puede medirse de muchísimas maneras. Hoy en día somos testigos de una creciente biblioteca de libros, artículos y sitios web que reflejan la teoría y la práctica de la consejería bíblica. De hecho, tenemos más de mil libros y minilibros dedicados disponibles para nosotros en el campo,[1] y un número cada vez mayor de editoriales están produciendo

[1] Véase Bob Kellemen, *The Annual Guide to Biblical Counseling Resources: 2021 Edition* (Auburn, WA: RPM Ministries, 2021). Para comprar una descarga en PDF de esta guía recopilada, vinculada y anotada, vaya a: http://bit.ly/1AnnualGuideBC1.

más. A esa lista de referencias podemos agregar revistas como el *Journal of Biblical Counseling* [Revista de Consejería Bíblica] y el *Journal of Biblical Soul Care* [Revista de Cuidado Bíblico del Alma], e innumerables artículos de blog que reflejan la consejería bíblica.

También vemos un crecimiento en el número de universidades bíblicas y seminarios comprometidos con la capacitación de nuevas generaciones de pastores y otros obreros cristianos vocacionales en consejería bíblica a nivel de licenciatura, maestría y doctorado. Estos estudiantes pasan a ministrar en iglesias norteamericanas e internacionales, en la plantación de iglesias y en el trabajo misionero. Como resultado, un número cada vez mayor de iglesias que anteriormente subcontrataban a profesionales de la comunidad para sus necesidades de consejería, están desarrollando ministerios de consejería bíblica basados en la iglesia y dirigidos por líderes y miembros capacitados. Además, se han desarrollado organizaciones paraeclesiásticas, como la Coalición de Consejería Bíblica (BCC, por sus siglas en inglés),[2] la Fundación Cristiana de Consejería y Educación (CCEF, por sus siglas en inglés),[3] la Asociación de Consejeros Bíblicos Certificados (ACBC, por sus siglas en inglés),[4] la Asociación Internacional de Consejeros Bíblicos (IABC, por sus siglas en inglés),[5] y la Asociación de Consejeros Bíblicos (ABC, por sus siglas en inglés).[6] Muchos de estos grupos ofrecen capacitación, creación de redes, recursos en línea y certificación. Grupos similares se han formado a nivel internacional.

Hacia dónde ir desde aquí: crecer como consejero bíblico

Confiamos en que este volumen se convierta en un recurso de por vida para su ministerio, que usted regrese a él como una referencia para ayudar a las personas. Pero también le instamos a que crezca en su conocimiento

---

[2] Véase www.biblicalcounselingcoalition.org

[3] Véase www.ccef.org

[4] Véase www.biblicalcounseling.com

[5] Véase www.iabc.net

[6] Véase www.christiancounseling.com

y habilidad para traer a Cristo y Su Palabra a los demás. Le recomendamos seis formas de hacerlo.

Primero, aplique constantemente la Palabra de Dios a su propia alma. Asesórese a usted mismo. En su lectura personal de la Biblia y en su oración privada, pídale a Dios que haga que Su Palabra sea efectiva en su corazón, especialmente cuando lucha con varias versiones de los mismos problemas que hemos discutido. Pídale a Cristo que lo perdone, le dé poder y le ayude a seguirlo. Con la ayuda de Dios, seguiremos haciendo lo mismo.

En segundo lugar, aprenda de sus casos completados. Al final de cada caso, anote las lecciones para la próxima vez. Aprenda de sus éxitos y sobre todo de sus fracasos. Hacer preguntas como estas puede ayudarle:

- ¿Qué he aprendido acerca de Dios, de mí mismo, de las personas y de mi ministerio a través de este caso?
- ¿Cómo ha usado providencialmente Dios a mi aconsejado y a nuestras interacciones para hacerme más como Jesús?
- ¿Qué hice bien, que necesito seguir haciendo en mi próximo caso?
- ¿Cómo debería mejorar para ministrar mejor la próxima vez?

Tercero, participe activamente en la vida y el ministerio de su iglesia local. Cualquiera que sea su entorno específico de consejería bíblica, la iglesia local sigue siendo «columna y baluarte de la verdad» (1 Tim. 3:15). A través de las disciplinas comunitarias de la adoración, la predicación, la enseñanza, la confraternidad, la vida en grupos pequeños y el servicio, Cristo lo alimentará, fortalecerá y equipará para crecer. Además, buscar oportunidades para ayudar regularmente a guiar a las personas en la Palabra de Dios, ya sea colaborando en la escuela dominical, en las clases de discipulado o enseñando estudios bíblicos para hombres y mujeres, lo empujará tanto a estudiar las Escrituras de una manera disciplinada como a aprender a aplicarlas mejor a las personas reales. Aconsejar a las personas con la Biblia hace que una persona sea un mejor maestro de la Biblia, y enseñar bien a la gente la Biblia no puede dejar de hacer de alguien un mejor consejero bíblico: las dos actividades se alimentan mutuamente de manera sensible.

Cuarto, lea ampliamente. Es sabio familiarizarse con los recursos bíblico-teológicos generales que le ayuden a leer mejor su Biblia y comprender su fluir redentor, los temas centrales y las doctrinas. Sumergirse en los recursos de consejería bíblica, ya sean libros, minilibros, artículos de revistas, artículos de blog o pódcasts, lo armará con herramientas que puede usar en sus sesiones. La lectura de recursos temáticos, seculares o cristianos, también puede ayudarlo a abordar los problemas de consejería que encontrará. Solo asegúrese de leerlos a través de la lente de un modelo de consejería bíblica.

Quinto, busque la certificación de consejería bíblica. Aparte de la bendición de la credencial en sí, el proceso de certificación de grupos como la Asociación de Consejeros Bíblicos Certificados o la Asociación de Consejeros Bíblicos proporciona supervisión individual, privada, sesión a sesión y retroalimentación de un supervisor de consejería bíblica experimentado.

Sexto, considere la posibilidad de obtener una mayor educación. Una maestría o doctorado en consejería bíblica trae varios beneficios. En primer lugar, adquirir una mayor habilidad en la interpretación y aplicación de la Biblia le ayuda a traer el consejo específico de Dios a un aconsejado específico de manera más eficaz. En segundo lugar, le ayuda a detectar las mentiras de la consejería no bíblica. En tercer lugar, el entorno académico implica la inmersión en una comunidad de aprendizaje única de hombres y mujeres de todo el mundo que estudian con profesionales experimentados en consejería bíblica. Por último, un título de este tipo le da mayor credibilidad a los ojos de un aconsejado y puede abrir las puertas a nuevas oportunidades vocacionales, de escritura y de oratoria. Afortunadamente, en nuestros días puede elegir opciones presenciales, en línea o híbridas/modulares.

Unas palabras finales

Gracias por emprender este viaje con nosotros. Oramos para que Dios le conceda el gozo que hemos experimentado al ver vidas desordenadas cambiadas y cambiantes a través del evangelio de nuestro Señor Jesucristo y la verdad de Su Palabra. Los dejamos con el deseo-oración del apóstol Pablo por los ancianos de Éfeso en Hechos 20:32. Estas palabras fueron diseñadas para animarlos en sus ministerios de pastoreo personal:

> *Y ahora, hermanos, os encomiendo a Dios, y a la palabra de su gracia,*
> *que tiene poder para sobreedificaros*
> *y daros herencia con todos los santificados.*

APÉNDICE: RECURSOS RECOMENDADOS SOBRE EL SUFRIMIENTO

Muchos de los temas abordados en la Parte cuatro tienen que ver con el sufrimiento. Le recomendamos que como consejero lea varios de los siguientes recursos sobre el tema, para ser más hábil en el pensamiento bíblico sobre las muchas diferentes formas que toman las pruebas y las dificultades. No solo pueden servir como provechosas obras de referencia, sino que también pueden ser útiles asignaciones de lectura para algunos aconsejados. Cada recurso reconoce la soberanía, la sabiduría y el amor de Dios en medio del sufrimiento, muestra compasión y proporciona esperanza y propósito al que sufre. Están ordenados alfabéticamente por autor.

Adams, Jay E. *How to Handle Trouble.* Phillipsburg, NJ: P&R, 1982.

________. *How to Overcome Evil: A Practical Exposition of Romans 12:14–21.* Phillipsburg, NJ: P&R, 1977.

Bridges, Jerry. *Confiando en Dios aunque la vida duela.* Bogotá, Colombia: Editorial CDC, 2024. (Vea también su versión abreviada: *¿Realmente Dios está en control?: Confiando en Dios en medio de un mundo de dolor.* El Paso, TX: Mundo Hispano, 2024.

Carson, D. A.*¿Hasta cuándo Señor? Reflexiones sobre el sufrimiento y el mal.* Barcelona, España: Editorial Andamio, 2012.

Clarkson, Margaret. *Destined for Glory: The Meaning of Suffering.* Grand Rapids: Eerdmans, 1983.

Eareckson Tada, Joni y Steven Estes. *Cuando Dios llora: Por qué nuestros sufrimientos importan al Todopoderoso.* Nashville, TN: Editorial Vida, 2000.

Elliot, Elisabeth. *Sufrir nunca es en vano.* Nashville, TN: B&H Español, 2020.

Keller, Timothy. *Caminando con Dios a través del dolor y el sufrimiento.* Envigado, Colombia: Publicaciones Poiema, 2019.

McCartney, Dan G. *Why Does It Have to Hurt? The Meaning of Christian Suffering.* Phillipsburg, NJ: P&R, 1998.

Morgan, Christopher W. y Robert A. Peterson, eds. *Suffering and the Goodness of God.* Wheaton: Crossway, 2008.

Piper, John y Justin Taylor, eds. *El sufrimiento y la soberanía de Dios.* Grand Rapids, MI: Editorial Portavoz, 2008.

Powlison, David. *Negra oscuridad; misericordia gloriosa: La gracia de Dios en tu sufrimiento.* Graham, NC: Publicaciones Faro de Gracia, 2021.

Tripp, Paul David. *Sufrimiento: Esperanza del evangelio cuando la vida no tiene sentido.* Graham, NC: Publicaciones Faro de Gracia, 2020.

Viars, Stephen. *Ponga su pasado donde pertenece… ¡en el pasado!: Camine hacia la libertad y el perdón.* Grand Rapids, MI: Editorial Portavoz, 2015.

Vroegop, Mark. *Nubes oscuras, misericordia profunda: La gracia de Dios en el lamento.* Grand Rapids, MI: Editorial Portavoz, 2021.